中国工程院院士

是国家设立的工程科学技术方面的最高学术称号，为终身荣誉。

中国工程院院士传记

徐更光传

王民 著

人民出版社
科学出版社

图书在版编目(CIP)数据

徐更光传／王民著.—北京：科学出版社，2017.4
（中国工程院院士传记）
ISBN 978-7-03-052163-7

Ⅰ.①徐…　Ⅱ.①王…　Ⅲ.①徐更光-传记　Ⅳ.①K826.16

中国版本图书馆 CIP 数据核字（2017）第049236号

责任编辑：张　莉　南一荻／责任校对：张小霞
责任印制：赵　博／封面设计：有道文化

科学出版社出版
北京东黄城根北街 16 号
邮政编码：100717
http://www.sciencep.com
北京中石油彩色印刷有限责任公司印刷
科学出版社发行　各地新华书店经销
*
2017 年4月第　一　版　开本：720 × 1000　1/16
2024 年3月第五次印刷　印张：28　插页：6
字数：380 000
定价：98.00元
（如有印装质量问题，我社负责调换）

徐更光　中国工程院院士

青年时期的徐更光

徐更光与导师丁儆

徐更光的大学毕业照（后排左四）

博览群书

徐更光上中学时的全家福（第二排右三为徐更光，右五为父亲徐锡如）

“8701”研制团队部分人员

徐更光（左二）在国外考察

徐更光在工厂事故现场

徐更光与外国同行在一起

徐更光访问俄罗斯时留影

徐更光在研究装药方法

徐更光在火炮靶场

徐更光与马宝华、冯长根在一起

徐更光（左）与兵器工业部
732 厂领导李良在车间

徐更光等与 9333 厂技术人员合影（左一为蔡进、左二为徐更光、左三为罗秀云、右一为田济民、右二为刘永富）

徐更光在 102、152 毫米射孔器
总承产品定型鉴定会上

1995 年，在中国工程物理研究院合影（徐更光位于前排中间）

徐更光（右二）与校内外专家广泛合作

徐更光在兵器工业部732厂生产车间

专家团队参加博士研究生答辩后合影（徐更光位于右三）

徐更光在讲述爆炸能量输出结构理论

徐更光（右四）与校内外专家合影

①

② ③

④

①徐更光（中）参加中国工程院第 56 场“兵器科技创新论坛”

②徐更光与王泽山院士

③徐更光和严东生院士在中国材料研究学会成立二十周年大会上

④参加院士座谈会后合影（徐更光位于左四）

北京理工大学为徐更光举办八十寿辰庆典

中国工程物理研究院副院长龙新平
在徐更光八十寿辰庆典上讲话

中国兵器工业集团总经理温刚等
看望徐更光

原国防科学技术工业委员会主任刘积斌
在 2011 年春节期间慰问徐更光

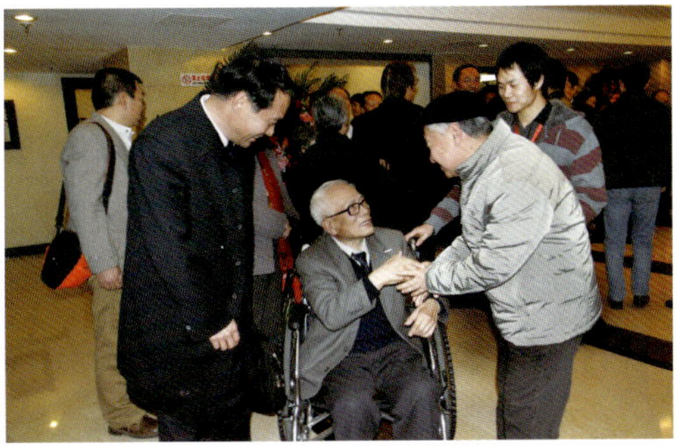

老朋友看望徐更光

老来相伴

2013 年 5 月，徐更光开始向本书作者
王民讲述自己的故事

2016 年 1 月 7 日，徐更光的家人和工作人员在徐更光院士铜像揭幕暨徐更光院士展开展仪式上合影

2015 年 1 月 11 日，徐更光院士告别仪式

2015 年 2 月 6 日，北京理工大学机电学院为徐更光院士举行追思会

2016 年 5 月 25 日，北京理工大学党委书记赵长禄带领学校党委委员、纪委委员在徐更光院士展上重温入党誓词

北京理工大学党委书记赵长禄（右一）、校长胡海岩（中）参观徐更光院士展

总　序

20世纪是中华民族千载难逢的伟大时代。千百万先烈前贤用鲜血和生命争得了百年巨变、民族复兴，推翻了帝制，击败了外侮，建立了新中国，独立于世界，赢得了尊严，不再受辱。改革开放，经济腾飞，科教兴国，生产力大发展，告别了饥寒，实现了小康。工业化雷鸣电掣，现代化指日可待。巨潮洪流，不容阻抑。

忆百年前之清末，从慈禧太后到满朝文武开始感到科学技术的重要，办“洋务”，派留学，改教育。但时机瞬逝，清廷被辛亥革命推翻。五四运动，民情激昂，吁求“德、赛”升堂，民主治国，科教兴邦。接踵而来的，是18年内战、14年抗日和3年解放战争。恃科学救国的青年学子，负笈留学或寒窗苦读，多数未遇机会，辜负了碧血丹心。

1928年6月9日，蔡元培主持建立了中国近代第一个国立综合科研机构——中央研究院，设理化实业研究所、地质研究所、社会科学研究所和观象台4个研究机构，标志着国家建制科研机构的诞生。20年后，1948年3月26日遴选出81位院士（理工53位，人文28位），几乎都是20世纪初留学海外、卓有成就的科学家。

中国科技事业的大发展是在新中国成立以后。1949年11月1日成立了中国科学院，郭沫若任院长。1950—1960年有2500多名留学海外的科学家、工程师回到祖国，成为大规模发展中国科技事业的第一批领导骨干。国家按计划向苏联、东欧各国派遣1.8万名各类科技人员留学，全都按期回国，成为建立科研和现代工业的骨干力量。高等学校从新中国成立初期的200所增加到600多所，年招生增至28万人。到21世纪初，高等学校有2263所，年招生600多万人，科技人力总资源量超过5000万人，具有大学本科以上学历的科技人才达1600万人，已接近最发达国家水平。

新中国成立60多年来，从一穷二白成长为科技大国。年产钢铁从1949年的15万吨增加到2011年的粗钢6.8亿吨、钢材8.8亿吨，几乎是8个最发达国家（G8）总年产量的两倍，20世纪50年代钢铁超英赶美的梦想终于成真。水泥年产20亿吨，超过全世界其他国家总产量。中国已是粮、棉、肉、蛋、水产、化肥等世界第一生产大国，保障了13亿人口的食品和穿衣安全。制造业、土木、水利、电力、交通、运输、电子通信、超级计算机等领域正迅速逼近世界前沿。“两弹一星”、高峡平湖、南水北调、高公高铁、航空航天等伟大工程的成功实施，无可争议地表明了中国科技事业的进步。

党的十一届三中全会以后，改革开放，全国工作转向以经济建设为中心。加速实现工业化是当务之急。大规模社会性基础设施建设、大科学工程、国防工程等是工业化社会的命脉，是数十年、上百年才能完成的任务。中国科学院张光斗、王大珩、师昌绪、张维、侯祥麟、罗沛霖等学部委员（院士）认为，为了顺利完成中华民族这项历史性任务，必须提高工程科学的地位，加速培养更多的工程科技人才。中国科学院原设的技术科学部已不能满足工程科学发展的时代需要。他们于1992年致书党中央、国务院，建议建立“中国工程科学技术院”，选举那些在工程科学中做出重大创造性成就和贡献，热爱祖国，学风正派的科学家和工程师为院士，授予终身荣誉，赋予科研和建设任务，指导学科发展，培养人才，对国家重大工程科学问题提出咨询建议。中央接受了他们的建议，于1993年决定建立中国工程院，聘请30名中国科学院院士和遴选66名院士共96名为中国工程院首批院士。1994年6月3日，召开了中国工程院成立大会，选举朱光亚院士为首任院长。中国工程院成立后，全体院士紧密团结全国工程科技界共同奋斗，在各条战线上都发挥了重要作用，做出了新的贡献。

中国的现代科技事业起步比欧美落后了200年，虽然在20世纪有了巨大进步，但与发达国家相比，还有较大差距。祖国的工业化、现代化建设，任重路远，还需要数代人的持续奋斗才能完成。况且，世界在进步，科学无止境，社会无终态。欲把中国建设成科技强国，屹立于世界，必须接续培养造就数代以千万计的优秀科学家和工程师，服膺接力，担当使命，开拓创新，更立新功。

中国工程院决定组织出版《中国工程院院士传记》丛书，以记录他们对祖国和社会的丰功伟绩，传承他们治学为人的高尚品德、开拓创新的科学精神。他们是科技战线的功臣、民族振兴的脊梁。我们相信，这套传记的出版，能为史书增添新章，成为史乘中宝贵的科学财富，俾后人传承前贤筚路蓝缕的创业勇气、魄力和为国家、人民舍身奋斗的奉献精神。这就是中国前进的路。

宋健

序　一

2015 年 1 月 7 日是一个悲痛的日子，我国爆炸科学与技术领域著名专家徐更光院士永远地离开了我们，科技界失去了一位巨匠，教育界失去了一位楷模，而对于所有北理工人来讲则失去了一位共同的好导师。每当走过徐老生前工作过的三号教学楼时，徐老的音容笑貌时常会浮现在我的眼前。通过这本传记，我们能够进一步走进徐老的生活，感动之情、敬佩之心历久弥新。

徐老一生爱党爱国，他对国防科技与教育事业饱含深情的家国情怀让我们分外感动。1951 年面对多所高校的录取通知，他毅然选择了东北兵工专门学校。从那时起，为国家出力、为国防献身就成为徐老不变的信念。60 余年来，徐老始终以高度的责任心和使命感对待科研工作和教育事业。当他得知自己的科研成果为我国新一代核武器研制提供了关键思路时，开心地说："我的东西，只要国家用上了，我就特别地高兴。"这是徐老一生永恒的追求和不变的初心。对国家、对学校、对事业无限的爱成为徐老不懈奋斗的动力。

徐老崇尚理想、尽责担当、痴迷投入、身体力行的事业追求让我们由衷钦佩。从 1993 年结识徐老到 2014 年 10 月在北京大学第三医院病榻前与徐老的最后一次长谈，我深深感受到徐老始终把破解行业发展难题作为奋斗目标，始终以攻克制约武器装备创新发展的技术瓶颈为己任。病重期间，徐老一方面为行业发展尚存问题而忧心忡忡；另一方面为自己身患重病无力尽责而心急如焚，最终留下了永久的遗憾……在数十年的科研工作中，徐老注重实践精益求精。为了掌握第一手的资料，他走工厂、下基层，多少偏僻的“三线”兵工厂都留下了徐老的足迹，工人们都亲切地称徐老为“工人阶级自己的科学家”。更加令人钦佩的是，年过七旬的徐老仍然没有放缓奋斗的脚步，一头钻进了“125破甲弹”、水中破障技术、水中兵器、炸药探测技术等科研项目中去，为挚爱的国防事业竭力发挥着余热。

徐老艰苦奋斗、无私奉献的精神让我们钦佩。徐老一生节俭，全家过着十分简朴的生活，而对青年教师、学生、合作单位的工人师傅却倾囊相助。他不追求奢华的生活，而以健康的情趣、爱好，乐观地面对人生。他把自己的全部奉献给了自己挚爱的事业，在去世前的几年里，只要身体允许，他就一定会坐着轮椅到实验室看看，尽可能多地为学生们授业解惑，经常为学校的发展和学科建设出谋划策，即使在病重期间依然在思考、在述说，直到生命的最后一刻。

通过这本传记，王民同志将徐老朴实无华的生活、孜孜不倦的追求、感人肺腑的精神全面地展现出来，让我们看到一位老党员、一位杰出的教育科技工作者的情怀与担当。让我们结识一位传承、丰富北理工精神的当世楷模、后辈榜样，以激励我们不忘初心，继续前进！

北京理工大学党委书记

序　二

徐更光先生是我国著名爆炸科学与技术专家，对新中国军工事业做出重要贡献，是中国工程院首批院士。徐老一生致力于我国爆炸科学与技术事业，为武器装备发展做出了突出贡献。他见证了我国国防科技工业体系从无到有、从小到大、从弱到强的沧桑巨变，并且将自己的毕生所学、毕生精力毫无保留地投入其中，埋头苦干、默默奉献，是我国国防科技工作者的杰出代表。

徐老的一生，是探索未知的一生，是开拓创新的一生。在长达60多年的学术生涯中，他一直坚持走创新之路，通过创新解决技术难题，完成了多项富有创造性的研究，引领了我国爆炸科学与技术的发展。他领衔研制的多种炸药综合性能达到国际先进水平，尤其是海萨尔炸药被广泛应用于我军各个军兵种的多种弹药中，显著提升了武器的作战效益。他因此而多次荣获国家科学技术奖励，在我校历史上首次作为第一完成人获得国家科学技术进步奖一等奖。在我国爆炸科学与技术研究领域，徐老堪称一代宗师、学界泰斗。

徐老的一生，是追求真理的一生，是求实奋进的一生。他一贯倡导和坚持理论联系实际，致力于解决我国武器装备发展中提出的爆炸技术问题，尤其是来自工程实践的难题。一方面，他在炸药研究中高度重视配方和装药工艺的综合设计，经常在工厂一住就是几个月，到生产第一线去发现问题，攻坚克难，直到最终解决问题；另一方面，他具有很高的科学素养，理论基础深厚，重视从工程实际中提炼科学问题，将研究结果提升到工程科学高度，进而指导工程实践。因此，他所发明的每一种炸药、每一种技术都最终成为产品，成功装备军队。

徐老的一生，是热爱祖国的一生，是无私奉献的一生。记得在北京理工大学为徐老举办的学术研究座谈会暨八十华诞庆典上，他曾这样回顾自己投身国防科技事业的生涯：“我不是从一开始就有学习国防科技的梦想，也不是从一开始就想到要走研究爆炸技术的道路。与其说是个人选择这条道路，倒不如说是时代把我推上这个充满责任感的舞台。”徐老对祖国饱含热爱，对国防科技事业满腔热血，以强烈的事业心、责任感和使命感，将自己长期积累的学识、经验、成果奉献给了国防科技事业。

2007 年夏，我担任北京理工大学校长后的第一周去看望徐老，从此他特有的风格和魅力就深深刻在了我的心里。近年来，他多次与我长谈，对我国爆炸科学与技术的发展、学校的人才培养和科学研究提出重要建议，特别是希望学校引导中青年学者坚持理论联系实际，献身国防科技事业。2014 年，他因病入住中国医学科学院阜外医院后仍念念不忘工作。我去医院探望他时，医院领导和医疗专家都告诉我，尽管徐老的病痛不断加剧，但他只要清醒过来，就要思考学术问题，就要谈工作，直到用尽最后一丝精力。

2015 年年初，徐老永远离开了我们，留给我们深深的回忆和宝贵的财富，也留给我们无尽的遗憾和思考。这其中有他丰硕的研究成果、深邃的学术思想，有他严谨治学的学者良知、求真务实的科学精神，还有他执着追求、刚强正直、平淡超然的人格魅力，更有他尽职尽责、不辱使命、热爱祖国的无上情怀。这些，都将激励着我们在实现伟大中国梦、伟大强军梦的道路上不断奋勇前进！

这本书的作者王民同志担任北京理工大学党委宣传部副部长、校史馆馆长多年，潜心从事北京理工大学校史的研究工作。近年来，他从工作角度走近徐老，并在一次次访谈中逐步成为徐老的忘年之交。他怀着对徐老崇敬的心情，精心搜集徐老的生平资料，一次次走访徐老的家人和同事，用心写下这部传记，翔实记录了徐老学习、工作、生活、奋斗的曲折历程。在他的笔下，徐老光辉的形象更加鲜活、更加立体、更加可敬。

我们深切怀念徐更光先生！

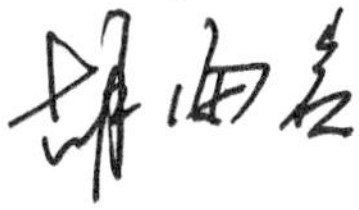

中国科学院院士
北京理工大学校长

序　三

徐更光院士是我国兵器工业爆炸技术领域的著名专家，研制成功新型混合炸药十余种，用于装备二十多种武器弹药，发展了多种装药新工艺，在中国兵器行业中发挥了重要作用，为中国火炸药事业做出了突出贡献。先后获得全国科学大会奖、国家科学技术进步奖一等奖等国家级奖四项、部级奖九项。为国家重点学科“爆炸理论及应用”培养博士、硕士五十余名，发表学术论文百余篇。

作为中国火炸药行业的翘楚人物，徐更光院士是一位平常而又不平凡的人。

徐更光院士的平常，在于他是一位普普通通的科技工作者，在于他兢兢业业、忠于职守，把自己的生命融进了祖国的兵器科技事业之中，把自己的情怀融进了北京理工大学爆炸理论及应用专业艰苦创业、持续发展的努力之中。在北京理工大学这个教育科研园地，他是一位良师益友、科研楷模，是一位默默耕耘的园丁；在国防兵器领域，他是一位国防功勋、业界领袖，是一位把志趣、激情、创新融为一体的实现科学报国的梦想者、追求者……

徐更光院士的不平凡，在于他在中国兵器工业领域所取得的骄人业绩，对火炸药学科的发展做出的巨大贡献。混合炸药“8701”的成功，使徐更光院士获得了人生中第一个国家级奖励。1978 年，“8701”获得了全国科学大会奖，1982 年改进后的“8701”又获得了国家发明奖三等奖。值得一提的是，一种产品两次获国家奖项是很少见的。“8701”是我国现代炸药研制历史上一棵真正的常青树，“8701”的成功，塑造了一段被人们广为赞誉的传奇。后来徐更光院士主持研制的“海萨尔”炸药是一项军事、技术、经济综合效益很高的重大科技成果。由于“海萨尔PW30”在国防领域的突出贡献，1992年徐更光院士获得国家科学技术进步奖一等奖，这个奖使徐更光院士的科学技术成就迈上了新的高峰，也成为徐更光院士为中国国防工业刻苦攻关的最好见证。1997年，“改性B炸药”的研发及相关技术的突破使我军压制性武器的威力得到了大幅度的提高，这项革命性的改进，为国家、为军队立下了新功。在一项项成就与荣誉的背后，是马不停蹄的奔波，是辛勤的付出，也是徐更光院士对中国爆炸理论与炸药应用技术的担当与责任。他纵观全局，运筹帷幄。无论身处何职，他对兵工事业的激情都丝毫未减，对报效祖国的信念都坚定不移，对人生的态度都乐观豁达。徐更光院士对北京理工大学爆炸理论及应用专业的贡献，已经铭记在我们广大专业人员的心里，铭刻在北京理工大学的发展史册之中。

徐更光院士是永远的师长。我和徐更光院士很长时间在同一座科研楼工作，每次与徐院士的交谈，都是一次心灵的沟通与交融，是一次智慧的享受与畅饮：徐院士是永远的智者，他对火炸药研制行业的每一条建议、每一个想法，都洋溢着一种关切、一种责任、一种不断创新的激情；徐院士是一位慈祥、和蔼的长者，饱经风霜的岁月于他而言，是一道道向上的阶梯，是不断前行的源泉。

传记是对一位德高望重的人的历史的记录，是对一位平常而不平凡的人的尊敬和礼赞。当我们捧读这部自传的时候，我们看到了徐更光院士成功的方法、科研的思路，更看到了他在一生的实践中解决困难的精髓。从传记中，我们不仅会了解徐院士鲜为人知的科研与生活的往事，更会读到一位科学家自身的修养与自勉。在他的传记中——更确切地说，在他身上——体现着我们时代的精神，这是最为珍贵的。他热爱兵工、爱岗敬业的高尚品德，严谨务实、精益求精的科学态度，百折不挠、奋力拼搏的顽强斗志，敢于创新、勇攀高峰的进取意识，不计名利、忘我工作的献身精神，都是我们取之不尽的精神财富、用之不竭的力量源泉。徐更光院士用他一生的实践塑造着中国科学技术工作者的做人风范，激励着更多的年轻人为他所从事的事业做出不息的努力。这也是我读完该传记最深的体会。

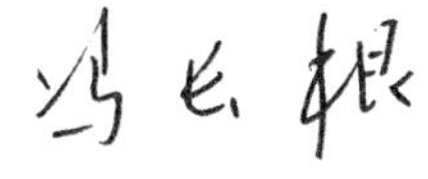

中国科学技术协会原副主席、原书记处书记

北京理工大学火炸药研究院院长

目　录

引　言

今天是2015年6月7日。不知是初夏的燥热，还是我格外地兴奋，此时此刻，我内心澎湃着一种热潮，有一种久违的激动。

到今天为止，《徐更光传》已经完成了交稿前的最后一次校对，这部传记的创作暂时画上了一个句号。徐更光是北京理工大学机电学院教授、博士生导师，是我国著名的爆炸理论与炸药应用技术专家。他是中国工程院首批院士，也是北京理工大学的第一位院士。为什么由我为他写传呢？这还得从两年前说起。

记得那是2013年初春的一个上午，一个新的任务让我迈进了徐更光院士的家门。自从2010年我担任北京理工大学宣传部副部长兼校史馆馆长以来，挖掘历史，收集学校各个阶段重大事件、重要人物的各种材料就成了我责无旁贷的工作。随着对校史研究的不断深入，我慢慢地体会到，作为一个专门从事校史研究的人，不能只着眼于对历史事件的挖掘和文物收集，眼前的一些重要事件、重要人物也应该及时地收集和整理，否则，飞逝的时光马上就会把眼前的一切变为历史。我就是带着这个任务开始收集北京理工大学几位院士的相关材料的，徐更光、毛二可、周立伟等都是我重点收集材料的对象。

那天上午，我如约来到了徐更光院士家。房间并不宽敞，略显杂乱、有些老旧。徐院士一见我进来就略显吃力地从沙发上站起来，招呼我坐下，并让老伴儿沈秀芳给我沏茶。我连忙说：“徐老师您别客气，赶快坐吧！”接着我就向徐院士道出了此次拜访的缘由：“徐老师，您是咱们学校第一位中国工程院院士，为学校带来了很大荣誉，您是学校的光荣。所以我们要把您的讲义、笔记等有意义的个人物品收集一些，作为我们校史馆的馆藏，将来有机会可以对外展出。”徐院士一听先是愣了一下，然后对我说：“哦，你是来收我东西的，那可太多了。”说完，他用手指了指茶几上、书架上、沙发旁的书堆，对我说：“这些都是我的宝贝，都特别有意义，我不知道什么应该给你。这些东西对我来说都特别重要，都有很多故事在里边。”

还没等我继续开口，徐院士自己就打开了话匣子：“20 世纪 60 年代，我就参与为核武器提供炸药的研制工作。那时候是丁先生带着我们干的，费了好大的劲儿，最后干成了，连王淦昌都夸我们做得好。可是后来有人在最后时刻把我们踢出了门外，我现在想起来心里都有气，你知道我有多着急吗？”我听到这话不禁一愣。虽然我也在北京理工大学工作了二十多年，也算老人了，对徐院士也并不陌生，但还从没听到过徐院士参加过核武器的研制工作，我不禁撇开此行的目的和徐院士聊了起来。

这一聊可不要紧，徐院士先是对我讲了参加核武器研制工作的一些精彩片段，然后又讲起了珍宝岛冲突中的火箭筒、“8701”炸药、TNT 装药工人的苦难，以及他在减少 TNT 污染方面做出的贡献。当我听得云遮雾罩的时候，徐院士又和我讲起了他人生中经历的最严重的一起膛炸事故。徐院士聊得越来越兴奋，虽然大部分我都听不懂，但越听越觉得有意思。

徐院士的思路很清晰，记忆力很好，聊起过去滔滔不绝，充满了激情，有说不完的话。在与他的谈话中，我感到他有那么强的责任感和事业心，对事业是那么的热爱，对学生是那么的关心，看到现实生活中的种种矛盾，他又是那么的着急。这真是一个思想活跃、不甘寂寞的老者啊！想到此，我不禁脱口而出：“徐老师，您刚才说得太精彩了！您真应该把这些写下来，一方面是对您一生的回顾，另外也是教育年轻人的最好教材啊！”徐院士听完以后回答道：“我可写不了，我也没那么多精力。你看，我有这么多的工作要做，我的论文集还差很多东西。可是我没人呀，谁来帮我做这些事啊？”我一听他这么说，没加思索，马上说道：“干脆我来帮您，您把您肚子里的东西都倒给我，我把这些都记录下来，将来给您写传。”徐院士一听，眼睛一亮，对我说：“那敢情好。我肚子里的东西够你学一辈子，你要是能把它整出来，那就是帮了我一个天大的忙，也为学校做了一个大贡献。”我说：“好，以后我有空儿就多往您这儿跑跑，把您的这些精彩都记录下来，这可是最鲜活的校史啊！”说完这话我一抬头看表，没想到我在徐院士家里已经坐了近三个小时了。我赶忙起身告辞，离开了徐院士家。临别时徐院士嘴里还不停地念叨：“以后常来，保证让你特过瘾。”

就这样，我们结束了一次具有特殊意义的谈话。回来以后，此事我也没多想，只是觉得未来的校史工作又多了一个开发的渠道。至于说将来能走到哪一步，能否真的为徐院士写传，我心里也没底。只是觉得徐院士身上的故事很可贵，先采集下来再说。

此事没过多长时间，徐院士给我打来电话，问我能否到他家去一次。我放下手头的事径直去了徐院士家。一进门就见徐院士手上拿着一张纸，对我说：“来来来，王馆长，你看这是什么，看来你真有事干了，中国工程院还真让我自己来写传呢！”我一听，有点儿茫然，接过那张纸一看，原来是中国工程院《关于编纂出版中国工程院院士传记的通知》，通知的主要内容是号召所有院士写传，留下宝贵的科学财富，以俾后人传承前贤的创业精神和为国家为人民舍身奋斗的奉献精神。

还没等我把通知看完，徐院士就迫不及待地对我说：“我刚接到这份通知，工程院让我自己来写传，我怎么写得了啊？现在我把这个通知给你，你来给我写，人家还等着出版呢！”我一听这话，倒吸了一口凉气。我的天，这真是要写传啊！虽然前几日我答应过徐院士要为他整理材料，可是能整理到什么程度？我能有多大精力？到底何时能够写传？能不能写成？我都没有仔细想过，只想着先收集材料再说。可没想到，中国工程院还真下了这么个通知，让院士们自己写传。那一次没有任何准备的谈话，竟合上了中国工程院工作的节拍。

事已至此，我也没了退路，只得对徐院士说："以前我是想帮您整理材料，最好能帮您写个传。但绝没想到这是个硬任务，还要求 2014 年出版，这我绝对办不到。您别看我是校史馆馆长，可具有校史馆正式编制的就我一个人，外加一个非事业编的助手。平时我还有很多接待参观、校史研究、资料征集等日常工作，只能抽空或业余时间来帮您写。再者说我这个人生来有个习惯，无论干什么事，要么不干，干就一定要把它干好，绝不糊弄。我要是答应给您写传就一定写出一个精品来。但有一个前提条件：别限制我时间，2014 年 6 月肯定出不来。我会尽量抓紧，争取三年之内完成您的传记。"徐院士一听，脸上笑开了花，对我说："你要是真能帮我写出来，可算帮了我的大忙，我这里先谢谢你。时间上我保证不催你，工程院那边我去跟他们说。写一个传，哪有那么容易啊？你尽管自己去写，啥时候出来啥时候算。"我说："好，那就一言为定！"就这样，我对徐院士有了一个正式的承诺。

2013 年 4 月 16 日上午，我开始了为徐院士写传的第一次正式采访。从那天起一直到 2014 年 7 月 15 日，在长达一年零三个月的时间里，我一有时间就往徐院士家里跑，和他共同回忆他那波澜壮阔的一生。

慢慢地，我成了徐院士的忘年知己。从相识到相知，从旁听者到感情的投入者，从局外人到事业的参与者，一时间我好像已经完全融入了徐院士的生活。我们格外投机，几乎每一次采访时间都超过了两个半小时，有时聊到兴头上该吃午饭了，他也不让我走，自己也不吃饭，非要聊完为止。我记得时间最长的一次采访，是从早上八点半一直聊到了下午一点半。后来在徐院士老伴儿的万般催促下，徐院士才放我出门。几乎每一次采访，徐院士都是越聊越起劲儿，越聊眼睛越放光，他常说："和你说话简直太高兴了，比吃什么药都管事儿。"每一次采访我都难以想象面前的这位老者是一位八十多岁而又患过脑中风的老人。虽然他的腿脚已经不利落了，在屋里走动都要拄着拐杖，但是他的思路是那么清晰，记忆力是那么好。有时候几十年前的实验数据他竟能脱口而出，与资料上记载的分毫不差。

这个老人太神奇了，他的身体中仿佛蕴含着无穷的能量。他有那么多的往事要回忆，有那么多的困惑要述说，有那么多未能实现的目标要疾呼，要努力，要奋斗！他仿佛就是一架永不知疲倦的机器。

我随着他的思绪变化而喜怒哀乐，为他的苦恼愤愤不平，为他未能完成的事业心急如焚。到后来我仿佛不是在写传，而是在挖掘他身上所有的精华。为了徐院士的事业，为了学校的事业，为了中国的爆炸事业，我要把徐院士身上最宝贵、最有价值的东西都记录下来。我时时在想：在这部传记中，我不但要让大家看到一段真实的历史，让大家看到一个真实的徐更光，还要让徐更光的同行和弟子们看到徐更光成功的方法，看到徐更光的科研思路，更看到徐更光在一生的实践中解决困难的精髓。我暗下决心：当这部传记写成以后，要让普通人喜欢其中的故事，要让年轻人懂得奋斗的精神，要让徐更光的同行们学会徐更光的思路，更要让决策者们反思徐更光在科研奋斗中的矛盾与遗憾。也可能是我自己太不知天高地厚了，也可能是我太高估自己了，更可能是异想天开了……但这确实是我的初衷，是我的愿望，也是我心中那深藏的责任吧！

历史有时是模糊的，逝去的事情有时是可以粉饰的。但出于我曾经做过档案馆副馆长的经历，我认识到，记述历史应尽量还原它的真实性。每个人的过去不可能再现，但描写过去必须符合逻辑，必须有根据，也必须要获得那个时代的承认，否则，我们今天不负责任的描写和粉饰，多少年以后，可能就有人把它当成一种真实的依据来误导人们对历史的认识。我心中时刻在提醒着自己：写传的同时也是在创造历史。

正是心中有了这样一种信念，我在创作这部传记的过程中，自然而然地摘选了很多历史史料和物证。对于一些模糊不清的历史事实，我尽量通过多角度、多人物的相互印证来还原事情的真相。在这部传记中，关于徐院士老伴儿沈秀芳的户口农转非问题，以及某一科研成果的研制过程问题，我都下了大工夫，克服了不少难以想象的困难，终于还原了真实的历史。虽然有些细节在这部传记中不能全部体现，但是我确实是这么做的。我觉得只有真实地再现过去，才算是对徐院士的尊重，才算是对那些曾经帮助过徐院士的好人们的尊重，才算是对徐院士同行们的尊重。

对徐院士的采访绝不总是喜笑颜开，兴高采烈的。因为我们彼此都把感情投入得太多，在采访过程中也发生过争吵和激辩，徐院士也跟我红过脸。但都是很快就过去，几句话就能烟消云散，徐院士曾这样跟我说：“你是这辈子最了解我的人，有时候你能钻进我的心里。我想什么你都知道，所以我什么都不瞒你，也最相信你。”也可能我把徐院士对我的这份信任看得太重了，所以有时一些不同的想法也不能轻易地和盘托出。有时候知道徐院士身体不舒服，也不敢轻易去见他。因为我知道徐院士慢慢地已经把我当成了一种精神上的依赖，几天不见，就要给我打个电话。每次见面，都会激动，都会说个不停。有时候我也真怕累着他，怕影响他的健康。常言道：“日出千言，不损自伤。”说话是要耗真气的，特别是徐院士说话容易激动，更容易伤害他的身体。所以我后来时刻掌握着一种分寸，不能让徐院士因跟我说话太多而太累。

说到此，不能不提到徐院士生病住院以后的情景。徐院士住院的那段时间里，我家里也正好有亲人患重病，忙得不可开交。每次给徐院士打电话，想去北京大学第三医院看他，他都坚决地说："你不能来，医院也不让你进，你先去忙自己家里的事去吧！"徐院士的老伴儿沈秀芳也对我说："你现在就像他的亲儿子似的，他在病房里总念叨你，总想和你说写传的事情。你现在最好也别来了，他一见到你肯定会激动，说话又没完没了，反倒对他的身体不好。"

沈阿姨说的是实情，我也深深地理解这其中的含义。所以在徐院士在北京大学第三医院住院期间，我只是给他打电话，劝他养好身体，而没有到医院去看望他。但我从电话中听到的俨然是一个底气十足、说话有力的健康老人，根本想象不出，他的病情会加重。从他说话的声音判断，我以为他很快就能出院……

万万没有想到，徐院士转到中国医学科学院阜外医院以后情况急转而下。因为是在重症监护室不能随便探望，我就到家里向沈阿姨和其儿子了解徐院士的病情。从他们脸上那疲惫、沉痛的表情上，我才真正意识到了事情的严重性。当我到中国医学科学院阜外医院去探望徐院士的时候，他已经陷入了深度昏迷中。我叫他，呼唤他，他都浑然不知，只是听得徐院士的两个儿子对我说："在病房里我爸总念叨你，你也真像他的儿子一样了。"为此，当徐院士离世以后我心里埋下了一份深深的内疚。

我知道在他的晚年、在他生命最后的一年多时间里，我给他带来了欢乐，带来了理解，也带来了充实。我成了他晚年生活中很重要的一部分。在他住院期间，为了他的健康我一直没到病房中去打扰他，更没想到他会在医院中一去不复返。可这深藏的感情，却让我错过了和他生命最后时光的交流。虽然我们的心是相通的，但当我看他最后一眼的时候，我们彼此却什么都无法说出了……

当我听到徐院士逝世的消息以后，心里万分悲痛，就像自己的亲人离世一般。我就像他的家属一样前后为他的后事奔波。在痛苦的同时，我内心时刻提醒着我有一个责任：作为徐更光院士的忘年知己，我必须要让大家看到徐院士对国家做出的贡献，看到他的社会价值。悲痛之中，我心中自然而然地涌出了这样一幅挽联，算作我对徐院士最深的怀念：

国防功勋　科研楷模　师生齐悲失泰斗

军工重臣　业界领袖　众人扼腕少栋梁

徐院士逝世之前，已经把一生中最重要的成果和经历都对我讲了出来，我已经开始了对徐院士同事、同行和学生的采访工作。我的全部采访录音已经达到了100多个小时，传记初稿已经达到了26万字。但是谁也想不到的是，我对徐院士100多个小时的采访录音竟这样快地成了永久的历史。这其中包含着悲痛也包含着庆幸，终究我把老人家传奇而又精彩的一生真实地记录了下来……

现在，这部凝结了徐院士的一生和我两年心血的《徐更光传》终于面世了。收笔以后，我不禁百感交集。为了这部传记，徐院士拿出了晚年那么多的时间和精力；为了这部传记，多少人向我敞开心扉，追忆和徐院士共同经历的岁月……

《徐更光传》中涉及了非常多的专业知识，涉及了很多的人世交往，也涉及了很多久远的历史背景。我的学历背景包含机械、中文和管理，工作背景包含招生、就业、后勤、档案、校史研究，但在爆炸、化学方面以前绝对是外行，只是跟着徐院士才踏入了一个全新的领域。所以，文中难免会有纰漏和不当之处，欢迎大家批评指正。不妥之处，也希望得到大家的谅解！

谨以此书怀念我尊敬的徐更光院士！

王　民

2015年6月7日

第一章 成长历程

第一节　青少年时期

徐更光，浙江东阳吴宁镇人，生于1932年11月8日。东阳有“歌山画水”之美称，是我国著名的教育之乡、建筑之乡和工艺美术之乡，人杰地灵，孕育出了邵飘萍、蔡希陶、严济慈等许多杰出人物。徐更光出生在一个旧时的小职员家庭，父亲徐锡如是国民党时期东阳县政府的职员，后来因办事踏实认真享有很高威信，在县政府担任科长一职。徐更光全家人的生活收入主要来自徐锡如的薪水和老家的两亩薄田。徐更光小名叫庾生，家里人早期都喊他小名。徐更光在家中排行老五，大哥徐大光生于1928年，大姐徐淑仙生于1921年，二姐徐淑媛生于1923年，三姐徐淑娟生于1926年，下面还有两个妹妹。徐更光的家庭并不富裕，一个妹妹在6岁时不幸夭折，一个妹妹很早就送给别人家当童养媳。虽然这是一个很清苦的家庭，祖上也没有过多的家业，父亲徐锡如也没有读过正规的学校，只是靠

徐更光兄弟姐妹合影。前排左起：大哥徐大光、徐更光、三姐徐淑娟，后排左起：二姐徐淑媛、大姐徐淑仙

勤奋自学才在县政府里谋了个小差事，后来有了一定的发展，但是徐锡如非常重视子女们的教育：大哥徐大光和大姐徐淑仙都一直在东阳中学读到了中学毕业；二姐徐淑媛和三姐徐淑娟都在东阳一所专门学习桑蚕养殖的学校接受职业教育培训，学习成绩非常好，两姐妹的学习成绩经常轮流排名学校第一。

徐更光的母亲张松卿是一位典型的农村妇女，她一生没有上过学，嫁给徐锡如以后就一直在家里操持家务，为徐家生儿育女。张松卿一生简朴，很少给自己添置新衣服，有一点儿好吃的总是想留给自己的丈夫和孩子们。母亲对徐更光这个身边最小的儿子更是疼爱有加，有点儿好吃的总是先想着他，嘴里总是“庚生、庚生”不停地叫着。当徐更光能够四处乱跑的时候，只要一会儿不见他的踪影，母亲就四处寻找，生怕他有什么闪失。别看徐更光生来就是个小淘气，是个闲不住的孩子，但是对母亲的话却不敢不听，母亲的无微不至与和蔼慈爱让徐更光习惯了依赖，母亲的善良与勤劳给徐更光留下了难以磨灭的记忆。

其实，除张松卿之外，徐更光还有一位“母亲”——一棵香樟树。旧时，徐更光老家有个习俗，有些人为了孩子好养活，就让孩子认一种物品做“干亲”。其实就像北方农村爱把孩子叫成“猫儿”“狗儿”一样，图个吉利。徐锡如为了让徐更光更硬实、更顺利地长大，就让徐更光把家里庭院中的一棵茂密的香樟树认作“母亲”，就是借香樟树的“坚强、长久”之意。

1938 年，6 岁的徐更光开始到东白小学读书。大姐徐淑仙那年 17 岁，中学毕业后在东白小学做了教员，这样一来，大姐既可以在生活上照顾徐更光，也为徐更光的小学学习提供了很多方便。东白小学离徐更光家很近，办学地点其实就是徐氏祠堂，所以徐更光是在一个特别熟悉的环境里完成小学学业的。徐更光从小就非常聪敏好学，对艺术十分偏爱，从小就自学笛子、口琴、绘画。他也非常活泼，爱蹦爱跳，总闲不住，但是这些都不影响他的学习，在学业上他非常刻苦用功，会玩也会学，在同学们心目中很有“孩子王”的威信。大姐对这个又聪明又淘气的弟弟费尽了苦心，常常又气又爱，贤惠淑良的大姐此时亦姐亦师亦母，所以徐更光和大姐徐淑仙的感情是最深的。

徐更光的家庭虽然清贫，但是很有书香气，传承了中华民族的优秀传统，是一个典型的忠孝两全之家。父亲徐锡如为人热情、忠厚、讲义气，邻里之间有困难总愿意出手相助。谁家写个对联、写个书信都愿意来找徐锡如帮忙。所以，徐锡如在东阳县有许多真心朋友。徐锡如的字写得很好，在四乡里是出了名的。在这一点上，徐更光自己和姐姐们都得到了父亲的“真传”，写得一手漂亮的好字。慈父徐锡如对子女要求严格但从不打骂他们，对自己的兄弟姐妹也是疼爱有加。徐锡如的小妹，也就是徐更光的姑姑一生未嫁，平时身体也不太好。徐锡如一直让小妹和自己家人生活在一起，照料小妹的生活，几十年兄长的责任担子挑在肩上从未中断，一直到小妹孑然离世。这一切潜移默化地教会了徐更光怎样做一个善良、忠厚的人。

因为当时特殊的环境所致，徐更光的小学上得很不平静。老师们不仅要教孩子们学业，还要根据战时的情况随时改变校址。老师对孩子们非常关心和爱护，每次带着孩子们躲避时都细心呵护，生怕这些在战争中成长的孩子有什么闪失。在徐更光的记忆里，留下了太多远处的枪炮声，留下了太多日本飞机呼啸而过的情景。徐更光早已对时刻变换教室习以为常，背着简单的行李就跟着老师东奔西走，不知道下一个教室在何方。虽然徐更光那时还不能全部懂得这苦难的缘由，但是对那些在苦难中帮助自己的老师至今都念念不忘。

徐更光上小学的时候，父亲徐锡如已经在县政府任科长了，在当地既有人缘又有威信。1941 年日军占领东阳，徐更光当时已经 9 岁了，至今还记得从诸暨方向过来的抗日部队与从义乌方向包抄过来的日军在石马坑发生的激战。日军侵占东阳后，修公路，设据点，在东阳北乡就设有三个据点，除了把东阳城作为它的大本营外，在戚高山、巍山坪还设有两个据点，据点间有公路连接。日寇常从据点出来抢掠，东阳四周的植被遭到严重破坏。日军逼着徐锡如做维持会①的会长。可是徐锡如是个具有很强爱国思想的人，坚决不给日本人做事。为此徐锡如带着孩子们逃到了乡下，只留下徐更光的母亲张松卿一人在家看管家业，徐锡如一家人自此便过着两地分居、颠沛流离的日子。

徐锡如的爱国行为在徐更光心里留下了深刻的烙印，他从小就懂得了什么是民族、什么是国家、什么是侵略者。在那些艰苦的日子里，每个人的生活都因日本侵略者的到来发生了巨变。父亲徐锡如没有了薪水，家里人经常要靠乡亲的接济才能糊口，而且徐锡如自己因拒绝为日本人做事，时刻有可能被日本人逮捕。

在这期间又发生了让徐更光更为悲伤的事情。那时母亲张松卿一人留在东阳县城，生活非常艰苦，又不能到乡下与自己的丈夫、孩子们团圆，自己在这个凄冷的家中一天一天地苦熬着。她是多么渴望这种日子早一天结束呀！但是，上天没有给予这个支离破碎的家一丝怜悯，就在张松卿最困难的时候，饥寒交迫的她终于被病魔击倒，得了严重的脑中风。要不是邻居及早发现，张松卿可能就会在这冰冷的家中独自一人离开这个悲惨的世界。

好心的邻居把张松卿简单安置好，就立即派人四处打听徐锡如一家人的下落，把张松卿得病的消息传给了徐锡如。徐锡如听到消息以后，恍若五雷轰顶，万分焦急。那时的东阳县在日军的统治下暗无天日，日军对徐锡如拒不当维持会会长而逃到乡下的行为感到十分恼怒，经常派汉奸寻找徐锡如的下落，所以徐锡如是根本不可能回到东阳县城的。但是，结发妻子危在旦夕，徐锡如怎么能袖手旁观呢！就是拼死也要回县城探望妻子。可是，进县城就需要过日

① 维持会是指抗日战争初期日本侵略者在中国沦陷区内建立的一种临时性的地方傀儡政权。

本人设置的关卡，就必须要有“良民证”。可徐锡如那时因逃亡在外不可能办理“良民证”，“良民证”成了他进城最大的障碍。情急之际，徐锡如一方面让徐更光姐弟几个不用办“良民证”的孩子先回家看望母亲，另一方面只能采取一个办法：借别人的“良民证”回到东阳。

在这种情况下，一般人谁敢借呀？这可是掉脑袋的事情呀！多亏徐锡如有一群真心朋友，大家看到徐家遭此大劫都不忍袖手旁观，就找了一个与徐锡如长相类似的人，把“良民证”交给了徐锡如。徐锡如千恩万谢地接过“良民证”，用它蒙混过了日本人的关卡，在一天夜晚悄悄地回到阔别多日的家，看望病重的妻子。此时此刻，徐更光姐弟已经守候在母亲的病床前。徐更光永远忘不了那一幕：在从身上拿出“良民证”时，父亲的手是那么的颤抖。要知道一旦被日本人发现肯定会丢掉性命，而父亲不顾生命危险来看望生病的妻子，从这一点就可以看出父亲对母亲那深厚的感情。

那段时间，徐更光和自己的哥哥姐姐们都是想尽各种办法偷偷回家看望病重的母亲，徐更光清楚地记得，见到母亲时她已不能说话，只是拉着 12 岁的徐更光不住地流泪。是呀，12 岁，正是在母亲身边嬉戏的年龄，而此时却将要面对阴阳两隔的悲伤，徐更光能做的也只有陪着母亲不停地哭泣。

不久张松卿就带着无尽的遗憾离开了这个世界，年仅 42 岁。安葬完母亲之后，徐更光他们还要返回乡下。县城距离乡下有 50 多里路，哥哥姐姐们看到徐更光哭得那么伤心，就背着他往乡下走。徐更光中途几次要下来，可是姐姐就是不同意，此时此刻，姐姐也只能用这种方式来抚慰徐更光。

徐更光及哥哥姐姐们失去了母亲，此时的徐家生活就更为艰难了。徐锡如又当爹又当娘，拉扯着这一大堆孩子。但就是在这么艰难的环境下，徐锡如也没让孩子们中断学业。徐更光小学毕业后，报考了东阳中学并被录取。

在中学读书期间，徐更光还像在小学里一样，活泼、好动、兴趣广泛，什么东西都难不倒他。一次回到家中，徐更光放下书包吹起了竹笛，悠扬的笛声传得很远很远，优雅动听。大姐当时没在家，正在邻居家里与人说话，听到笛声后问："这是谁吹的笛子这么好听？"回到家以后才发现是徐更光吹的，不禁惊诧万分，不知道弟弟何时学会的。徐更光咧嘴一笑："这有什么难的？一学就会。"

在学校里，打球、跳水、书法、画漫画都是徐更光的强项，但学习成绩时好时坏，不是很稳定。但每逢考试，只要徐更光一用功，成绩就上去了，再难的题都难不住他，考试成绩也还都不错。初中时有一件小事让徐更光记忆犹新。有一次在上博物课的时候，徐更光一边听讲一边偷偷地给老师画肖像。这个老师很有学问，讲动物和植物都讲得特别好，同学们非常喜欢，很有风度也很有特色：额头上有深深的皱纹，尖尖的脸，戴着一副高度近视镜，眼睛也很小，俨然一个漫画形象。徐更光根据老师的特点画完后非常满意，就给同学们看。同学们见到后非常兴奋，背着老师争相传看，没想到最后还是被老师发现了。老师拿过漫画上下看了起来。当时徐更光甭提多害怕了，生怕老师批评自己。可是老师看了半天以后却笑了，说："画得太像了！太有意思了。"博物课老师最后非但没有批评徐更光，还让徐更光课后找他去玩。

后来这位博物老师经常和徐更光聊天，徐更光因此知道了不少功课以外的事情。这位老师非常欣赏徐更光的绘画水平，认为很有发展前途，让徐更光好好努力，将来推荐他上美院。徐更光对这位博物老师印象特别好，也特别愿意和他在一起，和这位老师的忘年交成了徐更光在中学时期一段特别美好的记忆。

在这位老师的鼓励下，徐更光对绘画更加钟爱。我国早期漫画大师丰子恺的绘画作品经常是徐更光的临摹对象。有一次，学校举行绘画比赛，徐更光画了一幅漫画，画的是一架老水车，水车上有两个朴实的农民在奋力汲水，远处是一望无际的稻田。本来漫画是不适合描写这种恬静的田园风光的，但在徐更光笔下，两个活灵活现的农民形象跃然纸上，亲切、诙谐、朴实的韵味让人过目不忘。最后，这幅漫画获得了全校第一名，徐更光因此获得了一张光荣的奖状。徐更光把画拿回了家，家里人感到既惊喜又高兴，没想到徐更光是这样全能全才，以后就更支持他发展个人爱好了。当然，徐更光最终没有选择画家这条路，如果真是上了美院，中国历史上没准儿多了一位优秀的画家，却少了一位爆炸学专家呢！

1945 年 8 月 15 日，日本侵略者无条件投降。消息传到义乌，全城的百姓沸腾了，大家走上街头，又唱又跳，像过节一样欢庆胜利。徐更光和同学们也是激动万分，大家在一起欢呼，庆祝中华民族的伟大胜利。

抗日战争胜利后不久，徐更光家迎来了一个喜讯：南京国民政府为表彰徐锡如在抗日战争中的民族气节，特发给徐家一张奖状，上书“忠孝传家”，上面有蒋介石的亲笔签名。这成了徐家当时最大的光荣，也是徐家在抗战岁月中的最好见证。徐锡如看着这张奖状真是感慨万千，这些年来吃了多少苦，经了多少难，现在日本人投降了，徐家得到了这样的褒奖，也算是一种精神回报吧！从此，徐家将这张奖状好好地收藏起来，当作一个无上光荣的传家宝。但令人遗憾的是在新中国成立以后，这张奖状被徐更光撕了。

1946 年徐更光转到了义乌中国中学继续上初中，1948 年徐更光以同等学力在义乌中国中学上了高中。到现在徐更光还记得自己当时报考高中的时候写的一篇作文，题目是《恒心》。文中主要讲的是孙中山历经十次革命失败，最后取得了成功，徐更光用这篇文章表达了自己对孙中山的景仰和对自己的鞭策。当时父亲徐锡如看了这篇作文后非常高兴，说写得非常好。在徐锡如看来，徐更光将来一定是个有出息的孩子。

1949 年新中国成立以后东阳中学成立了高中部，为了生活上的便利，徐更光又重新考回东阳中学继续上高中。大家在学习生活中很少有各种不良嗜好，一起刻苦学习，相互关心，相互帮助。从 1950 年冬季开始，一场大规模的土地改革运动在农村广泛展开，同年 12 月在全国范围内进行的清查和镇压反革命分子的政治运动也同步展开。政府为了更广泛、深入地宣传其精神，要求学生们配合政府开展宣传工作。

回到熟悉的东阳中学，徐更光积极参加学校组织的各项活动，依然是个文体活跃分子。他画宣传画，出刊物，办壁报，宣传政府的思想，帮助清算土地，还参加了业余小乐队，吹笛子，拉二胡，非常活跃。平时小乐队经常到乡下演出，帮助政府宣传土地政策，成了一支学生思想宣传队。徐更光的各种特长在学校里也得到了很大的发挥，他曾经用竹子自制笔筒，笔筒上还刻满了精美的梅花；他还亲自动手制作了一把京胡送给学校的老师，令同学们惊诧不已。尤其是在绘画方面，徐更光更是大放光彩。为了表现新中国成立以后的和平生活，徐更光临摹了毕加索的《和平鸽》，画板做得很大，放在了校门口，得到老师和同学们的齐声赞誉，让更多的人认识了徐更光。他还积极参加校徽设计征集活动，他设计的三角形校徽曾经是主要的备选方案，在学校公开悬挂过。这些美好的记忆都深深地印在徐更光的脑海中，让他终生不能忘怀。

多年以后，东阳中学邀请徐更光回母校作报告，他滔滔不绝地给同学们讲起了这些往事，格外兴奋和亲切。东阳中学的师生们也因为拥有这样一位优秀的校友而感到非常自豪。在给母校的留言簿上，徐更光亲笔题写了这样一句话："同根同源情牵歌山画水，同心同德共建美丽东阳。"这句话虽不是原创，但却最能表达他激动的心情。

在东阳中学上了近两年学以后，徐更光又考到水平更高、影响更大的金华中学读书。早在20世纪30年代，“金中人”就以淳朴的品质和出色的成绩，多次在浙江省统考中夺魁，学校成为浙江中部规模最大的中等学校，享有“北有扬中，南有金中”的美名。徐更光在金华中学只上了半年的学，但金华中学的校风、学风及文化底蕴，却给他留下了深刻的印象。那时的老师对同学照顾得非常周到，校园中到处都弥漫着浓郁的学习气氛，学生们有很强的责任心，大家心中都有一个强烈的愿望——争取早日为新中国的建设贡献自己的力量。

1951年新中国正式全面开始高等学校招生以后，徐更光迫切地希望到大学里接受高等教育。按照惯例，当时的大学都是春季招生。但是，为了加快新中国成立以后的人才培养速度，国家又增加了秋季招生。徐更光原本是在春季毕业，但有了这个机会，徐更光想早日踏入大学的校门，在秋季参加高考，所以他与班里另外两名男生和两名女生决定不再继续取得高中毕业证，而是以同等学力报考大学。那个时候徐更光家里条件不好，自费上大学确实很困难，所以他很想考师范类院校。一来师范类院校上学是不用花钱的，还给学生发放生活费；二来毕业以后还可以当老师。正当抉择难定时，徐更光的三姐徐淑娟提出了一个想法：让弟弟徐更光报考军工类院校。三姐在新中国成立以前考取了浙江省一所新闻学校，毕业后在《浙江日报》做了编辑，经常与军工类单位有联系，所以对这方面特别了解。而三姐夫是北洋大学毕业的，在朝鲜立过功。如此一来，三姐和三姐夫的经历更是说服徐更光报考军工类院校以便日后报效祖国。为此，徐更光做了两手准备，和班上另外两名男同学一起报考了东北兵工专门学校和南京大学。他还记得当时班里的两名女同学报考了南京大学和上海医学院，最后被上海医学院录取了。而徐更光和其他两名男同学被南京大学和东北兵工专门学校同时录取，那两人分别是单加木和金承天。三人被两

高中时期的徐更光

所大学同时录取，何去何从？但是他们仿佛没有丝毫的犹豫。因为在高考的前一段日子里，班里有五名同学都考上了军事学校，参了军，让同学们好生羡慕。三人一致决定，放弃南京大学，到东北兵工专门学校报到。但是，因为徐更光是以同等学力报考的大学，徐更光在金华中学的肄业证书先交到了南京大学保存，所以他们三人一起找到南京大学的招生老师，要回徐更光的肄业证书。当时南京大学的老师问徐更光："你既然被我校录取了，为什么又不想来了呢？"徐更光回答："我就想参军，为国家出力。"

第二节　在东北兵工专门学校的学习生涯

那时候南京大学已经是一所久负盛名的著名大学，而东北兵工专门学校是我军历史上最早的一所军事工业高等学校。东北兵工专门学校原名为东北军区军工部工业专门学校，简称东北军工专，成立于1948年4月，是在解放战争中为人民军队培养军事工业技术干部的学校。1950年7月，重工业部和东北军工局决定扩大和发展这所学校，东北军工专更名为东北兵工专门学校，简称东北兵工专，经教育部批准，定为五年制正规大学。东北兵工专从1951年起，参加全国统一招生，一年预科，四年本科。招生专业为：火药专业、弹药专业、轻武器专业、重武器专业等。国民党时期的高级军事专家高庆春任校长。新中国成立以后，东北兵工专主要为新中国培养国防工业科技人才，实行供给制，学生不用缴纳任何学杂费、食宿费，而且还有相应的生活补助。徐更光等一方面立志学军工为新中国的国防事业做出贡献；另一方面，也因为东北兵工专是供给制，能为家里减轻一些负担。就这样，徐更光三人踏上了前往东北的列车，开始了在东北兵工专的学习生涯。

东北兵工专时期的徐更光

徐更光清晰地记得，一下火车就看到了东北兵工专的战士来接新生。这些人一边扛着枪，一边帮他们搬运行李，雷厉风行，生龙活虎，甚是威风，让徐更光他们感到既新奇又亲切，终生难忘。徐更光觉得参军的愿望马上就要实现了，但遗憾的是东北兵工专根据当时的形势，决定 1951 年以后入学的学生不再有军籍。不过，学校在伙食、津贴、日常管理等方面还和以前一样维持不变。所以，徐更光他们实际上在东北兵工专过的是军校生活。

东北兵工专的军事化管理非常严格，出操、跑步、起床、熄灯……所有学生来不得半点儿马虎。刚开始，大家还都有点儿不习惯，但看到新老同学无一例外，天天如此，慢慢地也就适应了，成了同学们心中一段特殊的回忆。学校办得很有特色，学生一入学就感受到浓厚的政治气氛、团结气氛和学习气氛。无论是干部、教员、工友还是学生，都和睦相处，互相关心，互相爱护，都有一颗积极向上的心。在生活上，学校更是体现出供给制的优越，学生的衣食住行都不用操心。学校里的馒头又白又大随便吃，鸡蛋、鱼、肉这些那个年代的奢侈品，徐更光在这里可以经常吃到。一切的一切都是那么新奇和美好，徐更光他们都庆幸：来东北兵工专算是来对了！

由于徐更光在青少年时长期过着比较艰苦的日子，生活上也少有规律，体质不是很好，再加上入学以后军训生活比较艰苦，因此进入东北兵工专后没多久，在学校体检中被查出患有浸润型肺结核。那时的人们对肺结核知之甚少，都把肺结核当作痨病，在很长一段时期基本上属于不治之症。在此期间，为了让徐更光得到更好的治疗，也为了避免传染给其他同学，学校决定将徐更光隔离，晚自习不必上，在宿舍休息即可。还要求徐更光中午必须午睡，吃好，休息好，不能参加剧烈的体育活动。得了这么重的病，徐更光心里自然万分着急。这时老师和同学们都十分关心他，安慰他，不仅从多方面给予帮助，还为他补习落下的课程。徐更光一边学习正常的功课，一边又拣起了高中的一些课程。因为在徐更光高中转学和参加秋季考学的过程中，像三角函数、解析几何等课程都没有学，现在正好可以利用这次养病的机会，抓紧时间补一补。说起来，得这场病还有点因祸得福的感觉。除此以外，徐更光有不懂的地方就向老师和同学们请教，度过了一段特殊的养病生活。

不久，医生告诉徐更光已经有特效药来治疗肺结核了，只要注意休息，加强营养，加上合理的治疗，一般都不会有问题。经过近一年的治疗和康复，徐更光的病慢慢好转，身体不适的感觉也逐渐消失了。当医院检查病灶部位已经钙化后，徐更光结束了“特殊”待遇，恢复了正常的学习生活。

那时候，学校校风极好，同学们都把精力放在学习上，课余时间参加政治学习，举行各种社会活动，同学们之间相互学习，相互帮助，两年下来积累了深厚的感情。徐更光病好以后，无论是在学业上还是在学生活动中都表现出色，很快就担任了班长，并加入了中国共产主义青年团，还担任了组织委员。徐更光的多才多艺在学校中更是得到了充分发挥，无论是在文体活动还是在学生社团活动中，徐更光都是积极分子。那时，学校每两周就举行一次文娱晚会或舞会，学生们还经常排演话剧和歌咏比赛。每年学校都要举行春、秋两季运动会，也经常举行各类球赛。东北兵工专的篮球队、排球队都曾是沈阳市大专院校比赛中的冠军。在这些活动中，徐更光都是积极的参与者和组织者。在同学们眼里，徐更光是一个异常活跃的和精力充沛的人。

1952 年年初，徐更光和同学们遇到了一件意想不到的喜事。根据国家国防建设的需要，东北兵工专的兵工专业并入北京工业学院，所有相关的教师、学生、教学设备等一律迁往北京。

第三节　没想到成了北京工业学院的学生

北京工业学院是一所具有红色传统的大学，是中国共产党创办的第一所理工科大学。它的前身是 1940 年诞生于延安的自然科学院，后来几次更名，新中国成立的时候，学校的名称是华北大学工学院，1952 年定名为北京工业学院，隶属于重工业部。1952 年 3 月 9 日重工业部作出决定：将以前主要为新中国重工业建设服务的北京工业学院，逐步打造为国防工业院校，使之成为培养新中国国防工业技术骨干的主要基地。北京工业学院成为新中国第一所国防工业大学，隶属于第二机械工业部。1952 年 11 月，在院系调整过程中，经第二机械工业部、教育部批准：东北兵工专的兵器系、弹药系、火药系的 300 多名本科生及基础课教师，以及各类轻重武器、军事设备、兵器馆、图书馆并入北京工业学院。1953 年年初，完成合并工作，东北兵工专的所有本科生及教师离开沈阳，迁入北京。北京工业学院的谢簃和匡吉两位老师亲自到沈阳去迎接东北兵工专的老师和同学们。

1953 年 4 月，徐更光和同学们一起来到了北京工业学院。那时候，学校的校本部还在北京的东黄城根（原叫东皇城根）原中法大学院内。徐更光和同学们来到北京这个全新的环境，异常兴奋，刚刚安顿好，趁着学校还未上课，就和同学们一起四处看。他们对一切都感到那么新鲜：天安门广场、隆福寺商业街、王府井、大栅栏……北京的一切都让他们感到既亲切又陌生。来到了首都，来到了毛主席身边，更让每一个人都感到由衷的自豪和幸福。很快，徐更光就对周边的环境了解了很多，适应了很多，把这里当成自己的一个新家，开始喜爱这个大都市了。但有一件小事让徐更光念念不忘，人们常说：不喝豆汁儿就不算北京人，可徐更光怎么都适应不了北京豆汁儿的滋味，那种奇怪的味道让他难以下咽。徐更光在北京生活了 60 多年，可仍然不敢喝豆汁儿。关于 60 年前北京豆汁儿的记忆，徐更光在经历无数风风雨雨后都难以忘怀。

徐更光来到北京工业学院以后，仍然就读于化工系。化工系有三个专业，分别为火药、炸药、火工品及装药。当时化工系在北京工业学院的实力非常雄厚，有许多大师级教授，像周发岐、李麟玉、王凡、荣子兴、丁儆、陈福梅、张汉良及后来的周伦岐都是化工系的。当时徐更光上课的地点就是原中法大学的化学小院。

中法大学是一所中外驰名的大学，于 1920 年成立，到 1925 年就有了相当大的规模。中法大学坐落在东黄城根 39 号，面临东黄城根北街，是坐东朝西的格局，由北部校部及南部教学主楼两部分组成。校部是清末理藩部旧址，改作大学后，大门、配殿、主殿及个别附属平房仍维持原状。大门为带“八”字墙的单层中式建筑，面阔三间，大式硬山筒瓦顶，调大脊，安吻兽，当心间为大门，两次间前檐封墙，上饰八角窗。正对大门的礼堂（图书馆）为二层南北向楼房，清水砖墙，硬山屋顶。西山墙为主入口，前接面阔十一间连房，正中三间加抱厦。此座建筑是在原衙门大堂的基础上改扩建而成的。整个建筑群古香古色，凝重气派，是中式古韵和法式欧风相结合的经典建筑。特别是徐更光所在的化学小院和物理小院更是别有一番洞天：中国传统红砖绿瓦的圆润韵味和西式笔挺硬朗的风格融在一起，经过设计者颜色和造型上的巧妙设计，院内的一切看起来都是那么和谐、自然。

北京工业学院最早期时的校门

1950年中法大学根据中央人民政府高教部的命令撤销，而数、理、化三个系的师生、设备及校本部等并入了北京工业学院的前身华北大学工学院。那时的学校有大礼堂、图书馆、教室、实验室、体育场、实习工厂等，占地四十多亩。化学小院就在原中法大学的校本部内，徐更光对那时的一切都记忆犹新：学校的大红正门很气派，朝西面向东黄城根北街，红门上方挂着北京工业学院的牌匾。一进校门就能看到两个精美硕大的汉白玉花盆，花盆中栽有四季常青的植物，既古朴又有生机。

徐更光和同学们就是在这样的环境中开始了紧张的学习。与东北兵工专一样，那时的学生都具有极高的学习热情和很自觉的学习精神，谁在学习上遇到什么问题，大家都会主动帮助，业余时间除了学习政治就是努力汲取更多的知识，每个人身上仿佛都有一股使不完的劲儿。徐更光从东北兵工专转来时就是班长，到了北京工业学院继续担任班长一职，还是一样地表现出色。他不仅多才多艺，学习成绩也很好，是一位思维敏捷的好学生。那时，他和同学们住在钱粮胡同的学生宿舍，上课是在化学小院，每天走着去上课，大家从不迟到。因为学校规模不断扩大，校舍不够，学校的化工原理实验室就设在了南锣鼓巷。每次到南锣鼓巷去上实验课，徐更光都督促大家提前到达，免得耽误老师上课。说到学习，徐更光总忘不了一个有趣的小插曲。一次，同学们在上物理课的时候，窗外清新晴朗，几只小鸟在院内树的枝头上互相追逐嬉戏，徐更光看到这一番动人的情景，不禁神飞天外。老师发现了这个走神的学生，就马上让徐更光站起来回答一个问题："徐更光，我问你一个问题，咱们经常用的水银温度计你能用什么正确方法快速归零？"徐更光脑子里稍微一转，脱口而出："用磁铁就可以归零！"老师先是一愣，然后说道："答对了。"别看这个问题很小，但是教科书上还真没有介绍过。平时做实验时，都是用水银温度计测量各种温度，每次测完后水银都会停留在一定的刻度上，让温度计短时间归零是经常要做的事。没想到徐更光一下子就想到了用磁铁归零的小窍门。

由于在东北兵工专养成了习惯，所以徐更光每天和同学们一起出早操跑步，一直跑到北海公园再跑回来。所以在东黄城根附近的大街上，经常可以看到北京工业学院学生们整齐的队伍，他们有时边走边唱，有时列队跑步，形成了一道特殊的风景线。那时马路上还没有红绿灯，路口都是警察现场指挥交通，每次看见北京工业学院学生们的队伍跑过来，警察们都得加倍小心，既要指挥交通，又得关照学生队伍，忙得不亦乐乎。同学们每次都是一边跑一边笑着和警察打招呼。

在北京工业学院学习的几年里，徐更光是充实而又快乐的。在东北兵工专时实行的是供给制，到北京工业学院以后一直到毕业这个待遇也没变。那时候徐更光的生活费标准是八十分。他还记得那时候早饭基本是粥、馒头、鸡蛋等，中午有米饭、馒头、各种各样的炒菜，几乎没有粗粮。让徐更光印象最深刻的就是学校里的什锦饭，里面又有肉又有青菜，五颜六色，鲜美可口。晚上的伙食也很好，和中午没有太大差别。每到吃饭的时候，大家都是排队吃饭，也不用饭票，吃饱为止。

那时候的校风非常好，同学之间的关系也都很和谐，很少看到一些钩心斗角的现象。至于说谈恋爱的事情就更为稀奇了，一旦被发现就会成为班里学生生活会上被批判的对象。而徐更光作为一班之长，还要亲自去做工作，告诉他们要遵守纪律，不要过早谈恋爱，把精力放在学习上，以免给班集体带来不好的影响。除了正常的学习生活外，那时的大学生业余生活是非常丰富的：小话剧、合唱团、小乐团、周末舞会，都开展得热热闹闹、轰轰烈烈。在学校不大的运动场上，也经常组织排球比赛，各系之间为了争冠军经常是打得热火朝天，谁也不甘落后。为了一个犯规球的判定互不相让，有时还要闹到让老师来评理。现在想起这些往事，徐更光一边笑一边觉得真是不可思议。

另外，住在原中法大学院内的北京工业学院的学生还有一个得天独厚的优势。那就是学校离新落成的首都剧场非常近，走十几分钟就到了，可以很方便地观看话剧演出。那时首都剧场刚刚建成，是北京人民艺术剧院（简称人艺）最重要的演出基地。人艺的早期作品《龙须沟》《雷雨》《北京人》都在这里首演，当年都引起了极大的轰动，那时候能看到一场人艺的演出是让人十分兴奋的事。那时候北京工业学院的学生们也能得到部分的话剧演出票，每当有票的时候，大家就你争我抢，谁也不想错过这些精彩的演出。可是“僧多粥少”，没办法，有时候学校只能用抓阄的办法来分配演出票。徐更光身为班长，本来有近水楼台先得月的机会。但是，那时候在这种事情上，徐更光从来没想过为自己牟私利，总是和大家一起抓阄。但徐更光非常幸运，在同学中抓阄得票概率最高的就是他，搞得大家总拿他开玩笑，说他捣鬼。当然，这只是玩笑，谁都明白众目睽睽之下，是没办法捣鬼的，只是羡慕罢了。

徐更光就是靠着这种运气看了不少演出，像《龙须沟》、《北京人》及苏联的《奥涅金》都是徐更光在那一时期观看的。徐更光不仅喜欢看话剧，还喜欢看电影。可那个时候看场电影是件很奢侈的事情，机会少得可怜，学校大礼堂也没有放映设备。为了弥补这一缺憾，徐更光喜欢上了一本杂志——《大众电影》。虽然自己的津贴很少，但徐更光总能节省出钱来购买《大众电影》。每次看完，徐更光就给大家讲电影，大家听得津津有味，都特别羡慕他知道这么多电影故事。一谈起当年在东黄城根的学习生活，徐更光就滔滔不绝，聊得津津有味，乐此不疲。

徐更光在东黄城根上学的时候，院长就是大名鼎鼎的魏思文。在同学们眼里，院长魏思文威严、高大，身上有许多神秘的色彩，让人尊敬和着迷，同学们都为有这样一位院长而感到自豪。

魏思文院长给徐更光留下的印象非常深刻。那时候魏院长经常给同学们讲话，他讲话时从不拿讲稿，一讲起来就滔滔不绝，神采奕奕，特别有感染力。他畅谈新中国的发展建设，畅谈青年人的立志成才和美好未来，更为北京工业学院的将来描绘了一幅壮丽的前景图。同学们特别爱听他讲话，觉得魏院长很亲切，很有理想，特别有干劲，浑身上下总有一种不服输的劲头儿。平时在校园里总能看到魏院长忙碌的身影，走路比比划划、谈笑风生。有时上课的时候，他不打招呼就坐下来听课，刚开始搞得老师和同学们既高兴又紧张，慢慢地大家就习以为常了。魏院长的家位于学校后面的钱粮胡同，离学校很近，几分钟就可以走到。徐更光经常看见魏院长在学校里晨练，打太极拳，那不紧不慢的一招一式，给徐更光和同学们留下了深刻的印象。同学们在他晨练的时候，谁也不去打扰他，他每次打完太极拳之后，都是一边甩着手，一边和同学们打招呼。此时此刻，这个形象和台上的院长形象形成了极大的反差，眼前就是个轻松朴实的老者。所有这些都给徐更光留下了美好的印象。

第四节 留校工作 初露锋芒

1956年，徐更光毕业了，并因学习成绩优秀而留校担任教师。那一年，全班只有周晶颖和徐更光两个人取得了全五分的好成绩，是同学们公认的好学生。那时候，学校的师资还很奇缺，徐更光因为学校的需要没有继续攻读研究生，而是直接走上了讲台教授弹药学。

丁儆（右二）与黄耀曾、于永忠等专家在一起

留校以后，徐更光被直接分到化工系七专业工作，当时的系主任是王凡，总支书记是孙志管。丁儆是化工系中威望很高的老师，他亲自创建了七专业（炮弹装药、火工品及烟火技术专业）。1956年，北京工业学院的五专业是火药专业，六专业是炸药专业，七专业就是炮弹装药、火工品及烟火技术专业。徐更光一入校就在七专业丁儆先生的领导下开始了爆炸领域的探索与开拓。

工作以后，徐更光主要上专业课，教授弹药学，讲授炮弹的发射及爆炸的整个过程。后来，徐更光不断学习和摸索，自学了很多引信学、炸药配方等知识，并把这些知识都融入了弹药学的教学之中。徐更光原本不是学化学专业的，火炸药的研制配方等知识曾经都是徐更光的弱项，但是徐更光在教学和科研的实践过程当中，不断研习与爆炸有关的物理、化学、合成方面的知识，这为徐更光以后的科研生涯奠定了很好的基础。

另外，为了配合教学，在丁儆先生的领导下，徐更光和大家一

学校早期的炮弹陈列室

起建立了一个火炮、炮弹实物陈列室。他们弄到了很多炮弹实物样品，有美式的、日式的、德式的，各种口径、各种用途的炮弹应有尽有，达350多门（枚）。那时候军队把北京工业学院当成了自家人，只要学校有需要，军队都是克服困难无偿赠送。因此，在20世纪50年代北京工业学院的实物展室内，火炮、炮弹、坦克、火箭发射车等各种样品琳琅满目，异常丰富，代表了中国军队当时最高的装备水平。有了这些真家伙，徐更光经常带领学生操作真实的火炮，展示真实的弹药，让同学们对火炮弹药等一系列知识有了最直观的认识和掌握。

徐更光教授弹药学的那段时期正赶上学校化工系从原中法大学校址搬到现在中关村的办学地址（那时叫巴沟）。徐更光一边教学，一边建设炮弹实物陈列室，一边和大家一起忙着学院的搬迁工作。那时候，在东黄城根的化学小院有很成规模的专业实验室，如装药实验室能进行装药、压装药柱、检测药柱等方面的试验；火工实验室能进行火帽和雷管装药、起爆药制造等方面的试验；烟火实验室能进行特种烟火药的制备及主要性能测试等方面的试验。当时七专业实验室的建设在六系（化工系）处于领先水平，无论在实验室设计规划、安全规划或实验方法完善上都十分到位，井井有条。

搬到巴沟以后，这些实验室分别被安排在不同地方，其中火工品、烟火实验室设在了原五号楼的一层东侧；爆炸实验室和其余重要的实验室都被安排在了戊区，这些实验室都被安排在一起管理。在这次实验室搬迁和重建过程中，徐更光和一些年轻教师得到了很好的锻炼。那时搬家可不像现在有搬家公司，无论轻活儿重活儿全靠老师自己和一些工人们。拆装仪器设备、收拾各类药品、打包、装箱、装车、卸车，既是技术活儿又是力气活儿。有的设备用汽车拉，更多的设备要用马车拉，徐更光他们经常装车、跟车、卸车，跑一趟就需要一天。设备到了以后，大家来不及休息就得安装、调试、就位，生怕丢一件或坏一件，影响以后的教学。每个人无论多么辛苦和劳累，谁都不说苦，谁也不喊累，大家身上仿佛都有使不完的劲儿。徐更光脑子快，动手能力强，像仪器安装、调试这种细活是他的强项。徐更光在各个实验室里忙碌，一会儿五号楼一会儿戊区来回跑，虽然都在校内，但相距足有两里多地。那时徐更光还没有自行车，全靠走路，一天下来，累得腿都抬不起来了，可是第二天，他照样来回奔忙。但也是在这种忙碌之中，徐更光对化工系的各个实验室特别地熟悉。

1958 年，“大跃进”开始了，全国上下开始了轰轰烈烈的大炼钢铁的运动，超英赶美的雄心壮志让全国人民心潮澎湃。这种风潮在北京也是到处弥漫，北京工业学院的师生们在这种大炼钢铁的浪潮之中也不敢怠慢，到处建起了土高炉。当时师生们就在化学小院内和北京工业学院的操场上，挖了很多土坑，建了很多高炉。所谓高炉，其实就是挖个土坑，砌上一些砖，弄出个高炉的样子。老师和同学们把各种各样的废钢废铁废锅放到了这些土高炉里，然后点火，用鼓风机来吹，提高炉温。当炉温达到一定温度以后，这些钢铁慢慢熔化。在这个过程中，铁发生各种各样的反应，变了颜色。有些不明事理的学生认为这就成功炼成了钢，就山呼海啸地去报喜。其实那根本就不是什么炼钢，顶多是“炒钢”，自欺欺人罢了。

但当时形势就是这样，全国上下大炼钢铁，学生们乐此不疲，一个个的土炉子遍地开花，到处浓烟滚滚。现在想一想，在那些日子里，不知道浪费了多少生铁，浪费了多少能源，浪费了多少人力物力，但真正能炼出钢的几乎没有！徐更光看到这些，凭着他掌握的基本知识心里明白，这些都是徒劳。所以，在整个大炼钢铁的几年里，徐更光一直都是能躲就躲，一点都不积极。有一次开全系大会，徐更光记得很清楚，就在化学小院第五教室，徐更光坐在最后一排。一位系领导站在台前，挥着手说道：“有些同志，对大炼钢铁，一点都不积极，不发言不表态，没有任何责任心。”当他说完以后，徐更光竟然站了起来，说道：“我知道你说的是我，但我告诉你，你们现在用的这些方法解决不了问题，也炼不出钢来，不信你们就继续试！”徐更光这些话把这个领导堵得半天说不出话来。虽然徐更光得罪了领导，可事实证明，徐更光是对的。在经历了太多的闹剧以后，大炼钢铁最后以失败告终。

经过这次事件以后，徐更光的生活环境发生了显著的变化。那时候，大家一方面要大炼钢铁，另一方面还要在“大跃进”浪潮中取得成绩。那时候学校正在筹建西山化学试剂厂，主要生产间苯三酚。一没厂房，二没设备，三没固定成员，只有几个土作坊。学校领导觉得徐更光有干劲也有才气，但是在“大跃进”中表现一般，再加上徐更光不算是“根红苗正”，家庭背景很复杂，就让他离开教学岗位去西山化学试剂厂做厂长。徐更光一想倒也合适，可以去那里躲个清净，所以他离开了校本部，来到了西山化学试剂厂，开始了另外一种生活。

第五节　担任西山化学试剂厂厂长

说到西山化学试剂厂就不能不提到一种叫作间苯三酚的化学制品。间苯三酚又叫对称苯三酚，是一种在国内广泛使用的、工程设计和机械制图等各领域必不可缺的常用熏图有机药品。现在大家用的工程、机械零件等各类图纸大多是打印机出图，在计算机上成图以后，鼠标一点图纸就出来了。再往前一二十年主要是手工画图，用硫酸纸描图，再用氨水来熏图，这是最基本的工作。在新中国成立初期用的还不是氨水，大家都是用间苯三酚来熏图。

那时国内还不能生产间苯三酚，要靠从国外进口。因为这种药品生产起来非常复杂，几乎要经过化学反应的全部过程，如汽化、还原、过滤、浓缩、蒸发等，这在当时属于比较尖端的化学合成制品。当时，我国主要从英国进口间苯三酚。可这种药品属于基础用品，全国各行各业用量非常大，每年都要用掉国家大量宝贵的外汇。这种基础用品价格昂贵，每千克折合人民币420多元，这在当时相当于一个普通工人全年的总收入，所以大家用起来都格外谨慎，生怕浪费半点。1958年3月，北京工业学院六系有机组的荣子兴教授、何九龄教授及教师钟为民、吴惠兰等，克服重重困难，经历了多次失败，最后终于在实验室成功合成了我们自己的间苯三酚。通过检验，这种间苯三酚的质量超过了英国的水平，拿到工厂试用以后，得到了工厂技术人员广泛称赞。当时，间苯三酚的成功合成是一件天大的喜事，也是北京工业学院1958年向国庆献礼的成果之一。

当年生产的间苯三酚样品

间苯三酚成功合成以后，接下来就要进行工业化批量生产，这样一来仅靠实验室是绝对不行的。于是北京工业学院决定在西山药库（现北京理工大学西山实验区）成立西山化学试剂厂，专门进行间苯三酚的工业化生产。一方面，满足国内需求，为国家建设服务；另一方面，为北京工业学院创造经济效益。建工厂，就要有懂技术的管理者。在西山化学试剂厂的筹建阶段，六系曾经派去了不少转业军人，但苦于他们没有专业知识，给工作造成了很大困难，而且随着工作的逐步推进，大家体会到，产品研制成功和工业化批量生产之间还存在着巨大的差距，还要克服多种困难。如果没有一个懂技术、能钻研又不怕困难的管理者，那么间苯三酚就无法真正地走出学校，为国家做出贡献。由于徐更光这两年的出色表现，让大家看到了他那股韧劲和钻劲，六系领导看中了徐更光，让徐更光担任西山化学试剂厂厂长，让他带领教师、学生和工人，一起去完成这一艰巨的任务。

徐更光到西山化学试剂厂以后，立即全身心地投入工厂的建设中去。他一方面根据实际情况购置设备，一方面向荣子兴教授等人请教，仔细研究间苯三酚的生产过程。同时，他下定决心，一定要在已经成功的基础上更进一步，顺利完成间苯三酚工业化生产的任务。他查阅了大量资料，根据这些年的实践经验为生产做好了各种准备，并和老师、同学们一起研究生产间苯三酚的各种问题。在试生产过程中，徐更光很快发现，我们自己研制的间苯三酚成本很高。生产间苯三酚是用三硝基甲苯（TNT）为原料，通过氧化，加热，通入煤气，再水解，最后制成间苯三酚。其实生产间苯三酚的关键就是氧化和还原。徐更光是这样描述间苯三酚的生产过程的：在浓硫酸作用下，把 TNT 用高氯酸钾或者高氯酸钠进行氧化变成三硝基苯甲酸，再把三硝基苯甲酸还原成三氨基苯，再水解把氨基变成酚，就得到了间苯三酚。那时候生产间苯三酚一般使用锡还原法，但锡的成本很高，而且生产效率很低。徐更光想，我们自己生产间苯三酚本来就要为国家省钱，还要快速大量生产，这样才能满足国内的实际需要。如果达不到这个目的，那怎么行呢？带着这个问题，徐更光带领老师、同学们开始了新的探索。

那时候，六系的很多老师和同学们都参加了间苯三酚的科研生产，大家把生产间苯三酚看成是异常光荣的任务。徐更光这些年来在化学合成上也没少下工夫，对于这其中的奥妙也越来越清楚。经过徐更光和大家长时间的试验摸索，最后决定用廉价的铁代替锡做还原剂，一定也会生产出间苯三酚。只不过在生产工艺上要重新摸索罢了。有了这个想法以后，徐更光就带领大家开始了新的间苯三酚的科研攻关。

这些过程看起来简单，但是操作起来可真不容易。徐更光和同学们利用西山化学试剂厂的简陋设备，一遍遍地做氧化还原试验。因为在这些实验中经常要使用酸，又呛人，又危险，但是徐更光和同学们全然不顾，不停地在车间里跑来跑去。那时的师生把吃苦当作接受再教育的大好机会，遇到脏活儿、累活儿都是抢着干，大家心里只有一个念头：赶快把间苯三酚生产出来。

徐更光与生产间苯三酚的同事们合影

通过长时间试验和摸索，徐更光等终于成功地用铁还原的办法生产出了新的间苯三酚样品。通过和进口的间苯三酚进行对比试验，各种指标均不差于它们，而成本却低得很，完全可以替代进口产品，满足国内的需要。1958 年 9 月 17 日北京工业学院院刊上有如下介绍：

> 化工系出产的间苯三酚的质量不仅早已超过了英国，而且也大大超过了文献上规定的最高理论值，跃居于世界首席。例如，英国出产间苯三酚的熔点为 209℃，理论值为 217℃，而化工系的产品熔点达到 220℃；间苯三酚制造过程中的还原过程中，文献上记载每 3.38 千克 TNT 只能得出 1 千克成品，而化工系同学们做到了 3.38 千克 TNT 得出 3.1 千克成品；再如氧化率，理论值是 80%，化工系的同学们做到了 90%。文献上记载的都是用锡做还原剂，锡价格昂贵且不易买到。化工系的同学们和工人们一起，发挥敢想敢干的共产主义风格，用铁代替锡，不仅解决了还原剂缺料的困难，降低了成本，而且得率也

从40%提高到80%。

间苯三酚的成功生产，成为西山化学试剂厂对学校的一大贡献。当年，间苯三酚被当成学校“大跃进”的科技成果放在了学校的科技展厅中。每当上级领导和校外的客人来展厅参观时，间苯三酚都是被重点介绍的成果，是北京工业学院勤工俭学的标志性产品。后来学校还把间苯三酚的样品做成小包装，分发给前来参观的外国友人和国内嘉宾。一时间，西山化学试剂厂生产出间苯三酚成了很轰动的一件事，而西山化学试剂厂也因此小有名气。作为厂长的徐更光更觉得自己脸上有光，觉得自己为学校做出了突出贡献。

说到间苯三酚，其中还有一段插曲。在生产间苯三酚的过程中，学校不断对西山化学试剂厂进行投入，建厂房，买设备。而试剂厂生产出了合格的产品，学校就希望产品能在国内外销售，为学校赚取利润。徐更光作为厂长，推销产品自然责无旁贷。于是，这个有着书生气的老师便走出校门，踏入社会，开始了人生中第一次的经商体验。

徐更光第一站就来到了当时中国经济最发达的城市——上海。那时候上海交通非常不便，没有汽车，去很多地方都要靠步行，可他全然不顾这些，早上随便吃点儿就跑出招待所，一家一家地跑，路上连口水都喝不上。上海雨水多，可徐更光连把伞都舍不得买，顶着雨照样跑。有的单位离城里很远又没有公交车到达，徐更光就租上一辆自行车，来回一次一天就过去了。但就是自行车也不敢常租，每一分钱徐更光都得精打细算。

就这样，徐更光不知跑了多少家贸易公司和出口公司，说了多少好话，向他们介绍间苯三酚质量好，价格低。可不知为何，就是无人问津。徐更光有一种从未有过的挫败感，自己跑了不少路，说了不少话，可是跑了一圈竟然一事无成。回来后，徐更光把这些经历向自己的系主任王殿英做了汇报，王殿英主任听后哈哈大笑，半开玩笑半认真地说："你呀，就是太抠门！你说你到了上海，下雨也不打伞，也不换件干衣服，全身都湿透了还和人家谈生意，你说谁能相信你？你这样能谈出生意来？能卖出货去？"徐更光听后，也明白确实是自己太书生气了，看来自己真不是个做买卖的料。

这件事一直放在徐更光心里，让他好生惭愧。在西山化学试剂厂两年多的时间里，徐更光虽然没有学会经商，却学会不少科学实验的本事。这一时期，他接触了太多的化学原料，亲眼目睹了太多的化学合成，也亲手制造了多种新的材料，为他将来的科研和生产奠定了良好的基础。这大概是他在西山化学试剂厂最大的收获吧！

徐更光的上海之行虽然没有推销出去更多产品，但是，西山化学试剂厂当时对学校的贡献还是非常大的，当年的销售额已经达到了五六十万元，这在当时已经是一个十分可观的数字了。一个小小的化学试剂厂，销售额竟有五六十万，他们是靠什么创造出来的呢？当然，间苯三酚是他们的重头产品，且占很大比重，但后来西山化学试剂厂还有很多新的化学试剂，也是徐更光等共同研究生产的，都取得了很好的经济效益与社会效益。

徐更光怎么都忘不了当年的辛苦，因为往浓硫酸里放原料时会产生很大的气味和烟雾，所以徐更光和同学们就把浓硫酸的大罐搬到了屋外的白薯地里。当同学们把原材料刚一倒进浓硫酸，还未搅拌，浓烟就冒了出来，熏得人根本睁不开眼。大家只好用湿毛巾捂着鼻子干活，干一小会儿就得跑开，换一口气再回来接着干。等到第二天大家来到白薯地，惊讶地发现有很大一片的白薯秧子都被熏黄熏死了，真是太可怕了！

可是当时的师生们却根本没有怕苦怕累怕污染的意识，只要产品出来了，他们就比什么都高兴。对徐更光来说，感到很可惜的是自己的棉袄都被烧坏了。要知道，那时的一件棉袄可是家里很重要的一个物品，人人都非常爱惜。普通教师平时做一件新的棉袄要花掉一个月近四分之一的收入，你想，徐更光能不心疼吗？但是，由于徐更光整天接触各种化学试剂，他的棉袄上经常是被烧得大窟窿小眼，实在穿不了了，最后才不得不扔掉。那时候扔掉一件棉衣可真是从心里舍不得的。

那时候，普通人的观念中还没有环保的概念，而徐更光很早就有这个意识了。在西山化学试剂厂工作的几年里，有大量的废酸需要处理。徐更光没有简单地将这些废酸倒入河流和地里，而是将其都装在大坛子里集中保存。那时，也有专门的人员来收废酸，去提炼废酸中的有用物质。徐更光就让他们定期来一次，把所有废酸运走。如果说徐更光那时没有这种意识，那么这个小小的化学试剂厂会污染多少农田啊！

西山化学试剂厂的生产环境那么艰苦，但是学校连一分钱补助都没有，每个老师、学生也没有一点儿向学校要补助的想法。那时候人们的想法非常单纯：自己就是牺牲再多的东西，也不能随便向国家要一分钱。每个人对自己都那么苛刻，可心里却总惦记着为国家省每一分钱。还是以间苯三酚为例：间苯三酚的生产过程中主要用铁来还原，同学们就提出，既然用铁做还原剂，那么铁也用不着花钱了，铁刨花儿几乎没有成本。想到此，师生们跑到机加工的车间找到很多铁刨花儿。要知道，这些铁刨花儿本身就是废品，没有人去回收。师生们把铁刨花儿拿来，既为机加工车间打扫了卫生，又为自己找到了原料，而且连粉碎的工夫都省了，真是一举两得。

学生们通过实习环节将理论知识与生产实践结合起来，自己本身得到了锻炼，同时又提出了很多问题，有了更多的思路。通过实习，老师也会把同学们提出的问题总结、归纳，直至提升到理论层面，作进一步的研究。把理论和实践结合起来正是勤工俭学的关键。徐更光通过这一段精彩的回忆，证明了学生参与生产实习在大学教学过程中的重要作用。

第六节　回校任教　潜心实验室教学科研工作

1961年年底，徐更光回到学校继续任教。徐更光在西山化学试剂厂担任厂长三年多的时间里，一方面进行大量的化学实验，积累了丰富的经验；另一方面也在行政管理、理论和实践相结合的方面有了很大的收获和提升。导师丁儆欣喜地看到这个年轻人的成长，徐更光那勤奋、实干的工作态度和睿智的思维给丁儆先生留下了深刻的印象。工作之余，丁先生经常和徐更光聊天，一边询问徐更光近期的工作和生活状况，一边向徐更光讲述自己求学和留学回国的所见所闻。最让徐更光高兴的是丁先生的藏书向自己完全开放，这里有很多图书馆、资料室里没有的专业资料，有的英文原版书徐更光看不懂，丁先生就一边翻译一边简单地讲解。就是在和丁先生频繁的接触中，徐更光更多地了解了自己的导师，从丁先生那里得到了更多的教诲。

丁儆

丁儆是浙江大学1945年的毕业生，上学期间就积极参加抗日救亡运动。1944年年底，浙江大学内迁至贵州，此时，日军进犯湖南、广西，浙江大学师生对国民党军队望风而逃的行径十分气愤，遂推选竺可桢校长任名誉团长、丁儆任副团长，组建战地服务团，赴前线开展鼓舞国民党军队士气的劳军、慰军等抗日宣传活动。1948年，出于对挑起内战的国民党政府的彻底失望，丁儆出国留学。在美期间，他对旧中国的落后和腐败有了更切身的体会，爱国热情更加高涨，频繁地与进步留学生接触，开展各类进步活动。1949年6月12日，由华罗庚、丁儆等发起的留美中国科学工作者协会在美国匹兹堡成立。大会通过了由丁儆起草的会议宣言，丁儆被推选为协会理事。1949 年 10 月 1 日，中华人民共和国成立，在美留学人员欢欣鼓舞。此时丁儆已任留美中国科学工作者协会常务理事，全面负责协会的工作。在 1950 年 6 月召开的留美中国科学工作者协会年会上，由他主持会议，确立了"认识新中国，为回国参加建设做准备，一切为了回国去"的协会工作重点，动员留学人员回国参加社会主义建设。1950 年 7 月，年轻的丁儆冲破重重阻力回到日夜思念的祖国，并被华北大学工学院聘为副教授，讲授物理化学、化工原理等课程。1955 年，丁儆负责组建我国第一个爆炸装药加工专业，担任该专业教研室主任。1956 年，年仅 32 岁的丁儆参加了国务院科学规划委员会主持制定的第一个全国十二年科学技术发展规划工作，并受到毛泽东主席等党和国家领导人的接见。

徐更光从丁先生这些光荣的经历中看到了一个热爱祖国、报效祖国的科学家形象，这个光辉形象深深地感染了徐更光，教育了徐更光。徐更光结合自己在抗日战争中艰苦求学的经历，结合自己看到的旧中国的凌弱，进一步坚定了踏实工作、奉献祖国的决心，也越来越体会到一个国家的强大离不开强大的国防。

1962 年，丁儆根据北京工业学院化工系的实际情况，并结合炸药、装药、火工品、力学应用等专业发展特点，向学校提出建议七专业从化工系独立出来与战斗部专业、引信专业共同组成力学工程系（八系）。经学校批准后，力学工程系正式成立，下设四个专业：火箭战斗部设计与制造、引信技术、装药加工、火工品，丁儆任系主任。力学工程系成立后，丁儆立即着手组建新的教师科研队伍，丁儆与火工品教研室主任陈福梅教授共同推荐徐更光担任 83 专业火工品、装药技术实验室主任。至此，徐更光开始了长达二十多年的实验室教学、科研工作。

前文中讲过，徐更光在化工系实验室搬迁的过程中就发挥了重要作用，对实验室非常熟悉。经过了这些年实际工作的锻炼，再加上自己勤奋好学，所以徐更光很有信心胜任这一工作。徐更光知道，实验室教学和科研是专业教学中至关重要的一环，是专业理论与实际应用的重要环节，不但要精通本专业进行各种实验课程，还要拓展和延伸，探索更多的未知领域。在徐更光早期的科研工作中，学校很多实验室中都留下了他勤奋的身影。每次徐更光遇到困难时都向老师和同志们虚心求教，反复琢磨，直到弄懂为止。有些实验自己的实验室做不了，就到其他专业实验室或其他系里去做。那时讲究全校一盘棋，只要工作需要，实验设备和药品的使用都很容易，都是全力配合，很少斤斤计较。

83 专业的一大特色是炸药配方设计和精密装药成型。它是炸药产品的核心，因而不再是纯粹的弹药制试工艺，而是以爆炸理论为基础，紧密结合多种作用战斗部及其他产品的需求来研究，是一门综合性的理论与技术。作为实验室主任，徐更光从一开始就在这方面进行了多方的探索与实践。结合自己在西山化学试剂厂的工作经验，他在原料选择与配比、制药工艺与安全等多方面得到了诸多锻炼，也积累了丰富的经验。结合 83 专业的教学活动，徐更光和同事们一起进行了诸多有益的尝试，如利用战斗部实品进行反设计、根据技术资料进行炸药合成等，为学生毕业后更快地适应工作打下了坚实的基础。

那时候，徐更光是实验室中最辛苦的一个人，来得最早，走得最晚。每次上课前，他都要把各种设备调试好，各种药品准备好，各项事务安排得妥妥当当。在指导学生时，徐更光可是严字当头，一丝不苟。从实验过程到实验报告，他都亲自把关。有时学生们数据测得不全，过程上缺少步骤，都逃不过徐更光的眼睛，必须要补全才能过关。徐更光常说：做科研来不得半点马虎，一放松就出事。搞爆炸的实验室本身就充满着危险，有的学生经常怕这怕那，有畏难情绪。此时，徐更光就告诉大家：只要你们真正了解了炸药的性质和规律，做到细心、认真，按规定办事，就不可能发生事故。每当看到学生害怕，徐更光都是亲自示范，直到学生们放心为止。在这方面徐更光的学生孙业斌、刘德润记得特别清楚，他们回忆道：

> 刚开始做试验真是害怕，想一想自己手中的炸药都是装进炮弹的，又加温，又搅拌，那要是炸了可怎么办？可看见徐老师那么自然、娴熟地摆弄着炸药，一点儿不害怕，我们心里就有了底，慢慢地也就敢做了，也就习惯了。

说来也是，徐更光和炸药打了60多年的交道，接触了无数各种各样的炸药，做了无数有危险的试验，还真没出过大的安全事故。这一点不能不看出徐更光的严谨和认真。

说起徐更光的严谨和认真还表现在另外一个地方。八系用的很多实验药品都是危险品，易燃易爆，特别是各种成品炸药更是威力巨大，来不得半点马虎，所以这些炸药的管理自然成了库房管理者的重中之重。药库管理员整天提心吊胆，生怕出事，可是因为教学科研的需要，每天都得发药、收药，每次都要办理相应的手续。以前都是教研室或实验室专人来领药，药领走后去做试验，剩下的再还回来。这样一来很是烦琐，一是药量不好控制，为了工作方便往往多领，反正用不完可以还回去；二是容易埋下隐患，有些药的保存方法、对环境的要求都有差异，而药的品种又比较多，模样又差不多，很容易混淆，带来危险。这可是炸药管理者的大忌。徐更光作为火工品、装药技术实验室主任，日常工作根本离不开炸药，所以几乎每天都要重复同样的领药、还药工作，感到很烦琐，又无可奈何。慢慢地，徐更光琢磨：能不能改变这种管理方法，减少环节、消除隐患呢？深思熟虑之后，他向系里建议改变传统领药方法，责任落实到炸药使用人，每人建一个使用档案，把日常消耗量和总量配合起来，每次领药量要有标准，领出去的药不再回库，剩下的自己保存好，下次再用。这样增强了使用人的责任心，强调科学用药，最好用多少领多少，减少浪费。系里很快采纳了徐更光的建议，在试行了一段时间以后觉得很好，得到了大家的拥护。后来，这种改进的管理方法实行了很久，为药库管理者和老师们带来了便利，同时也减少了隐患（后来因为北京市对爆炸危险品有更严格的控制，这种方法随之取消）。

平时实验室还承担不少科研任务，搞起科研来，徐更光更是废寝忘食，执着而大胆。他好像天生就是研究炸药的料，对炸药的各种配方和原料配比总是表现出浓厚的兴趣，一头扎进去就要拼到底。而且，由于徐更光积累的经验越来越多，他总能想出一些新的点子来解决问题，有时也因此和大家产生一些争论。有的老同志回忆说：

> 徐更光哪儿都好，就是搞起科研来有时脾气太急。当年我就害怕徐更光在实验室里发火，他要是看到实验不规范或没按他的方法办，他就跟人急。可也奇怪，往往徐更光是胜利者，按照他的方法做，还真能成。所以慢慢地大家就越来越相信他了。别看他那时还年轻，但很早在科研上就有名气了。

这是当年同事们对徐更光的评价，也真实地反映出徐更光在实验室工作中的成长过程。

第二章

首次参与国家重大科研项目——“032 工程”

第一节　接受一项神圣的工作

1964 年 4 月，徐更光接受了一个光荣的任务，也由此首次参与国家重大的科研任务。徐更光在担任火工品、装药技术实验室主任的两年多时间中，凭借着扎实的理论基础和巧妙的实验思路，在实验室里如鱼得水，在国内火炸药领域也渐渐小有名气。也就是在此时，一项神圣的使命在向他悄悄靠近，这项使命让他激动，让他疯狂，让他愿意付出一切。

这个任务还要从头说起。1962 年，中国的核武器研发事业正处于最紧要的关头，与核武器相关的配套工作正在加紧进行，而在核武器研制过程中面临的各种难题也都在绝密的状态下由各个单位分头攻坚。而作为核武器爆炸成功前提条件的高能炸药的研制工作正处于紧张的探索阶段。为此，由当时的中国工程物理研究院（九院）牵头，组织国内各个部门专门进行高能炸药的研制工作，代号“142 工程”，由王淦昌任总指挥。当时的中国核物理研究院、中国科学院上海有机化学研究所、中国科学院兰州化学物理研究所、兵器工业部（五机部）204 研究所的前身等单位都是重要的参研部门，中国科学院上海有机化学研究所副所长黄耀曾是主要技术负责人，中国核物理研究院技术专家董海山是联络员兼技术工作召集人。

“142 工程”的主要任务是研制新型炸药，一方面满足核武器的要求，另一方面还可以用于常规兵器，提高我军的装备水平。1964 年 4 月，鉴于北京工业学院在火炸药技术上的优势，国家相关部门决定，让北京工业学院参与“142 工程”，将研制核武器专用高能炸药的任务交给北京工业学院，并下拨专用经费 20 万元。由此北京工业学院正式加入了“142 工程”研制工作，此项任务被北京工业学院命名为“032 工程”。

“032 工程”是在绝密的状态下进行的，当时的北京工业学院副院长周发岐担任“032 工程”总指挥，力学工程系系主任丁儆全权负责此项工作的具体开展。丁儆根据系里的人员情况，谨慎而又科学地挑选了一批精兵强将，逐一交代任务，反复强调此次任务的重要性和保密程度，让大家立即行动起来，把这项任务当作全部工作的核心，抖擞精神，迎接此项艰巨而又光荣的挑战。这支队伍中有徐更光、恽寿榕、张宝平、陈熙荣、张鹏程、王廷增、赵衡阳、黄正平、张汉平等，张宝平担任此项工作的秘书，负责联络各项事宜，还有一些实验员和学生也参与了部分研制工作。院长兼党委书记魏思文更是功不可没，在那个特殊的年代里，他特许所有参研人员可以减少甚至有时不参加政治学习，让所有参研人员专心致志进行“032 工程”的研制工作。这在当时的社会形势下是多么的难得，需要多大的胆量和勇气呀！所以说，当时参加“032 工程”的研制人员是在学校强有力的支援下开展各项工作的。

“032 工程”大体分工如下：丁儆教授抓总体，负责全面技术工作；以徐更光为主负责研制炸药配方；以恽寿榕为主研究压药（装药）成型工作；以张鹏程、黄正平为主进行力学性能分析。“142 工程”技术组已经对高能炸药的各项性能指标和要求作了具体规定，制定了统一标准，并下发到各个参研单位。就这样，徐更光光荣地参加了这支队伍，而且承担的是最主要的配方研制工作。徐更光心里既紧张又激动，他一遍一遍地告诫自己：要冷静，要认真，要奋斗！为国家立功的时刻到了。

1964 年 10 月 16 日，一个让中国人永远难以忘怀的日子，一个让华夏子孙扬眉吐气的日子——中国第一颗原子弹在新疆罗布泊试验基地爆炸成功。当周总理在人民大会堂向全国人民宣布这一特大喜讯之后，举国沸腾了，人们涌上街头，尽情地欢呼、庆祝，这标志着中国人靠自己的力量打破了超级大国的核垄断，提高了中国的国际地位，让中国人民挺直了腰杆。徐更光永远忘不了那一刻激动的心情，他和同学们一起走上街头，在校园内外，在大街小巷，人们敲锣打鼓，尽情享受着祖国强盛带来的幸福。第一颗原子弹的爆炸成功在徐更光心中具有更特殊的意义，因为徐更光明白他现在所从事的工作也和中国的核武器事业有着非常紧密的联系，说不定哪天自己就是这项神圣事业中的功臣。

中国的原子弹虽然爆炸成功了，但离核武器的武器化还有很长的一段路要走，同时中国核武器下一个更艰巨的目标——氢弹的研制，又摆在了全体核事业参研人员的面前。原子弹的爆炸属核裂变，氢弹的爆炸是核聚变。核聚变的临界环境需要更高的温度和压力，这就需要由原子弹爆炸后才能产生这种高温高压环境。通俗地讲，氢弹是由原子弹来引爆的。而我国爆炸成功的原子弹，高能炸药的水平还处于初级阶段，体积较大，装药较多，还无法达到核武器小型化的要求，也不适合用于氢弹的引爆。所以说，高能炸药研制的成败，影响着我国氢弹能否成功爆炸的未来。

高能炸药的作用是驱动核武器初级的内爆，实际上就是为原子弹点火。当时国内能够找到的威力最大的炸药是黑索金（RDX），学名为环三亚甲基三硝胺，是一种威力比 TNT 大很多的炸药。黑索金的熔点高，化学安全性好，机械感度和爆轰感度比 TNT 高。可单质黑索金无法加工成特殊形状，无法提高密度，做功方式也无法控制，根本满足不了核武器起爆的要求，所以迫切需要一种高能塑性炸药来解决上述难题。高能塑料黏结炸药就是在炸药中混入高分子材料，在尽量不降低炸药爆轰速度的前提下，增加炸药的钝感度、密度、可加工性、可塑性等，提高炸药能量密度，使爆炸过程更精确，从而满足核反应达到临界值的条件。我国第一颗原子弹主要靠多点同时起爆和增大药量来解决问题，总重量超过了一吨半，用它来引爆氢弹显然是太大了。而高能塑料黏结炸药的研制就是为了减少体积和重量，增强做功效果，达到临界值爆轰要求。所以说高能塑料黏结炸药研制，成了氢弹研制成功的前提。

在丁儆的具体领导下，大家开始了高能塑料黏结炸药的攻坚战。丁儆是当时国内为数不多的爆炸力学和爆轰学专家，对爆轰理论和爆炸材料的力学性质有深入研究，为发展我国兵器科学与技术学科，促进我国爆炸力学和爆轰学的进展和国际交流做出了突出贡献。他也是徐更光最尊重、最敬佩的老师，大家都亲切地称他“丁先生”。在丁先生的带领下，所有参研人员以“142 工程”制定的标准为目标开始了艰难的攻关工作。

作为一种全新的高能炸药，其核心工作就是炸药的配方。徐更光虽然不是学化学专业毕业的，但他在长期的教学、实验室工作中积累了丰富的炸药合成、装药工艺方面的经验，而且肯钻研，爱动脑，动手能力强，有一股执着的韧劲，所以丁先生把这最重要的工作交给了徐更光。徐更光决心不辜负丁先生和院领导的期望，把全部精力投入塑料黏结高能炸药实验中去。

第二节　攻坚克难　研制成功

研制之初，徐更光查阅了大量资料，希望找到解决问题的捷径。这时丁先生拿来了他从美国带回来的一篇文章 *LA 1448*，这篇文章介绍了美国第一阶段核武器研制所用的炸药，丁先生亲自翻译，大家共同学习。这让大家看到了亮点，于是大家按照这篇文章所提供的方法进行仿制。可是事与愿违，当大家花费很多精力仿制出来以后，通过实验数据进行了比对，发现这种药能量并不行，配伍也不是很好。一下子，大家都有点泄气。不过大家并不甘心，反复实验，希望能得到更好的效果。

那段时间，徐更光和大家几乎都是长在实验室里，一日三餐、睡觉都不离开实验室，都想赶快见到成果。为了测试一种配方的可行性，大家经常整夜地守在试验设备旁，盼望着能第一眼看到实验结果。当时他们用了多种含能的增塑剂以提高炸药的性能，可是经反复试验，出来的样品总是爆轰压不高，炸药的黏结性也不好，根本不合格。实验遇到了难题，遇到了无法逾越的屏障。大家在一起讨论、摸索，绞尽脑汁也想不出好的办法。有一天，丁先生来到实验室，他一边分析实验数据，一边让大家别着急，要多角度地考虑问题。看到大家不理解，他知道此时此刻大家心里都乱糟糟的，着急上火，什么都听不进去。

丁先生此时把徐更光叫到一旁，一边宽慰徐更光，一边聊起了家常。在聊天中，丁先生不知不觉谈到了毛泽东主席，他让徐更光多看看毛主席的书，要学习一下毛主席的矛盾论，要清楚世间万物都由矛盾构成，矛盾双方对立统一构成了事物的常态，矛盾的发展导致了事物的变化，不能从单一角度思考问题。这一席话触动了徐更光，他若有所思，慢慢地平静了下来。

回忆往事，徐更光忘不了丁先生当年的教诲，就这么几句话，却让徐更光受益终生。徐更光从矛盾论的思想中受到了极大的启发，学会了从更广阔的角度考虑科研中的难题。从此徐更光在以后的科研生涯中，特别是在火炸药相关科学的探索中，一直在爆速与钝感、能量与安全、密度与黏结性、性能与价格、存储与稳定之间寻找着巧妙的平衡。可以说，矛盾论这一哲学思想的成功运用，是徐更光一生中无数科研成功的思想基础，是他战胜困难的指路明灯。

有了和丁先生的这次谈话，确实让徐更光增强了战胜困难的勇气，也让徐更光看到了导师对自己殷切的期望，他暗下决心，要抛开幻想，另辟蹊径，一定要研制出一种爆速高、密度大、稳定性好、易加工的高能炸药来满足核武器的要求，这是对自己最好的考验和锻炼。

徐更光开始冷静下来，认真思考眼前的困难。如何让黑索金有效黏结起来、而爆速又不能降低太多——这就是解决问题的突破口。有了这种正确的思路，徐更光就按着这个方向思考起来。那一段时间徐更光连吃饭、睡觉都在琢磨这些问题，夜里有了灵感就马上爬起来记在纸上，生怕白天忘了。借鉴国内外同行在这方面的经验，大家的普遍做法都是在炸药中加入惰性材料降低感度，以牺牲爆速为代价换来炸药的安定性和可加工性，增加炸药的抗拉强度。使用这种办法很无奈，惰性材料加少了，感度下不来，粘不住；加多了，爆速、爆压不够，达不到临界值的要求。徐更光想：能不能采用一种办法，既兼容对高爆速的要求又满足炸药安定性的要求，而且使炸药更容易加工成型，进而取得一箭多雕的效果呢？

有一天徐更光灵光乍现，突然想起了一种高效黏合剂——Б Ф（玻氟）胶。这种高效黏合剂的主要成分是聚乙烯醇缩丁醛（PVB）和少量聚乙烯醇缩甲醛（PVF），这种胶是漆包线外层的主要物质，同时也是防弹玻璃、飞机螺旋桨等高强度零部件的黏结剂，被广泛运用到工业生产中。徐更光想：Б Ф 胶能把几层玻璃粘起来，使枪弹都无法穿透，以这种东西做黏结剂制成的飞机螺旋桨，能在长时间高速旋转中保持螺旋桨不易损坏。要是把这种黏合剂掺到黑索金中，那么一定会增强炸药的黏结性，得到合适的密度。而且因自身稳定性好，一定会较少地影响黑索金的爆速等性能，并能增强黑索金的安定性。想到此，徐更光马上派人到市场上买回 Б Ф 胶，开始试验用 Б Ф 胶做增塑剂。

但是买回的 Б Ф 胶不溶于水，如何将 Б Ф 胶与黑索金完全融合又是一个大的难题。但这些问题难不倒徐更光，他的头脑中马上就闪现出一个绝妙的方法。用无水酒精将 Б Ф 胶完全溶解，溶解后再和黑索金充分搅拌，混合物溶液在搅拌的过程中酒精会很快挥发，当酒精挥发完全以后这两种物质不就很好地结合在一起了吗？按照这种思路，徐更光带领他的科研团队开始实际操作起来。

在实验过程中，酒精和 Б Ф 胶的混合溶液和黑索金的粉末掺在一起，工作人员慢慢地搅拌。刚开始这种混合物非常稀，但随着充分地搅拌，这些混合物就变得越来越黏，当酒精挥发到一定程度以后这种黏稠物就粘在一起。徐更光瞪大双眼，忐忑地观察着变化过程，不知道到底会是什么样子。时间一分一秒地过去了，当酒精完全蒸发以后，没想到粘在一起的混合物又突然散开来，变成了一粒粒均匀的颗粒。徐更光看到这些颗粒真是欣喜若狂，成功了！这正是自己心中预想的效果，这证明他的想法是正确的。

大家和徐更光共同分享着这份喜悦，但大家不敢怠慢，马上对这些颗粒进行各种实验分析。当大家把这些颗粒进行落锤试验时，竟有几次感度为 0。经多次试验后，感度也没有超过 8，这真是一种神奇的效果，大家都不敢相信自己的眼睛。通过一系列严谨的实验后，大家发现，这种混有 Б Ф 胶的黑索金混合炸药的爆速和黑索金单质炸药相差无几，但其感度却大幅下降，安定性极好，极大地提高了黑索金的可塑性和安全性，第一步的胜利让他们看到了成功的希望。

接下来的事情，就是要将这些混合物颗粒压铸成型，以利于这种新型炸药的后续加工。徐更光和大家一起把混有 Б Ф 胶的黑索金颗粒倒进事前准备好的模具里，用当时学校里最大的 100 吨压机进行压铸。整个压铸过程非常顺利，没有出现任何意外。当大家把药柱从模具里取出来时，徐更光感觉到取得了初步成功，混合物颗粒被压成了坚硬的固体，密度得到了根本性改变，而且整个过程非常安全。徐更光把药柱掂在手上，仔细端详着这个宝贝，欣喜之余发现压出的药柱还不均匀，而且一些颗粒还容易粘在模具上。这时，徐更光马上想到：提高混合物颗粒的温度，改变它的物理性能，肯定会好一些。大家按徐更光的意见，把混合物先加热到 80℃左右，再重新进行试验。将 80℃的混合物倒进模具，继续压铸。压铸完毕，等压机和药柱自然冷却以后，小心翼翼把药柱拿出来一看，发现整个药柱已经发生了根本性改变，密度和外形都达到了很好的效果。可是，此时徐更光还不罢休，他考虑了实验的整个过程，觉得密度还可以更大，密度越大单位体积的能量就越高，就更容易满足核武器的要求。

可是，学校现有的压机只有 100 吨，还满足不了徐更光的要求。丁先生看到这个情况，马上向周发岐院长做了汇报。周发岐院长立即联系有关部门，在全国寻找适宜的压机。最后终于在天津某工厂找到了一台 400 吨压机，费尽周折地拉到学校，支持徐更光进行试验。徐更光看到 400 吨的压机这么快就来到了学校，兴奋异常，他感到了学校各级领导的大力支持，也感到了全国大协作带来的无尽力量。

400 吨压机的到来，使同志们信心倍增，大家都想赶快实验，早日看到最终的成果。但此时的徐更光反而变得异常冷静，他反反复复地回想着实验的各个细节，思考着实验过程中遇到的问题，怎样能让实验达到最好的效果？此时，以前试验中出现的少量混合物颗粒粘在模具上的现象又重现在眼前。徐更光想：100 吨的压力作用在模具上，都有少量黏结颗粒。那 400 吨的压力会不会更严重呢？黏结过多就会影响药柱的外形和均匀度，给下一步加工造成困难。看来，黏结模具的问题必须解决。于是，徐更光立即开动大脑，不久一个奇思妙想诞生了：在混合物颗粒中加入硬脂酸，一定会改变黏结效果。

硬脂酸是一种表面活性剂，能够提高材料的表面附着能力，改变药柱内部的均匀性。大家经过一番努力，在混有聚乙烯醇缩丁醛的黑索金中又加入了硬脂酸。之后，将这种新的混合物颗粒倒进了模具，同样加热到 80℃，用 400 吨压机重新进行了注压。采用这些方法以后，大家静静地等待最终的实验结果。当这些黑索金混合物被压铸成型慢慢冷却后，从模具中倒出，大家禁不住欢呼起来。大家发现药柱是那么的坚硬、细密、光滑，是那么的漂亮。徐更光带领大家反复实验了这个新型药柱的爆速、爆压、安全性、稳定性以后，就开始进行成型加工实验。

让外行人永远想不到的是：这种威力极大的炸药竟在车床上被工人们切成了各种各样的薄片、方块、长条，各种形状的黏结性炸药固体摆在桌子上，就像孩子们玩的积木一样。为了达到“142 工程”的相关指标，徐更光和大家一起，还把这种炸药做成了直径 200 毫米的药柱，并进行了长时间的存放，以检验它的成型稳定效果，结果也令人非常满意。大家看到这种高能塑料黏结性炸药研制成功后，无不激动万分，马上请来周发岐和丁儆等领导来检验他们的结果。丁儆先生看到炸药成品和一系列满意的实验数据后，也高兴异常，连声说：“太好了，你们真是把矛盾论学活了。”

从此在中国的塑料黏性高能炸药史上就诞生了一种新产品，定名“HBJ”高能炸药。不过，分析完“HBJ”的所有数据后，丁先生还是嘱咐大家要全面地想想实验步骤和过程，看是否还存在哪些方面的纰漏，并在成功的基础上再仔细想想还有什么更好的改进办法。徐更光听到丁先生的嘱咐，心中无比敬佩丁先生严谨的科学作风和科研思路。在接下来的实验过程中，徐更光按照丁先生的嘱托，仔细琢磨着在“HBJ”的基础上还有什么更好的改进措施。此时，徐更光的思路又回到了 Б Φ 胶上，他知道 Б Φ 胶的主要成分 PVB 占 98%，另外还有 2% 的 PVF，而这 2% 的 PVF 在炸药黏合过程中基本上起不到什么作用。想到此，徐更光就派人到市场上买回来纯的 PVB，这是一种白色固体，也同样溶于酒精。有了前面成功的经验和工艺，徐更光按照前面的做法，又一次将黑索金和 PVB 进行了混合和压铸，将这种混有纯 PVB 的炸药命名为“HJJ”。各种实验数据表明：“HJJ”和“HBJ”的爆速和安定性相差无几，“HJJ”的硬度更大，加工性更好，生产工艺也更简单。至此，在副院长周发岐、系主任丁儆的领导下，在徐更光和全体科研人员的艰苦努力下，满足核武器需要的高能炸药“HBJ”和“HJJ”的研制工作取得了巨大成功。北京工业学院的“032 工程”也以此为标志取得了阶段性的成果。这种高爆速、高爆压、加工和安全性好、感度低的高能炸药也成了徐更光最得意的作品。

“HBJ”“HJJ”炸药获奖后合影（徐更光位于第二排右四）

第三节　接受鉴定　节外生枝

“HBJ”和“HJJ”两种高能炸药研制成功以后，有关人员迅速向上级做了汇报，“142 工程”的领导和有关技术人员听到这个消息后吃惊不小。要知道参加这项攻坚任务的中国科学院上海有机化学研究所、中国科学院兰州化学物理研究所、九院九〇三所、五机部 204 研究所的前身都是国内顶尖的专家团队。大家都在这个项目上进行了顽强的攻坚，而生产出的产品却总有这样那样的问题，无法完全满足核武器实验的各项指标。而北京工业学院靠着自己的力量就能解决这么大的问题吗？他们心中真是没底。很快北京工业学院研制成功“HBJ”和“HJJ”两种炸药的消息向王淦昌做了详细汇报。王淦昌是中国核武器研制中一位极其重要的科学家，当时是九院第二技术委员会主任，是核武器设计制造的主要领导者之一。王淦昌接到汇报后，百忙中抽出时间亲自来到北京工业学院戊区，观看炸药样品，查看各种实验数据。当王淦昌看到这些实验数据以后，拍着徐更光的肩膀称赞道："如果真是这样的话，那么这个在中国核武器事业中研制出高能炸药的功臣就是你们北京工业学院了。"

1964 年年底的一天，"HBJ"和"HJJ"两种炸药迎来了定型鉴定的一天。"142 工程"的主要技术负责人黄耀曾、科技工作联络员董海山等各单位专家来到了北京工业学院，在戊区内全面考察了"HBJ"和"HJJ"炸药的合成和压药情况，对各项实验结果进行了复查。丁先生带领徐更光和参研人员向黄耀曾、董海山等仔细介绍了"HBJ"和"HJJ"炸药的生产原理、生产工艺及成品的加工情况，向他们提供了全面的实验数据，并演示了整个合成和生产过程。大家无不为"HBJ"和"HJJ"炸药的爆速、爆压、稳定性、安全性、可加工性感到惊奇，并对生产过程中可能出现的各种问题提出了多种质询，徐更光均做了肯定而又满意的答复。

通过在北京工业学院戊区内的几天实际考察，黄耀曾、董海山等专家对"HBJ"和"HJJ"两种炸药的成品和各项实验数据比照"142 工程"提出的各项指标进行了仔细研究和分析，均认为"HBJ"和"HJJ"两种炸药圆满达到了各项指标要求。但是在实验结果鉴定讨论会上，黄耀曾提出了一个观点让徐更光始料不及。黄耀曾说："根据我在苏联看到的一篇学术文章上面的数据，你们这种配方存在着严重的衰减性（主要指 Б Ф 胶），10 年以后其功能可降低 20%。20 年以后可能降低 50%，这一点你们要认真考虑，你们要再好好想一想。"

徐更光听到上述讲话以后惊诧万分，他想：这种物质制成的防弹玻璃已经应用了这么多年，没听说用着用着防弹玻璃就不行了；

这种物质也普遍用在飞机螺旋桨上，也没听说时间长了螺旋桨就出问题了；何况这种物质被用在漆包线上，在工业上广泛应用，也没听说用着用着漆包线的表皮就失效了。对黄耀曾提出的疑问，徐更光做出了及时而又肯定的回答，坚信不会出现此种情况。但是，此时自己又无法马上拿出实验数据来印证，这可需要十年、二十年的等待和测试呀！徐更光如何能在此时做到呢？黄耀曾最后表态："这是我个人的意见，仅供参考。"徐更光万万没有想到，就这样"HBJ"和"HJJ"两种炸药被踢出了"142 工程"高能炸药备选行列，尽管徐更光做了大量申诉，但结果依然如此。

文献资料记载，当时"142 工程"的各主要参研单位都拿出了自己的高能炸药，如五机部 204 所的前身单位拿出的是 H4PNG，这种炸药因各项性能不好一直未被采用。中国科学院兰州化学物理研究所拿出的是"1105"高能炸药，这种炸药总体状况良好，但成型性能较差。"1105"高能炸药曾经做成直径 200 毫米、280 毫米和 380 毫米的药柱，但时间不长后均出现裂纹，无法正常加工（后来经董海山等改性后，变成"1105-BJ"才用于核武器）。而北京工业学院研制的"HBJ"和"HJJ"两种炸药，无论在爆速爆压、安全性、稳定性、可加工性上均全面超出上述炸药。特别是在压铸成型方面，"HBJ"和"HJJ"两种炸药都做成了直径 200 毫米的药柱，坚硬光滑，没有丝毫裂纹，加工性极好。

第四节　虽失之交臂
却埋下了一颗执着的种子

黄耀曾带领的专家组走后，徐更光陷入了无比郁闷之中，他坚信"HBJ"和"HJJ"两种炸药是成功的，是完全能够满足"142 工程”提出的要求的。但是他没有办法用时间来印证黄耀曾所说的衰减性。徐更光感到困惑，有口难辩，但是面对当时的情况，他只有深深的无奈和压抑。但是这无奈和压抑并不代表屈服和退缩，也就是在此时，徐更光立下一个坚定的信念：我不能停止，我要把“HBJ”和“HJJ”两种炸药的实验做下去，我要用时间来证明“HBJ”和“HJJ”炸药的优秀，我要用时间来证明自己的正确。

从那时起，这两种被否定的“HBJ”和“HJJ”炸药没有静静地躺在戊区的药库里，它的主人徐更光依然把它看作是最难得的成果。每年徐更光都要把“HBJ”和“HJJ”两种炸药拿出来做环境、温度、腐蚀性、爆压、爆速、稳定性、安全性等多方面的实验，保存着大量丰富而翔实的数据。后来徐更光在事业上蓬勃发展，科研和教学任务都非常繁重，但是，徐更光就是再忙再累，也忘不了“HBJ”和“HJJ”这两种炸药，每年都要重复同样的工作，这一干就是16年……

到了1981年9月，徐更光又一次完成了各种实验，用完了最后一点样品。在这次试验中他惊喜地发现：“HBJ”和“HJJ”两种炸药只是在外部颜色上有细微的变化，而在多项指标上都完好如初，其抗压强度和抗拉强度还显著提高。徐更光感到既欣慰又悲伤。此时此刻，徐更光觉得自己还应该做些什么，他把自己16年的实验结果向九院做了书面汇报，并附上完整的实验数据。节选如下：

“HBJ”与“HJJ”两种药贮存安定性的评价

（一）“HBJ”“HJJ”在长达16年的贮存中密度变化极微。如果药柱本身温度对密度影响也加以修正的话就看不到什么变化，这是一个很重要的特性。

（二）“HBJ”与“HJJ”的力学性能比较稳定，大约较贮存前提高10%～20%，我们认为这种现象是正常的，在其他炸药中也可以看到这种情况。这一结果与70年代测得的结果比较接近，说明药柱强度增大到一定程度后就比较稳定。

（三）“HBJ”“HJJ”在无包装的条件下置于半地下库中，气温条件与室外自然条件相仿，但药柱外观仍与贮存前差不多，无裂缝、光亮如新。说明这两种炸药能够在较长条件下长期存放，并保持其良好的物理特性。

徐更光把这篇学术报告寄到了九院的九〇三所，但没有得到任何回音。他此时能做的只有这些，而此时这种感觉他又能向谁去诉说呢？谁又能理解徐更光此时的心情呢？此时离中国氢弹的爆炸成功已过去了 14 年，而中国核弹的小型化、武器化离美国、苏联的距离还相差甚远……

时光如梭，岁月荏苒，一晃 40 多年过去了。2010 年，已经 78 岁高龄的徐更光已经功成名就，桃李满天下。作为国内爆炸领域的顶尖专家，他受邀参加了中央电视台“大家”栏目的节目录制。2010 年 10 月 16 日 22 点 40 分，描写徐更光院士传奇经历的专题片《铸剑为犁》在中央电视台第十频道首次播出，立刻引起了社会的强烈反响，各路媒体纷纷采访徐更光，做深度报道。但是，也许没有人会注意到：46 年前的 10 月 16 日正是中国第一颗原子弹爆炸成功的日子，《铸剑为犁》在这个特殊的日子里首播，真不知这是命运的捉弄还是命运的巧合？

在专题片中，中央电视台主持人许可问道：“您这一生中最早的、印象最深刻的研究成果是什么？”徐院士回答：“就是 1964 到 1965 年在中国核武器小型化的研制过程中在高能炸药方面做出的贡献。”在专题片中，徐更光真情地袒露了自己 40 多年前的遗憾和无奈。徐更光说：“过了很久很久（大约 35 年）以后，我从当初委托我搞炸药配方的一个同学那里得知，我的药还是用上了，而且用在一种非常重要的武器上。这个同学说这个药是咱们共同努力的结果。我听说以后很高兴，真的很高兴……”

徐更光参加中央电视台“大家”栏目专访

有关资料记载，我国第一颗氢弹最早选用的是中国科学院兰州化学院物理研究所生产的“1105”高能烈性炸药，但是在压制 ϕ200、ϕ280、ϕ380 等大药柱时全部出现裂纹，严重影响了型号的研制速度。后来有关人员就是借鉴了徐更光的研制成果，主要是在“1105”造型粉中加入了 1% 的聚乙烯醇缩丁醛，经过一系列混合，压成的药柱保持了“1105”的爆速、抗压强度、感度等数据基本不变，而抗拉强度显著提高，弹性模量适当下降，彻底解决了大药柱成型的裂纹问题，从而保证了我国第一颗氢弹的爆炸成功。

2012 年 11 月 17 日，徐更光迎来了自己 80 岁寿辰。这一天，在北京理工大学国际教育交流大厦的宴会厅里，高朋满座。中国人民解放军总装备部、海军、武警总部、国防科工局、九院、公安部、北京理工大学的领导及徐更光的同事、学生、科研合作者，共计 240 多人，大家欢聚一堂，共同庆祝这位国防战线上的功臣 80 岁华诞。会上，大家纷纷发言，向徐更光表达了亲切的慰问与祝福，并对徐更光 50 多年来为祖国国防等领域所做出的卓越贡献表示由衷的钦佩。

学生们向徐更光献花

在众多的发言中，最引人注目的是九院副院长龙新平的发言，他讲道：

首先我很荣幸参加徐院士80华诞庆典，等会儿我代表院里宣读一下贺信。刚才各位已经把徐院士在常规武器上的贡献说得很清楚了，这里我再讲一件事情。这件事，九院的董海山院士，在1999年北京理工大学做关于氢弹的突破和小型化科技报告时也曾提及。1964年，在攻克氢弹任务时，研制引爆核弹的炸药是重大难题，在研发过程中，最终使用了徐院士主张的黏结剂，解决了药柱成型性能差的问题。在此徐院士80华诞之际，我代表中国工程物理研究院感谢徐院士为我国核武器发展做出的重要贡献。

历史和事实对徐更光院士作出了最高的褒奖，在参与“142工程”、为中国的核武器研制高能炸药的过程中，他的付出、执着和责任感令人无比钦佩。

第三章

辛苦、快乐的家庭和艰难、传奇的岁月

第一节　同事做媒　喜结良缘

徐更光1961年5月与北京市化工三厂青年职工沈秀芳结婚，他们二人是在西山化学试剂厂认识的。徐更光在西山化学试剂厂的三年时间里，生活是清苦、紧张而又忙碌的，也是十分充实和快乐的。但是最让徐更光感到欣慰和骄傲的是，在这段时间中，他收获了爱情，组建了自己的家庭，并有了自己的下一代。让我们随着徐更光的回忆去和他共同体验一段往日的幸福吧！

徐更光的爱人叫沈秀芳，1941年生人，是个善良、爽直而又勤快的姑娘。沈秀芳的家在北京市海淀区的冷泉村，父亲是曙光中学的炊事员，母亲在家务农，是一个工农相结合的大家庭。沈秀芳一共姐弟六个。在那个年代，一家八口的大家庭生活非常艰辛，母亲务农，弟妹们年龄又小，家里的日子过得非常艰难。沈秀芳自幼在家里又能干又能吃苦，上小学的时候，就帮着母亲下地干些农活，有时候母亲去地里干活时，照顾弟弟的任务就压在了她身上，所以在弟弟妹妹眼中，沈秀芳是一个特别懂事，特别会关心人的大姐姐。

1956年，沈秀芳上了中学，在北京99中上学，1957年将户口转入99中成为居民户口。1958年中学毕业后幸运地被北京市化工三厂招为学徒工，这让沈秀芳激动不已。要知道在那个年代，一个农村的女娃，被工厂招进来当工人是一件多么难得和幸福的事情啊！进了工厂就可以转成居民户口，每月就有了固定收入，可以端上“铁饭碗”，吃上“皇粮”了，所以沈秀芳进厂当工人可把一家人都乐坏了。

沈秀芳到了北方市化工三厂以后，也特别珍惜这次机会。从当学徒的第一天起，她就踏实好学，不怕苦不怕累，也特别尊敬自己的师傅，成了当时工厂里人见人夸的青年女徒工。化工三厂位于北京市丰台区东高地，离家还很远。那时候交通可不像现在这么方便，沈秀芳平时住在厂子里，周末才能回冷泉村，公共汽车倒来倒去，回一次家要用半天时间。也就是沈秀芳在北京市化工三厂当学徒工的时候，经人介绍，她认识了青年教师徐更光。说起这段姻缘来，还不得不感谢一个人，他的名字叫刘长青，是西山化学试剂厂的党支部书记。

1958 年，徐更光在西山化学试剂厂担任厂长，他来到这里不到一年，就使得这个小小的试剂厂有了很大起色，产品多了，任务多了，人员也多了。特别是在逐渐增加的师生队伍中，还有一些党员和团员，这就给徐更光出了个不小的难题。因为那时候徐更光本人还不是党员，作为西山化学试剂厂的厂长，他可以正常地领导大家工作。可是没有党团员的组织生活，那可怎么行？而这些组织工作又绝对不是这个非党员的厂长能够胜任的。所以徐更光就向学校领导打报告，让学校派一名党员干部来，同他一起做好西山化学试剂厂的工作。接到报告以后，学校就派转业军人出身的刘长青到西山化学试剂厂来做党支部书记，并成立了党支部。刘长青在军队的时候是营教导员，有很高的政治觉悟，在学校里又是学生干事，与老师、学生们的关系也处理得很好。他的到来，让徐更光多了一个最可依赖的同事和朋友。

刘长青来到西山化学试剂厂以后，很快适应了试剂厂的环境和工作，和徐更光他们共同为生产化学试剂而辛苦工作。与其他人不同的是，那时候刘长青已经三十多岁，早就成了家，可是厂子里根本就没有地方住。没办法，刘长青就只能带着老婆孩子住在工厂旁边的冷泉村，而住的恰恰就是沈秀芳家。刘长青一家人和沈秀芳一家人住在一起，很快就成了无话不谈的好朋友，沈秀芳的父亲与刘长青称兄道弟，沈秀芳的姐姐弟妹们也把刘长青当作自己的叔叔，像一家人一样。在频繁的接触中，刘长青注意到了这个家的二姑娘沈秀芳。沈秀芳虽然每到周末才回家，但每一次回到家中都是帮家里忙上忙下，不知疲倦，特别懂事，见了刘长青一家人也是非常亲切，叔叔阿姨的叫个不停。刘长青想，这个闺女这么好，又在工厂里当工人，应该给他找一个出色的小伙子才行，刘长青心里自然想到了徐更光。

经过一段时间工作上的相处，刘长青越来越喜欢徐更光这个聪明而又肯干的年轻人，徐更光的聪明和智慧也越来越受到同事们的认可，徐更光的干劲儿和精神也让大家从心里头佩服。刘长青经常把徐更光叫到自己家里来改善伙食，和他谈天说地，徐更光也特别高兴自己身边有了这么好的一个兄长。很自然地，这位兄长就关心起徐更光的个人生活来，问徐更光有没有女朋友，问到此时，徐更光腼腆地说："以前有过一个女同学，俩人关系挺好的。但后来这个女同学当了兵，进了城，两个人也就失去了联系。现在工作这么忙，也就没再考虑这个事。"刘长青一听，说："那好啊，我给你当媒人。我房东家的二闺女人可好了，你也见过。我给你牵个线怎么样？"徐更光一听，当时还有点不好意思，因为他也常来刘长青家，也见过沈秀芳，留下的印象很好，但是还真没往那方面去想。经过刘长青这样一问，徐更光真不知道怎么回答才好。刘长青看着徐更光的神色，心里就猜了个八九不离十，说道："嗨，都什么年代了，还这么不痛快，我把她的通信地址要来，你去给她写封信，有什么话，信里去说吧。"徐更光默默答应了。

那段时间，沈秀芳因为工作表现出色，被厂里送到天津去实习，所以那段时间，周末也回不了家。徐更光就抓住这个难得的良机给

青年时期的沈秀芳

沈秀芳写了一封求爱信。沈秀芳接到信以后感到很震惊也很唐突，不知如何是好。因为平时根本就没往这方面想，她对徐更光基本就没有更多的印象。但当她通过刘长青了解了徐更光各方面的情况以后，也觉得徐更光是一个正直的有为青年，就给徐更光回了信。从此，两人就开始鸿雁传情，在信里互诉衷肠。

天津的实习工作一结束，沈秀芳就回到家，这才与徐更光有了一个正式的见面。有了之前的书信来往，接下来的一切都是那么自然和顺利了。徐更光喜欢这个善良的家庭，喜欢这个善良美丽又勤奋的姑娘。而沈家的父母也特别喜欢这个能干不怕吃苦的小伙子，二老都认为把闺女嫁给这样一个有为青年就有了依赖，他们打心底里喜欢徐更光。

1961 年 5 月，春暖花开的时候，徐更光和沈秀芳在同事和家人的祝福中举行了简朴的婚礼，开始了他们幸福的新婚生活。沈秀芳家中有一间空房，这里就是他们第一个小家。那时结婚是那么简单，两床被褥，外加几件生活必需品，就开始了自己的小日子。徐更光和沈秀芳也没有休婚假，照常上班。两人甚至连结婚照都没照（那时的结婚证上不需要照片，只有两人的姓名、年龄），只留下一张全家福，算是结婚的见证。但这就是那一代人最真实的画面。

1960 年徐更光在颐和园

徐更光结婚时的全家福

第二节　初为人父　未料世事艰难

1961 年年底，学校让徐更光回校任教，此时已经结婚了的徐更光可犯了难。因为当时学校住房很紧，按规定，徐更光还没有资格住单间，只能住回自己的单身集体宿舍。而此时，沈秀芳已有孕在身，身体越来越不方便，只能暂时住在娘家。

那时徐更光住 10 号楼，10 号楼是个单身宿舍楼，一间 12 平方米的房子有的住三个人，有的住四个人。一些年龄稍大的职工，结婚以后因为没有自己单独的房间，只能做临时的周末夫妻。这一周别人都出去，两个小夫妻能在一起待一天；下一周自己再躲出去，让别的小夫妻单独待一天。这种周末夫妻的生活，对于那个年代的夫妻来讲是再正常不过了。徐更光当时也不例外，他住在 10 号楼的时候，也是过的这种周末夫妻生活。

说到此，徐更光特别感谢一个人，那就是系里的办公室主任蒋作龙。蒋作龙看到徐更光生活困难，爱人还怀有身孕，又来回往西山跑，非常同情。他找了学校有关方面在学校的一号楼为徐更光借了一间房，就这样徐更光暂时有了个安家之地。徐更光清楚地记得那是1号楼507房间。在那一段短暂的日子里，徐更光觉得自己是最幸福的人。不管怎么说，那是属于他和爱人单独的幸福小窝，大儿子徐江就是在507房间出生的。那一年，徐更光正好30岁，而沈秀芳还不到21岁。

徐更光一家三口

30岁，是而立之年。儿子徐江是徐更光而立之年最大的一份礼物，让徐更光体味到什么是真正的幸福。在精神上，徐更光得到极大的安慰，觉得天是那么蓝，做什么事情仿佛都有使不完的劲儿，生活中的烦恼也仿佛都忘得一干二净。

不过，人们的生活永远不会像文字描写得那样永远简单而美丽，在徐更光幸福婚姻的背后，其实也是平凡而又真实的现实生活，可是现实生活中却总有那么多的磕磕绊绊和令人唏嘘的遗憾。

作为从农村被招工的女徒工，沈秀芳是村里人羡慕的对象，也是幸福的代名词。但是好景不长，也就是在1962年，徐更光收获幸福的前夕，他和沈秀芳也同样收获了无奈。

1962年3月，中国兴起了大范围的精简下放运动。由于国家政策的变动，1958年参加工作同时又转成居民户口的人员又重新被下放回农村参加农村建设，当时叫“双五八”政策。而沈秀芳其实并不属于这种情况，她是1957年转的户口，1958年招工的，根本不属于“双五八”人员。但是北京市化工三厂错误地执行了政策，把沈秀芳按“双五八”人员下放回了老家冷泉村，继续务农。这里面还有一段插曲，1961 年沈秀芳与徐更光结婚，按说可以把自己的户口落到丈夫的户口所在地。但是，一个难题又摆在徐更光和沈秀芳面前，因为按照当时北京工业学院的规定，青年教师工作七年以后才具备分房资格。而徐更光刚参加工作六年多，还差半年，不具备分房资格。按照当时的户籍管理规定，只有分了房子才能够落家庭户口，否则，徐更光只能是集体户口。在徐更光没有分房的情况下，沈秀芳是不可能把户口落在北京工业学院的。没有想到，只是这短短的半年，竟带来了日后诸多的遗憾。

1962 年，老实的沈秀芳听从组织的安排把户口从北京市化工三厂又落回了老家冷泉村，户口这一落，为日后这一家庭的苦难生活埋下了伏笔，使徐更光的生活倍感艰难。那时，沈秀芳已怀孕近八个月，当户口落回冷泉村以后，老大徐江才出生。按照当年的政策，孩子的户口随母亲，也就是说，徐更光和沈秀芳的孩子必定也将是农村户口。这在那个城乡差别异常巨大的年代，是一个非常痛苦的结局，有时候意味着就失去了正常的生活保障。

那个时候，城镇居民吃粮食有定量，买肉、蛋、奶、油各种副食品都有购货本（副食本），在国家巨大财政补贴的支持下，北京的城镇居民可以享受到全国最高等级的居民待遇。可是一旦没有城镇居民的身份，所有这些居民待遇将化为乌有，农村人只能根据公社里当年收成的好坏而分到相应的口粮。基本上没有什么可以随意支配的现金，干一年活只能根据年底工分的多少和工分的分值拿到一点可怜的收入，这点口粮和工分换来的钱就是一个农村人全部的收入。想一想，沈秀芳生完孩子以后就失去了工作，1962 年有了老大徐江，1964 年又有了老二徐明，母子三人既没有收入，口粮上也得不到保障，全家人的生活都指望徐更光的工资和定量，生活的艰辛程度可想而知。

更为艰难的是，沈秀芳虽户口在冷泉村，但人和徐更光生活在一起，不可能参加农村劳动，所以沈秀芳自己在农村的口粮都成了问题。其他村民可以免费从大队领粮食，但沈秀芳连这个资格都没有。在徐更光的家中保留着这样一份公函，是 1974 年当时的海淀区温泉人民公社冷泉大队革命委员会给北京工业学院的催款函。全文如下：

北京工业学院：

兹有我大队沈秀芳几年来欠我大队粮菜款 189.49 元。今年我大队制度：凡是家中有收入的户，凭现金给粮。否则一律不给粮。

请见信，协助解决是荷。

致

礼

海淀区温泉人民公社冷泉大队革命委员会（公章）

1974 年 8 月 3 日

这是一份多么冷酷而又无奈的公函。但在那个年代，这份公函又是那么自然和正常。可是，面对这样一个苦难的家庭，这让徐更光一家又怎么办呢？要没有太多好心人的帮助，这一家人的生活将何等艰辛啊！

但是徐更光生来就是个喜欢挑战、不怕困难的人。家庭生活这么苦，日子这么难，但他顶着这些困难，照样干他的科研，照样乐观地面对生活。

有一些往事让徐更光刻骨铭心。当老大徐江出生才三个月以后，学校通知他们腾房。可孩子这么小，徐更光他们能到哪里去啊？可此时最难的还是蒋作龙，房子是他帮助借的，当时说好了，好借好还。但现在真要还了，又根本说不出口，此时做恶人，把徐更光轰走，真是比要他的命都难受。当徐更光知道蒋作龙的难处以后，看到蒋作龙当时那为难的样子，做出了一个惊人的举动，他对蒋作龙说："蒋主任，当初你为了帮我，为我借房子，都是为我好。现在学校需要腾房，我不能让你为难，我徐更光生来就没有为难过别人！现在我在学校里没有住处，我就搬回媳妇他们老家去。再怎么着，冷泉村也有我们一家三口的住处。"于是徐更光和沈秀芳夫妇就收拾好简单的行李，带着刚满三个月的大儿子，毅然决然地搬到了冷泉村老家居住，没有给学校添一点麻烦。

从此以后，真正受苦的是沈秀芳，因为搬回老家冷泉村以后，因为路途太远，徐更光每周才能回一次家。徐更光还记得那时要倒好几路车才能坐上回冷泉村的公交车，每回一次家都像打仗似的。后来徐更光用俩人的积蓄买了一辆自行车，骑车回家。每一次骑车回家都要花一个多小时的时间。夏天还好说，可是冬天天短，下班以后就已经天黑了。那时候冷泉村周边没有柏油路，只有坑洼不平的土路，更没有路灯。有时系里开会结束得晚，徐更光就得摸黑往家骑。每一次徐更光都只能小心谨慎地慢慢骑，借着星光从两棵树的中间穿过去。让徐更光印象最深的有这样一件事。有一天晚上加班，9点多他才骑车回家。因为天太晚又很偏僻，所以路上行人极少。当他骑车路过公墓的时候心里不免有些发紧。不成想，骑着骑着听到前面有脚步声。徐更光心里顿时发毛起来，他想：这么晚了，谁还在夜里走路呀？他隐隐约约看到前面有一个人影，看走路的姿势像个老太太。他紧蹬几下，想追上她与她做个伴儿。没想到那个老太太更是紧张，一路小跑儿地跑进了树林。原来，对方更是害怕遇见坏人。徐更光心里又好气又好笑，只得快速蹬车，向家里奔去……

每次夜晚回家，星星、月亮是最好的照明。后来徐更光在自行车上装上了摩电灯，其实就是在车轮上安个小发电机，车把上安个灯泡。人一蹬车，车轮转动带动电机发电，让车把上的灯亮起来。借着摩电灯的光亮，徐更光夜晚回家才变得方便一些。这辆装了摩电灯的自行车就是徐更光最重要的交通工具，是他最好的伙伴。每次说到这辆车，徐更光都有说不完的话题，他细心地珍藏着这辆车，直到车已经旧得不成样子，徐更光都不舍得丢掉它。

徐更光虽然有了家庭，有了孩子，但是自己当了实验室主任以后工作非常忙，还要自学很多东西，因此工作总是被徐更光放在第一位。他一钻进实验室，一走进车间就没有了时间的概念，更没有了吃饭的点儿，经常连续工作八九个小时不休息不吃饭，是个典型的工作狂。家庭的重担主要落在沈秀芳一个人肩上，她一边带孩子，一边还要照顾丈夫徐更光，还要主动为这清苦的日子分忧。

1963年下半年，徐更光终于在学校2号楼有了自己固定的房间，徐更光清楚地记得那是 2 号楼 315 房间。虽然只是 12 平方米的筒子楼，却让徐更光夫妇感到特别知足，他们把这 12 平方米的房子布置得井井有条。

1964 年 8 月，二儿子徐明出生了，这个小屋更增添了生气。当老大徐江稍微大点儿以后，他们就让小哥俩住成了上下床。在那个紧凑的 12 平方米里，靠窗户的是夫妻二人的简易双人床，一进门是小哥俩的上下床，两床之间就是徐更光的简易工作台。因为屋子太小，如果一家四口都站在地上，房间里就会变得异常拥挤，走路都碍事。

想想看，人口多，房子小，一人挣钱，四人生活，粮食不够吃，孩子要照顾，同时还要拼命地工作。徐更光硬是咬着牙，扛起了生活的重担。

第三节　苦中作乐　家庭生活暖意浓

不可否认，徐更光当年的生活是非常艰苦的。可徐更光天生就是个不怕苦的人，是个敢于向困难挑战的人。就是在这简陋的居室里，徐更光也有很多快乐的回忆。

搬回北京工业学院以后，虽然徐更光可以每天和家人团聚，但他大部分时间都在实验室里奔忙，每天都回家很晚，就是回到家，也总有干不完的活儿。徐更光记得，在孩子们小的时候，为了哄孩子们高兴，徐更光养了一对鹦鹉。屋子太小，鹦鹉没地方放，就只能把鸟笼子放在徐更光的工作台下。而徐更光有晚上看书写东西的习惯，为了工作方便，在他的简易工作台上放有一台老式的手摇计算机。每到夜深人静的时候，徐更光经常会一边计算，一边写东西，而手摇计算机的嘎嘎作响声又时常惊得两只鹦鹉乱跳乱叫，徐更光的翻书声，计算机的嘎嘎声，鹦鹉的蹦跳声，让这间小屋一点儿也不安静。而沈秀芳和两个孩子却早已习惯了在这些声音中安然入睡。此时此刻，孩子们的鼾声与计算机的嘎嘎声、鹦鹉的蹦跳声交织在一起，编织成了一曲特殊的“音乐和弦”。

年轻的徐更光在工作

就是在这种环境下，徐更光一家四口在 2 号楼一住就是 20 年，虽然后来又调到了 2 号楼 126 房间，但环境基本没有改善。这 20 年是徐更光精力最旺盛的 20 年，也是徐更光最为辛苦的 20 年，更是一家四口艰难度日的 20 年。

当徐更光回忆起那艰苦岁月的时候，感触最深的就是孩子得病时的情景。两个孩子无论哪个生了病，全家就陷入一团糟，顾前顾不了后，顾左顾不了右。徐更光记得有一次，老二徐明病了，又无法自己单独骑车送徐明去看病，还得让爱人沈秀芳陪着。而那时，老大徐江还不满 3 岁，没办法，徐更光只得把徐江放在自行车的大梁上。爱人抱着徐明，一家四口骑着车晃晃悠悠地奔向海淀医院。回想起来，那艰难的一幕真辛酸得让人落泪。

可是徐更光永远不是一个只记住艰辛的人，依旧是这辆自行车给一家四口带来了无尽的欢乐。徐更光常常讲道：“我一有空儿，就带着老婆孩子到野外去玩。那时候公交很不方便，也根本没听说过什么出租车。经常是自己骑车，老大坐车前边，爱人抱着孩子坐在车后边，想去哪玩儿，骑上车就走。”一路上充满欢歌笑语，徐更光也尽情享受着这份天伦之乐。可想而知，这辆自行车为徐家做出了多大的贡献。

但是，这种天伦之乐是一种自我开解的欢乐，更是一种清苦的欢乐。让徐更光记忆犹新的是，徐更光用每月69元的工资和32斤[①]的定量养活了一家人。虽然说，沈秀芳和两个孩子在农村里也有一些口粮，但根本没有保障。因为他们常年住在学校，很少回家，母子三人这点口粮也经常被人克扣或冒领。每到月底，徐更光一家人经常遇到断粮的情况，没有办法，沈秀芳只得拿着一个小盆，到邻居家去借粮食，等到下个月发下粮票来买了粮食，再还给人家。后来实在太困难了，冷泉村不得不每月发给他们10斤粮票来补贴家用。虽然是杯水车薪，但沈秀芳心里还是充满了感激。

最让徐更光夫妇难以忘怀的是，当年他们的同学、同事、邻居、领导、朋友看到这一家人的艰苦状况，很多人都伸出援助之手。虽然说那时候每个人都不富裕，很少有余钱余粮，但是总能挤出一些粮票来接济徐更光一家。在近20年的时间里，徐更光夫妇早已记不清有多少人帮助过他们，更记不清吃了大家多少粮食。但是在他们心中，留下的是对每一个人的感激，用徐更光自己的话说："要用友善的心对待每一件事，每一个人，要学会和懂得报恩。自己只有多干工作，多出成果，多做一些对国家对人民有益的事情，来报答大家对自己的帮助。"

徐更光对事业如此，对爱情、对家庭也是如此，他是这么说的，也是这么做的。在常人看来，徐更光是重点大学的青年教师，沈秀芳只是个工厂里的工人，他们的学识、修养、社会地位肯定会存在差异。一般人会认为，沈秀芳高攀了，但徐更光心里从来不这么想。从徐更光对家庭的一言一行，一举一动，再从他对老伴的无尽赞美当中，一点都没有自己当年亏了的感觉。相反，他表露出的处处是对沈秀芳的愧疚之情。他总说："当初老沈不到二十岁就嫁给了我，一下生活了这么多年，是我连累了她。生完孩子害得她没有了工作，后来很长时间也没有城镇户口，做了30年的临时工。平时我一忙起

① 1斤＝0.5千克。

来也不管家，都是她操劳着家务。老沈跟着我，以前就没享过福，就是到了晚年才有了大房子，生活才慢慢好起来。现在我身体不好，她又成了我的勤务兵、大秘书，这一辈子确实不容易。”徐更光就是这样一个坦荡的人，这样一个异常真实的人。

20 世纪六七十年代的徐更光虽然在生活上十分清苦，但永远是一个快乐达观的人。每到春节，他都要为家里买一点绿植或鲜花，有时候是文竹，有时候是康乃馨，为家里增添一些节日的快乐。在 20 世纪 70 年代，徐更光也上过“五七干校”，其中的苦，徐更光也全都受过。但是徐更光却从没有怨言，反倒觉得这是人生中的另外一种历练。上“五七干校”时，一个月才能回一次家，而每次回家徐更光都会带回一小包花生米。那时的花生米可是个稀罕物，在“五七干校”里也是改善生活的最佳食品，分到每人头上就少得可怜。可是就是这少得可怜的花生米徐更光自己也舍不得吃，他把花生米攒起来，每月回家就带给孩子们来解解馋。那时候，盼望徐更光从“五七干校”回来，能吃到花生米就是两个孩子最大的乐趣。

有时一点幽默和快乐却能让徐更光终生难以忘怀。在二号楼住时有两件小事，让徐更光后来谈起来还津津乐道。一件小事是家里丢蜂窝煤的故事。那时候，筒子楼里的人都烧蜂窝煤，隔一段时间，就买来很多蜂窝煤堆在楼道之中用于日常的取暖做饭。可有一段时间自己家的蜂窝煤总是莫名其妙地减少，徐更光知道这肯定是有人在占小便宜。徐更光自己家的煤被人偷走了，虽然心疼，但也不是很生气。因为也好理解，要么是家里都穷，要么就是家里为了救急，临时拿走一些。可是徐更光心里虽然不生气，但也想探个究竟，到底是哪家偷了自家的蜂窝煤？于是徐更光就想了一条妙计。他把自己家的蜂窝煤拴上一根黑线，线头留上三五米，同时也让人不易察觉。等到第二天早上起来以后，徐更光就顺着黑线去寻找，发现黑线线头留在了哪家的门缝里，也就知道了自家蜂窝煤的去向。徐更光笑着说，“当我知道了煤是谁偷了以后，我心里也就踏实了。我永远也不会说是谁偷了我家的煤，我自己知道了，这事情也就算过去了”。清贫之中的徐更光竟然还是如此大度。

还有一件小事更是让徐更光念念不忘，说起来总是哈哈大笑。那时候，二号楼里住着一位老太太，是一位职工的母亲。老太太文化水平不高，但又喜欢和人聊天，在水房里，总能听到她的说话声。记得有一天晚上学校放电影，是一部纪录片，讲的是柬埔寨的西哈努克亲王到中国访问，周恩来总理亲自到机场去迎接西哈努克亲王的到来。老太太看完电影后一知半解，在水房里又偏要讲讲电影的故事，逢人便说：“今天晚上电影真好，是周总理访问中国！”惹得大家笑得前仰后合。每当徐更光讲到这个故事，都会哈哈大笑，有时候竟会笑得忍不住，总在说：“她不知道西哈努克亲王是谁，只会说周总理访问中国，记成了大事！”

这就是徐更光在二号楼里的日子，充满着艰辛、清苦和烦恼，同时也充满着收获与快乐。这些就是那个年代徐更光的真实写照。

第四节 “文化大革命”中的难忘记忆

“文化大革命”是人们心中的一段特殊记忆，其中的酸甜苦辣难以言表。由于家庭背景过于复杂，作为一名教研室的普通教师，徐更光在“文化大革命”中也受到了很大冲击。那时的徐更光没有机会参加重要活动，连查阅资料室中秘密资料的资格都没有。没资格查阅秘密以上的技术资料，这对于一个军工科研工作者来讲简直是一个天大的侮辱。不过，徐更光生来不爱言语，踏实肯干，也不愿意在众人面前争强好胜，在系里徐更光有个好人缘儿，没想到，这个好人缘儿关键时刻还真起了作用。

那时，系里有个人事保卫干事叫耿国才。此人是退伍军人出身，做事机敏有能力，为人特别好，是从保卫处调到八系做保卫干事的。因为负责人事保卫工作，自然很快就熟悉了徐更光的情况。他看到徐更光虽然社会关系挺复杂，但平时做事认真，不喜张扬，在系里是个专业上的尖子，慢慢地对徐更光有了好印象。所以耿国才在八系当人保干事时，没有因徐更光成分不好而为难他，相反，在遇到事情时还能主动帮徐更光解决问题。

1973年前后，耿国才又遇到了一个机会来解决徐更光看秘密资料的问题。那时，耿国才的叔叔耿俊岭担任学校的保卫处处长。耿国才在叔叔家中向耿峻岭提起了徐更光的事，并告诉耿峻岭魏思文院长生前曾答应要解决此事。耿峻岭一听，觉得此事并不难，并不违反政策，就让耿国才转告系里写个报告给保卫处。耿国才在系里就是负责这类工作的，所以很快报告就交了上去。耿峻岭直接签字同意，并把报告转到了八系。就这样，经过这一番周折，徐更光终于可以名正言顺地查阅各种技术资料了，在科学探索的道路上，一块大石头终于被好心人搬开了。

在“文化大革命”期间，徐更光时刻也没有放松自己的业务，平日里一有空就看一些业务书。虽然平日里大家都忙于斗争和运动，没有实验，也用不着上课了，但是分析炸药、做一些小型的实验是徐更光生来的乐趣，他不忍心丢弃这些。但也只能是偷偷地躲在旮旯里自己鼓捣，不敢声张。碰到一些爆炸方面的事情，还

“文化大革命”时期的徐更光（右一）

真得让徐更光等人出面解决。

1968 年年中的一天，学校里来了几位解放军，他们带来一种神秘的武器，希望北京工业学院帮助分析和研究。这是美军在越南战场上使用的一种特殊武器。据那几位解放军讲，这种武器威力巨大，给越南战场上的我方军民带来了巨大伤害。这一次他们把这件武器带到北京工业学院，就是想让北京工业学院帮助他们解剖武器原理，了解武器的性能，进而找到对付这种武器的防范方法。

这项任务落到了徐更光头上。接到任务以后，徐更光真是满心欢喜，他想：这一下我可找到躲清净的借口了，可以踏实地干点自己能干的事情了。他从解放军手里接过这件神秘的武器，左右端详着开始了研究。经过一系列的解剖和分析，徐更光觉得这也不是什么特别神秘的武器，只是一种特种炸弹，俗称“滚珠弹”。其实就是在高能炸药的外部包裹了很多金属滚珠，当炸药爆炸以后，滚珠形成发散性弹幕，可以有效击伤大范围的人或设备。徐更光通过对弹体内部炸药的分析和装药量的测量，断定这种炸弹的杀伤半径不会太大，滚珠的初速也不会很高，所以很难对人或设备造成致命的伤害。其主要作用就是扩大杀伤范围，增加杀伤目标，使对方失去战斗力。那几位解放军听到徐更光的这些分析以后，也深有感触地点了点头，徐更光的描述和他们在战场上所经历的情景差不多。这种炸弹威力确实谈不上大，但带来的麻烦可不小。受伤以后，身体上往往有无数个伤口，医生在医治伤员的时候，好像总也处理不干净伤口里的碎片。当这些解放军彻底了解了这种滚珠弹的杀伤半径和破片威力以后，他们也就可以根据滚珠弹的这些性能来找到防范措施了。临走时，他们对徐更光非常感谢，更对徐更光的专业水平极其赞赏，表示将来遇到什么困难就直接来学校找他。徐更光愉快地答应了。

通过这次短暂的接触，徐更光和军方取得了联系。从那以后，军方有什么事情也经常直接找到徐更光来帮忙，徐更光向来是倾心相助的，让自己的专业特长发挥作用。那段时间，徐更光帮助军方改进过推进剂、发射药等，还帮助军方、中国科学院研制成功了“碳纤维弹”，这让徐更光至今回想起来还十分自豪。不过那时的“碳纤维弹”和今天的有根本上的不同，工作的目的也不一样。徐更光研制的“碳纤维弹”是把碳纤维包在炮弹上，炮弹在空中爆炸后碳纤维形成金属反射区，用来测试电信号。当时在军事上和气象分析上都有广泛的应用。而今天的“碳纤维弹”是用来破坏敌方的输电线、天线、网络等的，使其形成短路，给敌方造成破坏。不过这两种弹在原理上有相近的地方，只不过工作的方法不同而已。

徐更光为了这种“碳纤维弹”可费了不少心思，其中选用什么样的碳纤维材料最为关键。这种碳纤维材料既能经得住炮弹的爆炸、燃烧，还要形成大面积的导电碳纤维团，这确实不是一件容易的事。好在徐更光经验丰富，对各种材料非常熟悉，很快就研制成功了。只不过这项成果不能声张，只能悄悄地进行，所以在那段时间里，徐更光只得偷偷地帮军队解决一些问题，这也成了徐更光当时最为兴奋的事情。在喧闹的形势下做一些小的军事科研项目，让徐更光避开了不少群众运动的烦扰，也免去了不少讨论、学习。所以在那个特殊的年代，人们还能经常在实验室看见徐更光忙碌的身影。

但好景不长，1968 年的 5 月 15 日，在北京工业学院发生了一件特别重大的事情，让徐更光无可奈何地暂时停止了他的军事科研工作。

1968 年 5 月 15 日，“东方红”的造反派为了和“红旗派”一争雌雄，经过一番周密的策划，将学校存放在西山药库中的供教学科研使用的各种炸药及火工品全部抢了出来，存放在 1 号楼宿舍中，用作威慑。这其中有炸药 806 千克，火帽 10 910 个，导火索 4000 米，雷管 16 300 个。这些东西要是炸了，那可了不得，能把几座楼掀飞。造反派竟敢抢夺如此大量的火炸药，确实是一件让人听起来都胆战心惊的事情。很快“东方红”造反派抢炸药的事就惊动了中央。毛主席、周总理非常重视，亲自过问，当即指派北京卫戍区副司令员李钟奇亲自处理。在说服无效的情况下，将“东方红”造反派所抢夺的炸药等危险品全部强行收缴。这就是当时轰动全北京的北京工业学院抢夺炸药事件，后来北京工业学院的师生都称这起事件为“东方红事件”。

“东方红事件”发生以后，北京工业学院的军工实验室和危险品储备仓库被严格地管理和封存，停止了一切与爆炸相关的教学科研实验。这一下可害苦了徐更光，实验用的炸药没有了，实验室里的保险柜也不让用了。那一阵，各种与爆炸相关的原料撤走的撤走，封存的封存，徐更光失去了最基本的工作环境和条件。这一下他可真是没事干了。

科研不能搞，革命活动他又没资格参加，徐更光这个闲不住的人真是没了精神头儿。正在徐更光百无聊赖的时候，他看到院里很多闲得无事的人都在自己组装半导体收音机。那时候半导体收音机刚刚兴起，是个新生事物。要知道此前大家只认识电子管的收音机，俗称“话匣子”。那时候，“话匣子”差不多是北京很多居民家中唯一的电器，插上电源，摆在家中最显眼的地方。那种“话匣子”都是又笨又大，信号还总不好，听着听着就容易跑台，有些台经常是手拿着地线才能听到声音。但就是这样一件很原始的电器，经常是北京人一家老小最大的乐趣。什么“最新指示”“新闻简报”“样板戏”“电影录音剪辑”都靠这个“话匣子”传遍四面八方，它是那个年月最重要的信息传播工具。自从有了半导体收音机以后，立即全面战胜了“话匣子”。半导体收音机不仅小巧，关键是可以随身携带，走到哪儿听到哪儿，声音还好，接收到的台还多。那时候，谁要是有一台半导体收音机，真是太让人羡慕了。但是，当年要想买一台半导体收音机可不是容易的事。一台最便宜的半导体收音机通常都要二十多块钱，这基本上是当时一个普通人一个月的生活费。这对于大多数人四五十块的月收入来说，绝对是一笔大开销，没有几个人舍得。

不知是什么人带的头，大家开始自己动手组装起半导体收音机来，而且立刻形成了一股风，让当时很多人对此着了迷。一把电烙铁，一卷焊锡，一把螺丝刀，一张电路图，几个二极管，几个电容，再加上喇叭等元件，花不了几块钱，时间不长，一个小巧的半导体就能够被组装出来。那时候，自己动手组装半导体收音机成了一件最时髦的活动，成了很多人最重要的业余生活。

徐更光虽然不是学无线电的，但是他心灵手巧，什么东西一学就会。他想别人都干，自己也不能落后，反正也闲来无事，干脆也凑个热闹。于是，他也开始购买半导体元器件，试着组装起半导体收音机来。其实半导体收音机并不复杂，只要有点电工基础的人都能很快入门。让半导体能收台能听广播并不是什么难事，但是这里边也有层次之分。有人装的半导体收的台多，声音清楚，性能稳定；而有人装的半导体就只能收几个台，声音不清楚，还经常出故障。所以当年那些半导体爱好者都互相学习借鉴，互相攀比，看谁装得更高级。

徐更光生来就是一个不服输的人，他不但要学会装半导体，还要装得好、装得小，希望在性能上能超过别人。在对半导体慢慢地熟悉之后，徐更光找到了窍门，装得越来越好，同时也发现了一些秘密。有个高手告诉他，半导体装上八个管就可以收听短波，如果能再加上一些高性能的原件，就能够收听到国外的一些广播。其中最高水平的参照物就是日本进口的一种“8402”半导体收音机，装有八个三极管，两个变压器，外观小巧，性能优越，有三个波段，是大家竞相模仿的对象。徐更光知道这些后，立马来了劲头，就东奔西跑地开始搜集高质量的半导体元器件，最后终于做出了让其他人羡慕的、功能强大的半导体收音机。

这些就是徐更光在“文化大革命”之中的一些记忆，我相信每个有过那段经历的京工人都会有太多的感慨和共鸣吧！

第五节 艰难的“农转非”与众多的关怀

上文说过，徐更光的爱人和孩子都是农村户口，一家四口主要靠徐更光 69 元的工资和 32 斤的定量来生活。虽然说那时大家都不富裕，但像徐更光一家这样靠一个人的工资生活、其余 3 人都是农村户口的，还非常少见。应该说，在那个普遍苦难的岁月里，徐更光一家的苦难更特殊、更严峻，是一种难以名状的重负。为此院系领导、力学工程系和其他系的很多同志们都给过这个苦难的家庭很多帮助，很多人都给过徐更光粮票来接济他们的生活。

这种情况一直持续到 20 世纪 80 年代，就连徐更光后来获得了很多国家奖、评上了副教授以后，状况都没改变。那些年，徐更光和老伴儿沈秀芳为了户口的事情操碎了心，不知道找了多少人，跑了多少路。但就是这样一个现在看来并不复杂，又是当年的一件“错案”，怎么办起来就这么难呢？这里需要简单说明一下。

在徐更光的家中还保存着这样一份珍贵的历史资料，这份资料就是那些年跑“农转非”时用的。从这份材料上可以看出，沈秀芳其实在 1957 年就已经解决了户口问题，变成了居民。1958 年，北京市化工三厂到北京 99 中去招工，正是因为沈秀芳的居民身份，她才有资格在这一年被北京市化工三厂招为学徒工。由此看来，当年北京市化工三厂按照“双五八”政策把沈秀芳下放回农村，是一个错误。

1962 年以后，“农转非”几乎成了一个天大的问题，再加上“文化大革命”期间局势动荡，阶级斗争影响着社会的方方面面，有谁还顾得上纠正这一错误呢？尽管沈秀芳手里有各种证明材料，但是无论怎么跑怎么找人，各方面都没有回音。

徐更光和沈秀芳着急，北京工业学院的领导和同志们也为他们着急，就连沈秀芳的老家冷泉村也同样着急。虽然那个年月大队社员们的生活都过得非常艰苦，到了年底，社员们把口粮的账算清后拿到手里也没几个钱。沈秀芳的处境就更艰难了，她平时没有在农村参加劳动，挣不到工分。按照当时的政策，这种情况下要想领口粮就必须要交现金，否则的话，连口粮都不给。后来，大队里看沈秀芳实在困难，也拿不出现金来买口粮，就每月发给沈秀芳 10 斤粮票，权当是一种帮助。只要他们能帮的，也一定会伸出援助之手，在徐更光的家里，还保存着这样一份公函，足以证明当年冷泉大队的真诚。全文如下：

北京市化工三厂：

原你厂工人沈秀芳同志，六二年由你厂下放安置到我队落户。沈秀芳五八年离家入你厂当工人，六一年结婚，本应将户口迁往她爱人处，但这个问题没有得到解决。沈秀芳从 1957 年起，户口转为居民户，并从九十九中转入你厂。沈秀芳在我队一无住房，二无生活依靠，长期来未解决落户问题，现请工厂重新给予安置。

此致

敬礼！

海淀区温泉人民公社冷泉大队革命委员会（公章）

1975 年 8 月 2 日

当然，可以想象得到，冷泉大队的这份公函不会对北京市化工三厂有丝毫的触动。这么重大的事情可不是一份生产大队的公函就能够推动的。虽然是理由充足，事实清楚，但是沈秀芳“农转非”的问题就像石沉大海一样没有半点儿动静。

徐更光的两个儿子大了以后，爱人沈秀芳开始在校内做临时工，工资不足 30 元。徐更光的工作越来越出色了，徐更光对国家的贡献也越来越大了，但是徐更光一家人的日子还是那么清苦，条件还是那么艰难，而这些苦徐更光却很少对外表露。徐更光一天到晚忙于科研，他很少找系领导、学院领导来谈自己家户口的难题，他知道“农转非”的艰难，他不想给组织上添麻烦。

在那个特殊的年代，“农转非”就是一件极为特殊的事，是太多人心中的梦想，只有极少数人能做得到。徐更光知道“农转非”问题是学校无法左右的，也是领导无能为力的，所以他只得默默忍耐，慢慢地也习惯了这种承受。但是随着两个儿子渐渐长大，一个最大的痛苦压到了徐更光和沈秀芳的头上。到了1979年，大儿子徐江已经17岁了，小儿子徐明也已经15岁了，这两个孩子的前程让徐更光分外焦心。

徐更光一家四口（20世纪七八十年代）

虽然说1977年国家就恢复了高考，但是那时候的高考录取率只有百分之几，能考上大学的绝对是凤毛麟角。如果谁家孩子考上了大学，亲朋好友都会从四面八方赶来祝贺，对于大家都是一个天大的喜事。而绝大多数初、高中毕业生只能参加招工或在家待业，就连考上中专、中技都要热热闹闹地庆贺一番。那时的招工也极少，顶替父母上班好像是进入国营单位的唯一途径，就是临时工也少得可怜。而且以上这些还指的是具有城镇户口的年轻人，如果是农村户口就只有上大学和回家务农两条路了。对于绝大多数农村户口的年轻人来说，回家务农是唯一选择。

由于徐更光总是忙于工作，对孩子的学习成绩关心不够，更不用说亲自辅导了，所以徐江、徐明的学习成绩一般，让他们去考大学基本上没什么希望。再加上他们的农村户口身份，连上中技和招工的资格都没有，孩子们的前程让徐更光夫妇愁眉不展，无可奈何。

爱人沈秀芳也经常催促徐更光："你别总是忙你那些科研，你也去跑一跑，要不孩子们的将来可怎么办啊？"每到此时，徐更光都是无奈地回答："我跑有什么用啊，那户口的事情，谁能办得通？咱们家的困难，系里谁不知道？还用我说吗？"

是呀，徐更光家的困难众所周知，无论是系领导还是院领导都为徐更光着急。可是面对"农转非"这座山，谁也没有办法。虽然这座山摆在面前，虽然谁也没有攻克这个难题的灵丹妙药，但是北京工业学院的院系领导和同志们帮助徐更光解决困难的脚步却一刻都没有停止过，下面就让我们追忆一下那个年代善良的人们对徐更光众多的关怀。

据八系原系主任马宝华教授回忆：1979 年八系的领导班子就非常重视徐更光家属的"农转非"问题。当时的系领导有吕育新、张培铮、蒋作龙等，那时马宝华还只是个骨干教师。当时系领导经常在一起讨论徐更光的事，但是谁也没什么好办法。后来有人提议找分管国防工业的王震副总理出面解决。

有了这个提议以后，系领导班子就代表学校给王震副总理写了一封信，希望解决徐更光的"农转非"问题。马宝华教授对此事到现在还记忆犹新，据他回忆：1979 年的冬天，国防工办召开了一个军工专家的"撒气会"，就是让各位军工专家给中央提意见，反映粉碎"四人帮"以后兵工战线存在的各类问题。那时马宝华还很年轻，按说他是没有资格参加这个会的，只不过是陪着学校的老专家去参加这次会议。在开会之前，系里就把这封信交给了马宝华，让他无论如何要把这封信亲手交到王震副总理手中。马宝华就是带着这个任务去参加会议的。

会议结束以后，王震走下了主席台，此时此刻，马宝华抓住机会，快速走到王震面前说："首长，这是我们北京工业学院给您的一封信，领导让我一定交到您手中，希望得到您的帮助。"因为大家都簇拥着王震，也来不及说很多话。王震接过信来，说："好，我回去看看。”说完就转过身，把信交给秘书收了起来。

马宝华回忆说：听说（这封信）是转给了有关部门。但是到底起了什么作用也说不清，应该是起作用了吧，要不后来怎么就解决了呢？这里边的具体情节还真不知道。

第二件事是从原 83 教研室教师孙业斌教授那里知道的。孙业斌和徐更光在一个教研室，算是徐更光学生辈的同事，和徐更光朝夕相处，很了解徐更光一家的情况。孙业斌是 1964 年力学工程系的毕业生，是徐更光的学生。工作以后，孙业斌一直和徐更光一起搞科研，是徐更光最得力的一名助手。

孙业斌对徐更光生活上的困难也是了如指掌，同情在心。在平时的工作中孙业斌就知道学院上下为徐更光的事没少费心，总支副书记张培铮曾亲自陪着沈秀芳跑北京市化工局，跑北京市化工三厂，申诉问题。有一次，孙业斌听说为了解决沈秀芳的问题，必须要到北京市化工三厂进行交涉。交涉的目的就是要北京市化工三厂开出一份证明，让北京市化工三厂承认在 1962 年沈秀芳返乡问题上执行政策有误。如果能拿到北京市化工三厂出具的这样一份证明材料，那么解决沈秀芳的“农转非”问题就会容易许多。为此，孙业斌主动提出和系里另外一位同志一起到北京市化工三厂劳资科跑一趟，争取让他们开出证明来。无疑，这是一项难以完成的任务。

孙业斌至今还清楚地记得当时的情景。孙业斌他们坐车到永定门外，找到了北京市化工三厂。到了工厂以后，他们径直来到了劳资科。接待他们的正是劳资科科长。孙业斌他们向那位科长讲明了徐更光对国家的特殊贡献，也讲了沈秀芳一家的实际困难，最后又拿出了一系列证明材料，才使得交涉真正进入了正轨。整整谈了半天，最终那位科长写下了这样一份证明材料，并到厂里的政治处盖了公章。

孙业斌他们拿到这个证明以后如获至宝，赶快返回了学校，将这份报告交给了有关方面。但对于以后发生的事情，孙业斌就不知道了。据后来分析，这份报告肯定起到了非常积极的效果。

第三次努力是在1982年，当时八系的书记已经是张培铮。张培铮从1979年以后一直是八系的副书记，分管教工思想工作，所以对徐更光的情况非常熟悉。1982年1月张培铮担任系总支书记以后，积极向学院领导反映情况争取早日解决徐更光的问题。为此八系专门给学院领导打报告，希望院领导调动资源，早日解决徐更光的困难。

当时报告就交到了北京工业学院的党委书记冯佩之的手上。那时冯佩之刚刚来到学校，对学校的情况还不十分熟悉。不过冯佩之书记看到这个报告后非常重视，让自己的秘书胡永章亲自联系有关单位处理此事。让人感动的是，冯佩之书记自己还拿出了10斤粮票让秘书胡永章转给徐更光，表示对徐更光的关心和慰问。

胡永章拿着冯书记的批示找到了当时的院办主任单加木，和单加木商量如何处理此事。单加木一听非常高兴，说："我和徐更光是中学同学，我俩都是从东北兵工专来的，他的事情我们一直惦记着，但一直没有好办法。我告诉你一条路：你就拿着冯书记的批示去找学校的副总长、海淀区人大代表韩自文，让他去海淀人大呼吁一下，看是否可行？"就这样，胡永章拿着八系的报告和冯书记的批示找到了当时的学校副总长韩自文。

韩自文是个出了名的热心肠，1981年当选为海淀区人大代表，以后又连任5届。韩自文当上人大代表以后多年来不辱使命，为了学校的很多事情在海淀区四处奔走，解决了很多疑难问题，为学校教职工的实际利益做出了很多贡献，让大家交口称赞。这一次韩自文看到胡永章拿来了八系的报告和冯书记的批示，便高兴地接了下来，并表示："你放心，徐更光算是我的师兄，他的事情大家都知道，早该解决。你放心吧，我去海淀区跑，一定要跑出个结果来。"就这样，韩自文接了这块硬骨头。

韩自文热心也非常细心，他先摸清了徐更光爱人沈秀芳的具体情况，找到了这些年来徐更光准备的各种证明材料，准备了一份内容充实、证据确凿、充满感情的提案。韩自文一天到晚琢磨着解决问题的办法，也和系领导进行了认真的沟通，最后大家决定从两个方面入手：第一，在政策的执行方面找到突破口，北京市化工三厂在执行“双五八”政策时有偏差，属执行政策有误；第二，强调徐更光在学校科学研究上的突出成果，从徐更光为国家做出突出贡献的角度考虑，也应该为其解决实际困难。据此，韩自文将这份提案上交到海淀区人民代表大会常务委员会办公室。

材料上交以后，海淀区人民代表大会常务委员会办公室对此也非常重视，帮助学校想办法。韩自文在海淀区人大的协调下，找到了北京市公安局海淀分局户籍科。起初在北京市公安局海淀分局的办事过程非常不顺利，反复几次都没有结果，韩自文经过多次失败以后，真是一筹莫展。

这时 1983 年的春节就要到了，韩自文拉上了单位的两个领导，一行三人到北京市公安局海淀分局拜年。那次拜年他们见到了北京市公安局海淀分局的一位副局长。在一番寒暄以后，韩自文就把自己近一段时间为徐更光跑“农转非”的事情一五一十地讲了一遍，这位副局长认真听完以后，也很是同情，他仔细看着韩自文交上的材料，最后表态说：“好吧，我们把这个事报到市局，等将来有什么消息再和你们联系。”韩自文得到这个答复以后，心里真是大松了一口气，不管怎么说，这件事看来会有一个眉目了。韩自文一行三人在千恩万谢了这位副局长以后，就回学校等结果去了。

第四件事发生在 1983 年下半年，八系原来的系副主任蒋作龙担任系党总支书记。蒋作龙和徐更光可算是老朋友了。1962 年以后，蒋作龙就担任八系办公室主任，也负责各个实验室的管理工作，那时徐更光是 83 专业的实验室主任。徐更光结婚后的最早一套房，就是蒋作龙出面借到的，虽然只是暂借一时，但也是解决了徐更光的燃眉之急，让徐更光有了一个临时的安乐窝。现在蒋作龙又当了系里的书记，帮助教师解决个人困难是书记义不容辞的责任，所以他对徐更光的事情就更为关心了。

蒋作龙看到徐更光家里的事情迟迟得不到解决，也真是心急如焚。有一次蒋作龙把徐更光叫到办公室严肃地说："你不能光管工作不管家，你该跑得去跑啊！"徐更光说："哎，我哪儿有时间啊，再说，我跑又有什么用啊？"一听此言，蒋作龙急了，说道："我停你两个月的工作，什么都不要做，专门去跑沈秀芳的事情。"徐更光闻听此言什么都没说，流下了两行热泪……

这次谈话后不久，石家庄炮校（现中国人民解放军炮兵指挥学院）的领导找到了八系领导，他们说徐更光是一个不可多得的人才，石家庄炮校急需这样的人，要把徐更光挖走，并且答应能全部解决沈秀芳及两个孩子的户口问题，希望学校放人。蒋作龙一听就急了，他知道人家现在来挖人，这可不是虚的，肯定已经做了很多准备。在这种情况下，徐更光的困难再不解决，可真要出大事了。于是，蒋作龙和系领导开了个紧急会，以八系组织的名义再给学院领导打报告，提出要紧急解决徐更光爱人"农转非"的问题。

蒋作龙拿着报告来到了学院领导办公室，他要当面把事情的严重性说清楚。那时的书记是苏谦益，院长是谢簃。蒋作龙当着两位领导的面，把徐更光的事情一五一十地都说了。两位领导听完以后你看看我，我看看你，谁也不说话。其实苏谦益和谢簃又何尝不知道徐更光的难处呢？在此之前，他俩都曾拿出自己的粮票让秘书送给过徐更光，希望能给徐更光减轻点负担。别看他们都是重点大学的领导，苏谦益书记还是正部级的官员，但是在这个"农转非"的问题面前，两位领导没有丝毫的办法。蒋作龙看他俩不说话也急了："你俩谁都不说话，那就干脆放人，让他们把徐更光挖走算了。"这时谢簃院长说："那可不行！这样吧，咱们再打一份报告给北京市公安局，你和党办的人一块儿再去跑一趟，希望能采取特殊办法解决问题。"蒋作龙听后也觉得没有更好的办法，就赶快回去准备报告去了。第二天，蒋作龙就拉上了党办主任张敬袖直接去了北京市公安局。

接下来事情发展倒出现了一些戏剧性。韩自文的执着与蒋作龙的努力汇集在了一起，他俩几乎同时接到了北京市公安局和海淀分局的电话，告诉他们事情办成了，可以直接去当地派出所迁户口了。

韩自文接到了海淀分局的电话，说可以去冷泉派出所办手续了，赶快就把这个喜讯告诉了徐更光，同时跟徐更光说："先别自己去，等我问清楚，走个组织手续。"

徐更光听了这个消息以后简直高兴坏了！他想不到等了这么多年的愿望，今日终于有了结果。为了表达此时此刻的心情，当天徐更光就去双榆树百货商店买了一个热水压力壶和一个闹钟，来向爱人报喜。要知道，沈秀芳盼着家里有个压力热水壶可不是一天两天了，却一直舍不得买。今天碰到了这么大的喜事，徐更光就赶快买回了压力热水壶以了却爱人的心愿。

后来的事情就简单多了，通过韩自文的协调，冷泉派出所那边也办得很顺利。就这样，1984 年 4 月 26 日，沈秀芳及两个孩子的户口终于"农转非"成功，落入了万寿寺派出所。

这座"农转非"的大山终于被众人给掀翻了，是一颗颗热忱的红心共同融化了这块坚冰，是众人的关怀撼动了铁幕，使徐更光一家 22 年的苦难终于熬出了甜水来。

沈秀芳及两个孩子"农转非"的事情终于尘埃落定。这其中的过程也真可谓是波澜壮阔，谁也没想到这里边有这么多曲折而有趣的故事。

徐更光的后顾之忧终于解决了，一家人的日子真正开始了好转。笔者曾问过徐更光"农转非"的解决过程，没想到，徐更光竟稀里糊涂，对其中的细节基本上一无所知。徐更光只知道：等着等着就成了，好多人帮过忙，具体是谁也说不清楚。

看来，徐更光确实是个"书呆子"。对于炸药他精通，对于爆炸他懂行，对于科研挑战他痴迷，而对于社会他好像从来不懂。

第六节 爆炸专家主导了驱逐舰爆炸沉没事件的调查方向

在“文化大革命”前后十多年中虽然充满了无奈和波澜，但是徐更光在这种复杂的环境中没有消沉、没有荒废自己的专业。相反，徐更光在自觉自愿、自强自立的奋斗中，逐渐成为一名很有建树的爆炸专家，在国内颇有名气。这种名气让他经历了另一件传奇的往事。

1978 年春，天气乍暖还寒，徐更光正在实验室里工作，这时系主任田济民匆匆走进来，面色沉重地说：“学校要交给你一个任务，让你去完成。”徐更光问：“什么任务？”田主任却摇了摇头说：“我也不知道。”回答完后就走到屋外，叫进来一位解放军干部，然后对徐更光说：“从现在起你的行动就由这位解放军同志安排。”这位解放军干部走到徐更光面前敬了一个标准的军礼，说道：“徐老师您好，组织上派我接您来执行一个任务，具体什么任务到时候您就知道了。”徐更光听后，心里满是惊奇，在那个特殊的岁月里他敏感地觉得这不是一个小任务，但此时自己也不可能知道更多的事情。他就问这位解放军干部：“咱们什么时候走？”那位解放军干部回答：“马上就走。”徐更光看了看身边的田济民主任，说：“好吧，我回家准备下东西，马上回来。”田主任回应道：“好吧，系里的事情我来安排，工作也不用交接了。”徐更光随后马上回家收拾了一些简单的行李，对家里人只说了声：“我有紧急任务要出差，具体去哪儿我也不知道。”很快徐更光就回了系里，再见那位解放军干部的时候，徐更光发现又多了一个人，这个人徐更光认识，是六系的云主惠老师，他是教爆炸理论的。徐更光和云主惠寒暄了几句，也没有多说，就跟着这位解放军干部走出了房门。到了楼下，已经有一辆军用吉普车在等他们了。他们三个人上了吉普车，车马上启动，风驰而去。

大约过了一个多小时，吉普车开到了南苑机场，在机场他们没有办理任何手续，就由这位干部带着登上了一架军用飞机。此时徐更光才明白，这架飞机是专门来接他和云主惠老师的。

过了三四个小时，飞机终于落地了。徐更光和恽祖惠老师走下机舱，感到暖风扑面，这里应该是南方的某个机场。这时，徐更光看到有一名军队干部急匆匆地跑过来接他们，这位军官走近他们，向他们敬了个礼，还伸出手来和徐更光握手。徐更光只看见这位军官嘴在动，但是他在说什么自己却一句也听不见。飞机的轰鸣声和气压的急剧变化已经使他的耳朵暂时失聪了。没办法，他只得随着那位军队干部伸手握手，礼节性地和来人寒暄。很快，他们就上了一辆军用汽车，徐更光也不知道汽车要把他们带到什么地方。

在车上过了好一会儿，徐更光的听力才慢慢恢复过来。他向来人一打听，才知道已经来到了广东的湛江。汽车开了不到半小时，徐更光一行人来到一个招待所。徐更光一下车就发现招待所四周都有荷枪实弹的解放军战士站岗。来接他的那位部队干部把徐更光和云主惠分别带到了各自的房间，每个人都单独居住。两个人的门外也都有一名全副武装的解放军战士站岗。徐更光心里想：“我住的地方还要战士来站岗，这可是我平生第一次有这样的待遇。”徐更光满腹疑惑地打开自己的房门，哪知道刚一开房门就吓了一大跳，只见地上有一只硕大的蟑螂在满地跑。那家伙足有一寸多长，浑身黑黝黝的，真是吓人。徐更光心里说道：“我这一辈子真没见过这么大的蟑螂，这个见面礼太奇特了。”徐更光在房间里简单收拾了一下，不一会儿，那位解放军干部就来敲门说：“首长请徐老师过去。”

徐更光和云老师一同被带到了一个房间，房间外也有战士在站岗，房间里有几位军队的领导在等待他们。其中一位领导面色沉重地向徐更光和云老师说：“徐老师、云老师，你们好。这次请你们来，有一件非常机密的大事需要得到你们的帮助。在前几天，我们国家一艘非常重要的军舰不幸爆炸沉没了，但是爆炸的原因我们还不清楚。现在海军正在请全国各地的专家来为这次爆炸事故会诊、分析情况。我们知道北京工业学院是中国重要的军工院校，而您二位又是爆炸领域的专家，所以才通过组织请你们二位老师过来，一起来查找爆炸的原因。下面由我向你们简单介绍一下当时爆炸的情况。”此时此刻徐更光才知道自己执行的是什么样的任务，为什么这么神秘。接下来，这几位军队干部就简单地向他俩介绍了事故情况。

发生事故的是我国当时最先进的导弹驱逐舰“广州号”，属 051 系列，通常称为旅大级导弹驱逐舰。这种战舰长 132 米，宽 13 米，排水量有 3000 多吨。舰上有两座 130 毫米的主炮，配有舰舰导弹、舰空导弹、鱼雷、深水炸弹等当时国内最先进的武器装备，是中国当时最先进的主力战舰。出事的这艘战舰，是 160“广州号”驱逐舰。这艘战舰于 1978 年 3 月 9 日晚在码头上加油时发生猛烈爆炸。当时，爆炸的威力非常强，天空中到处是火花，人们可以看到很多火龙飞向天空，又在遥远的地方消失。其中一门 130 毫米主炮被抛到了 60 米以外的岸上，一发深水炸弹竟落到了几里外的幼儿园里。有的炮弹殉爆了，有更多的弹药没有爆炸，但被抛向了四周。最为庆幸的是当时舰上并没有装备大型导弹，否则的话后果更是不堪设想。

当徐更光来的时候，事故分析还处于比较混乱的阶段，军方还没有掌握最基本的数据。第一，爆炸具体时间未定；第二，爆炸具体威力未知；第三，具体爆炸物未知；第四，具体爆炸部位未知；第五，引爆物未知；第六，爆炸次数未知。

在爆炸威力上，只知道周边房屋碎了很多玻璃，很多物品飞出了几里地。但具体有多少当量，谁也不知道。想弄清军舰爆炸的具体位置，但整个广州舰已经沉入海底，水面上只能看到歪斜的桅杆，别的什么也看不到。至于引爆物，有人说是导弹袭击，有人说是内部引爆，清华大学的老师说是军舰加油时静电产生的火花引爆了燃料仓。但这些还都只是推断，没有真凭实据。在爆炸次数上，经历者更是出现了较大的分歧：有人说听到一次爆炸，而更多的人感受到了两次巨大的爆炸。到底是几次爆炸？这可是个关键问题，可谁也说不清。

在这纷杂的头绪和高度敏感的环境中，徐更光一点儿也不敢怠慢。他怀着高度紧张的心情立刻开始寻找线索，转动起他那敏锐而又机智的大脑，迅速地投入"广州号"的爆炸原因的寻找工作中。

徐更光用他爆炸专家的思维开始分析各种问题，他想：既然深水炸弹能够飞到几里外的幼儿园，130 主炮能够被抛到 60 米以外的岸上，这说明在爆炸中军舰的甲板肯定被完全撕裂，这只有军舰发生了内爆才有可能出现这种情况。这么多弹药被炸出舰外，爆炸情况这么复杂，在这些头绪中应当要先解决哪个问题呢？徐更光觉得首先应确定准确的爆炸时间，并以这个时间点开始分析问题。可是，当事人提供的时间那么多，都是大约时间，到底以谁的为准呢？徐更光想了想就告诉军方人员：马上去联系地震台和气象台，他们那里的仪器保证能提供最准确的时间。军方领导一听，对呀！大家乱了好几天，怎么就没想到这儿呢？事不宜迟，军方马上派人去联系了周边的三个地震台，同时也联系了当地的气象部门。结果很快反馈回来：根据当地地震台网仪器的记录，在 3 月 9 日晚 8 时 40 分，仪器上显示了明显的地震波。在气象台的仪器上，也记录了 8 时 40 分在湛江军港的周边大气压发生了剧烈的变化。通过地震台和气象部门数据的综合测定，"广州号"爆炸发生的准确时间同时指向了 3 月 9 日晚 8 时 40 分。

主要的爆炸是一次还是两次？当事者众说纷纭。这可是个极其重要的问题，关系到引爆的成因和方式。在这个问题上徐更光还是想到了地震台和气象台。因为他知道，地震台记录仪的波形和气象台的气压变化峰值最能说明问题。于是，军方调来了地震台和气象台的各种数据，请有关专家进行了认真分析。地震台的分析记录显示：在 20 时 40 分，只有一个突出的地震波形。在气象台的记录中，气压剧烈变化也只有一次。这说明：主爆炸只有一次，而不是大家传说的有两次猛烈爆炸。那为什么很多人都说有两次剧烈的爆炸呢？对此徐更光用自己的专业知识分析了其中的原因，徐更光解释道："大家可能不清楚，爆炸时会同时产生复杂的能量传递，其中有声波传递和冲击波传递。冲击波是一种不连续峰在介质中的传播，是一种物理性质的跳跃性改变。冲击波的传播速度要远远高于声音的传播速度。离爆炸中心点较远的人们，在爆炸发生时候总是先感觉到一种推力（冲击波），然后听到声音（脉冲波）。冲击波是人们一种全方位的感受，而声波只是声音传到人耳时，人的听觉器官感受到的一种声音。人们往往是先感受到冲击波的撞击发生的巨大声响，然后才能听到爆炸中心传来的爆炸声波。所以很多人以为这是两次爆炸一点也不奇怪。"徐更光对大家这样解释以后，专业的人表示赞同，外行人也明白了是怎么回事。最关键的是地震台和气象站的数据也证实了徐更光的这一观点。就这样，主爆炸的次数终于确定了。

接下来，人们把注意力集中到爆炸威力上。而当时又没有任何记录的仪器，这爆炸威力该怎么算呢？徐更光想了想，觉得这正是自己的专业，应该由自己来解决，他根据自己对爆炸效应的理解拿出了一个切实可行的办法。他告诉军方："马上派人去调查离爆炸中心不同距离而又面对爆炸中心的玻璃损坏情况，一直找到玻璃未损坏的地点为止。"面对军方疑惑的目光，徐更光解释道："玻璃的损毁是因为冲击波压力大于大气压的那一截超压，施于玻璃表面造成的。按照一般规律，0.1 兆帕的超压就足以造成玻璃碎裂。那么只要知道多大当量的爆炸冲击波，能在广州舰爆炸中心到玻璃损毁临界点的这个距离上产生 0.1 兆帕的超压，就能反推出爆炸的威力到底有多大的了。"军方听到徐更光这么一说，觉得这真是一个既科学又容易操作的好办法，心里十分佩服。马上，军方就派出了一个排的战士，按照徐更光所说的办法去爆炸周边了解玻璃的破损情况。

很快，不同方向、不同距离房屋玻璃的破损数据就回来了。战士们工作得非常认真，就连平房的高度、楼房的楼层都标注得清清楚楚。徐更光听说有的战士为了得到准确的玻璃破碎情况，竟用绳子吊在半空，一块一块地数，有的战士手都被玻璃割破了。徐更光拿到这些珍贵的数据后就开始了紧张的计算。

这种计算对徐更光来说是个小问题，很快就有了初步结果。他把结果算出来以后，又结合了 130 主炮和深水炮弹飞出的距离，以及其他设备的损毁情况，算出了一个最接近实际情况的爆炸当量数值，将这一结果迅速交给军方。军方拿到数据后，与其他专家进行了讨论。大家一致认为：徐更光的方法正确、逻辑严谨、数据可靠。后来军方在向中央汇报爆炸威力时，就以徐更光计算的结果为准。同时有了这个科学的爆炸当量计算，为以后的爆炸原因分析提供了科学的依据。

爆炸准确时间有了，爆炸次数确定了，爆炸当量也有了，接下来大家关注的就是最先爆炸的确切位置，这可难倒了大家。此时广州舰还静静地躺在海底，不把它打捞上来是无法弄清最早的爆炸位置和损毁程度的。可当时中国的打捞技术还有限，这么大的船体是没有办法整体打捞的。可是如果不打捞上来，这个最关键的问题就会成为悬案，就无法得出一个有说服力的结果。这只有靠军方组织力量来解决了。军方在汇总了专家的意见后，决定立即实施打捞。很快，军方调来了广东最强的打捞队伍，派了多名潜水员，实施水中切割分体打捞。

在各方面的紧密配合下，各部门日夜连续作战，只用了不到一个月的时间，广州舰的主体部分在被切割之后，在气压垫的托浮之下浮出了水面。当“广州号”出水以后，人们看到了“广州号”的残骸，所有人都异常地吃惊和悲伤。让人吃惊的是，爆炸竟如此猛烈，广州舰两根粗大的传动主轴已被炸得弯曲变形。而爆炸最猛烈的地方就是位于舰尾部的深水弹弹药库，而这个弹药库又离官兵的休息舱不远。有关专家也登上舰艇残骸，进一步查明舰艇损毁情况。

根据调查，深水弹弹舱十几吨的炸弹已荡然无存，估计大部分深水弹已殉爆。弹仓四周的各种设施被炸得面目皆非，这里也是人员死伤最为严重的地方。专家们又检查了其他的弹药库，发现有的弹药库虽损毁严重，但很多炮弹并未殉爆。人们当时看到天空中飞舞的火龙，可能是部分弹药被引燃了发射药，而战斗部部分并未爆炸。如果所有弹药都发生殉爆，那损失就更大了。

当徐更光看到那被炸得弯曲变形的主轴时，首先就否定了是燃油库爆炸的结果。因为如果是燃料库先爆炸，只能形成爆燃，无法形成爆轰，爆压也不会太高。能把这么粗的主轴炸得弯曲变形，一定是烈性弹药的爆炸结果。而且燃油爆燃的话，爆速也不够，不能引爆其他弹药。而事实证明，当时舰上的130毫米火炮的炮弹，有的殉爆了，有的没有殉爆却被炸飞了。静电火花引爆燃料库的假设就这样被排除了。

现在，所有焦点都指向了深水弹弹舱，那么深水弹到底是怎么爆炸的呢？常规来讲，按军舰的弹药存放规定：战斗部跟引信都是单独存放的，有需要时才能二者合一。而深水炸弹一旦没有引信就不可能发生爆炸，一般的碰撞和静电都不会引爆。而深水炸弹不但在弹药库中有，在甲板上发射器中也有。为了排除各种可能性，徐更光对云主惠老师说："云老师，爆炸安全理论是你的专业，请你去研究测试一下：深水炸弹在甲板阳光的暴晒下，有无发生爆炸的可能和内部发生变化的可能？"云主惠是这方面的内行，马上对深水炸弹在阳光下的安全性，以及受太阳暴晒后弹药是否容易产生其他化学变化，开始了多方面的分析和研究。

军舰的残骸满目疮痍，徐更光和大家一起一边仔细地查看，一边综合分析着各个爆炸地点的变形和破坏情况。最后，徐更光很有把握地认为：最先爆炸的地点就是深水弹弹舱。因为那个地方受损最为厉害，而其他弹药的殉爆也都分布在深水弹舱的周围。其他专家对徐更光的结论也都表示赞同。而接下来徐更光要考虑的是什么引起了深水弹的爆炸。

此时又有专家说：“船上用于操作武器系统的空气压缩罐也有很大的疑点，空气压缩罐事先爆炸了也可能导致其他弹药的殉爆。”徐更光听到这个原因后坦诚地说：“空气压缩罐我从来没有见过，也不懂，我没有发言权，但我可以配合你们对空气压缩罐进行实验。”

就这样，徐更光在湛江一住就是一个多月。他整天忙不停地寻找数据，分析数据，经常连饭都顾不上吃。湛江的太阳比北京厉害多了，时间不长，徐更光就变成了“黑人”，再加上整日奔忙，徐更光的体重一下子掉了七八斤。可是，徐更光一点儿都不觉得苦，他和所有专家一起提出一个假设，又否定一些原因，综合着各种复杂情况，夜以继日地进行事故分析。到后来，清华大学的老师和一些弹厂的专家们都提前回去了，只留下徐更光等几名关键科技人员进行最后的分析汇总。

徐更光在那一个月里，虽然住在海边，却没有游一次海泳，逛一次海滩。虽然军队上提供的伙食都比较丰富，比起北京那定量单调的饭食不知要好多少，但是徐更光却无暇享受这些特殊的待遇，一心只想着赶快分析出爆炸的根本原因。虽然在这一段特殊的日子里，整日的忙碌让徐更光身在湛江却无暇领略湛江的美，但湛江的一种植物却让徐更光终生难以忘怀。那就是在他驻地周边和大路两边无处不在的茂盛的棕榈树。因为当徐更光从北京来的时候，北方还都是一片枯黄，很少见到绿色，而湛江这些茂盛的棕榈树，给徐更光带来满眼的碧绿和盎然的生机，每次徐更光在劳累之后抬眼看看这茂盛的棕榈树，就能感到异常的温暖和亲切，给身心最大的慰藉。

在调查工作快到结尾的时候，当时海军的副司令员刘导生专门到招待所来看望徐更光。刘副司令员对徐更光说：“徐老师您已经辛苦一个多月了，为我们解决了很多重大问题。我代表海军感谢您！

现在事情已经有了初步结论，爆炸原因也找到了，您立了大功。您可以回去了，将来我们海军还需要您更多的帮助。”徐更光回答：“刘司令，您太客气了。我们北工和军队本来就是一家人，为海军做些工作是我应该的。我回去以后会继续帮你们做一些实验，继续分析其他原因。”

之后不久，徐更光就返回了北京。回到学校以后，很多同事们都问他：“徐老师，怎么一个多月没有见到你？”徐更光总是轻描淡写地说：“嘿，就是出了趟公差。”但是究竟干了什么，他无论对同事还是家人都守口如瓶。因为他知道这是国家的机密，不能向任何人透露半句。

回到北京以后，徐更光没有食言，他继续帮助海军做空气压缩罐的各种实验，而实验的地点就是在官厅水库海军工程兵的一个靶场。他与部队的科研人员反复试验，最后证明：空气压缩罐无论怎么爆炸都不可能产生这么大的威力，也不可能引爆其他的弹药，这一疑点经过科学实验又被否定了。

徐更光在整个“广州号”爆炸事故分析过程中，让人们看到了他的机智、敏锐，看到了他的专业水平，也看到了他忘我的工作态度和为人民负责的责任心。徐更光接受了一次特殊的实战锻炼，同时也为北京工业学院争了光。后来，海军专门给学校发来了感谢信，对徐更光在这次事故调查中的出色表现表示了肯定和感谢。徐更光在这次特殊的科研经历中为党和人民立了新功。

第四章

成功研制“8701”第一次获得国家级奖励

第一节　军情紧急　知难而上

1971年，徐更光又参与了一项特殊的军事科研工作，并立下大功。

1971年，中苏之间的关系已经降至冰点。由于1969年发生了震惊中外的珍宝岛事件，在中苏边境上到处充满着一触即发的火药味。在国防领域，仍有一些头脑清醒的人在坚决捍卫着中国国防的底线，为中国的反侵略、反霸权做着军事上的准备和贡献。让我国成功爆炸第一颗原子弹、氢弹的人是这样；让我国第一颗人造卫星成功发射的人也是这样。在北京工业学院内，也有一批人同样坚守着这样的底线，徐更光就是其中之一。

在珍宝岛事件中，普通人关注的是“生命不息，冲锋不止”的于庆阳等烈士的英勇行为，而军事专家更关注装甲与反装甲之间的对抗，反装甲武器成了中外军事专家的焦点。在这次事件中，苏联的T62坦克显示出强大的威力和令人惊讶的装甲水平。中国的反坦克武器在T62面前显得力不从心，75毫米无后坐力炮和56式火箭筒等，都无法有效地击穿T62的正面装甲。特别是56式火箭筒——当时我军最重要的单兵反坦克武器，在攻击苏军T62坦克时破甲威力明显不足，经常出现跳弹、打不透的情况。在战斗最紧要的关头，靠着战士的英勇无畏，靠多次攻击和反坦克地雷的共同作用，才摧毁了苏军的T62坦克。但不管怎样，在这次反装甲实战中，56式火箭筒还是发挥了巨大的作用，最终从侧面摧毁了T62，为保卫祖国立下了战功。

56式火箭筒是苏联RPG–2型火箭筒的仿制型。该火箭筒采用了火药燃烧后的喷射气体的反作用冲量为弹头提供飞行动能，它没有现代意义上的火箭发动机，火箭发动机就是发射筒本身，火药包固定在弹尾部，从筒口插入发射筒，击发后火药燃烧，火药燃气从筒尾高速喷出，其反作用冲量为弹获得飞行动能。弹头部是80毫米的空心装药聚能战斗部。56式火箭筒在中国还有一种改进型，称为56–1式火箭筒。56–1式火箭筒虽然比56式有了改进，其头部加装了防滑帽，并改进了发射装药和发射筒设计，但威力提高得并不明显。

56式火箭筒在珍宝岛冲突中表现得有些力不从心，让军方万分着急。珍宝岛事件以后，军方迫切需要新的反坦克武器，能有效击毁类似T62水平的先进坦克。其实就在珍宝岛冲突发生的时候，军方和兵工部门正在研制一种新型火箭筒，就是后来的69式火箭筒，俗称“新40”。

69式火箭筒其实是苏联RPG–7火箭筒的仿制型。69式火箭筒的逆向仿制工程始于1960年年初，口径一样是40毫米，威力和射程提高很大。1969年3月珍宝岛冲突的爆发，强烈刺激了“新40”的加快研制。在炮兵司令部和兵器工业部的共同努力下，很快69式火箭筒应运而生，被称为“新40”。

“新40”最早是1969年4月在湖南湘潭江南机器制造厂（282厂）生产的，是在56式的基础上研制和改进成功的。它最大的变化是改变了装药，用兵器工业部204所研制成功的“8321”高能炸药，代替了56式“老40”中的“梯黑50”炸药，从而极大地提高了破甲厚度，使“新40”能够轻易击穿类似T62的装甲，成为一种令人振奋的破甲武器。69式火箭筒采用光学瞄准镜，可以测定目标距离，可以修正目标速度和风对弹道的影响，射程是56式火箭筒的3倍。

“新40”生产出来以后，由于当时中苏边境形势严峻，还未定型就直接上了前线。虽然没有机会用于实战，但是“新40”在前线的现场测试已经让它的威力得到了认可。69式火箭筒于1970年定型，而后取得设计认证，并开始在解放军中服役。为了表彰204所的突出贡献，204 所的研制人员还因此获得了全国劳动模范的光荣称号。

但是“新 40”在部队中服役时间不长，就出现了一个意想不到的问题，主要是炮弹可靠性不强，容易出现瞎火。找来专家一分析，发现是装药出现了问题。“8321”炸药虽然爆速高，威力大，但是安定性不好，容易出现水解，腐蚀炮弹机件，影响可靠性。同时，这也给炮弹的储存带来了极大的隐患。

形势严重。这一下可急坏了炮弹生产厂和各个研制机构，大家纷纷想办法来解决“新 40”的问题。后来，有人想到了一种办法，他们在炮弹内部的药型罩表面镀锡，目的是阻断水解后物质对引信的腐蚀。采用这种办法以后，在一段时间内解决了问题，使“新 40”的可靠性得到提高，初步缓和了矛盾。但是，这种方法试验了一段时间以后，发现还是不行，解决不了根本问题。大家一筹莫展，找不到出路，无奈，只能换掉“8321”了……在当时“深挖洞，广积粮”的严峻日子里，部队领导心急如焚。中国人民解放军炮兵副司令员孔从洲亲自督办此事，炮兵司令部科研所科研处将此事列为头号项目，组织力量攻克难题。为“新 40”研制新药的任务迫在眉睫。

军队急，全国的军工科研部门也急，大家纷纷主动研制新药，争取早日解决“8321”的问题。也就是在这种大背景下，北京工业学院作为国内重要的国防工业院校，八系作为学校的专业系科，主动地把为“新 40”火箭弹研制新药的重任扛在了自己的肩头。那时，八系的 83、84 教研室是在一起的，叫火工品与装药教研室。教研室主任是陈福梅，副主任是恽寿榕。那时的徐更光只是个普通教师、实验室主任，但在业务上已经是行业中的佼佼者。

为了研制火箭弹新药，炮兵司令部科研所科研处组织了一次全国范围内的火炸药情况调查。北京工业学院八系派孙业斌参加了调研活动。通过这次调查，八系了解到一些兄弟单位也在紧张地进行着火箭弹新药的研制工作。兵器工业部 204 所正在着手改进“8321”；兵器工业部甘肃 805 厂正在进行“7066”炸药的研制；华东工学院（南京理工大学）正在进行“3021”炸药的研制。大家都在为国家分忧，都盼望着为国防出力，并暗中较起了劲，搞起了革命竞赛。

1971 年 4 月 10 日中央军委炮兵司令部召开会议，研究部署了研制新型反坦克破甲武器的工作，简称“四一〇”会议，炮兵副司令员孔从洲亲自参加会议并部署任务。“四一〇”会议后，炮兵科研部门向国内国防科研单位下达了炮兵（71）炮科字 121 号文件，文件中提出：（新型高威力炸药）各方面性能不能低于“8321”混合炸药，安定性、耐腐蚀性要优于“8321”，并有成本低、工艺简单等优点。通过定型验收，凡合乎上述要求的即可定型。

这次重要的会议，徐更光那时还无资格参加。徐更光的学生、同事孙业斌代表学校参加了“四一〇”会议，并带回了大会的精神。至此，北京工业学院八系被正式列入了这次科研竞赛，在炮兵司令部领导下开展科研攻关，孙业斌担任科研组组长。而徐更光作为业务骨干，实际上是研制技术的带头人。

第二节　解决关键问题　群策群力

北京工业学院接到任务后，由副院长周发岐直接领导这项紧迫的政治任务。在“文化大革命”那种特殊时期，周发岐副院长显示出了独特的胆识和魄力，他与当时学校的革委会据理力争，让力学工程系（八系）参加研制工作的教师尽量少地参加运动，而专心致志地进行高威力炸药的研制工作，这在当时是极其罕见的。北京工业学院八系就把为破甲弹研制新药的任务定成了八系在 20 世纪 70 年代的第一个任务，代号“8701”。“8701”项目的总负责人是系主任丁儆，而徐更光、孙业斌、吴凤云、孙秀兰、高淑秀等就是“8701”任务的具体执行者。

那时，徐更光已经在炸药领域摸爬滚打了十多年。1962年以后，徐更光就担任了八系爆炸火工品、装药技术实验室主任，从炸药配方到装药技术等方面都得到了长足的锻炼。虽然在“文化大革命”的大环境中他不可能潜心科研，也要参加各种各样的政治运动。但是只要一有机会，徐更光就躲进实验室里开展自己钟爱的科研探索，他把研究炸药当成自己最大的人生乐趣。十多年来，徐更光积累了不少实践经验，逐渐熟悉了炸药的各种门道，也了解了不少国外的最新成果。这十多年来，徐更光完成了由新人到专家的蜕变。特别值得一提的是，徐更光近些年经常找机会下工厂，和国内很多兵工厂都有广泛的联系。在与工厂的合作中，徐更光利用自己的知识帮助工厂解决过不少生产上的实际问题，工厂的技术人员遇到问题也经常和徐更光讨论。渐渐地，徐更光在国内炸药领域里开始小有名气。

恩师丁儆那时的处境非常不好，在严酷的政治环境中，丁儆也成了被打击的对象，批斗、隔离成了家常便饭。但就是在这种情况下，丁儆仍十分关心徐更光的成长。生活上，丁儆了解徐更光家庭的困境，经常把自己省下来的粮票、饭票偷偷地塞给徐更光，让徐更光分外感激。工作上，丁儆传授方法和经验，向徐更光介绍国外的最新科技，让徐更光有了更广阔的视野。对徐更光的逐渐成熟，丁儆看在眼里喜在心头。徐更光对自己的恩师也越来越崇敬，把恩师作为自己人生路上最重要的领路人，丁儆身上那种强烈的爱国主义情结影响了徐更光的一生。

因为“8701”任务的到来，徐更光义不容辞地和大家一起参加高能炸药的研制工作，他要为老师、为国家完成好这一艰巨的任务。

说起“8701”研制工作的开始，就不能不提到几年前研制成功的“HBJ”“HJJ”高能塑性炸药。丁儆、徐更光和所有参加“HBJ”“HJJ”研制的老师们，都觉得“HBJ”“HJJ”高能塑性炸药已经在综合性能上达到了一个新的高度，在国内具有领先水平。虽然说，“142工程”领导小组最终没有选择“HBJ”“HJJ”，但是并不等于彻底抹杀了“HBJ”“HJJ”在功能、威力上的先进性。此事过后丁儆明确提出，一定要把“HBJ”“HJJ”的研究成果应用到常规武器装备上，这些成果对国家肯定有用。

徐更光把丁儆的话牢牢地记在心里，盼望着“HBJ”“HJJ”有大放异彩的机会。现在机会来了，我国的破甲弹正需要这样一种高威力的装药，“HBJ”“HJJ”的成果终于有用武之地了。徐更光和同事们抛开一切干扰，全身心地投入“8701”的研制中去。

在“8701”研制之初，徐更光就认识到，要想提高火箭弹的破甲威力就必须改善弹的装药密度，形成更强大的射流，从而提高破甲厚度，提高首发命中的破坏效果。而“HBJ”“HJJ”正好可以满足上述条件。一方面，“HBJ”“HJJ”可以增强装药密度，提高威力；另一方面，可以将装药加工成所需的形状，形成合理的射流；同时，由于“HBJ”“HJJ”具有很好的安定性，所以这为装药和运输储存提供了很大的便利。照这样说，“HBJ”“HJJ”是不是可以直接用在40毫米火箭弹上了？不，事情绝没有这样简单。在“HBJ”“HJJ”的这些优点之下，却掩盖着一个致命的弊病。为核武器量身打造的“HBJ”“HJJ”为了达到特殊性能必须采用高温装药，而且工艺复杂，工期长。这对于提供给少量的核武器专用，不算什么缺点，但是对于要大量生产的常规破甲弹来说就是个致命缺点了。无法大规模生产，无法迅速装备部队，使得一切先进性能都化为乌有。徐更光接到任务以后，一边回味着“HBJ”“HJJ”的成功之处，一边静下心来，开始为40毫米火箭寻找一种新的高威力炸药。

因为是科研会战，大家共同参考的目标就是204所研制的“8321”炸药。徐更光决心首先拿来“8321”的样品和相关技术资料，先从“8321”的配方入手，对“8321”进行仔细的分析。

“8321”因为爆炸能量较高超过了美国的B炸药，而被广泛用于当时军队的装备中。它的主要成分是：黑索金、4号炸药、聚醋酸乙烯（乳胶中的主要物质）酯和硬脂酸。其中黑索金是做功的主体，是威力的代表；4号炸药是一种单质炸药，同时又用来做增塑剂，改善装药性能；聚醋酸乙烯酯是黏结剂，也有一些钝化作用；硬脂酸是钝感剂和成型剂。徐更光通过对“8321”的分析，很快看出了问题。主要是4号炸药用得不好，和聚醋酸乙烯酯的配伍性不好，导致了装药性能、密度和安定性都不尽如人意。4号炸药是一种化合物，在混合炸药中少量使用，可以提高炸药的可塑性，有利于装药。但是，4号炸药本身就具有一些致命缺点，一是安定性不好，和聚醋酸乙烯酯配合起来增塑效果不理想；二是制造复杂、价格高，成本是黑索金的7倍以上。再者，上述这些组分混合在一起，其稳定性不会太好。联想到业内经常传出的“8321”在生产时的事故，徐更光果断地认为“8321”中其他的组分没有问题，大家都这么用。要研制一种新药，一定不能用4号炸药，找一种新的增塑剂来替代它。于是，徐更光把研制的重点放在了寻找新的增塑剂上。

找一种新的增塑剂来代替4号药，同时要降低成本、简化工艺，这可不是轻而易举的小事。从这以后徐更光就带领助手们开始了艰难的寻找，他们从以往用过的、没有用过的原料中一样一样地筛选，尝试各种原料与黑索金、聚醋酸乙烯酯、硬脂酸的配伍性，争取找到一个最佳的组合。

有了“HBJ”“HJJ”的成功经验，徐更光认识到一种好的炸药配方一定是各种矛盾的最佳平衡，绝不能为了某一方面性能的提高而忽略了整体的科学性、实用性。这是一个哲学问题，是矛盾转化问题，更是实际工作中要时刻注意的问题。徐更光按照这一思路认真地寻找，希望找到一种既能做功又能增塑、价格还低的原料。他们用过TDT、一号炸药、吉纳、泰安等，但结果都不理想。通过查阅众多的资料，参考国际上的成功经验，徐更光觉得二硝基甲苯（DNT）最符合这一要求。最后，徐更光决定用DNT代替4号药进行试验。就是这一决定，奠定了“8701”最后成功的基础，也使得徐更光成为“8701”获得成功的第一功臣。

DNT是制造TNT的中间产物，是一种常用的工业原料，价格低廉，被广泛地用于工业合成。从1931年起，由于DNT有一定的做功能力，又有很好的胶化和防水能力，所以被广泛用于军用炸药和工业炸药的生产，起到增塑剂的作用。经过徐更光和助手们的试验，证明

DNT 和黑索金、硬脂酸和聚醋酸乙烯酯有很好的混溶性，在水中就可以完成混合。而且难得的是，这种混溶可以在常温下进行，无需加热就可以进行生产。这对于大规模生产来说真是太重要了，也克服了“HBJ”、“HJJ”最大的缺点。徐更光决定按这个思路开始试制工作。

徐更光和大家开始了“8701”的 1 千克级实验室生产试验。他和大家一起用水作为炸药的分散介质，按不同比例把硬脂酸、聚醋酸乙烯酯、黑索金和 DNT 用溶剂混合在一起。炸药各组分在水中分散、悬浮、包覆、成粒。试制过程很令人满意，DNT 的可塑温度调整到最好，与硬脂酸、聚醋酸乙烯酯、黑索金混溶，不会出现分层、渗油等现象。经过过滤、洗涤、干燥、筛选等过程，完成混合、黏结、钝化等目的，最后形成“8701”样品。压成药柱以后，DNT 又能够析出结晶，不影响药柱的强度，可谓是完美至极。

这其中经过了无数次的曲折和失败。试验之初，不是每一次混合、造粒、成型都是成功的。大家在一起群策群力，每个人都发挥着作用，在大家的共同努力下，才有了“8701”的最后成功。就以混合造粒来说，有时做一次试验成功了，待水和溶剂挥发后，炸药悬浮液能够结晶出颗粒，然后再成型；但有时其他人按照同样的方法再做一次，等揭开盖子一看，还是一锅粥，根本无法成型。就是这个问题曾经困扰了科研小组很长时间。此时，年轻的组长孙业斌倒是心细，他仔细观察混合用的容器，慢慢发现了问题。前面说过，在容器中装满了硬脂酸、聚醋酸乙烯酯、黑索金和 DNT 的悬浮液，通过抽真空的方法把溶剂抽走，干燥后才能形成混合炸药颗粒。孙业斌看到容器的盖子是用有机玻璃做的，每次抽真空时盖子都会下陷，造成密封不严。问题会不会出现在这儿呢？想到此，孙业斌就让人用 15 毫米的铝板重新做了个盖子。有了这个铝盖，密封就好多了，成功率一下就上去了。大家看到后纷纷夸奖孙业斌，看来真是细节决定成败呀！

“8701”药柱出来以后，徐更光和同事们立即开始了实验室测试。经过几天严格的测试，可以看出：“8701”的安全性好了，密度也提高了，爆速与“8321”相差无几。但是在成本上，两者就差多了，根据测算“8701”的原材料成本每吨5963.26元，“8321”是7199.4元，竟有1200多元的差距，这要是大规模装备差距就太大了。紧接着实验团队又在热安定性、外相容性、吸湿性、渗油性等多方面进行了测试，结果“8701”大获全胜，全面优于“8321”。

徐更光（右）与孙业斌在研制“8701”时合影

但此时徐更光和同事们还不敢太过兴奋，接下来他们还要做5千克级的放大试验，来进一步摸索工艺，测定性能。又经过一番紧张的劳动，5千克级的放大试验照样顺利完成，测试结果与1千克级的结果相同。这一次徐更光和同事们放心了，这说明“8701”已经成功完成了实验室生产环节，就这样，徐更光科研团队最终确定了以聚醋酸乙烯酯、DNT、硬脂酸与黑索金为组分的“8701”配方，完成了“8701”的研制工作。

第三节　完成生产定型 1978年获全国科学大会奖

新型的“8701”高能炸药研制出来以后，马上就将样品报送给炮兵相关部门进行进一步遴选、测试，参加下一步的竞争。要知道，此时此刻为破甲弹研制新药的可不止北京工业学院一家，甘肃805厂、华东工学院都是强有力的竞争对手。

也就是在北京工业学院八系师生们紧张攻关的同时，甘肃805厂、华东工学院也陆续拿出了自己的产品。甘肃805厂研制出的新药是“7066”炸药，华东工业学院研制出的炸药是“3021”炸药，都是强劲的竞争对手。

炮兵在接到这三家的样品以后，对这三种新型高威力的炸药进行了严格测试，在测试过程中，每种炸药的优缺点也都逐渐明朗开来。“3021”的爆速、密度都不错，和“8701”不相上下，但在成型性和安全性方面有不小的差异。“3021”的组分是：黑索金、吉纳、聚醋酸乙烯酯、丁腈–26和石蜡。徐更光看到这个配方心里就明白是怎么回事了，因为在最初寻找增塑剂的过程中，徐更光也曾采用过吉纳这种原料，经过试验安定性并不是很好。而现在“3021”用的正是吉纳，那么结果就可想而知了。“7066”的组分是：黑索金、TNT、丁腈–26、石蜡和聚醋酸乙烯酯。丁腈–26的安定性也不是很好，还容易变颜色。“7066”的爆速和密度比“8701”和“3021”都有一些差距，而在成本上也比“8701”高一些。当然这只是徐更光对这三种炸药的简单分析，并不是炮兵的测试结果。炮兵部门要组织专家进行严格的测试，到底选哪一家的炸药还得靠多方面的试验和论证。徐更光作为竞争者无权参加评定，就只能等待结果了。

1973年年初，中央军委炮兵和五机部联合召开了配方定型工作会议，经过有关专家严格的测试和仔细讨论，最终“8701”脱颖而出，被选定为代替“8321”的新型高能炸药。相关文件中这样写道：

> “8701”选用组分适当，能量较高，动、静破甲性能较好，对金属腐蚀性小，并具备工艺简单、造价低、不采用4号药等优点，综合性能较“8321”为好。

这次会议以后，五机部下达了设计定型的具体要求。

1974年8月在兵器工业部323厂，北京工业学院八系的科研人员和323厂的技术人员共同进行了100千克级的扩大工业试验，为“8701”下一步的生产定型进行试生产。这次试生产的主要目的是为了考察能否用323厂原有的“8321”生产线进行“8701”的批量生产，这对于“8701”来说是一个异常严峻的挑战。上文已经说过，“8321”作为当时国内广泛应用的炸药已经生产了多年，兵器工业部的很多弹药厂如805厂、343厂、323厂都有“8321”成熟的生产线和生产工艺。323厂相对规模较小，更适于做生产放大试验。现在炮兵和五机部已经决定要用“8701”来代替“8321”，但如果说“8701”的生产工艺不适合各工厂原有的生产线，需要各工厂重新改造或重建生产线的话，那么给国家带来的损失和付出的代价就太大了。这就意味着是整个行业的大改造。所以，在323厂的这次试生产就决定了“8701”将来的命运，也是下一步推广的关键。

徐更光深知其中的利害关系，那段时间他和孙业斌等几乎天天泡在323厂，和323厂的技术人员共同制定生产工艺，调整生产设备，并尽可能地把问题解决在萌芽之中。对徐更光来说，323厂就和自己家一样。20世纪70年代初徐更光就经常来323厂，帮助工厂解决很多技术上的难题。所以，徐更光在这里有许多好朋友，志同道合，无话不谈，这其中就有副厂长张喜环。张喜环在323厂主管生产，所以和徐更光接触很多。在长期的合作中，张喜环最看重徐更光的责任心和忘我的工作态度。每一次徐更光来323厂，张喜环都是全程陪同，配合默契，为徐更光创造了很多工作上的便利条件。之后二人成为挚友，并有了长达30年的深厚友谊。这次徐更光在323厂做“8701”的生产试验，一是看中了323厂的技术条件，另外很大程度上是出于对老朋友张喜环厂长的信任。徐更光知道凭张喜环的业务水平和管理能力，“8701”的试生产工作一定会顺利完成。在试生产过程开始前，徐更光与工厂共同商定：在这次放大试验中，要考察出“8701”对聚醋酸乙烯酯的分子量有无特殊要求，并给北京工业学院科研组提供不同颗粒、不同分子量的聚醋酸乙烯酯黏结的混合炸药样品。放大试验打算分三个阶段进行：第一阶段，主要是调整工艺参数，初步找出“8701”的工艺条件；第二阶段，生产供科研对比用的样品；第三阶段，试验配方的微量调整。双方的合作认真而又谨慎，因为他们都清楚自己肩上的担子有多重。这次试生产的成功与否意味着一种新药能否顺利地装备部队。

试生产方案确定以后，323 厂就开始了紧张的生产准备工作。张喜环派技术科的权士英全面配合徐更光的工作。他们选原料，定工艺，调整生产设备。由于实验室产品与工业化产品之间还存在着很大的差距，所以很多指标都需要重新测试，重新摸索，所以徐更光又开始了更细致的实验工作。那时很多测试都是由权士英陪着徐更光做的，由于工厂和学校的设备和条件不同，所以需要徐更光频繁地在工厂和学校之间奔波。权士英看到徐更光太辛苦，手下的人手也不多，便专门派了两个人在学校陪着徐更光做实验。323 厂的这两个人来到北京工业学院，就住在戊区里，吃住在实验室，一天到晚和徐更光忙个不停。刚开始还没什么，到后来这两个人也都快熬不住了。因为徐更光干起工作来就像个拼命三郎，从来不知疲倦，经常工作到凌晨两点多钟。323 厂的这两个人，天天这么陪着，最后都快受不了了，就向权士英抱怨：“我们在工业学院太苦了，整天不能休息，徐更光干起活儿来简直太玩命了。”权士英就告诉他们：“人家徐老师都没怕苦，你们这才苦几天。你们要向徐老师好好学习，一定配合徐老师把所有试验做好。”就这样，这两个人在学校里一待就是两个多月，直到把各种试验都做完了，才又回到了 323 厂。

经过这一过程，各项工作都准备就绪后就开始了 100 千克级的试生产工作。最后 323 厂得出结论：从成型工艺角度看，用现有“8321”生产线生产“8701”是可行的。“8701”生产出来以后，紧接着就要进行“8321”的实际换装工作。前边已经说到过，“新 40”火箭弹最早的生产厂是湖南湘潭的 282 厂，这个厂距离长沙还有几个小时的路程。作为工厂的技术人员，权士英也经常陪着徐更光到282厂进行“8701”的装药工作。在这一过程中，权士英对徐更光那极强的责任心和忘我的工作精神感到由衷的敬佩。他俩经常是从北京坐火车先到长沙再赶到湘潭。那时从北京到长沙乘坐特快列车还需要二十八九个小时，在火车上颠簸一天一宿以后，权士英的腿都肿了，可是比权士英大十多岁的徐更光却从不叫苦，一路上不断地与他讨论生产问题。那时条件有限，工厂也不能派专车到长沙去接他俩，他俩只能坐长途车再赶到湘潭282厂。一到工厂，徐更光就投入紧张的工作中，一切疲劳都被抛在了脑后，干起工作来把什么都忘了。

其实，那时的徐更光生活很苦，平时徐更光也经常和权士英聊一聊家常，说一说自己过的苦日子。可是一搞起科研来，他依然是那么精力充沛，把这些全都抛在了脑后。不过在权士英眼里，徐更光不但是一位好专家，更是一个有责任心的好丈夫、好父亲。由于湖南是中国大米的主产区之一，有一次徐更光想尽办法买了40斤大米，从湘潭到长沙，从长沙到北京，下了火车，再坐公交汽车背到北京工业学院。上千千米的路程，频繁地换车，背40斤米回家值得吗？但是在徐更光心里，这太值得了！这些大米太珍贵了！月底就不用向邻居借粮食了……

在徐更光、权士英及282厂技术人员的共同努力下，“新40”换装“8701”的工作取得圆满成功。从此以后，“新40”火箭弹的瞎火和安全存储问题得到了根本性解决，“8701”又开始了在其他武器上的装药试验。此后，兵器工业部763厂又进行了“8701”的实弹破甲试验。他们用“8701”装填了82无后坐力炮的破甲弹进行试验。763厂通过装药、静破甲、动破甲等一系列试验，证明“8701”具有较好的工艺性，适合破甲弹装药；在动破甲试验中，钢板靶厚120毫米，65度立靶，靶距75米，发射8发炮弹，穿透8发，破甲率达到100%，证明了“8701”在破甲方面的强大威力。

“8701”高能军用混合炸药

1975年4月，军委炮兵军工产品定型委员会召开设计定型工作会议，经炮兵军工产品鉴定委员会批准设计定型。不要小看这次设计定型，它标志着“8701”研制成功。这个成功在那个年代具有特殊的意义。它不是一次普通的成功，它是一次冲破重重阻力、在“文化大革命”的急风暴雨中克服困难、另辟蹊径、坚持科学研究而取得的成功。徐更光和他的团队顶着走“白专道路”的帽子，冒着被打成“走资派”的风险，完成了这一壮举。

从那以后，“8701”逐步代替了“8321”，成为国内各类破甲弹等武器中的主装药，为提高武器的安全性、可靠性立下了汗马功劳，为人民军队做出了巨大贡献。1978年，北京工业学院“8701”项目获得了全国科学大会奖，徐更光在获奖者名单中名列前茅。这是徐更光一生中获得的第一个国家级奖励。

第四节　未雨绸缪
二次获奖育得“常青树”

“8701”获得成功，为中国的破甲武器做出了突出贡献。但是，事情后来的发展更奇妙，更具有戏剧性。事实上，北京工业学院在20世纪70年代初期研制的“8701”只是1978年全国科学大会的获奖项目，而不是后来广泛应用的“8701”，更不是1982年获奖的

"8701"。在接下来的日子里又发生了很多惊人的故事。

"8701"混合炸药经历了一个创造、发现，再创造、再发现的过程，前后历时 13 年。而这之中，"8701"也有一个逐步完善、逐步创新的过程。这里面起警醒作用的还是"8321"。"8321"后来产生的问题留给人们太多的教训和反思……

因为当年"8321"是一种先进的高威力炸药，被广泛用于各种炮弹上，在国内也有多条生产线。虽然军方很早就发现了"8321"的问题，也进行了一些改进（如采用了药型罩镀锡这一改进办法），但由于短期内危害不明显，使得装有"8321"的炮弹在几年内生产了 1000 多万发，并大量装备部队。作为国家必要的弹药储备，这些炮弹都静静地躺在库房中。没过多久，这些带有先天不足的炮弹就出现了腐蚀问题。因为弹药在储存过程中不断有酸的析出，"8321"发生了水解，镀锡后也没有多大效果，使大量弹药失效。虽然说在弹药领域中，酸的析出不是什么新鲜事儿，是各种药都很难避免的现象。但是"8321"水解现象发生得这么严重，导致大量引信受到腐蚀，造成炮弹瞎火，是以前从没有预料到的。

发现问题后，科研部门和军方采取了不少挽救措施，如降低库房温度、降低湿度等，但效果都不明显，不能解决根本问题。无奈，为了保证炮弹的可靠性，这 1000 多万发炮弹全部提前报废，给国家造成了巨大的损失。为此，204 所"8321"的主要研制人员、北京大学毕业的孙国祥先生悲伤不已，悔恨交加。

当然，这种军事装备中的重大事件当时是无从知晓的，但后来有一部电影却揭开了历史的一个侧面。

1984 年，国内上映了一部对越自卫反击战题材的影片——《高山下的花环》，由于情节真实感人，一时风靡全国，观影人流如潮。看过影片的观众一定会对 9 连的新兵战士"小北京"记忆犹新。影片中 9 连攻打越军阵地时，战士"小北京"两次使用 82 毫米无后坐力炮向敌人工事射击，都是瞎火弹，后因暴露射击位置而中弹牺牲。

连长梁三喜倒出炮弹，发现都是1974年4月生产的。两发哑弹害死了“小北京”。这个情节描写了由于10年“文化大革命”的影响，部队的武器装备严重老化、保养不善等问题。

电影《高山下的花环》中出现瞎火的火箭弹害死“小北京”的情节，很可能经过了艺术加工，但中国在发展破甲弹（包括82毫米无后坐力炮破甲弹）的历程中，确实发生过因为弹药质量问题造成大量哑弹、不得不整批报废的事例。2010年10月16日徐更光在接受中央电视台“大家”栏目时就透露当年我军研制配发的破甲弹，因为装药炸药配伍性差，对弹体、引信等引起腐蚀，查出来以后，一次性报废了1000多万发炮弹。

徐更光讲述了报废1000多万发炮弹前后的一些事情。提前报废1000多万发炮弹在当时是一件天大的事。当徐更光获知此消息以后，也感到极度震惊。虽然不是自己的“8701”出了问题，但这都是国家财产，损失了这么多，谁不心痛呀？徐更光看到“8321”出现了这么大的问题，马上警觉起来。因为在“8701”的配方中也有与“8321”中相同的物质，两者都用了聚醋酸乙烯酯。徐更光想，既然都用了聚醋酸乙烯酯，“8701”将来会不会也发现这种情况呢？徐更光坐不住了，马上放下手头的工作，又重新琢磨起“8701”来。

其实在最初研究“8321”的时候，徐更光就意识到了“8321”的稳定性不会太好。关键问题还是出在4号药与硬脂酸、聚醋酸乙烯酯的配伍性上。刚才已经说了，所有炸药在生产和储存中都会有酸的析出，这是无法避免的，关键是要控制好量和析出的速度。在“8321”中，黑索金在压药过程中晶体被压碎有酸的析出，而4号药和硬脂酸的不相容性，又促使聚醋酸乙烯酯快速水解，水解后又加速了酸的析出，这种现象被称为“自催化”。这种化学分解的自加速性质是十分严重的，“8321”正是有了这种缺点，才导致了事故的发生。据调查，一些20世纪70年代初期装药的40火箭弹，在1978年解剖的时候发现：炸药已进入加速分解期，分解产物不仅严重侵蚀了药型罩、导电系统、引信的零部件等，更为严重的是使引信中延期药失效，造成弹药瞎火。这对于弹药储存来讲，是致命缺陷。

徐更光开始忧虑：虽然“8701”比“8321”进步了许多，没用4号药，安定性比“8321”好了很多。但是谁又能保证“8701”永远不出问题？谁又能保证弹药长期储存的可靠性呢？徐更光主动为自己出了一个新的难题。

事也凑巧，正当徐更光内心疑惑的时候，“8701”还真的出现了轻微的水解问题。“8701”定型以后，国内很多兵工厂都有生产任务。北京生产的“8701”样品就没有发生水解问题，可是在辽宁323厂生产的时候就出现了水解现象。徐更光仔细分析其中的奥妙，最后找到了原因。主要是两地水质不同，北京水质较硬，偏碱性；而辽宁323厂的水质较软，偏酸性，所以容易发生水解。徐更光看到这种情况，觉得不能以侥幸心理看待这个问题，而是必须要拿出一个方法来彻底解决“8701”炸药的水解问题。

徐更光的大脑又开始快速地转了起来。他想：“8701”的安定性已经是很好的了，但还是出现了水解现象。看来炸药中酸的析出真是个无法阻止的问题。既然炸药里酸的析出不可避免，那可不可以建立一个缓冲系统来吸收酸呢？这样不就可以防止水解了吗？这个想法一出现，徐更光立刻来了精神，他要用自己的智慧解决一个世界性的难题。

有了这种想法以后，徐更光就在这个缓冲系统上下起了工夫。此时此刻，多年的实际锻炼和艰苦摸索让徐更光的思维插上了翅膀，再加上徐更光天生的悟性，很快他就找到了一个绝佳的方法来解决问题。

徐更光想：既然炸药中的酸要出来，加点儿碱性物质不就吸收了吗？想到此，徐更光就在“8701”的造粒水中加入一定量的碱××。碱××在混合溶液中遇到硬脂酸形成了硬脂酸钙，而这种硬脂酸盐又是一种脱模剂兼钝感剂，不会影响炸药性能。就这样硬脂酸与硬脂酸钙在这里形成了一个巧妙的缓冲系统：有酸渗出，那么就会有硬脂酸钙吸收；有过量的碱加入，又会有硬脂酸吸收。这种在化学上的互为犄角，被徐更光巧妙地用到了炸药配方当中。这下，问题真的被彻底解决了。不管弹药在装药时和储存中酸碱性有什么变化，这个缓冲系统都会把变化控制在合理之中。就这样徐更光完美地解决了炸药渗酸的腐蚀性问题，使炸药在长期储存后还具有极佳的可靠性，为炸药的安全储存提供了新路，这在世界炸药领域都是个非凡的创举。

有了这种新思路和成功的实验，徐更光马上把这种新的配方应用到“8701”的生产当中。经过在不同地区、不同水质、不同环境生产出的“8701”的相互对比，这种改进后的“8701”混合炸药，其储存安定性有了革命性的改善，取得了极好的效果。在实验测试中，通过以失重百分之一作为失效标准来进行计算，这种改进的“8701”弹药存储期可达到惊人的 28 年！而这只是根据实验室数据进行的保守估计，现实中这种弹药的保存时间还会远远高于估计值。

“8701”以其强大的威力、良好的储存安定性奠定了这种炸药在我国炸药领域中的特殊地位，被广泛地应用于我国的各种武器中，被誉为炸药中的“常青树”。

“8701”的成功，使徐更光获得了人生中第一个国家级奖励。1982 年，改进后的“8701”又获得了国家技术发明奖三等奖，徐更光是第一获奖人，创造了一种产品两次获国家奖的奇迹。

后来“8701”在国内进行了长期的普及化生产。无论是在我国军事装备上，还是在各个兵工厂的出口创汇中，“8701”都占有重要的地位。甘肃 805 厂 1997 年的文件中这样写道：

> 我厂现在生产的“8701”炸药系贵校徐更光教授研制。自 1983 年投产以来，已累计生产产品 2251.6 吨，实现不变价工业总产值 3931 万元，实现利润 450 万元。产品全部用作国内军品配套。

这只是“8701”生产的一个小小的展示，这种展示在国内还有许多。但是，无论“8701”在国内生产了多少，创造了多少利润，徐更光从没有从中拿过一分钱。在徐更光心中只有这样的概念：我的东西只要国家用了，就是我最大的幸福！

30多年过去了，“8701”在今天仍有它特殊的市场，用“8701”装填的炮弹直到现在还保持着它那超凡的稳定性和安全性。就是一些新型弹种，也常常用“8701”作为传爆药，是我国炸药历史上一棵真正的“常青树”。“8701”的成功创造了一段被人们广为赞誉的传奇。

第五章

“8702”的成功和后来的故事

第一节　不速之客
带来了一个新的挑战

20世纪70年代中末期，是我国政治形势风云变幻的时期。作为高校科研工作者的徐更光在局势连续巨变的国内环境下，却不可思议地用一种特殊的方式避开了这些政治环境的纷扰。在这些年中，他不为外界风波所动，用常人难以理解的方式拼命地搞科研，拼命地创新，拼命地发现并解决问题，正值壮年的徐更光在这些年中积累了大量经验，攻克了多种难题，并取得了多项成果。

在那些年中，徐更光同时承担着多项任务，在炸药领域中进行着多种尝试和探索。在实验室中、在工厂里、在各军兵种的科研管理部门、在飞奔的火车上，他不停地忙碌。那时徐更光的两个孩子都是十几岁，正是需要父爱、需要父亲在多方面加以培养的时候。但徐更光顾不上家，顾不上孩子，把全部的精力都放在了科研工作上，成了名副其实的“甩手掌柜”。一个绿色的小旅行包就是他最重要的装备，经常是中午还在家里吃饭，下午打声招呼就奔向了火车站。按照当时学校的规定，副教授以上的人员才有资格坐卧铺。而徐更光那时还不具备这个资格，只能买硬座，有时候连硬座都买不到，经常在车站匆匆买一张站票就奔向祖国的东西南北。这种生活，是徐更光在20世纪七八十年代生活的真实写照。

“8701”就是在这一历史时期研制成功的。但也就是在“8701”定型生产、大规模装备部队后不久，在徐更光手上又诞生了一项新的成果——中国第一代高威力含铝炸药。这项成果后来被命名为

"8702"，含义就是：八系70年代的第二项科研成果。

1976年下半年的一天，八系来了一位不速之客，这个人不是别人，正是学校83专业54级的毕业生罗秀云——一个高高大大的汉子。此时罗秀云的身份已经是五机部所属江西九江9333厂的副厂长，主管工厂的科研和业务工作。9333厂是一个三线工厂，是"深挖洞，广积粮"时期江西省重要的弹药生产工厂，又叫江西人民机械厂，9333厂当时最重要的产品就是为57毫米高炮配套的高炮榴弹炮。

57毫米高炮现早已退役，但在20世纪70年代却是我国军队装备中重要的防空高炮。这种高炮是苏联的"C-60"57毫米高炮的仿制品，具有射程远、射速高、威力大等优点，还具有全自动、半自动等模式，是当时我国比较先进的一种防空武器，于1965年大批量生产装备部队。而9333厂就是为这种炮生产57毫米高炮榴弹炮，而这种榴弹炮的装药也是由苏联引进的，称作"A-Ⅸ-2"高威力含铝炸药。这种炸药其实就是钝感黑索金加20%的铝粉，其威力远远高于以TNT或黑索金为主装药的武器。

高威力含铝炸药是随着高射武器、舰载、机载武器弹药提高威力的需要而发展起来的。第一次世界大战中，德国人最早把铝粉引入炸药，用于装填炮弹。第二次世界大战后，含铝炸药得到迅速发展，英、美等国先后研制了多系列含铝炸药，如Torpex、Minol、DBX等都是当时最先进的含铝炸药。苏联在第二次世界大战后，也在含铝炸药方面取得了飞跃的发展。TRA、TRAR、A-Ⅸ-2都是苏联在军事上广泛运用的含铝炸药，而A-Ⅸ-2因各方面性能较好，水平与英、美相近，被应用于多种武器装备，是一种当时比较先进的含铝炸药。20世纪50年代，我国从苏联引进了A-Ⅸ-2的生产技术，后被广泛用于国内多种炮弹中。

虽然国际上含铝炸药的应用从第二次世界大战时期就已经开始，但我国含铝炸药的生产一直是空白。20世纪50年代中期引进了苏联的技术以后，开始大规模生产 A- Ⅸ -2。但由于我国当时还不具备高水平的科研能力，引进、消化、吸收都是巨大的挑战，更别提自主创新了。作为当年我国重要的炸药生产厂之一的江西 9333 厂，一直严格遵照苏联的配方生产 A- Ⅸ -2。但在长期的生产过程中，逐步发现了 A- Ⅸ -2 的缺陷：主要是炸药黏结性不好，严重影响装药质量。

因为 A- Ⅸ -2 的成分主要是黑索金、铝粉、地蜡和硬脂酸。黑索金是威力较大的单质炸药；加铝粉是为了提高爆热、增大威力；而地蜡是一种被普遍应用的钝感材料，主要是为了提高安定性；硬脂酸是为了改善装药性能。这几种原料混在一起，黏结效果不好，炸药的装药密度很难提高。也正因为如此，装药非常困难，废品率很高。据罗秀云厂长讲，在生产炮弹过程中经常能挑出一筐一筐的废弹，都是不合格产品。而这些废弹又非常难处理，需要工人把炸药一点一点从弹壳中抠出来，重新装药。由于炸药的配伍性不好，所以压好的药柱很容易出现裂纹，进而严重影响炮弹的大批量生产。

更为严重的是，这种装药因为含有 20% 的铝粉，容易变得异常干燥。铝粉是一种金属粉末，是靠地蜡、硬脂酸与黑索金混合在一起的。这种混合方法效果不好，更重要的是容易产生严重的污染。在装药车间里，铝粉经常像尘土一样到处飞扬。这之中最苦的就是装药工人，他们戴着厚厚的口罩和防尘面具都不管用，但为了生产只得硬撑着干活儿。工人干不到两年就必须调换岗位，否则身体上根本承受不住。每一名装药工人都患有不同程度的“矽肺”（现在叫硅肺病）这种职业病，而这种吸入铝粉的矽肺比一般粉尘造成的矽肺要严重得多，根本无法医治。工人们的生产环境异常恶劣，他们从车间出来浑身上下都沾满了铝粉，像个金属人。到饭堂吃饭时，别人都不愿意和他们坐在一起，都嫌弃这些工人太脏。可是由于当时我国的炸药生产水平和科研能力有限，这种高污染、高废品率的炮弹仍然在按部就班地生产。

罗秀云是9333厂主管业务的副厂长，他每天都要和装药车间里的工人打交道，看在眼里，急在心头。他多么想找到一种办法，来改善装药车间的生产环境呀！他这次到北京来就是向母校求助的，帮助他们解决A–Ⅸ–2的污染问题，提高57毫米高榴炮弹的生产质量。罗秀云来到学校以后，科研处和八系的领导都热情地接待了他，罗秀云也向学校全面介绍了57毫米高榴炮弹生产的现状和困难。当时八系的主任田济民听完罗秀云的介绍后对此事也非常重视，告诉罗秀云别急，一定会尽全力帮助他们，而且八系有这方面的人才。此时的田济民心里早想好了一个人，要解决9333厂的生产困难非徐更光莫属，因为在大家心目中，徐更光已经是解决炸药方面疑难杂症的大家了，他知道罗秀云此次也是慕名而来。很快田济民主任把徐更光找来，让罗秀云向徐更光详细地介绍了全面情况。同时田主任通知徐更光一起去江西九江，到9333厂亲自看一下。于是，在田主任带队下，徐更光和孙业斌等几位同事加上炮兵科研处的两位干部，一行七八个人登上了火车，向江西九江奔驰而去。

到了9333厂，田济民、徐更光等一行人都没来得及简单安顿一下，就由罗秀云领着直接奔向了装药车间。虽然在路上罗秀云已向大家详细地介绍了情况，但是当徐更光看到真实的生产车间以后，仍然是惊诧万分。一进装药车间仿佛进入了浓雾之中，人们在车间里呼吸困难，味儿又呛人，简直多一分钟都不想待，但是为了国防生产任务的完成，工人们必须长年生活在这种艰苦的环境中。可是，工人们花这么大代价生产出来的炮弹竟然有那么多的废品，真是可悲呀！徐更光的心在痛，作为一名炸药专家，他绝不能容忍这种情况的存在。徐更光下定了决心：把别的事先都放下，不解决问题绝不收兵！

徐更光（左二）等与9333厂技术人员合影

很快，徐更光让罗秀云召集厂里所有相关的工程技术人员，一起分析问题，一起想办法，看从哪里入手来解决眼前的困难。工厂技术人员介绍：A-Ⅸ-2炸药其实就是用钝感黑索金加入铝粉，钝感黑索金中的地蜡、硬脂酸作为钝感剂和增塑剂有一定的增塑作用，但效果不明显。其实这种钝感黑索金本身的密度和装药性能就不太好，加入铝粉后问题就更突出了。但是不管是在苏联生产A-Ⅸ-2，还是我们仿制后生产A-Ⅸ-2，都没有找到更好的解决办法，所以这种A-Ⅸ-2的生产工艺延续至今。徐更光听着技术人员的介绍，仔细询问黑索金钝化过程中的问题，也观看了铝粉的混合方法，并认真调查装药环节的生产问题。经过一番缜密的思索，他大胆地提出："要想改变这种状况，就必须更改炸药的配方，要重新造一种新药才能解决上述问题。"在场的其他人员听到徐更光这么一说，都吃惊不小。要知道，这可是沿用多年的苏联技术呀！我们自己能有这个研发能力吗？而且一种新药的诞生要经过重新的摸索，要通过多重的实验，要有复杂的试制过程。而当时生产任务非常紧张，"抓革命，促生产”，不可能让生产停下来等着新药的诞生，这是要冒天大的风险，非同小可。再说，含铝炸药装药上的难题在国际上也没有得到很好的解决，是各国争相攻克的难关。徐更光要在短时间拿出一种新药来填补 A- Ⅸ -2 的空白，这能够实现吗？

而此时的徐更光却显得异常镇定，胸有成竹。徐更光心里明白：他要研制一种新药的想法并不是无中生有和空穴来风，这之中有专业的分析和创新的灵感。凭着自己对炸药的理解和长期的摸索实践，他敏锐地感觉到：完全可以把“8701”的成功经验借鉴过来，闯出一条别人没有走过的道路。大家听了徐更光的介绍后，充满好奇，十分激动，都对徐更光寄予了极大的期望。因为当时徐更光已经在国内爆炸领域中小有名气，同行们都知道他点子多，经验丰富，徐更光说能够解决，大家就知道他有办法，有徐更光的鼎力相助，9333 厂领导和工人的心里都踏实了很多。

第二节　灵光乍现　开创了我国第一代高威力含铝炸药的先河

这次九江之行，给徐更光添了一副急迫而又沉重的担子，徐更光把这项任务排在了第一位，全身心地投入研制新的高威力含铝炸药工作中。从此，北京到九江这趟列车仿佛成了徐更光的定点班车，徐更光开始了频繁的来往于九江和学校之间的奔波。

在此过程中，徐更光又仔细分析了“8701”的成功之处。他心里清楚：在当今世界上的炸药研制领域，一种高威力混合炸药要获得成功，关键是要解决好炸药敏感与钝感之间的矛盾，在炸药威力与安全使用上找到一个最佳的平衡点。就拿 A- Ⅸ -2 来说：黑索金作为做功的核心，决定了爆速和威力。铝粉的加入，增加了爆热，提高了破坏能力。但如果不加入地蜡，黑索金就无法和铝粉混合，无法正常地装药，也无法安全地储存。而地蜡是不做功的，加多了，炸药的威力又会受到影响。这一对天生的矛盾贯穿着每一种炸药研制的全过程。

当徐更光回忆起当年的科研工作时，真是如数家珍，津津有味，他说：

炸药的配方问题有时就是哲学问题。我在研制炸药的过程中就是运用了毛主席关于矛盾论的哲学思想，用这种哲学思想来指导我的科研工作。应该说矛盾是与生俱来的，是无法彻底消除的，但是矛盾是可以转化和转移的。在研制核武器装药的时候，他们就没有解决好矛盾，钝感材料加多了，炸药威力就小了，从而给核武器小型化造成了困难。而我按照这种哲学思想，把钝感材料和黏结剂巧妙地结合起来，让它既起到黏结作用又起到钝感作用，而使得威力没有减少。在研制“8701”的时候，我仍然是按照这种哲学思想，只不过是把核武器专用药中的 БФ 胶变成了聚醋酸乙烯酯和硬脂酸，这样既解决了钝感问题，又解决了常温下的大规模生产问题。而从方法上来讲，也是把黏结剂跟钝感剂巧妙地结合起来。

当笔者听到徐更光这段精彩的论述时，不禁赞叹道：“您的科研思路真是神了！无论是以前的‘HBJ’，还是‘8701’，都太聪明了。但我就纳闷，虽然说思路上您都是一样的，但您怎么能从那么多的化学物质中找到这些原料，并且把它们巧妙地利用起来的呢？比如说 БФ 胶，以前谁都没用过，您到底是怎么想的？”徐更光回答道：

其实道理很简单。我一开始就想，БФ 胶为什么能把材料粘起来，就是因为它表面附着力好，能把各种材料紧密地黏结在一起。那么把 БФ 胶放进炸药中，黏结性好了，表面的包裹性强了，那么它的感度自然就低了。其实这不是我的发现，这只是我的发现。我是在试验了很多材料，找了很多材料以后就

觉得 БФ 胶最合适。……现在总有人讲要理论创新，我觉得这不完全正确。理论是什么？理论是一种规律，是规律的总结。而规律是什么？规律是一种客观存在，而这种客观存在只能被发现，不能被发明。我就是运用哲学思想发现了各种物质的特性，从而转移了矛盾，最后取得了成功。所以在将要开展的“8702”研制过程中，我仍然要用这一哲学思想来进行探索，也希望能找到转移矛盾的最好办法，来解决 A–Ⅸ–2 目前存在的问题。

在研制“HBJ”时，徐更光用 БФ 胶做黏结剂，同时又是钝感剂，而使得这一对矛盾巧妙地得到了最大限度的平衡；在研制“8701”时，他又借鉴了“HBJ”的经验，把 БФ 胶换成了硬脂酸和聚醋酸乙烯酯，从而解决了“8701”常温装药大规模生产的问题。那么今天，徐更光能不能接着按照这一思路有更大的突破呢？

徐更光说，要想解决 A–Ⅸ–2 的问题，就得先从它的发明原理入手。A–Ⅸ–2 是从 A–Ⅸ–1 演变而来的，是苏联借鉴了西方的成功经验，在烈性炸药中加入了铝粉。而 A–Ⅸ–2 是一种传统的烈性炸药，成分就是黑索金、铝粉、地蜡和硬脂酸。他以前研制的“8701”从性能上全面超过了 A–Ⅸ–1。那么在“8701”中加入铝粉，不也可以达到 A–Ⅸ–2 的效果并可能超过它吗？徐更光此时已经找准了思路，更准确地讲：这是一种经验的集合。

通过对 A–Ⅸ–2 生产过程的观察，徐更光发现，9333 厂的工人是用 A–Ⅸ–1 的成品颗粒加入铝粉进行干混，这两种原料在滚筒中充分地混合、侵彻，最后形成小米粒大小的新颗粒，从而制成 A–Ⅸ–2。这是苏联的标准工艺，也正是由于这种干混的工艺，导致了生产过程的重度污染。同时，由于 A–Ⅸ–1 本身的装药性能并不好，压成的药柱很容易开裂，所以废品率很高。徐更光经过仔细观察和研究后，开始琢磨：如果使用合适的溶剂，把“8701”和铝粉混合后再造粒，这样一方面保持了“8701”的优点，同时又提高了威力，更重要的是铝粉在溶剂中就不会四处飞扬了。这样问题不就解决了吗？徐更光想到此就丝毫不敢怠慢，马上带领同事和 9333 厂的技术人员按照这种思路干了起来。

首先徐更光来到 9333 厂的炸药生产车间，指导技术人员和工人们共同开始了一种新药也就是“8702”的艰苦攻关工作。那时候，9333 厂作为一个弹厂也具备生产炸药的能力，这样更有利于解决装药过程中出现的问题，形成一体化生产。在攻关过程中，徐更光毫无保留地把“8701”的配方传授给了 9333 厂，使 9333 厂在炸药生产方面跃上了一个新的台阶。

在“8702”的试制过程中，徐更光和大家一方面寻找合适的溶剂来混合各种原料，另一方面又找来很多黏结材料反复与“8701”的原配方进行比较，希望为“8702”找到一个最科学的组分。在此期间，徐更光和 9333 厂的工人们白天黑夜忙在一起，生活在一起，没有一点儿架子。罗秀云和技术人员、工人们非常配合徐更光，他们和徐更光在一起非常开心，也非常谨慎。因为在试验过程中，只要稍微有一点儿没达到徐更光的要求，徐更光就会大发雷霆让大家返工，不给在场的人留一点儿面子。而过后徐更光又会自责地说：“我跟你们嚷，你们别害怕。干炸药这一行一点儿都马虎不得，一不留神就会出大事。我与炸药打交道快 30 年了，基本没挨过炸，只在眉毛旁边留下了一小块黑点儿。在我们这一行这并不容易，我靠的就是认真、熟悉和严谨。所以你们一定不能干鲁莽的事，我凶你们，都是为你们好，别生气。”大家当然不会生徐更光的气，只是心中对徐更光更加钦佩，大家心里都清楚：徐更光真是把 9333 厂当成自己的家了，为 9333 厂解决难题早已成了徐更光的分内事，大家都希望徐更光早一天成功，早一天让工人们脱离苦难。

经过这样反复多次的实验，徐更光和大家终于找到了一种叫乙酸乙酯的原料来做溶剂，把“8701”中的组分和铝粉巧妙地混合在一起。乙酸乙酯是一种无色透明液体，有一种水果的香味，易挥发，对空气敏感，能溶解很多金属盐类，所以特别适于用来溶解“8701”

和铝粉。特别是乙酸乙酯还有一个显著的特点，就是能很好地吸收水分，这一点太重要了。因为铝粉极易氧化，极易与水发生反应，空气中的水蒸气又无处不在，所以减少铝粉的氧化是非常重要的问题。乙酸乙酯的运用在很大程度上解决了铝粉氧化的难题。

乙酸乙酯把“8701”和铝粉按设计好的比例溶合在一起，乙酸乙酯挥发后，这种混合物就变成了像面团一样的物质。此时此刻，到处飞扬的铝粉不见了，这种难以驯服的金属粉末被安全地混在了面团中。接下来的工作就是造粒了，这要是在学校实验室里，徐更光就会和以前一样，把面团用筛子压成面条，面条干了以后再造成颗粒。可在工厂车间里，这个方法明显不合适了，徐更光和技术人员一起研制专门的机械筛用来造粒。这也不是什么难事，只要选择好合适的孔径，经过几次筛就行了。就这样，徐更光和 9333 厂的技术人员一起，制定了“8702”严格的配方比例和合理的生产工艺。经过反复摸索和试验，人们盼望已久的试生产开始了。工人们在徐更光和技术人员的指挥下，按照制定好的工艺一步一步地认真操作。所有人都睁大双眼盯着每一步生产过程，往日车间里弥漫的铝粉扬尘再也不见了。最后当机械筛筛出了均匀的“8702”颗粒并烘干以后，一种新药——“8702”终于被生产出来了。

“8702”颗粒生产出来以后，还没等颗粒完全冷却，等在一旁的 9333 厂负责装药测试的人员立即取样，先打感度，看颗粒的安全性。当感度合格后赶快拿到装药车间开始了压药实验。压药的过程没什么创新，只是按照以前的工艺进行装药试验。当压药的冲头压进弹体的一刹那，技术人员立刻就感觉到与以前压 A– Ⅸ –2 时完全不同：没有飞末，声音也小了许多，凭感觉就知道“8702”颗粒非常驯服。当技术人员检查压好的药柱时，真是大喜过望，只见药柱既细密又光滑，根本看不到一点儿裂缝和空洞，比以前不知漂亮了多少倍。就凭眼前这个药柱，技术人员就断言：这下压药的困难解决了，产品合格率能大幅提高了。

接下来的工作就是产品测试，这可是最关键的时候，测试结果连着徐更光和9333厂每一个干部、工人的心。别看压药很成功，但威力怎么样？能不能满足设计要求？能超过A-Ⅸ-2吗？大家焦急地等待着测试结果……

经过9333厂技术人员的严格测试，结果很快就出来了："8702"的爆速为8164米/秒，A-Ⅸ-2的爆速为8165米/秒，两者相差无几；在标准工艺压药下，"8702"的密度是1.904克/立方厘米，A-Ⅸ-2的密度是1.855克/立方厘米，"8702"提高了2.55%；再看代表威力的爆压，在相同体积下"8702"的爆压是295.5千帕，A-Ⅸ-2是276.4千帕，"8702"提高了6.91%。接着技术人员又测试了机械感度、摩擦感度、猛度、爆热等性能，所有数值都优于A-Ⅸ-2，都达到和超过了设计要求。成功了！终于成功了！这一组惊人的数字可以说明："8702"完全战胜了A-Ⅸ-2，同时铝粉的重度污染问题也被彻底解决了！

当第一批装有"8702"的57毫米高炮榴弹炮在9333厂生产出来以后，工厂沸腾了：我们有新药了！恶劣环境不见了！产品合格率上去了！工人们高兴地奔走相告。大家看到在徐更光的帮助下，这种新炸药改善了生产环境，威力又得到了极大的提高，以前的梦想终于实现了。

"8702"高威力军用混合炸药

"8702"试生产成功以后，9333厂的技术人员在徐更光的指导下，在9333厂建成了一条能够稳定生产的生产线。炮兵的科研部门对改进的全过程都进行了严格的监督审查，就这样，徐更光和9333厂及炮兵科研部门共同完成了"8702"的设计定型，并上报炮兵装备部门完成了生产定型。

徐更光（左一）与9333厂军代表在一起

“8702”高炮药的成功生产不仅大幅度提高了我国身管式武器的装药水平，更是开创了我国第一代高威力含铝炸药的先河。

1980年，“8702”炸药获得了国防科学技术工业委员会重大技术改进成果三等奖，徐更光被列为第一获奖人。同年，由于徐更光在我国国防科技领域中的突出贡献，被国务院授予“国防工业办公室先进科技工作者”荣誉称号。凝结着徐更光巨大心血的“8702”高威力含铝炸药，直到今日在我国现有装备中仍发挥着巨大的作用。

第三节 “捎带脚儿”运用射流引爆技术解决大问题

1976～1978年这三年的日子里，徐更光是异常忙碌和充实的。在几项科研项目进行的同时，徐更光继续完善“8701”，造出了“8702”。也正是因为“8702”，他成了九江9333厂的常客，成了工人师傅的贴心人。“8702”成功了，9333厂经济效益提高了，可是徐更光却分文不取，没有从中牟取一点儿经济上的利益。不但如此，这三年来徐更光往返北京与九江的差旅费及平时实验用的各种开销，很多也是从自己那少得可怜的科研经费中挤出来的。但是“8702”成功后给中国军队身管式武器弹药带来的重大进步，却是用多少金钱都换不来的！

徐更光喜欢九江，怀念九江，更忘不了9333厂那些质朴的人们。后来徐更光说起在九江最大的感触与怀念，竟是九江那漫山遍野的兰花。徐更光忘不了当年的情景，他住在9333厂的招待所里，推开窗户一看，对面山坡上满是鲜艳夺目的兰花，色彩斑斓，无边无际。吸一吸鼻子，兰花的幽香真是沁人心脾，让他陶醉。看到这些兰花他真是高兴得不得了，总是呆呆地看。一有闲暇，徐更光就跑出去摘几支兰花回来，仔细修剪好插在花瓶里，摆在床头柜上。每次从工厂回来就是再劳累，遇到再大的困难，一看见这兰花，就什么都忘了。小小的兰花成了他在九江最大的慰藉。

在兰花盛开的那段时间里，徐更光每次回北京都要折一捧兰花带上，让兰花的清香陪伴自己，打发火车上寂寞的时光。那时候的徐更光，一说出差背上包就走，包里除了最简单的衣物外，就是一台自己组装的半导体收音机。每次出差回来，很少给家人带回土特产。但只要春天里徐更光从九江回来，却总是会带回一捧捧鲜艳的兰花，让一家老小感到格外欣喜。那九江的兰花就成了徐更光和家人对那一时期最美好的回忆。

不过徐更光在九江并不孤单，他和9333厂的技术人员、工人们都成了好朋友，徐更光和他们谈生产、唠家常、打扑克，仿佛成了9333厂的一分子。他不仅为9333厂解决了高炮药的生产问题，还“捎带脚儿”解决了9333厂的另一项重大技术难题。

9333厂是一个弹药生产厂，它不但有军品任务，还承担着一些民品的生产任务。当时生产硝铵工业炸药也是9333厂的重要工作之一，每年9333厂都要生产大量硝铵工业炸药，支援周边各类矿山的工业生产。在江西上饶市德兴境内有一个很大的铜矿——德兴铜矿。德兴铜矿拥有丰富的矿物资源，探明铜储量居世界第三位，产量居中国第一位，是中国最重要的铜生产基地。在铜矿开采过程中，开山炸石是最基础的工作，而巨大的铜产量也就意味着需要大量的工业炸药。那时工业炸药普遍采用的是硝铵炸药，这种药成本低，安全性好，也容易操作，普遍应用于矿山开采。但是当这种炸药在德兴铜矿被大量运用时却出现了一个问题，长期困扰着德兴铜矿和9333厂。

硝铵炸药是一种粉末状的爆炸性机械混合物，主要成分是硝酸铵。硝酸铵是重要的化学肥料，很多国家都具有相当规模的生产能力，它来源丰富，价格低廉，可以直接与一些单质炸药和可燃剂制成各种混合炸药，用于工业爆破和军事目的。硝铵炸药威力中等，考虑到它的应用范围、成本和安全性，它的爆速和猛度都不是很高，是一种应用最广泛的工业炸药。但当时德兴铜矿在使用硝铵炸药爆破时发现：德兴铜矿的矿石异常坚硬，硝铵炸药的威力有限，不能把矿石炸得很碎，只能炸成大块大块的矿石，这就为下一步的加工造成了巨大的困难。

德兴铜矿所用的工业炸药都是由9333厂提供的。矿方多次向9333厂提出这一问题，希望增大工业炸药的威力。可是由于硝铵炸药的根本性质所在，这种炸药的爆速和猛度不可能有很大的提高。硝铵炸药不能把矿石炸得很碎的情况，在德兴铜矿已经存在很多年了，但从来没有一个很好的办法来解决。有人说：用TNT不就解决了吗？TNT威力大。事情可没那么简单：一是国家不允许，受到安全限制；二是成本也让企业难以承受，完全行不通。

徐更光在一次与9333厂技术人员的闲聊中，得知厂里有这样一个技术难题，便饶有兴趣地和他们聊起来，问这问那，打听得仔仔细细。厂里的技术人员看徐更光感兴趣，就向徐更光求教："徐老师，你看这个问题有什么好的解决办法没有？"徐更光的乐趣就是解决问题，善于攻坚。只要碰到难事，他就来了精神，非得动动脑筋，看看有什么好的解决方法不可。这种个人兴趣和对炸药的偏爱，伴随着徐更光科研探索的一生。

当徐更光听到技术人员对硝铵炸药弱点的分析以后，立即开动了脑筋，寻找解决问题的方法。对于硝铵炸药徐更光非常了解，这种炸药在和平时期生产得最多。只不过因为硝铵炸药已经很少用于军事领域，徐更光很少接触罢了。多年来，硝铵炸药的炸药性能和做功水平基本上变化不大。但是徐更光不愧为一位功底深厚的炸药专家，当他看到问题后敏锐地想到：炸药本身不可能解决什么问题，炸药的原料、生产工艺都不可能有太大的改变。为了大幅提高工业炸药的性能就需要改变配方，可一改配方就会大幅度提高生产成本，那是得不偿失的。可是配方无法改变，还有什么渠道增加它的威力呢？徐更光思来想去，就在炸药引爆方式方面动起了脑筋。

行内人都知道：一种炸药的威力主要取决于这种炸药的爆速，爆速提高了，爆压也就增大了，威力也就增强了。有什么办法能够改变硝铵炸药的爆速呢？如果换一种引爆方式会不会有更好的效果呢？徐更光就开始琢磨起爆用的雷管和 TNT 来。

硝铵炸药使用时采用 TNT 药柱作为起爆装置，先是电雷管引爆 TNT 药柱，TNT 药柱引爆后，爆轰引爆硝铵炸药。在这个过程中，TNT 爆轰的瞬间无法将所有能量同时传递给硝铵炸药，使得硝铵炸药的整体也无法同时受到 TNT 高爆速的影响。徐更光从车间里拿来几个雷管和药柱摆弄起来，他一会儿看看药柱，一会儿看看雷管，就好像没见过似的……看着看着，他的手停留在雷管底部的一个小锥体上，他知道，这个小锥体有一点儿聚流的作用。突然徐更光灵机一动，他想：如果在 TNT 药柱里也加装一个金属的锥形罩，那么 TNT 爆炸时所有能量就会在锥形罩的表面形成锥面波，而当锥面波随着锥面向前传播的时候，速度是基本不减的。更为关键的是，这种能量的传递随着锥面的角度会形成一种穿透力极强的射流，用这种射流瞬间引爆硝铵炸药，就会使硝铵炸药的内部几乎同时受到高爆速的爆轰，进而引爆整体硝铵炸药。这样，这个高速射流的存在就会大幅度提高硝铵炸药的爆速，使得整个药包的爆轰时间大大缩短，使炸药在更短的时间内完成做功。做功的时间短了，爆速高了，爆压也就大了，那么威力不也就随之提高了吗？

徐更光想到这个办法以后，马上就把这个思路告诉了 9333 厂的技术人员。大家一听，立刻茅塞顿开，觉得这个办法一定行。因为大家都知道有一种引爆方法在爆炸领域称为诱导引爆，徐更光的方法正是运用了诱导引爆的原理，改变了硝铵炸药的引爆方式。这一点，大家以前怎么都没有想到呢？大家都对徐更光佩服得五体投地。

很快，工厂的技术人员就做出了几个铜的锥形药型罩，他们在 TNT 药柱中加入了药型罩，装上雷管，塞进了硝铵炸药的药包开始试验。当带有这种新型引爆器的工业炸药爆炸以后，经过仪器的测量，现场所有的人都惊呆了：硝铵炸药的爆速一下子由 3000 多米 / 秒，提高到了 6000 多米 / 秒，其爆速提高了将近一倍。简直太棒了！所有人都欢呼起来，大家把所有赞美的语言毫不吝啬地献给了徐更光。接着技术人员又赶快将这种装有药型罩的 TNT 药柱送到德兴铜矿，做现场试验。德兴铜矿的工人按照往常的药量和方法，将硝铵炸药埋进各个炸点。人们躲在远处，静静地等待着爆破的结果……“轰”一声惊天动地的轰鸣声过后，人们跑过来查看矿石的粉碎效果，所有人都高兴地欢呼起来：“成了，太棒了，矿石都炸碎了！”

现场工作人员赶快跑回 9333 厂，把这个激动人心的消息告诉了徐更光。徐更光此时倒一点儿都不惊奇，只是微微地一笑：“嗨，这个结果没什么惊奇的，我一想就是那样。”此时此刻，9333 厂的工人和技术人员对徐更光的崇拜之情油然而生——就这么一个小小的药型罩，竟改变了多少年来硝铵炸药的威力和命运，这真是太不可思议了！

从此以后，9333 厂就开始大量生产这种新型的 TNT 引爆药柱，一方面大量用于德兴铜矿的生产，另一方面向国内市场上推广，取得了非常可观的经济效益。在后来的生产过程中，刚开始用铜做药型罩，但后来因为铜的成本太高，就改用铁来做药型罩，性能依然很好。徐更光和9333厂的技术人员一起将这种新型的引爆方式命名为“射流引爆技术”。这种新型的起爆药柱被定为“M1-1型工程起爆药柱”，并大量投入生产。

一时间，9333厂因为掌握了这种新型的射流引爆技术而变得声名显赫。1981年，9333厂将这项“M1-1型工程起爆药柱”作为重大科技成果上报江西省科学技术委员会，当年这项成果荣获江西省“重大科技成果三等奖”。而在获奖证书上，不是9333厂员工的徐更光被列为第一获奖人。

射流引爆技术火了，9333厂的生产效益上去了，江西省重大科技成果奖拿到了。据资料记载，当年靠这种引爆药柱给工厂带来的利润达到513 851元，这在9333厂的发展建设中成了一件非常显赫的功绩。可对于徐更光来讲，这只是一个“捎带脚儿”的小发明。除了奖状上的那个“第一获奖人”之外，徐更光没有得到任何经济上的报酬，留给徐更光的只是一种解决问题后的兴奋与快乐。

徐更光指导研究生姜春兰进行射流引爆技术计算

“M1-1 型工程起爆药柱”的研制成功，给徐更光带来了又一次成功的欣慰。为此罗秀云厂长带领厂里的科技人员专程到北京工业学院向徐更光表示感谢。当学校科技处的领导们知道此事后，一方面为徐更光取得成果表示高兴，但另一方面又对徐更光半开玩笑地批评起来：“以后啊，你们可要看好徐老师，不能让他随便地把技术都泄露给别人。徐老师是学校的人，他的技术也应该为学校创造财富。”徐更光听到此言后只是“嘿嘿”一笑，他说：“我自己搞科研从没想到过赚钱，只要解决问题了，我就高兴。我的老师陈福梅曾经对我说：徐更光要是在美国早成百万富翁了。我要是真为了赚钱，何止是百万富翁啊！我对赚钱根本也没什么兴趣。”这就是真实的徐更光。

第六章

高温石油射孔弹为民用产品技术开发做出新贡献

第一节　射孔弹早爆
胜利油田遇到大难题

时间跨入了20世纪80年代，随着改革开放的进行，高校与民用品企业的结合也变得越来越紧密，高校中的一些产品通过企业逐步走向社会，企业遇到科研难题也主动到高校来寻求帮助。

1982年冬日里的一天，一个人辗转找到徐更光，他就是胜利油田测井公司的经理兼书记王志信。见到徐更光，王志信简单介绍了一下自己后就向徐更光说明来意。原来胜利油田近期在石油生产过程中遇到了技术难题，主要是经常使用的美国石油射孔弹出现了问题，经常发生早爆现象。由于运用石油射孔弹技术采油已经是胜利油田基础的采油方式，所以射孔弹出了问题可是致命的事，严重影响了石油产量，让油田上下万分焦急。这次王志信来到学校，事前就了解了徐更光是这方面的专家，所以慕名而来，希望徐更光帮助他们改进射孔弹，以解燃眉之急。

徐更光至今还清楚地记得第一次见到王志信的情景。那一天王志信找到徐更光的家中，两人刚一见面，只见王志信一个喷嚏接着一个喷嚏，说话都困难。原来由于一路奔波，再加上心里着急，王志信得了重感冒。徐更光赶快让夫人沈秀芳给王志信找感冒药，让他吃了药再谈工作。当时，王志信一边吃药，一边连声致谢，连声说“对不起”。从此，徐更光认识了胜利油田的这位高大汉子——王志信。

石油射孔弹是现代石油开采常用的一种东西。通俗来讲，石油射孔弹就是用于石油生产的小型炮弹，它的工作原理类似于军事上的破甲弹。射孔弹中的炸药爆炸后形成高速射流，靠这种射流击穿岩石形成通道。在使用时石油射孔弹被装在射孔枪中，沿着井壁下到地层中，当到达含油层时由人工引爆。此时石油射孔弹发出的射流穿透岩石，使储油层与井壁之间形成理想的流动通道，使油流进入油井，再通过特殊方法提升上来，完成石油开采过程。

射孔弹技术的发明极大提高了采油效率，并被世界多国广为应用，这就使得射孔弹的用量非常大。20 世纪 80 年代，胜利油田一直靠进口美国吉尔哈特公司生产的高温石油射孔弹进行石油生产，一发弹 55 美元，每年的用量都是天文数字。虽然这要花费国家大量宝贵的外汇资源，但由于当时国内还不具备这种高温石油射孔弹的生产能力，也只得听命于人。

身处山东东营的胜利油田不同于大庆油田。大庆油田身处平原地带，含油层一般较浅；而胜利油田的地层结构复杂，油层深浅不一，有的井深在 3000 米之内，有的井深则超过 5000 米。井深在 3000 米之内的，地下温度一般不超过 100℃，所以使用美国的高温射孔弹情况良好，能满足正常的生产需要。但后来随着油层的变化，油井打得越来越深，有的甚至超过了 5000 米，胜利油田在使用射孔弹时就发现了问题。因为在地层中深度越深温度越高，而胜利油田在生产过程中测得的井下温度已经超过了 200℃，这时使用美国的高温石油射孔弹就出现了问题。当高温石油射孔弹还未被送到设定的井下深度时，因耐不住高温而出现提前爆炸的现象，从而无法完成穿透任务，给深井采油造成了极大的困难。

高温石油射孔弹出现问题以后，油田技术人员想了很多办法，请教过很多专家，也进行过不少技术上的攻关，但始终没有找到很好的解决办法。他们试验了很多国内外的射孔弹，要么就是射孔威力不够，岩层穿透的距离很短，达不到效果；要么就是和美国的射孔弹一样，承受不住地层中的高温，出现早爆现象。情急之中，有人提议：射孔弹虽然不是武器，但和破甲弹差不多，为什么不找炮弹专家问问呢？于是他们多方打听，知道徐更光是这方面的权威专家，就径直找到学校，找到了徐更光。

第二节　知己知彼　成竹在胸

徐更光听王志信一说就来了兴趣，饶有兴致地和王志信聊了起来。射孔弹他没见过，在地底下打枪，还是第一次听说。通过这次接触，徐更光知道了射孔弹的工作原理，了解了弹体的结构，也明白了射孔弹中主要就是装了奥克托金（HMX），靠奥克托金形成射流进行工作。经过询问以后，徐更光心里就清楚了：这没什么大不了的，解决问题的关键就是装药。只要找到一种能在高温下不自爆、不发生性能改变的高威力炸药，就能解决射孔弹自爆问题。这对于徐更光来讲并不难。

他把自己的想法告诉了王志信，王志信一听就高兴地不得了，他说："徐老师，一听您说话就知道您是个大内行，看来这个射孔弹的问题就得靠您解决了。您说吧，要多少钱？我们企业给。只要能解决这个大问题，您随便说，我们企业一定都能满足。"徐更光听到这话，连连摆手，说道："我这个人做事从不先提钱。射孔弹这个东西我刚刚接触，虽然我是爆炸方面的专家，也知道了这东西的关键就是炸药。但我没有经过任何实验，也不知道会有什么结果，哪能收你的钱呢？你先回去给我找一些这方面的资料，再拿一些射孔弹来，我来做一些实验。等我有了一定的进展以后再说。"王志信看到徐更光没有推脱，心中大喜，但一听说徐更光不要钱，觉得心里很不踏实，就赶快向徐更光说："没钱怎么干事？先给您 5 万行不行？"徐更光一听，有点生气："我说过我不要钱。我现在什么都没干，怎么能拿你的钱呢？你先把我要的东西找来，钱的事情以后再说。”王志信听后，觉得也只能如此，不能和徐更光谈钱了。随后王志信就告别了徐更光，匆匆赶回了胜利油田，为徐更光找资料和射孔弹去了。

没过几天，王志信又来到学校，给徐更光带来了所需的资料和射孔弹样品。徐更光拿到这些东西以后，就开始研究起射孔弹来。一开始，他就让自己的学生们共同来参与这项工作。徐更光觉得这是锻炼学生们解决实际问题的大好机会。

徐更光让学生们和自己一起分析射孔弹的结构和原理，共同探讨解决问题的办法。他把射孔弹的结构和普通破甲弹的结构摆在黑板上，让学生们看明白：射孔弹的结构和原理与破甲弹是极为相近的，就是在弹体内由高威力炸药形成射流，靠这种射流来穿透坚硬的岩壁。徐更光把射孔弹射流的特点，用粉笔在黑板上进行了详细的图解，又把那些性能和破甲弹有何区别都解释得清清楚楚。同学们兴致盎然地听着徐更光的讲述，知道老师又钻进去了。大家知道，每当徐老师兴致勃勃地讲一件新鲜事物的时候，那就意味着一项新的成果就要诞生了。

徐更光已经知道了射孔弹性能的好坏就体现在装药上。而在炸药的配方上，徐更光已经有了太多的经验：什么药加什么东西可塑性好？什么药加什么东西安全性好？什么药爆速最高？什么药威力最大？什么药容易生产？什么药成本最低……对这些徐更光统统都烂熟于心，这是他多年实践的积累，是多次失败与成功的集成，是徐更光智慧的结晶，是我国炸药研制史上异常宝贵的财富。有了这笔财富，徐更光必将在炸药研制的科研历程中无往而不胜。

“知己知彼，百战不殆。”徐更光又开始了对问题样品的分析。通过资料和对射孔弹样品的分析，徐更光发现这种美国的射孔弹装药并不复杂，主要是用奥克托金加上地蜡形成一种混合炸药，从而改变了奥克托金的物理特性。这种混合药有以下特点：易于压铸成型，形成统一射流；易于提高密度，提高威力；钝感性能好，适于储存和运输；在一定的温度下热安定性不错，符合地层下条件的需要。这是美国吉尔哈特公司生产射孔弹的基本特点，也是它的先进性所在。但从现有资料来看，美国的这种射孔弹只是做过100℃的恒温实验，其效果很好。这说明这种弹只适用于100℃以下的工作环境，在这个范围内保证其特点。但是100℃以上的安全性能他们并没有做过测试，也没有相关的数据。徐更光想：美国人之所以只做100℃的恒温试验，要么是生产环境没有更高温度的要求，没有必要增加成本、改变工艺；要么就是美国人根本没有找到好的办法解决，只能如此了。在徐更光看来，第二种可能性较大。因为徐更光知道：要想让一种炸药在200℃的恒温下不改变性能，还能保持良好的安定性，真是太难了。

徐更光想：既然美国人没做到，那我偏要试一试。我非得让射孔弹在200℃恒温时照样有很好的安定性，一定要超过它。要不然胜利油田就得减产了，光打浅井怎么行呢？徐更光的神奇创造又开始了。这一干，就是两年多的时间，到后来9214厂的技术人员也加入了进来，与徐更光一起研制射孔弹。其间徐更光同时进行着多项科研项目，而攻克射孔弹难关，就是徐更光忙里偷闲的重要内容。

第三节　巧妙设计　获得成功

要想解决射孔弹在高温下的安定性问题，就要研究这种药在不同温度下的配伍性好坏，这就需要做热爆炸临界值的相关试验。只要让这种混合炸药在200℃以上的一段时间内，能够保持很好的配伍性，不分解变质，就能满足胜利油田深井射孔的需要。说干就干，徐更光带领学生们，马上就开始了试验。

徐更光首先要给试验提供基本的条件。炸药、化学原料好办，实验室里都有，但一想到还要用到 200℃的恒温箱，徐更光就犯了难，系里根本没有这种设备，还得去买。自己的科研经费本来就少得可怜，这恒温箱也不会太便宜。无奈徐更光只得自己想办法，东挪西凑地借钱，亲自找厂家买来了 200℃的恒温箱，为射孔弹的新药研制做好了准备。

在新药研制之前，徐更光先到学校药库中找到了一些奥克托金，打算用奥克托金来做热爆炸临界值的基础实验。但经过测试发现学校的药纯度不够。这时徐更光又想到了老朋友董海山，他是搞核武器的，他那里肯定有高纯度的奥克托金。董海山一听徐更光需要帮助，当然义不容辞。他们通过有关部门办理了相关手续，很快就为徐更光送来了高纯度的奥克托金。徐更光拿到这些奥克托金以后，经过测试还不满意，为了让实验更精准，他让学生们进一步提纯，取得纯度更高的奥克托金，对这种奥克托金进行温度实验。在这里徐更光带领学生们，运用热爆炸临界值的理论来分析炸药的高温性能。

热爆炸临界值的测定，是炸药性能测试的一种基础性工作。简单来说，就是测定炸药的高温安全情况。通常用曲线坐标来表示，把一种炸药在常温下的分解散热情况看作是 0，然后用物理手段对炸药进行缓慢加热。试验时，随着温度的升高和时间的延长，炸药受热后分解的速度加快，释放的热量增多，曲线由平直开始有一个明显的斜率变化。大家把这个点称作开始升温点，说明在这个温度以后，炸药开始分解，释放出热量。当温度继续缓慢升高，时间进一步增加时，曲线又变得平缓起来。这说明炸药分解释放出热量的速率与它向环境耗散热量的速率相等，系统处于热平衡状态。这种平衡状态会保持在一定的温度范围内，同时也会保持在一定的时间内。也就是说在这种温度下，炸药是安全的。但此时，如果再继续升温，就会发现曲线斜率迅速变化，有一个明显的拐弯点。这说明炸药的放热速率大于散热速率，反应速率对温度的变化变得非常敏感，温度升高会促使反应速率迅速加快，变得不可逆转。此后，随着热积累的增多，炸药承受不住了，最终发生爆炸。而这个拐弯点所对应的温度，就是通常所说的热爆炸临界值，是测定炸药热安定性的重要数值。这个试验也是测试炸药性能一种常用的方法。

同学们在徐更光的指导下，开始做奥克托金的热安定性试验。大家发现：如果是纯的奥克托金，其耐高温性能还是很好的，热爆炸临界值大大超过了200℃，不可能到了200℃就发生爆炸。但是这种纯的奥克托金无法运用，冲击感度和摩擦感度都是100%，根本无法装药，无法压成药柱，无法运输储存。为了查找美国射孔弹的问题，徐更光就按照美国的配方在奥克托金中加入一定比例的地蜡，做成和美国生产的差不多的混合炸药。等到徐更光和助手做好炸药后告诉同学们：这就是美国射孔弹的装药，大家要认真测试，试验做完以后，不用我说，你们就知道结果了。

同学们惊奇地看着手中的混合炸药，真想赶快得到结果。徐更光此时提醒大家："别着急，慢慢来，这可不是闹着玩儿的。任何试验都得讲科学，千万马虎不得。"同学们在徐更光的监督下，又开始重复先前的实验过程。

结果很快就有了。当恒温箱的温度还没超过200℃的时候，就发现曲线有了明显的拐点。等到试验温度超过200℃后时间不长，这种混合药就发生了爆炸。同学们都清楚了：为什么美国的射孔弹在200℃时发生早爆，这和试验的结果完全一致。

徐更光通过这个实验一下子找到了窍门，他想，看来地蜡是不适合用在高温射孔弹中的，美国人没有发现这个问题。那他就要找到一种物质来代替地蜡，改变这种混合药的配方，使得这种药在200℃的高温下还保持良好的配伍性。

从那以后，徐更光就带领学生又开始了大量艰苦的试验，开始寻找地蜡的替代品。在这个过程中，83教研室的张锦云、王仪德、徐军培也都参加进来，和徐更光一起攻克难关。他们找来很多化学安定性很好的原料和奥克托金进行混合。虽然说有的药品在常温时效果很好，但一加温就不行了，连美国生产的都不如。看来这耐高温的奥克托金还真是个难题呀！在这段艰苦的试验当中，徐更光有一段时间还真是一筹莫展。因为在徐更光过去的炸药研制中，还没有一样产品被要求在200℃的高温中工作，这对徐更光也真是个新的挑战。

一天徐更光正在苦思冥想，突然想到了“8701”水解安定性的问题。他想，以前做“8701”实验是想找到一种安定性好、塑性好的钝感材料。可他在“8701”后期研制中的最大亮点就是解决了炸药的水解安定性问题。那么，是不是可以换个思路，把水解安定性的解决办法引入射孔弹中呢？射孔弹的问题是装药在高温下的分解问题，如果能够保证这种炸药在高温下不发生分解，那么这个问题不就迎刃而解了吗？想到此，徐更光又拿出他研制“8701”的经验，在硬脂酸上动起了脑筋。

在“8701”的研制过程中，徐更光就是在造粒过程中加入了碱××。碱××与硬脂酸形成了硬脂酸钙，硬脂酸与硬脂酸钙在这里形成了一个巧妙的缓冲系统，从而解决了炸药的水解问题。而硬脂酸、硬脂酸盐本身就是钝感剂和脱模剂，可以改变炸药的钝感性和可塑性。那么，为什么不用硬脂酸、硬脂酸盐来和奥克托金混合呢？那样不是既安定又钝感了吗？对！就这么办。徐更光想到此，立即动起手来，在硬脂酸盐上做起了文章。

经过反复试验，徐更光认为硬脂酸锌最适合，安定性最好，钝感也错不了。很快，徐更光把硬脂酸锌与纯奥克托金用溶剂来混合，溶剂蒸发后按老办法晾干，最后形成颗粒。颗粒出来后，徐更光赶快去打感度，测定可塑性和安全性，结果都很好。徐更光又让助手把颗粒装入容器，送入压机进行成型试验。当徐更光看到药柱细密而又光滑时，心里乐开了花。因为凭着经验一看，这种新药的可塑性肯定非常好，怎么压药都没问题。做完这几项试验后，徐更光把这种新的混合药交给学生们，告诉大家：“我做了一种新药，你们再去试验。认真做，认真记录，以后这就是很好的论文题目。这次应该没问题了，你们自己等结果吧！”

同学们拿到新药以后不敢怠慢，紧张而又认真地做好了各种试验前的准备工作，开始了新一轮的热安定性测试。大家把这个新药又放到了恒温箱中，运用各种仪器监测数据变化，小心翼翼地调整恒温箱的温度。慢慢地，不一样的情况出现了。他们看到这种加有硬脂酸锌的奥克托金在200℃时曲线还是非常平稳的，没有明显变化，这说明这种新药在200℃时分解得还很慢，热量散发得还很少。继续升温，继续延长时间，最后热爆炸临界值大大超过了200℃……成功了！徐更光和同学们都欣喜若狂，这个结果比美国的药可强太多了。徐更光看着结果也分外高兴，接着他让同学们做一项补充试验。就是把恒温箱的温度定在200℃上，不往上调了，看看新药能坚持多长时间不爆。同学们又重新做起了试验，这一次不去找热爆炸临界值，而是看看新药在200℃时到底能坚持多长时间。大家把温度定在200℃，开始记录时间…… 10分钟过去了，1小时过去了，两个小时过去了。新药还是静静地待在那里，没有发生变化。直到8个小时以后，新药终于承受不了，爆炸了。真是太好了！ 200℃高温，坚持8个小时才爆，这真是个奇迹。这对于射孔弹来讲，简直太富余了。徐更光此时彻底放心了。

第四节　手握“金砖”想起了老朋友

徐更光赶快把这个结果告诉了胜利油田的王志信。王志信听到这个喜讯后高兴坏了，赶快跑来北京接徐更光，让徐更光带着新药到胜利油田工厂去做实弹生产试验。可此时徐更光觉得射孔弹虽然是民用产品，可终究是爆炸物，其生产性质、工艺和生产安全性与军用产品无异，应该找一个正规的兵工企业来完成。别看这是个小小的射孔弹，但从奥克托金提纯到炸药重新混合，从颗粒制造到压药成型，从弹体结构到安全装药，都需要非常专业的军事化管理和监督，这些对于民用企业来说，明显有些牵强。但不管怎样，徐更光研制出了新的射孔弹装药，能够解决胜利油田生产上的大问题，这本身就是对胜利油田的巨大帮助。王志信依然对徐更光表示了深深的谢意，并希望看到新的石油射孔弹早日面世。

徐更光是无意间接了射孔弹这项研制工作，没人给他算工作量，没人给他定任务，更没人给他拨经费。这种事已经司空见惯了——凡是徐更光觉得对国家有用的事情，没人给钱也要干！这是徐更光一生不变的信条。可这次有点儿意外，徐更光啃下了一块硬骨头，倒“捡”到了一个聚宝盆。想想看：胜利油田进口一发射孔弹就是 55 美元，按当时的汇率是 2.9 元左右计算，那就是大约 160 元人民币，相当于徐更光两个多月的工资。这要是在国内生产，凭徐更光的经验估算，一发弹成本也就是十几块钱。这能给国家节省多少钱呀？生产厂就是以再低的价格卖给国家，又能换来多少利润呀？现在主动权握在了徐更光手中，让谁去捧这个金疙瘩呢？徐更光马上想到了兵工厂的老朋友，想到了那些和自己一道为国家做出过无私奉献的人，想到了为“8701”装备部队付出过心血的挚友——原 323 厂副厂长张喜环。

1984 年张喜环已经调离了 323 厂，任兵器工业部吉林 9214 厂（吉林金星配件厂）厂长。张喜环来到 9214 厂以后，继续为“8701”的普及应用而奔忙。那时 9214 厂是 40 火箭弹的定点生产厂，为 40 火箭弹改装新药“8701”就是当时 9214 厂的重要任务。看来张喜环和“8701”也是有缘呀！在张喜环的领导下，9214 厂顺利完成了 40 火箭弹的改进任务，火箭弹全部换装了“8701”。从那以后，中国的新 69 式火箭筒在威力上有了质的飞跃，一直是中国军队最常用的单兵反装甲武器。虽然火箭筒后来也有不少革新，但火箭弹装药一直未变，“8701”以其卓越的性能一直沿用至今。这其中也饱含着张喜环辛勤的汗水和重要的贡献。

20 世纪 80 年代初期，中国整体兵工企业的日子都不好过，军品订单减少，军转民困难重重。当时 9214 厂的情况也是一样，作为厂长的张喜环一天到晚都愁眉苦脸的，他为 9214 厂日益减少的军工生产任务发愁，为方向不明的军转民工作发愁，为每月准时给职工们发工资发愁，真可谓举步维艰。一天，张喜环接到了老朋友徐更光的电话。一听是徐更光，张喜环分外高兴，近年来因为太忙，徐更光已经很久没到 9214 厂来了。二人在电话里还没寒暄几句，因为太熟了，张喜环就向徐更光开始倒苦水。徐更光在电话里不耐烦地嚷：“别老给我哭穷！现在给你个好活儿要不要？保证让你赚大钱。”张喜环一听，就好像做梦一样，疑惑地问：“是真的吗？”徐更光说：“我什么时候骗过你。赶快带着你的人到学校来，咱们见面谈。”接着，徐更光就把射孔弹的事情简单告诉了张喜环。

这一下张喜环可乐坏了。这不是天上掉下来的馅饼吗？今天是个什么日子呀？ 9214 厂撞上大运了！张喜环高兴得不知所措了，马上带着车间主任王长山、总工等技术人员，一路奔向北京。

张喜环一行人到了学校，径直找到徐更光的实验室。徐更光向他们详细介绍了射孔弹新药的研制经过，并拿出了射孔弹样品、图纸和相关资料，最后把新药摆在张喜环他们面前，说道：“这就是我这些日子忙活的成果。该做的试验我都做完了，在工艺上咱们再仔细研究一下，保证没问题。下面就看你们的了。”张喜环一行人此时终于有了底。大家都是熟人，与徐更光有多年合作的经历，对徐更光有一百个放心和信任。更何况现在样弹、图纸、资料、新药样品都有了，大家又都是行家，接下来就等着成功了。当时张喜环一行人高兴的心情真是无法形容。要知道这会解决全厂人的生计呀，也可能会从此改变9214厂未来的命运。徐更光的这个礼送得太大了！已经无法用语言来表达对徐更光的感激之情。这就是兵工人之间的友谊，就是兵工人心中那最纯洁的信任与真诚！

张喜环一行人在学校没敢多待，就急匆匆赶回了工厂。厂长助理、车间主任王长山也是徐更光的老熟人，是个业务精干的老黄牛。以前在试制40火箭弹的过程中，王长山吃苦最多，出力最多，赢得了徐更光极大的信任。这一次，9214厂又把和徐更光配合的重任交给了王长山，并由王长山全面负责具体工作。徐更光又可以和老朋友并肩合作了。

从这一时刻开始，胜利油田测井公司作为委托单位，北京工业学院八系作为配方研制单位，9214厂作为科研协作单位，开始了全面的合作。石油射孔弹装药的配方有了，但是由配方到工业产品，再到成批生产射孔弹，这之中还有一段复杂的过程。那时徐更光手下的人手有限，不可能拿出那么多精力来试验生产。因此，在1984年上半年，9214厂派出了以技术科助工杨德民为首的工厂试制组住到了学校里，专门负责射孔弹的试制工作。

据后来的技术科科长杨德民高工回忆，那一次工厂去了3个人，就吃住在学校戊区的实验室里。他们三人在徐更光和83教研室老师的指导下，开始了艰苦的混药、装药、压药试验。当时弹体、药型罩都是现成的，实验室里的设备简单改造一下就能完成混药、压药工作。刚开始并不顺利，压出一批药来，有时成功，有时失败。一段时间内，徐更光和工厂的人都很着急，经常是整夜试验，寻找解决问题的办法。后来慢慢摸索出了规律，主要是在奥克托金的提纯方面找到了好办法，在以后的试制过程中慢慢提高了产品的合格率。

徐更光那时还承担着其他科研任务，一天到晚忙个不停。那时的条件异常艰苦，徐更光个人的生活负担非常沉重，一家四口都要靠徐更光一个人来养活。但是，徐更光仍然抽出时间和工厂的几个人一起攻坚，配药、压药，徐更光都是亲手操作，经常是忙到深夜才回家。平时徐更光也非常关心几位工厂同志的生活，在各方面都给予了杨德民三人诸多的关照，常常逼着他们早点休息。杨德民三人被徐更光的行为深深打动，他们怎么都想不到一个大学副教授竟如此清贫，干起工作来竟如此拼命。短短20多天的共同战斗，给杨德民三人留下了一生难以忘怀的回忆。

徐更光（中）与9214厂技术人员在一起

经过半个多月的辛苦工作，在徐更光团队和9214厂的共同努力下，他们用最快的速度生产出合格的石油射孔弹。紧接着，杨德民带着新射孔弹和全套技术资料赶回工厂，准备进行工厂化的批量生产。

有了这次合作生产的经验，9214厂在批量生产方面就容易多了。很快，9214厂就生产出了第一批产品，定名“8429”高温石油射孔弹。9214厂严格测试之后，证明“8429”与徐更光在学校里生产的一模一样，这说明新射孔弹已经完全具备了大规模生产的条件。至此，“8429”高温石油射孔弹正式诞生了，填补了我国高温石油射孔弹的空白。9214厂和北京工业学院一道成了我国高温石油射孔弹领域的功臣。

“8429”高温石油射孔弹

徐更光把射孔弹成功生产的消息通报给了胜利油田的王志信。王志信一听马上就赶到了9214厂，现场考察射孔弹的生产状况，同时和技术人员一起仔细地验证了各项测试结果。最后，王志信对9214厂生产的“8429”射孔弹十分满意，对徐更光和9214厂表示了衷心的谢意。

射孔弹成功生产出来后，为了向石油行业推广和正式投产，就要召开成果鉴定会。这次鉴定会可非同小可：第一，一旦鉴定成功，就可以依靠国内生产摆脱对美国射孔弹的依赖，可以节约大量外汇；第二，如果这种装有新药的射孔弹通过鉴定，就能为国内的射孔弹生产厂带来巨大的经济效益，从而向全国各油田提供先进产品，其经济效益不可估量。因此，各个方面对这次鉴定会都极其重视。但在成果鉴定会的召开地点上，王志信与徐更光和9214厂又有了一些分歧。王志信希望鉴定会在胜利油田召开，由胜利油田全面组织。他认为9214厂地处吉林蛟河，地点太偏僻了，接待能力不强，不方便专家到场。而徐更光和9214厂却坚持成果鉴定会在9214厂召开，一方面，专家可以现场考察射孔弹的生产线，随便抽测产品，保证测试质量；另一方面，也可以宣传 9214 厂，掌握今后大规模生产的主动权。

争执了半天，王志信看实在谈不通，最后提出了一个条件："只要你们能请到石油部负责这项业务的总工到会，我们就同意在 9214 厂召开鉴定会。"徐更光和 9214 厂方面一听，心知这可是个大难题。但转念一想：要是石油部负责这项业务的总工到会，那将来的事情可就一路绿灯了。所以，徐更光和 9214 厂二话没说，一口答应下来。

回来以后，9214 厂和徐更光商量对策。看到 9214 厂的张喜环、王长山等面露难色，徐更光的执着劲又涌上来，他说："你不要管，我来请！"徐更光回到北京后，仔细询问了石油部的办公地点和进门手续。要知道，那时候进国家部委办事、找领导可不是一件小事，要开好几封介绍信，还要有人帮助。可是这些都挡不住徐更光，他就是有这种知难而进的勇气。准备好以后，徐更光只身一人来到了石油部，找到了总工程师办公室。一打听，不巧，主管射孔弹业务的副总工此时正在家养病。但徐更光毫不气馁，又辗转找到了这位副总工的家庭住址，还带着一盆鲜花到家中去探望。石油部的这位副总工听徐更光讲述了射孔弹研制的艰苦过程，更为徐更光的执着所打动。随后，爽快地答应徐更光：一定去 9214 厂参加鉴定会，并马上让秘书安排适宜的时间。这一下，徐更光心里的石头终于落地了。

回到学校以后，徐更光把这个好消息第一时间告诉 9214 厂，同时也告诉了王志信。这一下王志信无话可说了，在请示领导后，同意由石油部有关部门主持，委托胜利油田和 9214 厂具体组织这次成果鉴定会，并着手各项准备工作。徐更光此时也没闲着，他马上去找自己的恩师丁儆，打算让老师出面代表北京工业学院参加这次成果鉴定会。那时丁儆已是 60 多岁，是中国爆炸领域的开创性人物，在国内具有广泛的影响力。丁先生听说后非常高兴，满口答应了徐更光的请求。有这样一位德高望重的泰斗专家到会，再加上石油部副总工亲自主持鉴定，那么这次鉴定会还未开始就已成功了一半。

1985年6月，胜利油田和9214厂联合召开了新型射孔弹成果鉴定会。鉴定会当天，石油部副总工及全国各地石油行业的专家20多人参加了鉴定会，胜利油田测井公司和9214厂负责各项会议组织工作，北京工业学院作为技术提供方参加了技术鉴定会。

鉴定会一开始，首先是对美国的射孔弹进行200℃高温测试。操作人员身穿防护服，小心翼翼地将美国的射孔弹放入加了油的容器中，然后进行升温。当温度接近200℃之后，工作人员让所有专家躲在安全墙后，通过传感器观察实验过程。当油温停留在200℃时，工作人员停止了加热，让油温保持在200℃。大家计算着时间，等待着测试结果。正如所料，当美国的射孔弹泡入高温油中20多分钟时，就听到安全墙那面传来一声巨响——射孔弹爆炸了。紧接着，工作人员又测试了两发美国的射孔弹，虽然爆炸时间有差异，但基本都是二三十分钟就会爆炸。现场石油开采方面的专家们明白，在实际操作过程中，只有二三十分钟的时间是完不成装弹、送弹、爆炸射孔这一流程的。这再一次验证了胜利油田在生产中遇到的射孔弹早爆问题。

紧接着，工作人员又拿出装有徐更光新药的“8429”射孔弹，按照完全相同的条件放入油中，然后升温至200℃。所有专家都看着时间，20分钟过去了，40分钟过去，1个小时过去了。安全墙那边没有任何动静。2个小时过去了，3个小时过去了，这种新的射孔弹还没有发生任何变化。但此时，那些躲在安全墙后面的专家们开始有些不耐烦了，大家说：“行了！徐老师，我们信了。这时间足够了。”徐更光这时候心也就彻底踏实了，不过嘴上却说：“再等等。”时间又过去两个小时，那边的射孔弹还是没有丝毫动静。专家们都说：“这5个小时都过去了，还没动静，你的射孔弹没问题，试验成功了。”但是徐更光还不答应，他心里明白：虽然在一定时间里这种装药没有爆炸，但随着时间推移，这种弹药迟早还是要爆炸的。他非要看看到底需要多长的时间。这时，鉴定会的工作人员说：“那就让工作人员盯着现场，专家们也该去吃饭、休息了。”徐更光一想：

这样也行。于是一大批专家就先去吃饭，一边吃饭聊天一边等待结果。又过了两个小时，工作人员才跑过来说："爆了，用了 7 个小时这个弹才爆。"这些专家都明白，这 7 个小时与 5 个小时的区别已经没有什么意义了。后来，工作人员又做了两次试验，结果都非常接近。"8429"射孔弹已经彻底成功了！

大家用各种赞美的语言褒奖徐更光。石油部的那位副总工高兴地对徐更光说："我这次来 9214 厂，真是长了见识，不虚此行呀！"丁儆握着徐更光的手，欣喜地说："不错，给学校增光了。工厂的人配合得也很好，要好好感谢他们。"徐更光听到恩师的夸奖，心里感到由衷的欣慰。这种新射孔弹的研制成功，让所有付出辛苦的人都兴奋异常，大家为中国人自己发明了先进的高温射孔弹而自豪，为国内石油行业摆脱了对进口的依赖而感到由衷的自豪。

"8429"射孔弹研制成功了，徐更光在这项民用产品上又立了大功。9214 厂也因为徐更光的鼎力帮助，顺利地承担起新型石油射孔弹的生产任务。按理来讲这是胜利油田找到徐更光，让徐更光攻克的一个科研难关。新的射孔弹诞生了，也应该由胜利油田去组织工厂生产。但此时徐更光想到了兵器工业部 9214 厂的困境，想到了张喜环、王长山曾经为推广和实验"8701"炸药做出的突出贡献，就义无反顾地让 9214 厂得到了这个天赐的机会。徐更光平常就说："人遇到一个知己不容易，一个人不但要忠诚于事业，也要忠诚于朋友，也要懂得报恩。没有当初兵工厂与自己的亲密配合和实弹实验，也就没有'8701'的辉煌。现在有了这样一个好的机会，就应该去回报他们。"

在这个事情上，胜利油田的王志信也是深深地感谢徐更光、信任徐更光，和徐更光成了好朋友。终究，没有徐更光，也就没有这种新型的石油射孔弹的诞生，也就没有后来的发展。有时，某种利益上一时的得失并不代表事情发展的全部。一个有远见的成功者懂得求同存异，懂得把握全局。事情往后的发展可以说明：徐更光、王志信是一对真正的朋友，是完全可以相互依赖的人。

第五节　厂校合作　解决系列难题

“8429”射孔弹定型生产以后，按说徐更光可以清静一下了。他完成了人生中一次特殊的杰作，一来是帮了胜利油田的大忙，解决了生产大问题；二来算是顺水推舟，报答了老朋友的人情。但是徐更光就是一个闲不住的人，他心中总是装着一份责任，想着别人的困难。这时，徐更光并没有因此止步，按徐更光一贯的做法：救人救到底，帮人帮到家。他要继续帮胜利油田解决新的难题。

有了新的高温射孔弹，但如果没有配套的雷管和引爆索，将来必定还会出现问题。所以徐更光向王志信主动提出：由北京工业学院八系帮助胜利油田研制新的雷管和引爆索，保证高温射孔弹的正常使用。王志信听后非常感动，此时此刻他心中更加坚信了：徐更光是一个真正的朋友。

此后，徐更光开始动员系里为胜利油田研制专用的配套产品。以八系的技术力量，做到这一点应该不成问题。再说，这也是校企合作的大好机会，还能为系里创造可观的利润。所以在1984～1985年，耐高温石油射孔弹及配套产品研制成了八系最重要、最著名的民品项目。大家纷纷投入力量，加入这一行列中来。83教研室的张守忠、孙秀兰负责研制高温导爆索；84教研室的火工品专家刘伟钦、劳允亮、曾象志、赵家玉等8人负责研制高温电雷管。有徐更光研制的耐高温药作为基础，高温导爆索的研制相对容易一些，很快就拿出了合格的样品，但是耐高温雷管的研制却颇费了一些周折。火工品专家刘伟钦全身心扑到这项工作中去，和大家一起研制合格的起爆药。在这个艰苦的过程中，八系的教师们不但付出了辛苦，也付出了巨大的代价。在一次起爆药试验过程中突然发生了爆炸，导致刘伟钦右眼永久地失明，但是刘伟钦在受伤以后并没有停下搞科研的脚步，一直和同志们一起继续坚持耐高温雷管的研制工作，直到耐高温雷管研制成功。

就这样，新型高温射孔弹、新型高温雷管和引爆索都研制出来了。从那以后，9214 厂负责生产射孔弹和导爆索，北京工业学院八系负责提供耐高温雷管。所有产品由胜利油田测井公司统一收购。测井公司一方面将产品用于胜利油田的生产，另一方面向全国各大油田推广使用。胜利油田测井公司作为此次事件的委托者和联系人，起了非常重要的推动作用。同时，在这次成功的产、学、研合作中，9214 厂、胜利油田测井公司也获得了很好的效益。正是由于北京工业学院、胜利油田和 9214 厂的通力协作，我国的高温石油射孔弹水平跃上了一个新的台阶，达到了世界先进水平。

在徐更光（左五）的带动下，北京工业学院八系与射弹孔厂成了友好单位

1985 年，北京工业学院研制的高温石油射孔弹火工系统获“兵

器工业部科技进步二等奖”，徐更光被列为第一获奖人，张守忠、刘伟钦也都在获奖名单之中。

后来9214厂成为国家唯一的高温石油射孔弹定点生产厂，这种高温石油射孔弹后来为9214厂带来了源源不断的利润，也因此彻底改变了这个兵工企业的命运。

徐更光研制高温石油射孔弹的故事已经过去了30多年，这件事充分体现了徐更光为人处世的原则，体现了他对待人情、对待朋友的态度。这种人情不是个人私利的人情，而是一种共同志趣、共同理想、共同科研、共同创造的人情，是在为国家做贡献的过程中结成的纯洁友谊。

在漫长的科研生涯中，徐更光深深地明白：如果没有很多志同道合的同事、同行及各方面的支持，仅靠自己的力量不可能有那么多的辉煌。所以在关键时刻，徐更光一直没有忘记帮助过自己、信任自己的人。这，就是徐更光的为人之道、交友之道。

第七章

国产催泪弹遇到技术瓶颈 他们找到了爆炸专家

第一节 军方求助

1986年年底，也就是在徐更光成功研制石油射孔弹的那段时期内，又有人到学校来求助徐更光解决问题了。但这次不是一个人，而是一个单位——中国人民解放军防化研究院第五研究所（以下简称防化研究院五所），他们来找徐更光，是想让他帮助解决国产催泪弹的改进问题。

催泪弹又叫催泪瓦斯，属于非致命性武器，主要成分一般是苯氯乙酮（CN）加上镁、铝、硝酸钠、硝酸钡等物质。引爆后，镁在燃烧中产生强光，同时产生热量使硝酸盐分解，产生的氧气又促进镁、铝燃烧。催泪弹中装有易挥发的液溴，它能刺激人的敏感部位——眼、鼻等器官黏膜，催人泪下。有时还装有毒剂——西埃斯，使用后引起大量流泪，剧烈咳嗽，打喷嚏不止，令人难以忍受，严重的可导致死亡。

我们在电视中有时会看到这样的场景：某国家的民众举行游行示威与警察发生冲突，警察发射催泪弹，催泪弹冒着浓烟在人群中滚动。可是有些催泪弹被发射以后，有的示威者用手捡起催泪弹又扔回警察队伍中。这次防化研究院五所让徐更光帮助改进的也主要是这些问题：一是在军事作战中提高催泪弹的威力，加大催泪剂的发烟量，以取得更强的攻击效果；二是在处置群体事件中希望催泪弹瞬间爆炸，而不是持续燃烧，防止被袭击者将燃烧的催泪弹扔回来回击发射者。为了解决上述问题，他们慕名找到了徐更光。

徐更光见到防化研究院五所的同志们来找自己就先问：“你们是

怎么知道我的？”防化研究院五所的同志们说：“我们院科技部的部长就是你们北工毕业的学生，从他那里我们知道了您的大名，也知道了您是中国爆炸领域的优秀专家。所以我们这次来，一方面想聘请您做我们院的科技顾问，另一方面也希望您帮助我们解决国产催泪弹的有关问题。”徐更光哈哈一笑，说道：“看来我的名气还不小啊，防化研究院都来请我当顾问了！其实顾问不顾问的无所谓，军队和我们本来都是一家人。你们有困难，我肯定会大力帮助，一家人不说两家话，不用那么客气！”防化研究院的同志们看到徐更光这么爽朗，也都轻松地笑了。那次见面以后，防化研究院就与学校正式签署协议，聘请徐更光为中国人民解放军防化研究院技术顾问，同时让这位顾问直接参与某型国产催泪弹的改进工作。

以前我们国家生产的催泪弹都是燃烧型的，而军方对爆炸型的催泪弹还缺乏经验。当知道徐更光是国内这方面的专家时，军方就希望通过徐更光的改进，把燃烧型催泪弹改成爆炸型催泪弹。

徐更光在分析了催泪弹的技术资料和燃烧过程以后，觉得用自己的知识解决这个问题并不是什么难事，于是就一口答应下来，表示一定帮助他们研制出一种新型装药来解决问题。同时，徐更光与防化研究院五所达成协议：由徐更光出办法、出思路，然后由防化研究院五所具体实施。从此以后，研制新型催泪弹专用混合炸药的任务又成了徐更光另一项要攻克的难题。

第二节　倾囊相授　合作成功

徐更光这是第一次看见催泪弹，也第一次知道了催泪弹的工作原理。但这并不妨碍徐更光日后在催泪弹方面取得成功，用他的话来说："我干的很多事情都是第一次，都是开创性的，而不是准备好、很熟悉的。就拿核武器来讲，我也从来没干过，但一干就是最好的。我就有这个本事。"这些话语透露出徐更光是多么自信，但这种自信绝不是盲目的，这是在长期的钻研中培养出来的，是汗水凝结的自信。

徐更光在仔细分析了催泪弹的工作原理以后，首先在头脑中开始寻找问题的突破口。他想：燃烧型催泪弹是催泪弹被引爆后把催泪剂燃烧成刺激性烟雾，在这个过程中，必然会导致催泪剂的损失和分解，那么发烟效率就会降低。如果采用爆炸式，就需要用炸药把催泪剂混合物很快地分散开来，瞬间燃烧，生成烟雾，这样威力肯定会大很多，这在原理上很容易理解。但考虑到催泪弹的特殊用途，光想着怎么炸开、怎么提高威力是远远不够的。其使用上的可靠性、方便性，储存、携带的安全性、长期性，弹的重量、弹的大小、弹的威力都要综合考虑。而这些，真不是外行人一下子就能解决的，真得靠徐更光这样有丰富经验的专家才行。常言道：麻雀虽小，五脏俱全。这个小小的催泪弹还真是让徐更光煞费苦心了。

徐更光心里盘算着催泪弹的各种矛盾，决定先从装药量入手。如何装药？比例是多少？成了要解决的第一个问题。

在爆炸型的催泪弹中，如果炸药多了，催泪剂少了，就会影响催泪效果，而且容易炸死人，那就不是非致命武器了；如果炸药少了，催泪剂多了，就爆不开，也不能迅速燃烧催泪剂，失去催泪效果。所以要想解决催泪弹的爆炸问题，就必须要搞准炸药与催泪剂的装药比例，找到一个最佳的平衡点。等找到平衡点以后，再去考虑组分的配伍、安全装药、安全贮藏、与携带、可靠使用、重量等问题。这些问题自己是内行，这么多年来积累了丰富的经验，解决起来应该轻车熟路。而防化研究院不在这个专业领域内，是不可能了解这之中的玄机的。

徐更光把自己的这些思想和防化研究院五所的技术人员进行了沟通，技术人员听完以后大呼过瘾，对徐更光佩服之极。所有人都觉得徐更光说的句句在理，思路也特别清晰，最后他们向徐更光明确表态："徐老师，以后您就说怎么做就行，剩下的看我们。我们就听您的，您以后光动嘴就行。"徐更光听后也爽朗地一笑："我们共同努力，一定把这问题解决好。"接下来徐更光就一头钻进了实验室，调动起他平生积累的知识，专心致志地开始研制这种特殊的炸药配方。

首先，他通过多种实验找到了主装药黑索金和催泪剂的混合比例，争取用最小的装药量让催泪剂瞬间引燃。同时还要注意黑索金与催泪剂的配伍性，如果两种物质的配伍性不好也不能用。接下来，他又考虑将黑索金与催泪剂的混合物和钝感材料重新组合，以利于这种混合装药的铸压成型。

这对徐更光来讲就是轻车熟路了，无论是"HBJ"还是"8701"、"8702"，他已经在溶剂和炸药与添加物之间找到了多种成熟的混合方法。这一次徐更光打算仍然用聚醋酸乙烯酯作为黏结剂，用乙酸乙酯作为溶剂，将黑索金、催泪剂溶解后重新造粒，造粒后进行铸压成型。而且在炸药配方中他更没忘记这种混合药的水解安全性问题：如何控制 pH 值，如何控制水解，他把这些以往成功的经验统统用到了这种新型混合炸药上。

应该说在这种催泪弹专用混合炸药之中，已经凝结了徐更光在黏结剂、稳定剂、水解安定性等方面半生的成果。接下来徐更光开始了频繁的实验，争取让这个配方达到最理想的效果。这种混合炸药试制出来以后，他又根据催泪弹的特性进行了新的探索。为了找到这种混合炸药最佳的装药量，他将炸药做成不同直径的药柱，通过不同药柱起爆后的爆炸结果，找到一种临界直径，以期用最小的药量达到最佳的爆炸效果。有了这个临界直径，他通过方程反推，进一步确定黑索金的装药比例，最终使得药柱直径、黑索金装药比例都达到一个最佳值。

经过长时间的试验摸索，徐更光将这种新型混合炸药的配方、药柱直径及加工工艺等一系列问题向防化研究院五所的技术人员进行了详细的交代。技术人员听了后，无不心服口服，他们都高兴地说："您这个顾问我们算是找对了！"

防化研究院五所的技术人员回到研究院，按照徐更光所说的办法，先进行炸药合成，再进行颗粒压铸，最后造出了新的实验样弹。在实弹实验之前，他们又根据徐更光的建议将玻璃瓶抽真空，按照同样的装药量把新型装药和以前的燃烧装药进行了比对实验。实验结果表明，这种新型装药比旧的装药发烟量提高了50%，有了这种结果，他们就期待着实弹实验。

后来，徐更光和防化研究院五所的工作人员选择了一个无风的日子，在野外进行了实弹实验。研究院领导、防化研究院五所参研人员、徐更光都远远站在一旁，看着战士将新型催泪弹投掷出去。当一声爆炸的轰鸣过后，周边几十米的半径内腾起了大片的烟雾。有的实验人员离爆炸点稍近一些，根据以往的经验觉得不会受到影响，可没想到新型催泪弹的威力这么大，竟把这些本以为没事儿的实验人员呛得满眼是泪，喷嚏、咳嗽没完。大家一边跑，一边喊："受不了了！太厉害了！……"

"成功了！彻底成功了！"防化研究院五所的技术人员激动地握住了徐更光的双手，一遍又一遍地说："徐老师，谢谢您！太谢谢您了！"徐更光看到这成功一幕，心里也是异常高兴，和以往历次成功一样，攻克了又一个难题，让他心中又一次感到了无限的欣慰。

后来，防化研究院将这种新型混合炸药命名为602特种混合炸药。1988年，602特种混合炸药荣获"全军科技成果奖一等奖"，同年又获得国家科学技术进步奖三等奖，这次科学实验又为徐更光增添了新的荣誉。

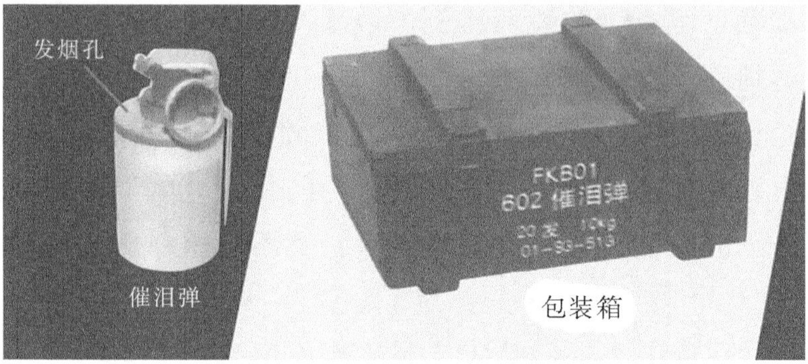

FKB01 式 48 毫米 602 催泪弹及其包装箱

第八章

重任在肩 爆炸专家又挑起了系主任的担子

第一节　特殊时期　担任系主任

1989年是徐更光科研任务最为繁重的时期，也是徐更光成果频出的时期。突出的科研水平、乐观向上的积极精神、强烈的责任感及谦和宽厚的为人，让徐更光在力学工程系逐步树立起很高的威信，成了八系科研方面的楷模。徐更光名气越来越大了，成果也越来越多了。名气一大，成果一多，责任跟着也就来了。

1989年，时任北京理工大学校长朱鹤孙亲自找到徐更光，让徐更光担任力学工程系（八系）的系主任。

朱鹤孙年长徐更光几岁，苏州人，是浙江大学1953年毕业的研究生。朱鹤孙在北京工业学院从助教、讲师、副教授、教授、教研室主任、系副主任一步步做起，1984年担任北京工业学院院长，1993年卸任。朱鹤孙是个典型的学者型领导，没有官架子，是个有眼光、有魄力的校长。他非常注重学校的学科建设，注重年轻人的发展。在20世纪80年代末90年代初期，北京工业学院在青年教师的培养方面走在了全国高校的前列，涌现出了冯长根、范伯元、孙逢春、吴锋、王富耻、李宏平等优秀教师。

朱鹤孙和徐更光算是老朋友了，两个人都是搞学术出身，也都是性情中人，彼此非常了解。这次朱鹤孙请徐更光出山，就是看中了徐更光的威信与成果，希望徐更光全面提高八系的办学水平，带领八系在战斗部、引信、火工品、爆炸装药等领域在全国更上一层楼，奠定学校在国内这些领域的地位。

徐更光刚开始百般推脱，说自己搞了这么多年的实验室科研工

1977 年 7 月 28 日，徐更光代表先进个人讲话

作，一直是在系里科研的第一线，没有行政管理的经验，而自己本身又有众多的科研项目，没有精力担任系主任。可是推脱了半天，架不住朱鹤孙校长和其他同志的百般劝说，徐更光才勉强答应下来。但徐更光最后对朱鹤孙校长说：“我干可以，但有一个条件，我只干一届，干完一届以后，你们再找别人。”就这样，这位国内爆炸领域的顶尖专家又扛起了系主任的担子。

早在 20 世纪 80 年代中期，徐更光就多次因工作出色而受到各方面嘉奖，在校领导和师生们心中，徐更光早已是一个响当当的模范人物了。1985 年，北京工业学院党委给当时的兵器工业部、教育部、国防科工委、北京市教工委等领导单位发送了一份个人材料汇报，后来这份材料也全文刊登在 1986 年 4 月的《高教战线》杂志上，题目是《理想 勤奋 实践——记北京工业学院力学工程系徐更光副教授》。

1986 年 4 月的《高教战线》杂志封面

当时这篇文章刊出后，在社会上引起了极大的反响。1986 年 5 月 8 日，中央人民广播电台对徐更光的事迹进行了详细的报道，报道的题目是“一位炸药专家的

追求”。看来，在1986年徐更光就成了名人。但是这个名人没有躺在过去的功劳簿上，他无时无刻不在时刻准备着，为国家做出更大的贡献。

1987年，大兴安岭的一场森林大火直到现在都让人记忆犹新。这场森林大火是新中国成立以来毁林面积最大、伤亡人员最多、损失最为惨重的一次。当时，北京工业学院的师生们看到这场大火长时间燃烧得不到控制，也都是心急如焚。八系系主任马宝华紧急召开了几次专家研讨会，和大家共同商议，如何利用八系的专业优势，采用爆炸的方法进行灭火。在大家仔细讨论之后，将专家们的意见向国务院进行了汇报。当时国务院的领导听到这个消息以后，觉得这是一个非常可行的办法。事不宜迟，国务院立即组成了专家组，让他们亲赴火场，协助灭火指挥部，研究爆炸灭火的问题。就这样，北京工业学院派出了徐更光、冯顺山、赵家玉等五人，中国科学院力学研究所派出了邵炳煌等，组成了临时专家小组，徐更光担任组长，冯顺山担任副组长。一声令下，这些人奉命紧急赶往大兴安岭火灾地区。

专家组到达的时候，熊熊的大火还在燃烧，空气中到处弥漫着呛人的烟雾。在现场指挥部的安排下，专家组成员立即调查情况，向救火指挥部了解当前在救火工作中遇到的最大难题。已经55岁的徐更光，此时表现得就像个小伙子，他和大家一起，看地形，分析燃烧物的特点，寻找灭火的最佳办法。在大家紧密的合作和严谨的讨论中，徐更光等专家们根据火的燃烧规律，提出在两个方面协助灭火，一是利用炸药进行爆炸灭火；二是用爆炸方法迅速打出灭火隔离带，阻止火的蔓延。虽然由于大火的熄灭，他们提出的爆破方案没有最终实施，但是这些专家们怀着一种极强的责任感将近几日的所闻所见迅速写成资料，并根据现场情况向国家提出了多项关于森林安全生产、森林防火、合理种植等多项建议，并为今后的救灾措施提出了多项有益的建议。

专家组回到北京以后，相关材料被迅速传递到中央有关部门，国务院也对这次专家组的辛勤工作作出了高度评价。而作为专家组组长的徐更光在这其中发挥了极其重要的作用。北京工业学院的这次主动出击不仅为学校带来了良好的声誉，同时也为学校的建设做出了直接贡献。

这次火灾过后，国家计委高技术司又组织了一个调查组，重回火灾现场对灾后的各项工作进行调研和指导。在第二次的调查活动中，又有八系教师的参加，与国家计委高技术司的亲密合作，为国家创建第一个爆炸与灾害国家级实验室做好了铺垫，为日后学校在这一领域的蓬勃发展创造了十分有利的条件。

正是由于有徐更光、冯顺山等人的卓越表现，正是由于学校在这一领域长期的积累，北京工业学院成为国家爆炸与灾害预防方面的重要研究基地。由此看来，徐更光在 1989 年临危受命，出任八系系主任，是一件极其自然和顺理成章的事情。

第二节　调整专业结构
重视招生就业问题

北京理工大学的力学工程系是一个非常出色的集体，这个系历来以科研氛围好、管理精细、团结友爱、富有战斗力而著称。八系当时共有四个专业：机械与力学工程（弹药工程）、电子精密机械（引信技术）、爆炸技术（爆炸工程与应用）、安全工程（火工品与烟火技术），这四个专业均设有博士学位授予点，同时八系还拥有当时学校唯一的国家级爆炸灾害与预防国家重点实验室。全系有教授 14 名，副教授 32 名。每年招收博士、硕士、本科生 120 人左右。徐更光担任系主任以后，根据自己长期的教学与科研实验积累的经验，对全系的工作进行了多方面的改进。

徐更光自1962年八系成立以后就一直在八系从事科研工作，对八系有很深的感情，也对八系的情况了如指掌。所以他担任系主任后，就和班子成员一起为八系提出了一个很明确的发展方向。他认为，八系是一个主要由军工专业组成的系，在国家经济建设的新时期，八系既要坚持面向国防建设服务的方向，也要坚持面向国家经济建设服务的需要，要多出人才，多出成果，这是八系一切工作的出发点和最后的归宿。为此，徐更光带领八系领导班子认真调整专业结构，理顺了军民两用之间的关系，使八系朝着两者相互促进的方向进行良性发展。徐更光说："干工作就要先有一个目标，有了目标大家就要齐心协力。以后系里每年有重点地做几件大事，而且每做一件事都应该有四五个效果，要用重点工作带动全系的发展，要综合地考虑各方面的问题。"徐更光就是带着这样的理念开始了系主任的生涯。

担任系主任的徐更光

徐更光一上台，摆在他眼前的就是当时八系最大的困难——学生招生分配难、人才培养青黄不接。

在20世纪八九十年代，虽然说北京工业学院八系是学校中有特色、有水平的一个系，在国内占有重要地位，但是由于它的专业侧重于国防专业，所以在招生和分配方面遇到了较大的困难。很多高中生一听说力学工程系主要以搞爆炸为主，就躲得远远的，认为干军工、学军工太危险，没前途。有些学生，特别是学生的家长，不愿孩子学习军工专业，怕毕业分配到山沟里，怕孩子受苦。这就导致八系在招生时招不到高水平的学生，在学生分配时毕业生不愿意去军工等专业对口单位，纷纷改行、跳槽，使八系的人才培养遇到很大困难。在那些年学生填报高考志愿时，宁愿写“不服从分配”冒不能被录取的风险，也不愿学习八系的专业。这种情况持续了很多年，是八系面临的一个老大难问题，严重影响了八系的办学质量，也为八系将来的发展设置了不少障碍。

这时候系里有两种截然不同的意见，一种意见是，利用八系现有的专业优势向民用化发展，弱化八系的军工专业特色，极个别人甚至提出取消军工专业，消除学生的紧张心理，先保证招生质量再说；另一种意见是，保住八系的军工专业传统优势，宁可录取分低一些，但可以多招一些定向生、委培生，也要为国家培养急需的军工专业人才。这两种思想针锋相对，但各有各的道理，也各有各的局限性。徐更光深知其中的利害关系，觉得这个问题不解决好，八系将来要出大问题。

徐更光首先旗帜鲜明地提出：有些人提出削弱军工、取消军工的看法是错误的。改革开放以后，国家的重点工作转移到经济建设上来，在国家安全方面，中国面对外来侵略的风险变得越来越小，所以有些人就放松了警惕，无视帝国主义对社会主义实行和平演变这一主要危险，无视军事工业对人才的巨大需求，无视西方军事工业的飞速发展。在日常生活中，很多人的国防观念淡漠，认为战争离我们太远，不如把精力放在经济建设上，等到将来国家富裕了，强大了，军事威胁自然就小了，到那时我们再发展军工也不迟。这是当下不少人的想法，北京理工大学作为一所拥有光荣传统的军工院校，绝不能放任这种思想意识在学校中蔓延。应当以社会责任感引导学生提高认识，要让大家知道：强大的国防是国家安全的基础，要想建设强大的国防，离开了爆炸学科是根本不可能的。世界上几乎所有武器装备的最终目的，都要靠爆炸来达到摧毁和杀伤目标的作用，不能不搞爆炸，不能没有爆炸，这些军工专业是其他技术或专业所不能替代的。所以要用一种崇高的社会责任感来对待这个问题，并以此教育学生热爱自己所从事的专业。

同时，徐更光也看到了社会的变化，理解学生家长内心的忧虑，更清楚“没有好的人才就没有光明的未来”这一通俗的道理。他希望通过自己的努力，和大家一起从多方面入手，解决好八系的招生分配问题。

首先，徐更光肯定了八系以前的做法。八系是学校里最早提出一个专业两个名称的系，如弹药工程专业对外称机械与力学工程专业，引信技术专业对外称电子精密机械专业，爆炸工程与应用专业对外称爆炸技术专业，火工品与烟火技术专业对外称安全工程专业。但这绝不意味着“两张皮”，这是一种质与量关系的调整，是课程设置的重新编排，是增强适应性的具体体现。这样调整以后，一来有利于招生，二来有利于拓宽专业面、扩大培养方向。实践表明：这种做法较好地体现了军民结合、保军转民的方向，特别是有利于招生和分配，在保证军工需求的前提下也能为国民经济建设输送更多的高水平人才。

这样做总的情况是好的，但也存在一些问题。那时，徐更光经常参加一些军事科研部门和兵工企业的座谈会，每次座谈会上的一个主要议题就是：兵器工业后继无人。在20世纪90年代初期，虽然世界军品贸易进入了一个相对的萧条时期，但以美国为首的一些西方国家，先进武器的更新正在不断地加速。而我国在一些重要的军事科研领域却出现了一定程度的萎缩。这与我们过去长期忽视应用基础研究、国防意识淡漠、缺乏技术储备和系统研究等是分不开的。这在当时对我们的兵器工业发展构成了严重的威胁。技术的竞争就是人才的竞争，谁拥有人才，特别是中青年人才，谁就拥有了未来。所以徐更光不能安于现状，一定要在加速人才培养、加强思想政治教育工作等方面做进一步的努力。

为此，徐更光有自己非常明确的思路，他要进一步做好专业调整工作，首先在人才培养质量上下功夫。在徐更光保留下来的《力学工程系工作要点》中，徐更光写道：

在进行专业结构调整时候，必须十分慎重，不能完全脱离自身实际，离开已有的优势就谈不上两个面向。因此在拓宽专业面、面向经济建设方向发展的同时，应力求与本专业的优势形成相互促进、相互发展的良性关系，至少不能把专业的学科体系搞乱。为了拓宽自己的专业面、增强学生对工作的适应能力，过去所强调的加强基础建设和加强能力的培养是正确的。但是我们必须强调，上述两个加强的前提是：我们专业的知识结构体系必须改造，太杂太乱是无法加强基础的。应向自己的主干学科靠拢，形成较为合理的课程体系。教师的知识结构更应强调学科体系，这样才有利于形成坚实的理论知识基础。只有这样才能不断提高学术水平，不断提高人才培养的质量。

针对八系遇到的招生分配难问题，徐更光特别强调要做好政治思想工作，从多方面对学生进行有针对性的教育。徐更光认为学校的任务就是教书育人，为国家培养合格的人才。教师和学生都存在一个为谁服务的问题，要端正教育思想。青年是祖国的未来，从爱护他们出发，要严格地要求他们，让他们尽早成才。思想教育的关键在于联系学生的思想实际，理解学生的思想特点，着眼于提高学生的认识，而不是过多地追究个人的责任。针对八系的情况，徐更光告诫全系所有的教师和其他工作人员：学生的政治思想工作绝不只是党团组织的事情，要发动大家都来做。教育方式也要多样化，多途径。每一位教师都是政治思想教育的主力，因为他们和学生的关系最密切。要结合各种教学活动开展政治思想品德教育，要和风细雨、潜移默化地影响学生。按照“教育者先受教育”的道理，广大教师应以高度的责任感和使命感做到为人师表，要给学生起到积极向上的带头作用。为了让八系的教师能够积极地投入对学生的思想政治工作中去，徐更光和八系的领导班子最后决定：把做好学生政治思想工作列为职称评定、晋级的基本条件之一；大力表彰优秀班主任和辅导员；还要不断加强组织学生的课外活动，丰富学生健康的文化生活。为此，系领导集体将给予学生工作各方面的大力支持。

那时在徐更光手下有两员大将，分别是刘伟钦、栾世华。刘伟钦是系副主任，分管教学；栾世华是系副书记，分管学生政治思想工作。这两人为八系教学水平、学生素质的提高立下了汗马功劳，徐更光在工作上也给予了他们全面的支持。

那时八系有一项硬性的规定：八系的学生不许抽烟、喝酒。凡是享受各种助学金的学生，一经发现有抽烟、喝酒的行为，立即取消享受助学金的资格。在长年的学生管理过程中，八系上下一致，对此项规定进行了严格的贯彻执行。这对八系学生培养良好的学习生活氛围起了极大的促进作用。

后来，这项管理办法被当作典型加以了广泛宣传。一些人觉得不可思议，大家都普遍怀疑：都 20 世纪 90 年代了，大学生抽烟、喝酒是很普遍的现象，八系真的能管住学生吗？为此，哈尔滨一所高校的团委书记特地来学校进行调查。他让八系的团支书随便找来一些学生开座谈会，座谈会的具体内容也没有通知大家。座谈会准时召开了，八系不同年级、不同专业来了 10 多位男生，大家坐在教室里，相互询问开会的目的，很茫然地等待着组织者讲话。这时，那位团委书记自己点上了一支烟，一边抽，一边聊家常，一边很自然地给大家发烟。烟卷扔出了十几支，那位团委书记也漫无边际地聊了十几分钟，可除了团委书记外，学生们没有一个人拿起烟卷，都说不会抽。这时，一个学生问："老师，今天开什么会呀？"没想到，那位团委书记站起身来说："谢谢大家！会议结束了。"

八系的学生们用行动打消了外界的疑虑，那位团委书记相信：北京理工大学八系的宣传不是假的、空的，是靠长期严格的管理培养出来的。在一次高校学生管理工作经验交流会上，那位团委书记讲了这个小故事。与会代表对北京理工大学八系严格的管理表达了由衷的赞叹。

正是由于八系对教师、学生政治思想的重视，八系的各项工作都走在了学校的前列。从教学水平上看，别看八系的本科生在招生时是全校分数最低的，但在 3 年后考研时，八系学生的考研比例都处于全校各系的中上游水平。这难得的成绩是八系上下齐心合力、共同努力的结果。不过，知道八系的招生水平不尽如人意，大家更是想尽办法解决问题。

每到招生季节，徐更光还带领八系工作人员直接参与招生宣传，派出工作人员在全国各地加大招生宣传力度，向考生和家长介绍专业特色和广泛的适用性，介绍军工企业的良好待遇和可以预见的发展空间。这些都让很多考生和家长对军工专业有了新的认识。招生宣传要耗费系里大量的精力，徐更光从来都是坚决支持的，有时在外地的招生宣传人员遇到食宿方面的困难时，徐更光都是大开绿灯，从科研经费中予以补助。

同时，徐更光还积极向有关方面呼吁，希望国家对军工专业给予政策上的支持。那些年，八系军工专业的定向生是最多的，这些定向生大部分来源于军工企业职工子女。招收定向生一方面解决了军工企业职工的后顾之忧，另一方面也为军工企业提供了稳定的合格人才。由于定向生名额有限，八系又在学校招生办的支持下开办了军工专业委培大专班，让更多的考生得以进入北京理工大学的军工专业学习。另外，八系在奖学金的评定上也向军工专业倾斜，为军工专业的学生提供更好的学习条件。所有这些，都为八系的招生工作起到了积极的作用。

徐更光就是这样不回避矛盾也不放弃原则，在八系军工特色和招生水平的矛盾中，旗帜鲜明、有步骤、有办法地解决问题，使得这一矛盾得到了合理的解决，从而很好地保持了八系军工专业的发展特色，为后来国内军工人才的大量培养打下了很好的基础。

第三节　以学科建设为重点做好各项工作

在解决八系招生分配难的同时，徐更光和系领导班子一起努力，大力加强学科建设。

徐更光通过几年的系主任工作经历，对学科建设有了自己独到的理解。在他的理念中，学科建设是学校建设的龙头，也是系里的龙头，系里的其他工作也要围绕学科建设这一中心工作来进行。各学科的教学科研要形成梯队，要注意后续人才的培养。对于八系的特色，徐更光也有非常敏锐的眼光，他知道八系的一些拳头专业都属于国家二级学科，而二级学科的建设往往能够真实地反映一所学校的水平。在徐更光看来，像北京理工大学这种与行业联系非常紧密的、以工科为主的大学，建设好二级学科是最重要的工作。一级学科面太大，牵扯的人、财、物太多，往往形不成真正的拳头。如果一所学校中有五六个二级学科在国内是一流的、顶尖的，那么说明这个学校本身也是国内一流的。把二级学科建设好，一个学校的基础就明确了，发展方向也就明确了，这样也使学校有了确定的前进方向。否则，摊子铺得过大，人、财、物等资源过于分散，也就不容易在某一领域取得突出的成绩。这就是徐更光的亲身体验和领悟。

系主任徐更光在国家重点实验室中

在八系的教学方面，徐更光也是煞费苦心。他特别重视教学在人才培养上的作用，特别是在教授上课方面做了大量的工作，让很多有名望的教授登上了为本科生授课的讲台。1990年，八系共开设了59门课，在这些课程当中，有64%的正教授和75%的副教授都登上了讲台，亲自给本科生授课。在徐更光的领导下，越来越多的骨干教师投入教学第一线，促进了八系教学水平的整体提高，同时也促进了青年教师的快速成长，确保了教学的中心地位。在徐更光担任系主任的前两年里，八系在教学上的收获也是显著的，总计获得部级奖2项，校级奖13项。其中冯长根的专著《热爆炸理论》获全国出版著作一等奖；李世义的《动态测试技术基础》获校优秀教材一等奖；85教研室、81实习队、83实习队获校教学先进集体，等等。

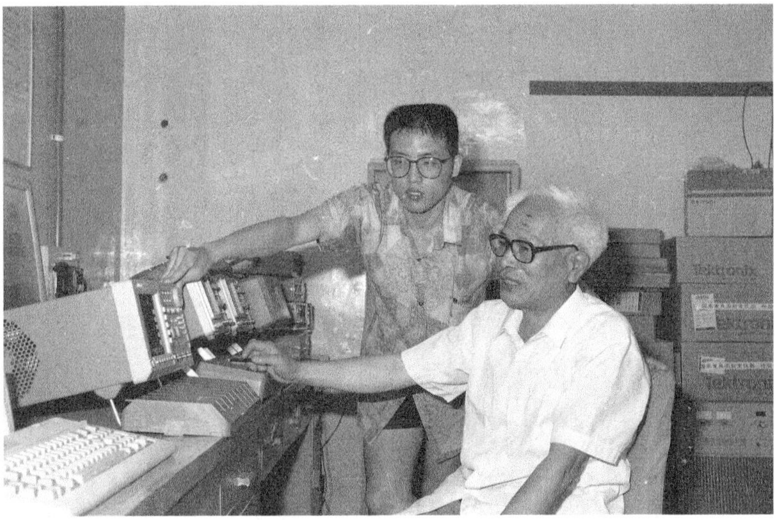

诲人不倦

科研工作是提高学术水平和实验室建设的主要支柱，徐更光结合自己多年科研工作的经验，为做好八系的科研工作采取了很多行之有效的措施。徐更光提倡系内外合作研究，充分发挥学校多学科的优势，发挥与校外专业对口工厂联合研究的优势，让八系的科研工作取得更好的进展。为此，徐更光和领导集体共同制定了一些行之有效的政策，一是责任制，二是与效益挂钩。要总结经验，提高科研的综合效益，要建立奖励基金，全面促进教学与科研的结合，促进教学和科研工作共同的发展。另外，为了调动八系科研人员的积极性，徐更光根据学校制定的《关于教职工社会兼职的有关规定》，鼓励八系的教职工在保证完成教学科研本职工作外，挖掘潜力，搞好社会兼职工作，按学校规定程序进行申报登记和酬金分配。

徐更光经常把全系的学术骨干集中在一起，共同商讨八系的重大建设问题。他给各个教研室的学科带头人安排任务，让他们一是要联系国家这一领域的领导部门，参与国家重大国防科研的研制工作，要让北京理工大学保持住在传统国防装备领域的领导权和话语权。同时，徐更光又积极鼓励大家走出去，看看军方和设备上到底需要什么样的产品，学校又能为他们解决什么样的困难，并以自己的亲身经历和体验强调重视科研产品的社会化，提醒教授们不能闭门造车，要让自己的智慧和成果快速转化为对社会和军方有用的产品。同时大力加强型号项目的综合管理工作，在人、财、物上予以倾斜，以型号项目带动学科的发展。

正是有了这些全方位的努力，八系那几年的科研工作充满了欣欣向荣的景象。1990 年八系获得部级奖 4 项，校科技进步奖 15 项，有 9 名教师作为兵器行业专家参加“八五”科研立项。在横向科研中，八系设计的 B160 导弹战斗部为出口创汇做出了巨大贡献；“海萨尔”已装备国内多种高炮，并大量出口；超高温石油射孔弹投入生产，取得巨大经济效益，等等。以上这些成绩的取得都凝聚了系主任徐更光辛勤的汗水。

同事合影。前排从左至右依次为：徐更光、陈福梅、丁儆、恽寿榕、马宝华、龚建国，后排从左至右依次为：张银珠、冯顺山、学生、黄风雷、栾世华、张宝平等

那几年当中，徐更光把大部分精力都放在了八系的管理和协调工作中。以前从不乱串教研室的他，此时不停地在各个教研室、实验室和试验现场来回奔波。但徐更光觉得自己忙点儿没什么，让他

最头疼的就是学校没完没了地召开各种会议。有时候学校一天就开三个会，晚上回到家头都是晕晕的，连饭都不想吃。别的领导回到家后可以歇一歇了，可徐更光忙完这些事务性工作以后仍然闲不住，因为他知道自己身上还压着那么多科研任务，有很多科研难题还需要自己亲自去完成。在这些科研任务之中，就有为徐更光带来一生中最高科技荣誉的“海萨尔 PW30”的研制工作。所以，徐更光承担的这些任务只能用业余时间见缝插针完成了。

徐更光感到真累，这是他工作三十多年来最累的时候。最让徐更光感到痛苦的是：以前搞科研工作也累，但每次攻克一个难题都能给他带来喜悦和欣慰。可是作为系主任的他，每天要处理太多的事务性工作，此时此刻，徐更光也真正感觉到：当官也确实不易啊！

虽然徐更光觉得当官很累，但是他从来不把这种情绪带到工作中，也从来不把这种累带给系里的工作人员。每次他到系办公室去，无论对年老的还是年少的同事都是和蔼可亲。他经常和大家开开玩笑，打声招呼，系办的人都觉得这个老主任一点儿都没有架子。他也时常对系办的人说：“你们系办的工作很辛苦。你们不要认为在系里只有教研室最重要，你们系办和党组织也都很重要。你们就是八系的大后方、大支柱，是系里最可依靠的力量。有了你们的全面配合，各个教研室才会有更多的成绩，有更多的成果。”系办的同志们听到这些话感到非常温暖，他们觉得这个老主任还真会体贴人，真会理解人。有了这样一位老主任就应该自觉地把八系的管理工作做好。

事实上，在徐更光做系主任的那几年时间里，八系在各方面的工作都非常出色。除了在教学、科研上获奖外，八系还有多位教师被评为部级以上先进教育工作者。在学校内部，八系人是最团结、最有战斗力的。无论是学校的运动会、歌咏比赛，还是春节的团拜活动，八系集体总能表现出一派勃勃生机。到现在人们还记得：在建党七十周年的歌咏比赛上，八系的服装最整齐，八系的歌声最嘹亮，他们获得了那一次歌咏比赛的第一名。这些集体活动，充分显示出八系人在学校的特殊地位和影响力。在八系这些成功之下，又有谁能知道徐更光付出了多少心血？

在徐更光未担任系主任的时候，他很少去主楼机关。自己的爱人 20 多年没有城镇户口，也没有正式工作，但是他很少跑人事处。但现在不一样了。为了系里骨干人员夫妻的两地分居问题，为了引进人才的家属调动，也为了部分青年骨干的职称评定，他一次次地跑主楼机关，跑人事处。有时候跑了半天也没有结果，回家以后就跟老伴儿沈秀芳唠叨、叹气。沈秀芳一边心疼自己的老伴儿，一边半开玩笑半埋怨地说："现在你知道跑主楼了，你以前要是为了我的事也这么拼命地往主楼跑，那我的事早就解决了。你这些精力怎么不早用点儿呀？"徐更光听到老伴儿这种埋怨，每次都是默不作声，摇头叹气："是啊，自己的爱人竟然做了 30 年的临时工，直到 1984 年夫人和孩子才有了居民户口。自己亏欠夫人、亏欠儿子、亏欠这个家太多了……"

但是徐更光从来不亏欠自己系里的同志，有时他的心是那么热，那么慷慨。1990 年临近春节，大家都在准备迎接寒假的到来。有一天系里的书记蒋作龙愁眉苦脸地找到徐更光，一进门就说："老徐啊，快放假了。今年学校返给系里的奖金不多，系里正在发愁拿什么钱给职工们发过节费呢？你看，你那有什么活钱能用吗？"徐更光心里明白：系里的科研经费并不少，但是科研经费的提成比例很低。而且各个教研室也不平衡，系里真没有一笔大钱给每个职工发过节费。徐更光这个系主任心里当然明白系里的困境，看来徐更光只能在自己身上打主意了。

1990 年年初，徐更光在学校的安排下担任了防化研究院的科学顾问，此后徐更光为防化研究院成功研制了 602 特种混合炸药。602 特种混合炸药在全军获奖以后，防化研究院为感谢徐更光的大力支持和帮助，决定发给徐更光 5 万元顾问费。这 5 万元顾问费按说可以由徐更光自己随意支配，既可以为教研室添置设备，也可以在自己的团队中自由分配，学校没有严格的限制，就是徐更光把这笔钱都留给自己用也不违反任何政策。但是徐更光从来不是一个见钱眼开的人，此时系里过节缺钱，他立刻告诉蒋作龙书记：“老蒋，你别急，我这 5 万元全部拿出来，给全系人发过节费。”蒋作龙听后喜笑颜开：“太好了！徐主任，这一下全系人都能过一个丰收年了！”要知道在 20 世纪 90 年代，这 5 万元可是一笔巨款啊！

徐更光对别人是慷慨的，对系里的关心是无私的，这不仅体现在这次发过节费的一事上，还有一件事能体现出徐更光那无尽的善良与关怀。

八系引信教研室有一名老教师叫于庆魁。他一生踏实肯干，勤俭朴素，是引信教研室的学术骨干，在火工品与引信方面为国家做出过许多突出的贡献。别看于庆魁和徐更光同岁，但因为常年的劳累，于庆魁身体一直不太好。一天夜里，徐更光还在睡梦中，突然电话铃响了，原来是于庆魁老师的老伴打来的，说于老师晚上上厕所一下子晕倒了，现在都快不行了。徐更光听说以后，一骨碌爬起来，赶快穿上衣服，赶到于老师家。当晚，徐更光就和于庆魁的家人一起把于老师送到医院。诊断结果很快出来了：脑出血，情况紧急。于庆魁的老伴儿和子女都慌了神儿，不知怎么办。徐更光一边安慰于庆魁家人，一边向医生了解病情。之后徐更光对于庆魁家人说：“于老师脑出血量很大，需要手术治疗。虽然危险，但也只能手术，通过手术人才能活下来！”于庆魁家人觉得徐更光就是一个主心骨，赶快签字同意做手术。所有人忙活了一整夜，最后手术非常成功，于庆魁从死亡线上又挣扎了回来。

后来，徐更光及系里的老同志、系办的工作人员都经常到于庆魁老师家，帮助照顾于庆魁，为于庆魁的早日康复提供了很多帮助。八系人的热心与关爱让于庆魁的家人分外感动，同时也让于庆魁自己增强了战胜病魔的勇气和信心。其实在于庆魁生病之前，学校正酝酿向国家上报享受国务院特殊津贴的专家人员名单。于庆魁根据自己多年来的工作业绩和成果，也在整理资料准备上报给学校，期望能获得这份荣誉。根据当时的评定条件，于庆魁是有资格获得这份特殊荣誉的。后来学校在评定享受国务院特殊津贴专家人员名单的时候，有人说于庆魁病得这么严重，将来不可能再承担国家重要的科研任务了，要不就别评他了。可就在此时此刻，一向不愿意争名夺利的徐更光站了起来，他激动地说："要评，一定要评！于老师做出的贡献有资格获得这份荣誉。现在他是病了，确实不能再搞科研，但不能因为他病了就抹杀他以前的贡献。我坚决请求报上于庆魁老师的名字！"就这样，在徐更光的坚持下，于庆魁老师终于被学校报上去，最后被评为享受国务院特殊津贴专家。

在病床上的于庆魁听到这一消息后，感动地热泪盈眶。虽然于庆魁和徐更光共事多年，但由于不是一个专业，平时又各忙各的，并没有什么私交。平日里，于庆魁是个默默无闻、与世无争的人。在引信教研室，于庆魁潜心科研，基础扎实，经验丰富，是个出名的"老黄牛"。近 50 年来，于庆魁参与研制的产品屡屡在国家获奖，为国内引信水平的不断提高做出了巨大贡献。但要是论名气和地位，于庆魁在学校中也谈不上突出。因为像于庆魁这样的老教授在北京理工大学太多了。可是，这一次为了推荐享受国务院特殊津贴专家，徐更光能这么仗义执言，这么大公无私，真是让于庆魁没想到。此时此刻，于庆魁觉得这是徐更光对一生无私奉献的老同志们的理解和认可，是学校对老功臣们的信任和关怀。

现在于庆魁也已是杖朝之年，已经瘫痪在床上多年了。靠老伴的精心照顾，于庆魁顽强地延续着生命。平时，重病缠身的于庆魁最大的快乐，就是时常从床头柜的抽屉中拿出那份国务院特殊津贴专家的证书来反复地端详。这份证书因为长期的抚摸而变得发黑、陈旧了。可于庆魁每次看到这个证书，都感到那么亲切，感到无尽的幸福与安慰。于庆魁心里明白：自己一生的奉献，是因为有徐更光等老伙伴的大力支持而最终获得了国家的肯定。他的心中无比感激自己的老伙伴、老同事、老主任——徐更光。

第九章

花甲之年 海萨尔炸药获国家科学技术进步奖一等奖

第一节　引进“双三五”关键技术国外不转让

20世纪80年代末期，中国国防的现代化建设已经开始走向正轨，中国军队正朝着信息化、精英化的方向稳步迈进。在国防建设上，一方面，加大国防科研的投资力度，独立自主地开创一些具有中国特色的新型武器装备；另一方面，广泛借鉴国外的先进经验，引进一些世界先进水平的武器系统，以快速缩短我国在军事装备上与世界先进水平的差距。在这种大背景下，徐更光作为国内顶尖的爆炸专家也和千百万国防工业科技工作者一起，在自主研发和吸收引进等方面为中国军事工业的现代化做着艰苦的努力和探索。中国军事工业的快速发展，又为徐更光施展自己的才华提供了一个新的机遇。

20世纪80年代末期，为了提高中低空反导防空水平，我国从瑞士引进了“厄利空”双-35高炮系统。这种高炮系统具有自动化程度高、反应时间快、拦截效果好、威力大等优点，是当时世界上比较先进的空防系统之一。我国引进了火炮、目标识别、炮车等成套系统。但是由于瑞士厄利空公司是一家综合公司，本身不生产火工品和炸药。同时，瑞士厄利空公司也遵从北约对我国高技术武器装备的出口限制，所以把为厄利空双-35高炮系统配套的炮弹专用药“Hexal P30”炸药列为不转让技术。长期以来，西方国家对我国军事产品的出口限制十分严格，我国能在西方的重重限制之下引进这套厄利空双-35高炮系统已实属不易，对方坚决不转让弹药技术，我们也是无奈。

“双三五”产品介绍插图

高炮系统是引进来了，但却面临着有炮无弹的尴尬场面。那个年代，我国的高炮、舰炮、火箭弹、地空导弹等各类装备，主要装填的是苏联在20世纪40年代发展的A-Ⅸ-2炸药（钝黑铝炸药）。由于我国在含铝高威力炸药方面起步较晚，落后西方近40年，所以如果用我国现有的A-Ⅸ-2炸药作为“厄利空”双-35高炮系统的配套弹药，那么这套引进武器系统的先进性就会大打折扣。迫于当时的情况，我国炮兵装备部门只得先引进全套的高炮系统，然后争取在国内找到一种代用炸药或重新研制一种高威力炸药来取代“Hexal P30”炸药。这是具有很大风险的一步棋，同时也是一种有胆量、有魄力，却也无奈的一步棋。

当时，兵器工业部202所承担了“厄利空”双-35高炮系统引进抓总工作，497厂负责火力系统，152厂负责弹药系统。152厂把引进这一技术当作是一种挑战，更看成是一种机遇，希望借此提高我国中低空防空武器的弹药装备水平，同时把这一引进项目看作是提高生产科研水平和经济效益的一个难得机遇。

第二节　与152厂签下协议攻克配方难关

“厄利空”双-35高炮系统引进国内以后，关于“Hexal P30”

炸药的改进和替代研制工作就成了152厂面临的一个巨大困难。152厂是一个弹厂，根据当时国内的情况，炸药厂只生产单体炸药，混合炸药要由弹厂自己生产。152厂负责混合炸药工作的是丁本盛，也是北京工业学院的毕业生。丁本盛和工厂技术人员一开始曾进行了很多的探索和试验，但最终也没有解决问题。根据引进的资料，技术人员知道“Hexal P30”炸药的大概配方是65%的黑索金、30%的铝粉和5%的聚合物。但是根据这个配方试验了几次以后，发现颗粒太硬，根本不能用。后来技术人员又用几种成熟混合炸药像“8701”“8702”做试验，发现也不行。刚拿来是颗粒，过几天就成粉了，根本无法装药。为此，152厂的领导和技术人员急得一筹莫展。

不仅152厂着急，国内权威的炸药研制机构，如204所等，都在讨论和注视着“Hexal P30”炸药的替换问题，他们先期已经做了不少探讨研制工作。而徐更光作为当时国内这方面的权威爆炸专家、兵器工业部炸药专家组组长，也一直关注着这项新的高威力炸药研究的进展情况。

情急之下，152厂的丁本盛径直来到北京理工大学，找到自己的师兄徐更光，让徐更光来接手这个难题。其实152厂在参加引进这套高炮系统后，丁本盛就经常和徐更光联系，讨论解决配套炸药的科研问题，徐更光也出了不少主意。这一次，丁本盛找到徐更光，就是要让徐更光全面负责新型炸药的配方工作，帮助152厂解决难题。要知道，徐更光一生最大的乐趣就是接受挑战、破解难题，他当然不能错过这样一个能够施展才华的机会。徐更光经过和学校、工厂反复地协商之后，决定由北京理工大学八系负责新型炸药的配方研制工作，152厂负责放大试验和生产工艺制定工作。1989年5月，北京理工大学与152厂正式签订科技协议书，接下了这一艰巨的任务。

徐更光（右）与丁本盛在 152 厂靶场

协议签订后，徐更光一方面查阅“厄利空”双 –35 高炮系统的各种资料，仔细研究“Hexal P30”的产品样品，另一方面和 152 厂的技术人员紧密配合，共同商讨解决问题的办法。国内的业务领导机构和相关研究所也给予了积极的支持和配合。

1989 年年底，152 厂为了更好地完成“厄利空”双 –35 高炮系统的引进工作，要组成一个出国考察团，到瑞士进一步考察“厄利空”双 –35 高炮系统的生产系统。出国之前，152 的总工找到徐更光，希望徐更光帮助写一个考察提纲，提纲中要注明关键去看什么，哪些是重点。徐更光一听有这个考察团就来了精神，他马上向 152 厂提出：“我也要去，和你们一起到瑞士看看他们的生产环境。我是专家，眼睛毒得很，我去了看一遍就能看出个八九不离十，他们瞒不住我。”用现在的形势来分析，徐更光的这个要求是再正常不过的了，根本不是问题。可是时光要倒回 20 多年前，徐更光的这个要求还真有点儿奢望了。因为种种原因，徐更光并没有参加这次出国考察。

但徐更光仍然认真地为 152 厂起草了考察提纲，把考察重点写得详详细细，最后交给了 152 厂。徐更光心里想：“出国不让我去，没关系。这瑞士的药也没什么了不起，我一定自己造出一个新药来，超过它，争回这口气。”

回到学校以后，徐更光仔细翻看着“厄利空”双-35高炮系统公开的说明书，他为材料中所展示的炮弹威力感到吃惊。在图片上，只一发炮弹命中飞机就能形成一个直径近50厘米的大洞，而且还具有很强的破甲能力。看着这些图片，徐更光就感到这种炮弹的威力非同小可，一般飞机只要被打中一发就可能会报废。可是这种炮弹的直径才35毫米，装药顶多在180克左右。这么小的炮弹竟能有这么大的威力，确实不简单。

接下来徐更光反复观看着“Hexal P30”的炸药样品，又仔细研究“Hexal P30”的装药和成分。首先徐更光看到“Hexal P30”的样品颗粒很是粗糙，不规整，颗粒之中还有不少加工过程中产生的杂物。从外观上看真看不出这是一种先进的高威力炸药。从产品说明书上，徐更光吃惊地发现这种弹的装药密度并不大，密度不大说明药的成型性不会很好。然后，徐更光又分析了“Hexal P30”的配方。长期的炸药研制经验让徐更光觉得其高分子材料的运用并不科学。这些高分子材料徐更光都是非常熟悉的，他清楚地知道：如果加入这些高分子材料，那么在装药过程中容易产生很多问题。而这种装药的主要成分也就是黑索金和地蜡等。看到此，徐更光就下了决心：“我一定改了它，不要它的配方，到时再看谁的更好。”

发现了对方的弱点，也就找到了自己的研究方向。徐更光精神抖擞，带领着自己的团队开始了新一轮的辛苦而又兴趣盎然的炸药配方研制攻坚工作。在攻坚过程中，204所的科研人员给予了全面支持和配合，在初期的研制过程中也做了不少的贡献。

从对“Hexal P30”的研究分析中，徐更光就知道这种炸药的黏结剂、钝感剂设计得不合理，产品的机械感度会比较高，安全性不会太好。而由此造成的成型密度低，使其不可能在爆炸中发挥出更高的威力。这种炸药的高威力主要是由黑索金和铝粉相混合而产生的。那么如何将黑索金和铝粉巧妙地结合起来，同时降低钝感，提高安定性，增强黏结性，并提高密度，就是研制这种新药正确的努力方向。而这种努力方向，徐更光已经在“8702”的研制过程中有了深入细致的探讨和实验，积累了丰富的经验。正是这些年的艰苦摸索，使得徐更光一开始就找到了一条正确的攻关道路。

在“Hexal P30”中，除了黑索金和铝粉外，还有地蜡、聚氨酯和石墨，但是它们被用得不巧，没有很好地解决炸药的成型性问题。地蜡这种被世界炸药生产者广泛应用的钝感材料，始终没有找到一种很好地与之相配套的增塑剂，所以导致了炸药成型性不好，压不紧。压不紧就容易出现气泡，而在药柱中出现气泡是炮弹最致命的缺陷，很容易出现膛炸。所以必须找到一种好的物质，来改变混合地蜡后的成型效果。徐更光首先在炸药的成型性上开动了脑筋。

徐更光把各种能改善成型性的物质一遍遍地在脑子里筛选，冥思苦想。他工作时在想，吃饭时在想，有时夜里睡觉时突然有了灵感，就马上爬起来记下来，生怕早上忘了。徐更光也查了不少资料，做了不少实验，一个个觉得比较合适的物质也都被徐更光排除了。“Hexal P30”中的地蜡是用来增强炸药的钝感，为了使地蜡和黑索金充分黏合又引入了高聚物来改善装药性能。现在，徐更光发现了“Hexal P30”中地蜡和高聚物应用得不是很好，就要找到一种新的高聚物来改善地蜡和黑索金的混合性能。徐更光知道能和地蜡混合的高聚物不是很多，要找到一种替代品绝非易事。通过在实验室中长期的筛选，再加上和204所的同仁们进行了广泛的讨论，最后徐更光把注意力放在了A×× 上。A×× 是一种饱和聚合物，能耐老化，耐臭氧，耐多种无机酸、碱、盐和极性介质的侵蚀；有极好的绝缘性和卓越的气密性，而且它和地蜡有很好的混溶性。但是因为A×× 分子量很大，生产很困难，国内的A×× 主要靠从国外进口。事也凑巧，在徐更光的实验室里正好有一大块A×× 原料放在那里很长时间了，一直没人用。徐更光想到此，马上叫助手周霖把这块

A×× 找出来，开始了他们具有挑战性的实验。

徐更新（右）与助手周霖在研究相关数据

徐更光回忆，当时是他和助手周霖一起来完成混合炸药的造粒工作的。他俩先用汽油把地蜡和 A×× 混合在一起，然后再把黑索金、石墨等物质也混溶进来，并充分地搅拌。等汽油挥发到一定程度时，看到容器中只剩下黏稠的混合物。他俩把这种黏稠的混合物逐步晾干，直到成了面团一样的东西。此时，他俩找来事前准备好的铁筛，把混合物面团放在上面，像压面条一样把混合物弄成面条一样的长条。徐更光让周霖把这些"面条"放在报纸上晾干，在合适的时候用手进行搅拌。在多次的试验中他俩发现了窍门：搅拌"面条"的时候太早了不行，太晚了也不行。太早了，混合物形不成颗粒，就像大块大块的面团；太晚了又掰不动，成了一大块固体。徐更光就让周霖把这种混合物放在报纸上，等到合适的时候拽动报纸的四角来回地进行翻滚。奇迹出现了，随着报纸地来回晃动，"面条"慢慢地就变成了大小不同的颗粒。徐更光让周霖把这些颗粒放到筛子上，一边筛一边加入石墨粉末。石墨作为一种常见的钝感剂和脱模剂被大家广泛使用。随着周霖用力地筛着炸药颗粒，这些颗粒开始变得光滑漂亮了。为了让炸药颗粒进一步抛光，他俩就把颗粒放在报纸上继续左右翻动。徐更光是个急性子，他看到周霖用报纸翻来翻去太费事，效率太低，觉得这个法子肯定不行。此时徐更光灵机一动，有了法子，喊道："周霖，去拿个瓶子。"周霖心里满是疑惑："要瓶子干啥？"但也没敢问出口，就赶快拿来一个敞口的瓶子交给徐更光。徐更光把大小颗粒放在瓶子里，自己亲自动手，用力地摇晃起来。随着徐更光双手的晃动，奇迹出现了：瓶子里的颗粒越来越亮，越来越匀，很快就成了闪着金属光泽的、漂亮的混合物颗粒。这些颗粒比"Hexal P30"的样品可好看多了。徐更光看到这些近乎完美的颗粒，乐了，像个孩子一样手舞足蹈。

1991 年，徐更光（左）与助手周霖在 152 厂靶场

徐更光回忆往事时，曾说："不要以为我光动嘴，不动手。我的手可了不得，太神奇了，很多东西一经我的手，就能变出好东西来。要想干出新东西就得先自己动手，要不没有感觉！……当年这种药出口到外国需要先拿出样品，这些样品就是我用这双手摇出来的。你看我这双手，能干多少事！"对于一个外行人来讲，一种新型炸

药的制造是一个异常神秘、异常复杂的过程，可是这个玄妙的过程在徐更光面前就像小孩子的“过家家”，就像进行着一项有趣的游戏。但就在这轻松“游戏”的后面，却饱含着徐更光多少艰辛的劳动，多少辛苦的摸索，又有多少个不眠之夜啊！当徐更光说到动情之处，竟突发奇想地感叹起来：“哎呀，回想起来真是太有意思了！我现在说起来都特别兴奋。”当聊起最初的摸索过程时，只见他两眼放光，兴致勃勃，完全陶醉在当时的实验过程中。而这些正是徐更光一生中一直在追求的心态和情境。

这种新的炸药颗粒被生产出来以后，徐更光就开始了全面的测试工作，其测试结果让徐更光兴奋不已，其爆速比“Hexal P30”提高了6.2%，爆热提高了8.6%，撞击感度和摩擦感度均优于“Hexal P30”。成功了，真的成功了，没想到只是一项小小的改变，竟一下子解决了这么多问题，使新药在威力上大大超过了“Hexal P30”。

但是实验到此还没有结束，炸药的爆速是上去了，但是它的装药性能怎么样？能否在密度上有显著提高？这可是更为关键的问题啊！接下来徐更光就和徐军培、王廷曾等一起来测试这种新药的可塑性和压药性能。结果很快就出来了，经过不同压力下的压药实验，这种新药的相对密度比“Hexal P30”提高了7.9%，而且药柱细密光滑，显示出了卓越的装药性能。接着，徐更光又在真空安定性和热分解温度方面做了多种测试，其结果都大大优于“Hexal P30”。此时此刻徐更光长长地吐了一口气，他心里终于有了底。一种新的大大优于“Hexal P30”的新药终于产生了。为了与“Hexal P30”相区分，徐更光将这种炸药命名为“海萨尔PW30”，并将自己研制成功的消息向152厂和业内的炸药专

“海萨尔 PW30”炸药颗粒

家们进行了广泛的宣传和通报。

在研制过程中，204 所的科研人员给予了徐更光大力的支持和帮助，也提出了不少好的建议。有的建议徐更光采纳了，有的建议徐更光还是坚持了自己的意见。如 204 所科研人员提议：“这个新药中的铝粉是否可以采用超细铝粉？应用了超细铝粉以后可以采用喷雾的方法造粒，那样就可以提高生产效率，适合大规模生产。”而徐更光对于这个建议则有另一番看法，他认为铝粉在这种炸药中，在提高爆热方面起了很大的作用。但铝粉的一个重大问题就是易氧化，铝粉氧化后就形成了三氧化二铝，那么也就丧失了提高爆热的作用。如果铝粉过细表面就更容易氧化，从而影响铝粉在炸药中的性能，而且如果采用喷雾性造粒，虽然可以提高生产效率，但也会加大污染，不容易形成适合装药的颗粒。所以徐更光还是坚持了自己的意见。

之后，徐更光继续在学校里完善“海萨尔 PW30”的各项实验工作，越来越觉得这真是一种难得的好药，应该会大有用途。在此期间，北方化学工业公司和 152 厂、徐更光多方配合，与伊朗签订了一项出口协议，让“海萨尔 PW30”走出国门，为国家创汇。在签订协议之前，徐更光把自己的两盒样品交给了北方化学工业公司，由他们寄往国外。

样品寄过去时间不长，北方化学工业公司传来了一个令人振奋的消息。国外专家在接到“海萨尔 PW30”样品以后，对药品进行了全面测试，感到非常高兴和不可思议。他们认为这是一种高威力、高稳定性、具有很好可塑性的新药，并决定马上订货，一次性订货就达 577 吨。北方化学工业公司外贸部门的同志们看到这份国外的订单简直惊呆了：天呐，一次就要 577 吨，这可是在国内炸药方面从未有过的天文数字啊！仅这一笔订单就相当于北方化学工业公司年出口值的三分之一。北方化学工业公司赶快把这一消息告诉徐更光，并和徐更光一起开始准备出口定型工作。

也就是在“海萨尔 PW30”的出口定型试验中，徐更光想到了一个非常关键的问题，这个问题一直萦绕在徐更光心头，时时令他感到不安。“海萨尔 PW30”的配方虽好，但是其中关键的原料 A×× 国内还不能生产。一旦“海萨尔 PW30”在国内大批生产还要靠大批进口 A××。想到此，徐更光觉得自己不能再犹豫了，他下定决心，配方一定要改。他马上停下了自己的全部工作，一门心思又重新回到了炸药配方研制的起点，为“海萨尔 PW30”寻找一种全新的配方。

其实在“海萨尔 PW30”研制最初，徐更光在利用 A×× 的时候心里就有些犹豫。但是，由于徐更光当时急于想看到“海萨尔 PW30”的成功，就把这个问题先放在了一边。现在产品成功了，要大量出口了，这个问题又重新变得尖锐起来。此时徐更光毫不犹豫地痛下决心，舍掉 A××，一定要在国内市场找到一种能够稳定供货的原料来替代它。紧接着，又是一番艰苦的筛选工作，寻找 A×× 替代物的工作开始了。他的助手周霖、何德昌又开始在化工商店里四处搜寻。

一天，徐更光脑海里突然涌现出了橡胶这种常见物品。橡胶的弹性很好，一压就容易变形，有很好的屈服值。徐更光的大脑快速转动着，他想：橡胶这种东西一压就很软，但当压力足够大的时候，它就不可能再变形了，那时候密度不就很高了吗？想到此，他立刻在橡胶上打起了主意。纯橡胶太软，恐怕不行。在常见的合成橡胶里，徐更光把注意力放在了 ×× 橡胶上。×× 橡胶是一种生胶，它的耐寒性、耐磨性和弹性都很好，而且不易老化。而且这种 ×× 橡胶是东方红炼油厂的一种生产副产品，成本很低，使用很方便。徐更光觉得 ×× 橡胶应该合适，于是他马上让助手到市场上去购买 ×× 橡胶进行初步的实验。周霖、何德昌到化工商店购买 ×× 橡胶时也颇费了一些周折。×× 橡胶这种东西都是一整块卖的，根本不零卖，可做试验又用不了那么多。周霖二人说了不少好话，人家才破例切了一块给他们。

买回 ×× 橡胶以后，徐更光带领大家又开始了新的试验。结果正如徐更光所料，这种 ×× 橡胶和地蜡能够很好地相溶，与黑索金、铝粉等材料组合起来确实收到了很好的效果，完全可以替代 A××。这些混合物融合在一起放在手里很软很细密，说明它具有很好的成型性。徐更光高兴了，他带领自己课题组的人员就按照这种思路开始了全方位的试验。

很快，含有 ×× 橡胶的新炸药产生了，徐更光将这种炸药与含有 A×× 的“海萨尔 PW30”进行了全面的比对实验，结果各种性能相差无几，×× 橡胶完全起到了替代 A×× 的作用。这个新配方的关键是选用了 ×× 橡胶，这种原料成本低廉，国内生产，从根本上避免了受制于人。徐更光决定用这种含有 ×× 橡胶的“海萨尔 PW30”进行放大试验，为大规模的生产做好准备。

第三节　当年立项当年生产取得全面成功

配方研制成功以后，根据协议徐更光把配方交给 152 厂，由 152 厂来完成放大试验和工艺定型，继而完成 577 吨的炸药生产任务。

1990 年的 152 厂正处在一个特殊的困境中。传统的 25 毫米近防炮弹和 30 毫米高炮弹的订货量急剧减少，37 高炮弹都不订货了，一些军转民的项目也没有看到明显的收益。工厂领导们整日里为工人们的生计发愁。“双三五”项目的引进是工厂近年来少有的大项目，152 厂上上下下都非常重视，并为此成立了“双三五弹药研制工作办公室”。但归根结底，弹药生产只是整个武器系统的配套工程，研制经费非常有限。然而，这 577 吨含铝炸药的出口任务可了不得！

这是 152 厂有史以来最大的一项出口创汇生产任务，是雪中送炭，能够救急救命。152 厂知道“海萨尔 PW30”所蕴藏的巨大经济效益，更清楚这种新型高爆热含铝炸药广阔的发展前景，于是愉快地答应了学校这一条件，并保证全面配合徐更光做好今后的炸药放大工艺试验和今后的生产科研工作。

就这样，徐更光开始了与 152 厂实质性的科研生产合作，并在千克级放大工艺试验和生产工艺流程制定等方面获得了 152 厂全面的支持与帮助。从此 152 厂与徐更光紧密合作，共同为提高中国的军事装备水平谱写了一部令人引以为豪的华彩篇章。“海萨尔 PW30”的生产工作正式开始了。

那段时间，徐更光频繁地到 152 厂，和 152 厂的技术人员共同推进“海萨尔 PW30”从实验室生产到工厂大规模生产中的技术改进工作，并在工厂的参与下制定了科学而合理的生产工艺流程。徐更光为人坦诚、直率、没有架子，整天和工厂的技术人员、工人们战斗在一起。大家都特别喜欢这位老者，有时都忘了他是个大学知名教授。大家有什么疑惑都径直向徐更光提出，徐更光也是倾囊相授，毫无保留，一聊起来就说个不停。那时徐更光每次到 152 厂很少去厂部，有时连招待所都不去，一来就直奔车间，到生产第一线。20 世纪 90 年代，从北京到重庆要坐两天一夜的火车，而徐更光也已是年近花甲。可是他总是那么精力充沛，不知疲倦，一到工厂就和年轻人一样在车间里忙碌。那时车间里的生产环境很不好，一天下来，人的脸上、手上、身上都是黑黑的。这时的徐更光混在人群里，也是一样黑黑的，不仔细看，还真不知道哪一个是徐更光。

在徐更光的精心指导下，“海萨尔 PW30”的试生产正式开始了。但没生产几天，工厂的总工打来电话，反映在生产过程中炸药造粒不好，经常会出现炸药混合物无法干燥成型的问题。徐更光一听立刻赶到 152 厂，听技术人员和工人们介绍生产中遇到的问题，共同分析导致问题产生的原因。

徐更光首先就来到了分馏车间，检查工人们的操作过程。他让工人当着他的面，按照以前的操作模式进行汽油的分馏。当他看见工人们在分馏时，根本没有按照事先设定好的工艺流程，严格控制分馏温度和沸程时，立即就指出了其中的问题：按照工艺流程，作为溶剂的汽油要先进行分馏，所需产品分馏出的温度要严格控制在60℃以下，温度太高分馏出的组分是不能用的，必须倒掉。因为沸点太高的汽油作为溶剂使用时不容易挥发干净，只有那些沸点低的才能很好地挥发，用作造粒溶剂。而工厂工人们在控制蒸馏温度时没有严格控制温度，沸程控制得太宽，以致总有一些沸点很高的都分馏出来混在了溶剂里。徐更光发现问题以后，大声地对操作工人劈头盖脸地说："你们就是不重视工艺，工艺上说得清清楚楚，你们却在这里偷懒。现在我来做，你们来看，谁也不许走开，看懂以后，你们这些人要负责告诉下一班的工人应该注意什么问题。"

别看徐更光是个高校教授，可此时训起人来也真让人害怕，在场的人员听着徐更光发火也知道自己错在了哪里，谁也不敢吱声了。徐更光亲自操作分馏塔，按照事先设定的工艺流程，控制好分馏温度，得到沸程适当的汽油，然后再将这些精制后的汽油用作溶剂，进一步开始了混合造粒工作。经过徐更光和工厂技术人员的反复摸索，大家逐步找到了窍门。大家分别采用60号、90号、120号汽油作为溶剂进行试验，最后终于得出结论：选用90号汽油最为成功。就这样，在徐更光的指导下，造粒问题解决了。

徐更光一来，问题迎刃而解，所有在场的工人也都心服口服。工厂的总工面有愧色，连声向徐更光道歉："对不起，对不起，都是我们自己的工作没有做好。"徐更光笑着说："我这个人脾气急，你们别害怕。只要按我说的做，保证没错，我都试过好多回了，不可能有问题。你们以后要多注意，马虎一点儿都不行。出了问题我谁都敢训。"徐更光就是这样，他自己做事认真，亲力亲为。看到别人做事不严格总是当场指出，不管是谁都不留情面。大概这才是真实的徐更光吧！

从那以后，在152厂再也没有出现过与之相关的生产问题。大家在以后的生产过程中认真学习，潜心探索，精益求精地制定各项生产工艺，保证了“海萨尔PW30”的顺利生产。同时，“海萨尔PW30”的成功生产也为152厂创造了一个奇迹，那就是这个项目当年立项，当年生产，当年交产品获得效益。1991年年底之前152厂就生产了290吨“海萨尔PW30”，为工厂带来了可观的利润，创造了一个校企合作最为成功的典范。

“海萨尔PW30”外贸出口工作旗开得胜，获得圆满成功。外贸产值达到1832.7万元，新增利润553.9万元，其出口创汇总额占北方化学工业公司当年化工产品出口的三分之一。北方化学工业公司乐了，152厂乐了，他们都收到了非常好的经济效益。国外专家也乐了，他们没想到从中国进口到了这样好的高威力炸药，从各种性能比较起来，均超出了国际上美国、法国等国家的同类炸药，而在价格上又远远低于美国和法国。他们在这项进口当中也尝到了很大的甜头。徐更光也乐了，通过这次大规模的炸药生产和出口创汇，为“海萨尔PW30”摸索出了科学的生产工艺流程，为“海萨尔PW30”的下一步生产定型奠定了坚实的基础。

有了这次成功的炸药出口，接下来的生产定型工作就变得格外顺利了。这是国内极少见的先出口创汇再进行生产定型的一次创举。而且这次定型是随弹定型，也就是说在“双三五”总体定型之前单独定型，这是武器装备定型中极为少见的。兵器工业部204所的一份定型文件中用各种专业的实验方法对“海萨尔PW30”进行了全面的鉴定和测试。根据这份测试报告，我们看到，“海萨尔PW30”的爆速达到了7880米/秒。其药柱成型效果极好，通过高温50℃、低温-40℃等温度条件下保存观察，药柱均光滑完好无裂纹。在枪击感度的实验中，用63式7.62毫米口径自动步枪在25米外射击药柱，用六发弹实验，五发不燃不爆，只有一发有局部轻微燃烧的痕迹。实验报告中还从热安定性实验、真空安定性实验、相容性实验、腐蚀性实验等多方面对“海萨尔 PW30”进行了测试，均取得了很好的效果。实验结果表明，“海萨尔 PW30”不但全面超过了国内常用的 A- Ⅸ -2 炸药，而且也全面超过了“Hexal P30”。

在一份“海萨尔 PW30”的炸药简介中，将“海萨尔 PW30”、“Hexal P30”和“A- Ⅸ -2”三种炸药进行了全面比较。最后发现：在密度、爆速、爆压、爆热等方面，“海萨尔 PW30”均占首位；在撞击感度、摩擦感度方面，“海萨尔 PW30”是最优的；热分解温度也高于后两者。从中可以充分地看出，徐更光奇迹般地创造出“海萨尔 PW30”炸药，使中国生产出具有世界先进水平，甚至超出世界先进水平的高威力混合炸药。也是在这份简介的最后，对海萨尔炸药作出了综合的评价：

（1）“海萨尔 PW30”炸药研究，通过消化、吸收国外先进技术和反设计，揭示出国外高威力炸药设计思路和存在的问题，进行重大改进，使最后研究成果又反过来超过国外同类产品的研究水平，因而是一项研究起点高、技术难度较大的高水平发展研究。

（2）“海萨尔 PW30”炸药研究，突破了传统的最大威力设计概念和方法，而着重于炸药能量密度提高，采用了新颖的“钝感 - 黏性”复合添加剂系统和利用炸药组分间的功能相互补偿的新设计，从而解决了高能炸药设计中的“提高能量与保证安全性相矛盾”这一技术难题，使产品性能全面超过国外同类产品的先进水平。

（3）“海萨尔 PW30”炸药的研制成功，不仅解决了双-35 高榴研究中的一项关键技术，更为重要的是，为我国一大批重要弹药的炸药装备提高到国际先进水平提供了技术和物质基础。所以具有重大的军事效益。

（4）“海萨尔 PW30”炸药，以其先进的性能，在激烈的外贸竞争中，赢得了大批量出口创汇的机会，所创利润达 553.9 万元，是科研投资的 100 倍，因而是一项经济效益很高的研究成果。

以上事实客观地说明，“海萨尔 PW30”炸药的研制是一项军事、技术、经济综合效益很高的重大科技成果。更为关键的是，“海萨尔 PW30”具有非常广阔的应用前景，能用在多种型号的弹药中，特别适用于瓶型装药和异型装药中，结束了我国近 40 年此类弹种只能选用苏联 A– Ⅸ –2 炸药的历史，是一项全新的突破。这也是徐更光在多年研制炸药的过程中一个新的顶峰。

生产定型完成以后，“海萨尔 PW30”正式在国内生产，开始全面替代“Hexal P30”，为厄利空双 –35 高炮系统提供了一种新型的、高威力的、完全拥有国内自主知识产权的新型炸药。为了保证“海萨尔 PW30”在双 –35 系统中的成功运用，徐更光又和 152 厂的技术人员一起在双 –35 炮弹的装药方面开始了新的科研合作。

根据“海萨尔 PW30”的各项优异性能，徐更光和 152 厂共同决定采用分步压装的方法进行装药，正式生产。分步压装是 152 厂成熟的装药工艺，以前曾应用于 25 毫米近防炮炮弹的装药上。徐更光不敢掉以轻心，为了保证“海萨尔 PW30”的装药质量，他和 152 厂的技术人员一道来设计双 –35 炮弹的装药流程。在试验生产过程中，徐更光发现一次往弹体中倒入太多的炸药无法将炸药压实，密度上就会受到很大影响，而如果压装的次数太多又严重影响了生产效率。经过反复试验，徐更光和工厂技术人员逐步摸索出了规律，分三步压装来完成炮弹的装药工作。第一次按照设计装药量的三分之一倒入炸药，来完成第一次压装；第二次再倒进装药的三分之一进行压装，为了精确装药，前两次不以重量为标准，而以相同体积的药量为标准进行压装；当二次压装完成以后，测量压药表面与弹口的距离，由此而精确计算出第三次装药的重量，从而最大限度地增加弹体的装药量。经过反复的实验，如此三次压装以后，其装药容量竟能达到理论装药量的97%。这一指标大大超出了相关的行业标准，取得了惊人的装药效果，其装药密度在成型压力为300兆帕情况下，达到了1.80立方厘米/克，比“海萨尔P30”装药密度提高了6.8%。成果喜人。

从这以后，这种新的炸药被成功地运用到双-35高威力破甲弹之中。在整个装药过程中，这种新型装药工艺简单，安全而又稳定，非常适合工厂的大规模生产。经过多方面的试验与鉴定，最终这种新型炸药成功替代了“Hexal P30”，使我国引进的双-35高炮系统有了我们国家自己独立生产的新型高威力炸药。

第四节　一个项目带活了一个厂厂校一起报奖

152厂的领导和职工无不对徐更光既尊敬又感激。徐更光不仅研究炸药的配方，还深入工厂，和工厂技术人员共同制定设计炸药的生产工艺和流程，科学地规定生产当中的方法和各个技术环节所遵循的规定，为“海萨尔PW30”的稳定生产做出了巨大贡献。在生产中一旦出现任何问题，徐更光也是第一时间赶到现场，在实践中和工厂的技术人员共同解决问题，把工厂当成自己的第二个家。徐更光和152厂的合作者结下了深厚的友谊，很多人和徐更光成了无话不谈的朋友。平时徐更光对这些朋友也关怀备至，一有机会，就会为这些朋友说好话，让他们记忆犹新。更为难能可贵的是，“海萨尔PW30”的成功不仅为152厂带来了荣誉和效益，更为152厂培养了一大批人才。在这个项目带动下，工厂的管理者、研发人员、技术工人都得到了长足的锻炼。在与学校的合作中，工厂学到了很多先进的技术，使152厂的科研实力得到了很大的提升。很多参与“海萨尔PW30”生产的人后来都成了工厂的技术骨干，有的人还因此获得了中国工程院院士的提名。这些往事都让152厂的人们难以忘怀。

从此以后，海萨尔炸药逐步取代了A-Ⅸ-2，成为我国四十多种武器弹药的主要装药，包括20毫米、25毫米、35毫米、37毫米、122毫米等12种身管武器的爆破弹、杀伤弹、穿甲弹，也应用于多种型号的地空、空空导弹、水中兵器等多种装备上。当时，由于Hexal型高威力炸药在世界上仅有少数国家能够生产，而“海萨尔PW30”比“Hexal P30”更为先进，从而使中国炸药的装备水平一下子向前跨了一大步，达到了世界上最先进的水平。

徐更光这个出身于高校的爆炸专家，通过自己的科研成果转化，紧密地和工厂、军队联系在一起，创造了学校、工厂、军队协同作战的典范。“海萨尔PW30”为北京理工大学争了光，为152厂争了光，也为中国的国防工业争了光。为了表彰徐更光为中国国防工业做出的突出贡献，1991年在人民兵工创建60周年之际，为表彰他在兵器工业发展中做出的突出贡献，兵器工业部党组织授予他“兵器工业功勋奖”荣誉称号。

也就是在1991年，为了体现“海萨尔PW30”的研制工作在国家科技领域中的重要价值，北京理工大学和152厂共同将此项发明申报了国家科学技术进步奖集体一等奖，同时也为了表彰徐更光等科技人员的巨大贡献，也为徐更光等申报国家科学技术进步奖个人一等奖。大家都为徐更光等取得的成绩而感到高兴，同时也期盼着这次申报能够顺利成功。

1992年徐更光迎来了自己的六十大寿。一个甲子的风风雨雨，从一个调皮好动的儿童到一个勤奋好学的少年，从一个立志从军的好男儿到一个国防院校的青年教师，从一个初出茅庐的科研骨干到一名中国爆炸领域中的顶尖专家。徐更光的人生道路在这六十年的轮回中发生着惊天动地的变化。“宝剑锋从磨砺出，梅花香自苦寒来”，一分耕耘，一分收获，也就是徐更光六十岁大寿的这一年里，他收获了他一生中最高的一项国家级奖励。

由于“海萨尔 PW30”在国防领域里的突出贡献，1992 年北京理工大学作为集体获得了国家科学技术进步奖一等奖，徐更光作为个人也获得了国家科学技术进步奖一等奖。这个奖是徐更光为中国国防工业刻苦攻关的最好见证，为徐更光带来了巨大的荣誉，同时这也是北京理工大学在历史上获得过的国家最高级别奖励。

“海萨尔”研制团队获奖后合影

更加耐人寻味的是，也是在 1992 年，以 202 所为主的几家单位因为引进了瑞士的“厄利空”双 -35 高炮系统，并成功吸收其中的技术精髓，进行了国产化自主生产，当年获得了国家科学技术进步奖二等奖。而“海萨尔 PW30”只是整个系统当中重要的组成部分之一，却被国家授予了国家科学技术进步奖一等奖。这充分说明了国家对自主创新的充分重视和肯定，同时也充分说明“海萨尔 PW30”炸药在当时中国国防炸药领域中所占据的特殊地位。这个奖项也是徐更光六十大寿中最重要的一份贺礼。

第十章

潜心攻克改性 TNT 技术

第一节　生产工人的苦难让他触目惊心

时间跨入了21世纪，徐更光已经是七十岁高龄。此时的徐更光已经是桃李满天下，成果亦纷呈，“HBJ”、“8701”、“8702”、“海萨尔”、石油射孔弹、改性B炸药……数不清的成果已经为徐更光增添了无数的光环。兵器工业功勋奖，全国模范教师，全国高校先进工作者，“七五”、“八五”、“九五”国家突出贡献专家，“孺子牛”全球奖……在这些成果和荣誉之下，按说他那知难而上的攻关锐气也应该变得平缓一些了，应该松一口气了。但是，徐更光那份执着的冲力和那贯穿一生的责任感使他没有一天停下探索的脚步，他觉得自己还有太多的事情要干，还有太多的承诺没有实现，他还要坚持走下去。

虽然1998年突患脑出血已经沉重打击了他那闲不住的身体，但是重新站立起来的徐更光很快就把疾病和年龄放在了脑后。这位古稀之年的老人总是生龙活虎的，七十岁的体质加上脑出血的后遗症本来就使他的腿脚变得不那么灵活了，可是徐更光全然顾不得这些，平时他仍固执地骑着一辆旧自行车东奔西跑，家里人、同事们都劝他都这岁数了，不能再骑车了。可他每次都“嘿嘿”一笑摆手说：“没事儿，我还行，没什么了不起的。”他一刻都没有停息，他还要做心中早已想好的很多事情，而在这众多的事情当中有一件事让他永远不会忘记，永远也不会中断，这件事就是已经坚持了27年的改性 TNT 技术的攻关和推广工作。

说起改性 TNT 技术，还要从 20 世纪 70 年代中期说起。TNT 炸药是那个时代当之无愧的最重要角色。当时我国的炸药生产和装药工艺几乎全部从苏联引进，在各种型号的武器装备中，除部分破甲弹采用高威力混合炸药以外，其他武器大多是采用 TNT 装药。在 TNT 装药过程中，榴弹及各种压制性兵器全部沿用苏联的螺旋装药工艺，而一些大型的航弹、水中兵器、地地导弹、地空导弹、地雷等全部采用注装工艺，而这些工艺技术只相当于西方国家 20 世纪三四十年代的工艺水平。由于我国当时的炸药生产和装药水平非常落后，引发了多方面的问题。除炸药威力、装药质量长期没有得到明显提高以外，还出现了很多像影响生产者健康、污染环境、浪费能源等一系列的重大问题。

徐更光在与兵工厂长期的接触中看到了一线装药工人艰苦的生产环境，了解到了他们受到的伤害。让徐更光触动最深的是，1973 年他来到沈阳 724 厂，这个工厂承担着大口径炮弹的装药工作。在工厂的装药车间，TNT 粉尘像浓雾一样到处弥散，呛得人睁眼都困难。为了保证装药性能，工人们还要把 TNT 加温至 70 ～ 80℃。这样一来车间里的温度足有 40℃以上，每个工人的工作服都是湿漉漉的，浸满了汗水。在这种高浓度有毒蒸汽、高浓度有毒粉尘、高温的生产环境中，装药工人工作时间不长就会患上严重的职业病。

其中有一个最典型的事件，一个工人到装药车间工作 26 天就得了严重的 TNT 肝炎，最后中毒死亡。徐更光曾特意来到工厂的疗养院看望生病的工人，看到那么多年轻的工人因肝脏受损丧失了劳动能力；看到那么多工人得了白内障而面临失明的危险，他看在眼里，急在心头，仔细询问工人们的病情和感受，安慰他们要保重身体。工人们看到徐更光仿佛看到了亲人，围住徐更光有说不尽的话。他们向徐更光述说着自己的苦难，询问有什么好的办法来减少危害，希望这个大学老师能把他们从苦难中拯救出来。徐更光在同工人们的长期生活中，深深地感受到了装药工人的苦难。他不止一次地强调：在我们国家的武器生产中，装药工人受到的损害要远远大于炸药生产工人受到的损害。而有关方面对装药工人的重视不够、待遇不公，装药工人最高级别只是五级工，但工作环境最差。

也就是从 1973 年起，徐更光就立志解决 TNT 的生产和装药问题，不辜负工人们对自己的重托。徐更光在日常的科研工作中，经常与工厂和学校的同事们讨论解决问题的办法，并为此做了多方面的调查工作。那时在北京工业学院八系，也有一群教师和徐更光一样在为 TNT 的生产污染问题而焦虑。他们自觉地调研、向有关部门反映情况，希望国家想办法来解决问题。

但是在国内形势风云变幻的形势下，中国国防的传统工业体系也面临着前所未有的挑战和变化。大量传统军工业因没有生产任务而面临关停并转的困境，许多军工厂只靠国家有限的拨款艰难度日；兵工企业的军转民、军民结合的发展方向还在探索中谨慎前行；众多部属、省属军工企业的重新改组，大量军工企业准备从三线内迁。这一系列重大的调整，使得 TNT 生产及装药工艺改造这一重大的、需要整个行业协调配合的技术改造工作陷入了一个尴尬的境地。TNT 生产及装药工艺改造这一重大课题就这样越来越被人遗忘了……

但是徐更光一天都没有忘，他是搞炸药的，他对这里面的问题太熟悉了，他对工人们所受的苦难记忆太深刻了。工人们的病痛让他一直把这个艰难的攻关任务记在心间，并在开展其他科研攻关的同时潜心研究 TNT 的生产工艺及装药问题，并为此坚持了 27 年。

第二节　多年的执着与突破

按徐更光的回忆，从时间上来说，自己真正动手研究解决 TNT 生产及装药工艺的问题，应该从 1976 年北京工业学院八系的调查报告出台以后。徐更光也没想到，到了 21 世纪自己已经年过古稀，这个问题还是没有得到彻底地解决，自己还在为此事奔波、呼吁，为此而辛苦了 27 年。这 27 年中，没有人给他下过任务，没有人为他专门立项，更没有人主动给他拨过专项科研经费，徐更光凭着自己做人的原则，凭着自己的性格、良心，凭着一个爆炸专家的职业道德，凭着有关部门和领导对他的理解、信任和支持，自觉自愿地、默默地进行着长期的科研攻关和技术推广工作。

TNT 炸药是我国军事炸药中生产最多的炸药，而 TNT 生产中的废水已成为工业生产中最严重的污染物之一，TNT 生产厂也是我国国防工业中主要的污染单位。按常规来讲，每生产一吨 TNT 就会产生一吨毒物浓度非常高的碱性废水，一个年产万吨的 TNT 小厂每年排出的碱性废水中含毒物竟达八九百吨之多。废水排入河流湖泊使鱼类中毒死亡，渗入地下也会造成水质污染。有关方面曾做过实验，在 TNT 厂的排污环境中，地下六七十米的地层中都含有 TNT。用这种污染过的水浇灌农田，连稻子中都能检出这些有害物质。更有甚者，在受污染的村庄里，连小孩子的尿布中都含有有害物质。这真是触目惊心，给人民带来了太大的危害。

而在应用方面，TNT 也存在着许多严重的问题。因为 TNT 在生产过程中不可避免地产生异构物，而这些异构物又不能简单地去除，一定比例的异构物存在可以改善装药性能，有利于提高产品合格率。一般说来，军品 TNT 的凝固点是 80.2℃，而精致 TNT 的凝固点是 80.6℃，而这 0.4℃的差异就代表着异构物含量的多少。工厂在生产过程中，愿意用异构物较多的炸药。这种炸药熔点低，加热到

70℃时，炸药成半融状态，塑性好，有利于压药，而且这种药的爆速还能提高 200 米 / 秒。但是这种含有异构物的粗制 TNT 很容易生油，随着储存时间的延长其生油的程度会进一步加重，在这种情况下，炮弹中的油就容易黏结在炮筒内的膛线上，在实弹发射中容易产生膛炸的危险。

为了解决这一问题，就要求将异构物控制在一定的范围内，将 TNT 精制提纯。实际上就是将异构物用亚硫酸钠溶解，而在溶解的过程中就会产生大量的废水。这种废水要么用油来熬干，要么稀释后排放。但不管怎样，都会造成巨大的污染。这样异构物虽然去掉了，但新的问题又出现了。TNT 中由于去掉了异构物，也随之变得很干，塑性很差，使得在螺旋装药时十分困难，手工操作多，废品率高，难以实现自动化生产。而且为了改善 TNT 的装药性能，就需要将炸药进一步高温加热，进而产生更多的有毒蒸汽。这些就是中国当时 TNT 生产和装药中遇到的最大的问题。而这些问题不单是我国的难题，也是世界性的难题。世界上没有一个国家在 TNT 装药过程中不进行预热，也没有一个国家在生产 TNT 时很好地解决了环境污染问题。

徐更光是个善于思考的专家，更是个善于知难而上的专家。他经过长期的探索、研究，发现了这些问题中矛盾最主要的地方，也知道了自己要攻克的难题。和每次攻克难关的情况一样，徐更光这一次又抓住了矛盾的核心，他把注意力放到了在 TNT 生产中产生的异构物方面。

由于在生产过程中异构物无法避免，这种异构物在生产储存过程中容易和 TNT 形成低熔点共熔物，从而容易造成隐患。TNT 提纯后，由于 TNT 中没有了异构物又过度干燥，无论采用哪种加工方式都会产生大量的粉尘，严重影响着生产车间工人们的健康。又污染、又费力、又增加成本，去掉的又是有用的东西；改善一方面性能的同时又增加了另外的困难，这真有点划不来。徐更光盯着异构物反复地思索："既然异构物也是有用的东西，也能够做功，为什么不能把它保留下来呢？让异构物留下来但又别渗油，问题不就解决了吗？"

多年来，徐更光带着这种思索往返于学校与工厂之间，往返于实验室和资料室之间。在此期间，徐更光无论自己承担多么重的科研项目，一有闲暇就琢磨这个问题；遇到同行，就讨论这个问题；有时夜里做梦都能梦见这个问题。有时深夜想到一个方法就一骨碌爬起来，记在本子上，生怕白天忘了。带着这种思索，徐更光和同志们做了无数次探索性的试验，希望早一天解决这个难题……

一天，他又翻出了"8701"的研究定型报告，回味着成功解决"8701"水解问题的经验，他琢磨着："既然我当初能在炸药中加入碱 ×× 和硬脂酸等物质形成缓冲剂，让渗出的酸碱在炸药中有一定程度的中和，那我为什么不找一种物质来吸收那些渗出的油，而同时又增加它的安定性和可塑性呢？"想到此，徐更光一下子又来了灵感，开始了又一次神秘探索。徐更光一头钻进实验室，寻找各种高聚物：爆胶棉、单基球、硝化棉等，看哪一种能起到作用。经过反复的实验甄别，他终于发现了一种溶解性好，又吸油最理想的物质——硝化棉。

具有一定火炸药常识的人都知道，硝化棉通常由棉绒纤维或木浆等纤维材料浸入浓硝酸浓硫酸混合液中制得，多数用于制作发射药。硝化棉是一种很好的聚合物，但是它的摩擦感度很高，安定性不好。徐更光看着自己苦心挑选出来的硝化棉，反复琢磨这种物质和粗制 TNT 混合后会产生的各种后果。要知道，这可是一种非常危险的尝试，谁也无法预料将来的结果。徐更光在科研中是大胆的、有魄力的，但他从来不鲁莽，不蛮干，从来都是胆大心细，能够抓住物质中的根本规律。为此，徐更光又钻进资料室，希望找到一些能够借鉴的依据。当他翻开波兰炸药专家乌尔班斯基所著的《火炸药的化学与工艺学》时，不禁眼前一亮。这本权威性的学术著作中记载着：在最早硝化棉的使用中，就是用 TNT 作为安定剂来提高硝化棉的安全性能的。这已经是前人已经走过的成功之路。

徐更光大喜过望，马上跑进实验室和助手们一起按照不同的比例将硝化棉加入了粗制 TNT。很快，实验渐渐有了眉目，越来越向徐更光希望的方向发展。粗制 TNT 加入硝化棉后，经过一段时间的存放，出油现象大幅减少，甚至不出油，而熔点大幅下降，真空安定性显著增强。紧接着，徐更光又在炸药中加入硬脂酸等物质，改善炸药的成型性。徐更光按照不同的比例做出了多种 TNT 样品进行比对实验，最后终于使各种矛盾在这种新型 TNT 中取得了最完美的平衡。

改性 TNT 军用混合炸药

这种新型 TNT 在几乎不增加成本的情况下，大量降低了工业废水的产出，同时也因为异构物的保留，一方面没有减少 TNT 的爆炸威力，另一方面也使异构物在可塑性方面发挥出了特有的作用。更重要的是，由于这种新型 TNT 可塑性好、安定性好，在炸药生产过程中不需要预热，可以实现常温装药，在试生产中大幅降低了粉尘，同时又极大改善了成型性。

以前为了提高 TNT 的合格率，提高其装药性能，通常是将 TNT 加热到一定温度以后再进行螺装。这样一来，车间内有毒蒸汽的浓度呈几何倍数增长，而这种有毒蒸汽就是造成工人患有 TNT 肝炎和白内障的主要元凶。而采用徐更光这种重新配方的 TNT 以后，不但可以在常温下实现螺装，而且由于改善了炸药的可塑性使得螺装变得更为容易，为螺旋装药的自动化生产提供了坚实的基础，是 TNT 生产和装药工艺方面的一次真正的革命。从此，徐更光将这种新型 TNT 命名为改性 TNT，这项多年心血凝结的成果获得突破性成功。

第三节 工人自己的科学家 心里装着对国家的责任

改性 TNT 成功以后，徐更光就把这项革命性的技术向工厂进行了广泛的推广，而且不收取任何费用。各个兵工厂听说这种改性 TNT 可以大幅降低污染、提高产品合格率并实现常温装药时，无不欣喜若狂，竞相和徐更光合作。工厂的装药工人们听完徐更光的介绍后，更是激动万分，他们盼望的这一天终于来到了：装药车间的恶劣环境终于可以改善了。工人们亲切地称赞徐更光是“工人阶级自己的科学家”。

一项科研成果的成功运用离开了工厂的实践是无法想象的。在试制过程中，各个兵工厂通力合作，一方面，为改性 TNT 摸索制定科学的工艺标准和流程；另一方面，与徐更光一起试制成功了合格的改性 TNT 产品。一份 1977 年国营 724 厂关于改性 TNT 的鉴定总结报告中详细介绍了改性 TNT 在各种实验条件下的装药工艺情况，并列出了一系列权威的实验数据。通过一系列实验，对改性 TNT 得出了科学的结论，文件中写道：

装填改进 TNT 的 122 炮弹

塑化 TNT 炸药装药比生产用 TNT 炸药冷压成型性好，在相同的湿度和压力下，塑化 TNT 比生产用 TNT 密度可提高 0.06 ～ 0.08 克 / 毫米 ^{3}。由于塑化 TNT 炸药成型性好，有利于提高装药的工艺质量，用较小的压力即可以达到较高的密度。而且，药柱与弹体组合力增强，卡壳率有较大的降低，甚至可以达到不卡壳。同时，在不降低产品性能条件下，可简化生产工艺，取消炸药和弹体预热，实现常温装药，为大口径炮弹螺旋装药自动化奠定了坚实可靠的基础。从操作现场测得的粉尘浓度，其在装药过程中有害粉尘的排放量比原先的生产用 TNT 要小七倍多，大大降低了有害粉尘对环境的污染，极大改善了生产环境，有利于工人身体健康。在各项战术性能实验上，通过实弹射击，得出结论：射击安全作用可靠。破片实验中，有效杀伤破片数也要略高于原生产用 TNT。

但是，在这份文件中，也列出了改性 TNT 的一个弱点，就是在效率上有所降低。文件中写道：

有一项指标塑化 TNT 比以前的生产用 TNT 有所不及，那就是塑化 TNT 装填 122 毫米榴弹单发装药时间比以前采用的生产用 TNT 要长 10 ～ 20 秒，使生产效率有所降低。这就要谈到这种塑化 TNT 的几个特点，比如说制片时不易破碎，装药过程中药片流散性不好，螺杆送药速度减慢，因装药密度增大所需装药量增加等，这些因素都使得塑化 TNT 在装药过程中的效率有所降低。

在报告的结尾，724 厂明确地表达了自己的意见：

虽然塑化 TNT 装药在效率上还有些问题，但通过其他办法可以快速得到解决。且塑化 TNT 在其他方面的巨大改进已经具有革命性的改变，所以 724 厂迫切希望塑化 TNT 炸药能尽快地用于生产，建议部领导及有关部门组织落实该炸药的产品定型，做好试生产和大量生产的准备工作，为塑化 TNT 炸药能尽快地用于生产创造条件。

这是徐更光与工厂合作进行工厂化生产塑化 TNT 的第一次实践。可以说根据 724 厂的测试结果，已解决了以前使用粗制 TNT 带来的大部分问题，给 TNT 生产带来了本质性的改变和提高。但是在众多的优点之中也显现出了一些细微的问题。徐更光看到这种结果，既欣慰又有一丝遗憾。按照他的性格，不完全解决问题，不全部实现自己心中的想法，这个产品就不能算是成功。他针对724厂在鉴定报告中所提出的问题，又开始了进一步的探索。这之中需要改变的就是改性TNT成型性和混合工艺时间问题，徐更光不允许这种新型的TNT在实际应用中影响工厂的生产效率。

回到学校以后，徐更光又开始了艰苦的实验。他知道，改性TNT在绝大多数方面都达到了他心中预想的要求，在成型时间方面的困难不是什么大的难题。在接下来的实验中，徐更光改进了硝化棉的混入方法，同时又在配方中加入了B××，进一步提高了炸药的可塑性，从而在实验室中解决了在724报告中出现的问题。问题解决以后，他通过多种努力，在炮兵装备部门、工厂和兵器工业部炸药管理部门等各个有关部门奔走，协调呼吁，希望尽快将这种新型的改性TNT炸药付诸生产，装备部队。谁曾想，这一番艰苦的努力竟长达10年之久。

这10年中，有太多的人给了徐更光帮助，其中最让徐更光感激的是763厂的军代表和工厂总工孙华义。

20世纪80年代初期的山西763厂是兵器工业部的骨干型保军企业，是为数不多的、有较多军品生产任务的兵工企业之一。这个厂承担着我国多种型号的大口径炮弹、火箭弹、深水炸弹等武器的装药工作，所以和国内所有类似企业一样，TNT炸药在装药过程中的问题困扰了他们几十年。在1976年北京工业学院八系的调查报告中，也曾重点汇报过763厂的严重情况。

徐更光是763厂的常客，和领导、技术人员、普通工人都很熟，甚至有些职工的孩子都认识徐更光。有时徐更光背着那个几十年不离身的黄挎包出现在厂子里的生活区时，有些孩子会主动和他打招呼，喊："徐伯伯好！"看来763厂早把徐更光当作自家人了。这个厂的总工孙华义是徐更光的同班同学，两个人在螺旋装药工艺方面已经有十多年的合作经历了。孙华义在国内装药领域是一名出色的权威专家，具有多年螺旋装药方面的实际工作经验，在兵器领域小有名气。而孙华义也是徐更光坚定的支持者，他给徐更光出过很多点子，帮助徐更光解决过很多问题。对于徐更光的每一次成功，孙华义都觉得是自己成功了一样，感到分外高兴。

徐更光要想推广、验证改性 TNT 的技术，就必须要找到有充足生产任务的单位，在实际生产中取得令人信服的效果。否则，就无法让更多人了解这一技术，无法让人真正相信。这一次，徐更光把目光投向了 763 厂，当时 763 厂正承担着繁重的大口径炮弹的生产任务，徐更光希望在这里取得全方面成功，厂里很多和徐更光志同道合的人都盼望着将这项新技术赶快运用在实际生产中。但真要大规模实际生产，却有一个天大的阻力：试验弹是不能用于列装的。没有炮兵装备部门的正式定型，不能用于列装产品生产；没有大规模的实际生产，就无法取得各种验证数据，无法推动装备定型。这道坎怎么过？

徐更光把希望都寄托在 763 厂军代表身上。熟悉我国军工企业的人都清楚，驻厂军代表在工厂军工产品生产中具有至高无上的权力，是代表军方监督、验收、保证军品质量的第一责任人。任何产品的指标、生产工艺变化，没有军代表的认可是绝对不可能的。763 厂的这位军代表是位女军官，毕业于太原机械学院，具有多年的军品生产、管理经验，是一个真正的内行。平时这位军代表就以严谨和认真让 763 厂的上上下下都既害怕又信服。此时此刻，军品任务压在肩头，技术革新摆在眼前，风险和责任是显而易见的。这需要多大的胆量和魄力来作出这一决策呀！这位女军代表和徐更光也是老朋友了，她了解徐更光多年来为此付出的巨大努力，从心底敬佩这位大科学家。军代表经过仔细考虑，又同各个相关部门进行了细致的沟通，她终于说出了让徐更光至今难忘的话："没有这个开头，今后怎么去推广和发展？"这一句话让徐更光分外感动，这里面包含着多少理解、支持和责任呀！

军代表这一关过了，最重要的问题解决了。但是，徐更光还不能放松，他还要挑选最可靠的合作者和支持者，而这个人只能是老同学孙华义。可是，当时的孙华义处境并不好，虽然“文化大革命”已经过去了 10 余年，但是孙华义因历史问题仍没有得到重用。徐更光为了孙华义能够出山直接和厂领导谈判，他用真诚和执着说服了厂领导，最后终于让孙华义作为厂方代表全面负责配合徐更光做好改性 TNT 的装药工艺改造工作。有了老伙伴的配合，徐更光在 763 厂可以更顺利地实施改进工作了。

从此以后，徐更光在 763 厂技术人员和工人们的全力配合下，开始了从炸药配方到装药工艺全方位的改进工作。在一份《关于呈报改性 TNT 工艺放大实验及改性 TNT 炸药螺旋装药工艺适应性的报告》中清晰地列出了每一发弹的密度数值，新的改性 TNT 比原军用 TNT 在所有性能数值上都有全面的提高和改善，最后这份报告得出了基本结论：

（1）改性 TNT 经小批量试制实验表明：其工艺流程简单，原材料均为大量生产的定型产品，试制产品性能稳定，使用现有设备进行生产，生产方案合理可行。

（2）改性 TNT 在 130 毫米火箭弹 130 毫米加榴弹中，全部实验结果表明：其成型性良好，可大幅度提高成型密度和相对密度，其塑性相当或高于加热到 70℃时的军品 TNT，并且对不同弹种都具有良好的适应性。

（3）从实验数据统计分析来看，改性 TNT 由于可实现常温装药，药柱结构及密度分布均匀稳定，其废品率将大幅度降低（计算结果小于 1%，而国内各厂废品一般在 5% 以上），为自动化生产提供了必要的条件。

（4）改性 TNT 在实际试装过程中工人一致反映：炸药粉尘量明显降低（降低 6 ～ 20 倍），炸药蒸汽浓度低（蒸汽压较原来产品低 2500 倍），不仅大幅度提高了生产安全性，更重要的是降低了炸药生产对工人身体健康的危害，达到了工业健康标准，而受到广大工人的欢迎。

根据以上各点结论，我们以为改性 TNT 的制造工艺性能和装药工艺情况均达到原设计要求，能较好地满足螺旋装药技术改造的需要，可以转入改性 TNT 的大型实验、试装工作……

他们将这份带有翔实科学数据的实验报告直接报送到原国家机械委邹家华主任、总监办、兵器工业部发展司、兵器工业部弹药局、北京工业学院和各军品分厂科技委等部门，均引起了强烈的震动。大家都为徐更光和 763 厂取得的成绩而感到万分高兴。这份报告的提出，对今后改性 TNT 正式的定型生产打下了非常有利的基础。

在此以后，763 厂经过有关方面的批准，用改性 TNT 和新的工艺技术正式生产了 40 000 发 152 毫米榴弹炮，经检验其产品合格率达到 99.97%，创造了中国弹厂大规模生产的奇迹。最难得的是，生产过程中 TNT 废水大幅减少，装药车间里的粉尘、有毒蒸汽大幅下降，由于炸药不用预热，提高了效率，降低了室温，装药工人们终于可以在舒适、安全的环境中进行生产了，大家盼望的这一天终于来到了！

1991 年，中国人民解放军总装备部所属炮兵军工产品定型委员会正式批准了改性 TNT 炸药的设计定型。至此，这种凝结了徐更光大量心血的改性 TNT 炸药终于通过了军方和国家有关部门的严格鉴定和审查，取得了标志性的成功，被批准定型生产。

徐更光望着定型文件不禁百感交集，十多年来在实验室中辛苦忙碌的日日夜夜又浮现在眼前；十几年来在各个兵工厂之间的劳累奔波又浮现在眼前；十几年来与工厂的技术人员和工人并肩奋斗的场景也浮现在眼前。

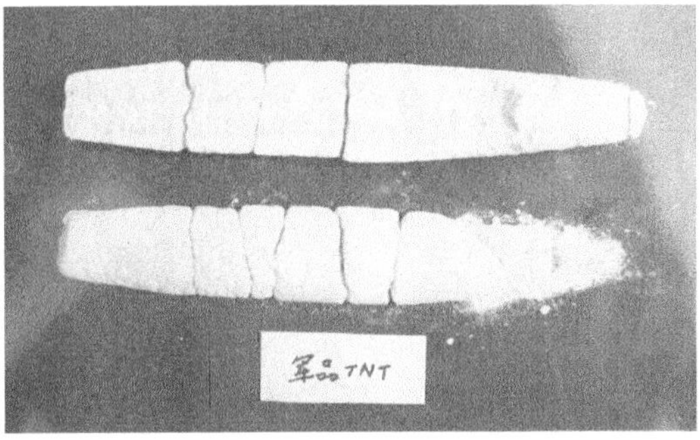

普通军品 TNT

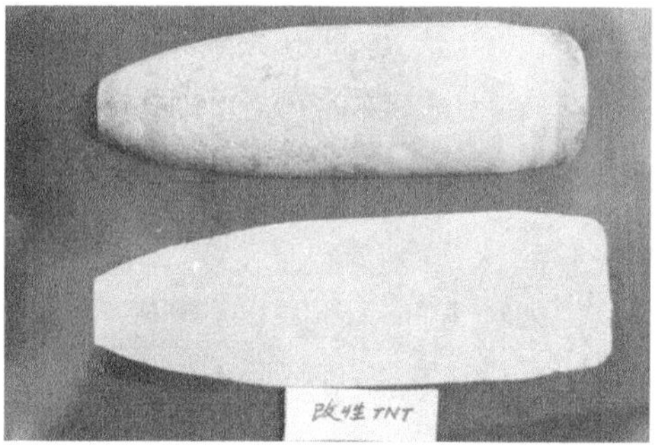

改进后的 TNT

而让徐更光刻骨铭心、难以忘怀的是：那些兵工厂的一线工人师傅们见到徐更光时的热情与期待，那些感人的画面总是浮现在眼前。

不光是 763 厂，在 724 厂、152 厂、123 厂到处都有徐更光的朋友和亲人。每次徐更光的到来都受到工人们的亲切欢迎，有时是热情的寒暄，有时是围在一起的问候，大家都把徐更光当成了自己人。工人们说："您才是我们工人阶级自己的科学家！"在工厂的医院里，在工人们养病的疗养院里，甚至在困难职工的家里，都曾有过徐更光的身影。大家和徐更光聊天，向徐更光诉说着自己所受的污染苦难，他们多么希望徐更光早日帮助他们摆脱这恶劣的生产环境啊！有几次徐更光刚刚住进厂里的招待所，有的工人知道徐更光来了，就特意从疗养院跑到招待所来看望徐更光。

每次徐更光见到这些在疗养院里养病的青壮年工人时，心里总是又高兴又悲伤。高兴的是，自己和这些工人成了真正的朋友，他们把自己当作了最亲的人，亲人来了无论怎样都要见上一面；悲伤的是，徐更光虽然知道工人们在疗养院享受着很好的待遇，但他们无论吃得多好，享受着多么高的待遇和荣誉，他们那被毒气所损害的肝脏却永远无法恢复了。每一次徐更光回想起这些，心中都有无尽的勇气和干劲，他要尽自己一生最大的努力来推广改性 TNT 的研究成果，让中国所有的 TNT 生产工厂都能运用这种新技术，彻底改善 TNT 生产过程对工人们带来的巨大危害。这几乎成了徐更光在日后十多年时间里的最大夙愿，也是最大动力。

1992 年被炮兵定型生产重新命名的"RT–1"炸药获得了兵器工业部"科技进步奖二等奖"，徐更光被列为第一获奖人。十几年来徐更光为了改性 TNT 技术倾注了大量的心血，也获得了巨大的成功，在世界上都具有领先地位。但是在这以后的日子里，事情的发展并没有像徐更光盼望的那样顺利。由于国家传统的军品生产任务不断减少，有限的军品采购经费还要保证一定的采购数量。如果选用改性 TNT 势必会增加生产成本，一些传统的生产线也要进行相应的调整。如果没有专门的技改经费，军方没有积极性，企业也没有积极性。再加上一些军工厂不断转型，新的任务不断增加，设备改造和生产效益之间就会产生多种矛盾。再有，TNT 这种昔日“炸药之王”已被越来越多的新型高威力炸药所取代。更为关键的是，一种新的型号装药，要经过各种严格的定型过程，基本上是推倒重来的系统工程。而这项工程的启动是非常慎重的。所以，徐更光呕心沥血研制出的改性 TNT 的技术并没有得到大规模的推广，而是陷入了十分尴尬的境地。

时间跨入 21 世纪，信息时代的到来让人们的思想发生着翻天覆地的变化，国际上的炸药研究也呈现出多元的发展趋势。高威力、针对性、安全性是世界炸药专家关注的焦点，创新成了主旋律。在这种形势下，TNT 这种威力有限的传统炸药自然会受到冷落。在国内，甚至有人提出 TNT 无用论，认为 TNT 毒性太大，要停止 TNT 的生产与研究。

但徐更光这位在火炸药领域钻研了五十多年的老专家却有独到的看法。TNT 因其低廉的成本、适中的威力、稳定的性能、与其他炸药的相容性等，在炸药史上很难找到替代产品。况且 TNT 在民用的道路上还有很多可以探讨的方向。关键是怎么用？往哪儿用？何时用？这是系统的决策问题，不是一两句话就能说清楚的。不能轻易地否定 TNT，弱化它的价值。当今世界上，还没有哪个国家取消了 TNT 的生产。

具有讽刺意味的是，2007 年据美国弹药协会报道，美国雷德福兵工厂的 TNT 绿色制造技术改造获得了 2007 年陆军环境保护最高奖。而这项大奖就是为了奖励美国专家找到了好办法，在TNT的生产过程中去掉了异构物，减少了污染，保证了TNT的长期储存。徐更光看到相关资料后，哈哈一笑，幽默地说：

美国专家其实并不高明，就是在生产TNT的过程中，先下大力气把原料进行分馏，获得邻硝基甲苯，再用邻硝基甲苯去硝化。这样产生的异构物就少多了，甚至基本没有异构物，TNT的纯度就提高了。不过，这种TNT很干，塑性不好，只适用于西方国家的注装，而不适合我国的螺装。而螺装的效率要比注装高很多。注装时要把TNT熔化，又要产生毒气污染，肯定没有我的环保。从总的情况来测算，这种办法的成本肯定不低，污染有所改善但还是有不少，分馏的过程也会比较麻烦。从性价比上来算比我的改性TNT贵多了，所以说我才应该获这个环保大奖。再说，用我的改性TNT生产出来的炮弹现在已经储存了27年，现在把炮弹锯开，里面的装药基本没什么变化。把这些弹在实验室中测试，其真空安定性还是那么好，其他各项性能基本没什么变化，各种数据都能说明问题。

第十一章

德高望重的院士 行业中的一面旗帜

第一节 当选中国工程院首批院士

获得国家科学技术进步奖一等奖后的徐更光很快就把获奖的事抛到了脑后，全身心地投入繁忙的科研工作中。人们看到的依然是那个白发的老者，骑着一辆破旧的自行车来来回回地从家里到实验室再到食堂忙忙碌碌地穿梭。此时，他已兑现了承诺，干满了一届系主任的职务，卸去繁杂的行政工作，更专心地从事科研工作了。

一天，徐更光骑着车到菜市场去买菜，这可是不常见的，因为徐更光是有名的甩手掌柜，买菜做饭这些事很少与他沾边儿。刚到半路，系主任冯顺山见到徐更光，突然停下车来要和徐更光说话。徐更光不知道什么事，也赶快下了车，也就是在这个时候，徐更光得到一个不敢相信的消息，冯主任告诉徐更光学校推荐他参评首届中国工程院院士了。徐更光一听有点丈二和尚摸不着头脑，等买完菜回家交给老伴儿沈秀芳，可是参评中国工程院院士的事情他却只字没提。徐更光心里想："全国有那么多专家，怎么可能就轮上我呢？这事好像跟我没太大的关系。"所以也就根本没有把这个消息当成大事，就随便放在一边了。

没过几天，学校的王越校长通知徐更光到他办公室去，说要和徐更光谈一件重要的事情。王越校长是我国著名的电子信息系统专家，是当时兵器工业部唯一一名中国科学院学部委员（院士），在国内享有很高的声誉。王越院士原在西安二〇六所任所长，1993 年 2 月中旬被兵器工业部任命为北京理工大学校长。在这次谈话中，王越校长正式通知徐更光，学校打算推荐徐更光等几位著名教授参评中国工程院首批院士，而且王越院士还告诉徐更光：自己和西安电子科技大学的著名电子学家罗沛霖院士将共同作为徐更光的推荐者。

徐更光听到王校长的话真是又高兴又感激，同时心中也充满了感慨。虽然在王校长来到学校的时候，自己还是力学工程系的系主任，可是和王校长还真没有什么更多的接触。徐更光认识王校长才一年多，而且因为不在一个专业，以前也根本不认识他，非亲非故。现在自己已不是系主任了，也不是王校长这个专业领域里的人，可是王校长却主动做自己的院士推荐者，而且事先竟没有给徐更光透露过半点风声，这说明王越校长作为一名高校领导者的慧眼独具，也让徐更光看到了王越校长作为一名著名科学家的宽广胸怀。知人善任，心地无私，这就是徐更光对王越校长从内心发出的最真诚的感激。从此，徐更光把王越校长当成了自己在事业上知心的良师益友，并开始了多年的友好合作。从那一刻起，徐更光就开始了各项材料的填写和准备工作。

说起推选徐更光参选中国工程院院士的经过，老校长王越至今回忆起来还津津乐道，觉得自己做了一件非常正确的事。王越校长来到北京理工大学以后，感到一种从未有过的重负。他自从 1956 年从中国人民解放军通信学院（西安电子科技大学）毕业以后，一直在研究所从事技术和领导工作，是我国军用电子通信、雷达等方面的著名专家，1991 年被评为中国科学院学部委员（院士）。从一名技术专家到一名大学校长，这其中有着天大的差别。

王越校长认为：大学最根本的任务就是培养人才，而不是搞科研，这个定位必须要明确。王越校长任职以后，北京理工大学正处在一个非常关键的发展期，就是进入了“211”工程国家首批重点建设的高校行列。高校要想培育出高水平的人才，一方面要靠大学精神、文化氛围，另一方面还要有一支高水平的教师队伍。作为理工特色的高校，它的教师队伍必须是教学与科研有机结合的队伍。有了高水平的教师才有利于培养高水平的学生，就像牛顿所说的："要站在巨人的肩膀上。"

王越校长谈到在推选徐更光等教授参选中国工程院院士的问题上，曾经向两院院士，同时也是中国工程院的筹备组成员王大珩先生做了汇报，和罗沛霖院士也做了大量沟通。王大珩先生也提出了不少好的建议和策略，并给予了学校大力的支持。罗沛霖院士更是非常支持，还同意和王越一起做徐更光的推荐人。

同时，王越校长也向各系领导充分征求了意见。当时八系的领导班子一致同意首推徐更光参加中国工程院院士评选。特别是系主任冯顺山，亲自为徐更光整理材料。

就这样，在学校上下的全力配合下，北京理工大学正式向中国工程院筹备组报送了徐更光等教授的参评名单及评选材料。在中国工程院院士候选人提名表中，这样记录着徐更光的主要成就与贡献：

> 徐更光教授专长的炸药应用技术是爆炸理论及应用学科的一个重要方向，主要从事炸药应用及装药技术的研究和发展，为不断提高弹药威力和使用更加安全提供技术基础。在研究内容上，涉及炸药的物理、化学、理想和非理想爆轰学、弹药的爆炸作用与装药结构设计、爆炸混合物的配伍、炸药缓慢分解动力学、炸药在环境刺激下的反应性和安全技术、炸药的表面化学和物理与流变学、装药技术及工艺学等广泛问题。作为一门边缘性科学技术，他对促进含能材料合成、弹药工程两个相邻学科发展都有重要影响，对民用爆破器材发展也发挥了重要作用[①]。

接着材料中又简要介绍了徐更光在"8701""8702""海萨尔

① 引文略有改动。

PW30”“602”“RT-1”等16项重大科研成果在我国军用、民用等领域的突出贡献。同时，也简要介绍了徐更光在国内爆炸领域的学术地位，其中中国兵器工业总公司科学技术专家委员会副主任委员及炸药专家组组长、中国兵器科学研究院行业专家、中国兵工学会理事、中国兵工学会爆炸与安全技术专业委员会委员等社会兼职最为突出，表明了徐更光在国内爆炸领域的突出地位和重要影响。在提名表的最后，我们看到了王越院士和罗沛霖院士的推荐意见，全文如下：

徐更光教授是我国兵器工业著名专家，是炸药工程应用技术领域的权威之一，其学术造诣深，善于创新。三十余年来，他和他领导的研究集体，先后研制成功了性能先进的高爆压型、高威力型、高耐热型和特种混合型等十余种军用炸药，分别用于装备的反坦克破甲弹、压制兵器、对空武器、特种兵器等四十多种武器弹药和民爆器材，为我国弹药装备及装药技术提高、发展做出了突出的重大贡献。同时其研制成功的各种炸药的应用创造了较好的经济效益，徐更光教授的贡献使他荣获多次国家级及省级奖励，因此我们提名徐更光教授为工程院院士候选人。

提名人签名盖章：王越、罗沛霖

一九九四年二月十五日

这份中国工程院院士候选人提名表经层层审批后，报送中国工程院筹备办公室进行评选审批，开始了漫长的评审工作。

不过徐更光把相关的审批材料填好以后，并没有时刻关注审批进程，仿佛跟他没有多大的关系，他也没有把能否成功当选太当回事。这好像是徐更光一生的习惯，他抱着异常冷静而又淡然的态度看待此事，这种心态在今天看来是非常难得的。

1994年6月，中国工程院首批院士名单公布，徐更光顺利当选，同时，也是北京理工大学被推荐的候选人中唯一的入选者。

徐更光在当选为中国工程院院士庆祝会上发言

第二节　解决“疑难杂症”的高手

徐更光当选中国工程院院士以后，名气更大了，人也更忙了。大家都用一种神奇和仰慕的目光看着徐更光，津津乐道地谈论着徐更光的成功之路。大家都觉得这位老者身上有一种特殊的魅力，好像什么事情都难不住他，他对许多“疑难杂症”总有一些别人想不到的解决办法。慢慢地，同行们一遇到困难都愿意请教徐更光，看看他有什么好的思路。久而久之，徐更光成了兵器行业解决“疑难杂症”的高手，成了爆炸领域的“万事通”。不过，这个“万事通”的名号可不是白叫的，那是一件件精彩的事实逐步造就出来的，是被同行们普遍认可的。这里面就包括徐更光帮助兵器工业部 245 厂解决硝酸甘油安全生产的小故事。

军事迷们都知道硝酸甘油是一种威力很大的传统炸药，它是一种黄色的油状透明液体，这种液体可因振动而爆炸，属化学危险品。同时，硝酸甘油也可用作缓解心绞痛的药物，被广泛用于现代医学上。在军事上，硝酸甘油被应用于最广泛的发射药，如加入硝化棉成为双基药、三基药等。硝酸甘油用途广泛、用量大、性能可靠，在我国及世界军事领域，硝酸甘油的生产都占有非常重要的地位。

但是，硝酸甘油也有致命的缺陷，那就是感度太高，轻微的振动就容易引起爆炸，所以在硝酸甘油的生产和运用中极易发生意外事故。平时，硝酸甘油受到 0.2 牛顿 / 米的撞击就会发生爆炸，而大家熟知的 TNT 炸药就可以承受 20 牛顿 / 米以上的撞击。由此可见，硝酸甘油的生产带有多么大的危险性。所以硝酸甘油生产过程中的生产环境、生产量、储存量都会受到异常严格的限制，谁也不敢掉以轻心。就是这样，不管国内外也时常能够听到发生硝酸甘油生产事故的消息。

位于山西太原的 245 厂是我国重要的硝酸甘油定点生产厂。这个厂一方面生产硝酸甘油，同时生产双基药、单基药，承担着大量的军品生产任务。在长期的硝酸甘油生产过程中，工厂的技术人员和工人们对硝化酸油又敬又怕。一方面，硝酸甘油作为一种性能优越的炸药原料无可替代；另一方面，它在生产过程中带来的诸多危险又时时地困扰着大家。在 245 厂生产双基药的过程中，遇到的最大困难就是硝酸甘油在各个车间的运输问题。

硝酸甘油从一个车间生产出来以后就必须转运到第二个车间，与硝化棉混合形成双基发射药。以往都是靠人工将硝酸甘油从生产车间运输到下一个加工车间，工人们用一种特殊的容器，在严格控制药量的基础上，小心翼翼地把硝酸甘油从一个车间运到另一个车间。工人不能有半点闪失，稍不注意就会产生不可估量的后果。245 厂的专家们很早就琢磨着要改善硝化甘油的运输方式，提高安全性，可一直找不到更好的办法。

一天，245 厂的一个技术人员从一位访问学者那里听到了国外工厂输送硝酸甘油的办法——用管道运输硝酸甘油。为了防止硝酸甘油在管道里爆炸，他们采用分段运输法，即在管道中注一段硝酸甘油再注一段水，用水把硝酸甘油隔开。因为硝酸甘油是不溶于水的，所以在下一个车间只要把硝酸甘油和水分开以后就可以接着使用了。这种方法很巧妙，效率很高，也很安全。由于管道中有水隔着，哪怕是管道中的硝酸甘油一部分发生了爆炸，被水隔着的硝酸甘油也不至于发生殉爆，从而保证了硝酸甘油在各个车间的安全运输。

245 厂的技术人员听到这个信息后异常兴奋，大家都觉得这种方法安全可行，确实是解决硝酸甘油运输的一个妙招。得到这个重要信息后，245 厂的领导就决定改建硝酸甘油的生产车间，重新建设厂房和生产线，各车间之间采用这种可靠的管道输送法。根据惯例，新建厂房都要由兵器工业部第五建筑设计院进行勘察设计，然后建筑单位遵照图纸进行施工。于是，245 厂按照这个思路请兵器工业部第五建筑设计院的设计人员来设计厂房和生产线。

245 厂的技术人员向兵器工业部第五建筑设计院说明了意图，可兵器工业部第五建筑设计院的设计人员一听就提出了意见，觉得无法操作。要知道作为一个专业的建筑设计单位，兵器工业部第五建筑设计院厂房的任何结构和功能的设计都要符合相应的国家安全标准，这种管道运输硝酸甘油的方法在兵器工业部第五建筑设计院的设计史上从未见过。虽然说这种方法在理论上是可行的，但是必须要经过严格的科学实验，在科学数据的支持下才有可能按照这一思路进行厂房设计，否则无法配合。

可这一下可难住了 245 厂的技术人员。因为他们只听说了国外用这种方法运输硝酸甘油，到底怎么用？管道需要多粗？硝酸甘油最多能注入多少？中间注水有多少才算安全？最终的安全系数是多少？这些都是未知数。而要想把这些未知数都变成科学的数据，那就需要进行长时间复杂的实际试验和计算。一是代价高，时间长；

二是没有经验，无从下手。这些困难摆在了245厂面前，难住了大家，也难住了兵器工业部第五建筑设计院。因为大家都明白，如果没有可靠的安全数据来支持，兵器工业部第五建筑设计院是绝不会按这种方法来设计新厂房的。这个难题如何破解呢？

正当大家愁眉不展的时候，徐更光突然来245厂出差，真是不请自来。大家一看徐更光来了，就仿佛看见了一个救星，心里马上有了底。徐更光是245厂的常客，大家把徐更光拉进办公室，把徐更光围在中间，七嘴八舌地向徐更光介绍事情的经过。徐更光连包都没来得及放下，仔细听着大家的介绍。听完以后说道："嘿嘿，看来我来得还真是时候。这个问题不难，只不过多做几次试验，建个数学模型，一推导就能解决问题。"245厂的技术人员听徐更光这么一说也都来了精神，大家让徐更光仔细解释建数学模型的方法，并和徐更光共同讨论如何做实验取得数据。

虽然说徐更光也是第一次接触这个问题，以前也没听说过，但是长期的实践经验和扎实的理论功底，让他马上找到一系列科学的方法来进行硝酸甘油的安全运输试验。按徐更光的话来说："当老师就有这个优势，一看见问题我就知道怎么做。不就是算个概率，找出规律吗？这有何难？把实验工具、实验样本准备好，建个数学模型不就完了吗？"你听他有多轻松。

试验那天，按照徐更光的吩咐，技术人员找来了塑料管、铜片、量杯、尺子等工具，也准备好了硝酸甘油、起爆器等用品。徐更光特意叮嘱要多找几种不同直径的塑料管，因为只能用塑料管来做运输管道，一旦发生爆炸才不会产生破片，造成人身伤害。徐更光详细地向实验人员讲解了试验方法和注意事项，并反复强调：轻拿轻放，注意安全，精确操作，记录准确。

在徐更光指导下，工作人员把不同质量的硝酸甘油分别注入塑料管，然后再往管道中注入一定厚度的水来隔开，最后再采用雷管引爆的方式观察结果，建立实验模型。从最开始极薄的水层开始，对于不同水层下面的硝酸甘油隔着水层进行多次引爆，得到不同水层下硝酸甘油被引爆的概率。在试验中，大家不停地变换着塑料管，调整着药量、水量。为了准确测得硝酸甘油的爆炸情况，他们把铜片插入塑料管中，每次爆炸后都要仔细观察，看到底是直接爆炸击穿，还是压力损坏。就这样，实验人员最终得到了隔离水层厚度与硝酸甘油被引爆概率之间的多梯度数据。把这些数据再进行计算机拟合，得到水层厚度与爆炸概率的相关曲线。有了两者之间的数学关系，那么确定一个安全的水隔离厚度就变得信手拈来了。通过计算，徐更光得到了隔离水层能够使硝酸甘油被引爆概率降到百万分之一以下的厚度数据，并以之进行了反复试验，最终得到了很好的效果。

在做这些试验的时候，兵器工业部第五建筑设计院的那位设计师也是全程观察。从大家认真而又严谨的操作中，那位设计师也找到了灵感，增加了信任，对徐更光的经验和智慧感到由衷的钦佩。要知道，如果不用这种试验加数学模型的方法来推导，仅靠爆炸次数来摸索概率，那工作量就太大了，而且还不能保证绝对准确。百闻不如一见，对于徐更光的睿智，大家心里更是折服了。

245 厂就是在徐更光的帮助下，计算出了管道运输硝酸甘油的各种科学数据，并确定了万无一失的装药量和隔水厚度，制定了科学的生产流程。经过这番努力，兵器工业部第五建筑设计院的那位设计师终于认可了管道输送的安全性，然后按照这种方法进行了厂房、生产线设计，完成了国内硝酸甘油生产车间建筑设计的一次创举。在新厂房建成以后，厂方和兵器工业部第五建筑设计院根据安全要求进行了多次安全性运行试验，结果证明这是一种安全可靠的硝酸甘油运输方法。采用这种方法后，生产效率得到了极大的提高，硝酸甘油在输送过程中的爆炸可能性极大降低，车间的安全性得到了极大保证。一个多年来的老大难问题终于得到了解决。

在别人一筹莫展的时候，徐更光用自己的经验和智慧提出了一个既科学又简便的试验方法，从而解决了245厂的大问题。徐更光的这次太原之行，实属助人为乐。当然，他从没想过向245厂收一分钱好处费，能为工厂解决一些困难，就是徐更光最大的快乐。

从太原回来以后，徐更光很快就把这件事淡忘了，好像什么事情都没有发生，也从未向学校提起。但是245厂没有忘记，因为他们心里明白：徐更光的这次帮忙为他们解决了多大的问题，为工人们增加了多少安全。1995年，245厂将这项硝酸甘油喷射输送安全系列技术成果报送到兵器工业部，获得部级科技进步二等奖。在报奖的时候，245厂没有忘记徐更光，把徐更光的名字报在了第三获奖人的位置上。在报奖申请表中这样写道：

> 徐更光提出了硝酸甘油以水隔爆的实验方案，进行了安全性数值计算及分析验证，较快地验证了水隔爆的安全性临界参数，为系列研究提供了科学的方法和手段，推动了兄弟单位后续研究工作的开展。

徐更光的这次获奖，外人看起来太简单、太容易，在这一系列简单的背后，却又蕴藏着一系列高深莫测的经验与智慧。像类似这样的获奖、这样的小故事，在徐更光的科研生涯中屡屡再现。对此，中国兵器科学研究院的领导和同志们最有发言权。

中国兵器科学研究院是中国常规兵器装备研制的业务领导机构和最高科研机构，肩负着中国常规兵器的现代化发展和保证各种列装军品正常使用的重任，承担着我国陆、海、空、二炮及陆航常规武器装备的研制任务。中国兵器科学研究院和国内所有国防工业的院校、研究所、大型国防企业都有着紧密的联系，是业务管理、行业指导、科技开发、技术服务的综合科研机构，经常担当着综合协调、指挥的角色。

平时，中国兵器科学研究院经常召开各种军工产品的质量分析鉴定会和事故分析会，来解决列装装备在日常使用过程中出现的问题。许多来自不同高校、科研单位和企业的资深专家，作为中国兵器科学研究院的智囊团和技术储备来解决国内军工产品科研、生产、使用中的各类问题，这些人被形象地称为“救火队”。经过多年的合作和验证，徐更光成了中国兵器科学研究院最出名的一名“救火队员”。一遇到爆炸领域的相关难题，中国兵器科学研究院的领导和专家们首先就会想到徐更光。他们知道，徐更光经验丰富，理论扎实，头脑清醒，说话也最直爽，从不绕弯子，总能看到问题的关键。而徐更光这个“救火队员”也不辜负中国兵器科学研究院领导的信任，帮助他们解决了许多兵工生产中的难题。

讨论会上的徐更光

有一次，石家庄 5413 厂出现了重大生产问题。这个厂长期生产某型炮弹，但当有一批炮弹在年底交货时，经测试炮弹突然出现了大量的瞎火现象。一时间，工厂的总工和军代表都慌了神儿，大家搞不明白这种炮弹已经生产了很多年，从没出现过这个问题。这次怎么了？是什么原因导致了炮弹的大量瞎火？这一下可麻烦了，任务完不成，工人们的奖金也泡了汤。所有压力都压在了新上任的总工面前。没办法，5413 厂迅速将此事向中国兵器科学研究院做了汇报，请中国兵器科学研究院帮助查找原因。中国兵器科学研究院接到汇报后不敢耽搁，马上召集有关专家在北京召开事故分析会，让专家们为这个炮弹厂会诊。

徐更光接到通知后，不敢怠慢，把手头的事放在一边，先救火要紧。徐更光提前很早赶到了中国兵器科学研究院，径直找到石家庄5413厂的技术人员，让他把资料拿出来，自己先看看。徐更光一边看资料一边询问这种炮弹的生产状况，这位技术人员说道："这种炮弹我们厂生产了很多年，以前没出现过这种问题。在这批产品生产之前，我们厂新调来一个总工，他来以后改进了一些生产工艺。为了延长炮弹安全储存时间，他把炮弹的雷管做了小小的改进。因为以前这种炮弹在储存期间，发现雷管曾出现过不同程度的腐蚀现象。这位总工为了提高炮弹的安全储存性，防止雷管腐蚀，就在起爆器内部涂了一层虫胶漆，用来防锈。按说，这种虫胶漆在炮弹生产中用得非常普遍，不应该出现什么问题。可自打被涂上虫胶漆以后，炮弹就出现了严重的瞎火问题。到底为什么，也解释不清楚。"

徐更光一听，就觉得不对劲，马上问："你们用的是不是飞片雷管？"那位技术人员说："是呀！"徐更光一听就说道："没别的，问题就出在这漆上！你知道，飞片雷管的原理就是靠爆炸后产生高速破片，这些破片再来引爆炸药。在这雷管里涂漆，本来是为了防锈，但是这层漆在爆炸时就影响了飞片速度，发涩，使得飞片速度降低，从而无法引爆炸药。"那位技术人员听后也满脸疑惑，"就在雷管里涂上点漆，影响能这么大，不会吧？"徐更光说："你不信就回去试试看。"和这位技术人员谈完话，徐更光径直找到了中国兵器科学研究院的负责同志，告诉他："咱们今天的会不开了。今天是周四，让那个技术员先回去，利用周末做230发雷管涂漆的实验，再做230发雷管不涂漆的实验。下周一把结果送到北京来，咱们再来开这个会。”中国兵器科学研究院就取消了这次会议，按照徐更光的意思让石家庄炮弹厂的人回去做实验，让专家下周一再来看试验结果。那个技术人员听中国兵器科学研究院领导说完后，马上就赶回了石家庄，按徐更光所说的去做实验了。

星期六的晚上，徐更光刚刚回到家，还没端起饭碗，家里的电话就响了。徐更光拿起电话一听就是石家庄那位技术员的声音，只听到电话那头那位技术人员语无伦次地说：“徐老师，您可救了我们了！回来以后，我们就按照您所说的开始做试验。结果那些涂了漆的雷管 98% 不合格，而不涂漆的雷管 100% 合格，真让您说着了！谁也没想到，就是涂了点防锈漆就产生了这么大的影响。这一下我们终于找到原因了！我们现在打算把所有雷管的漆都洗掉之后重新装配，这回也没给工厂造成太大损失，也没有更多地影响生产进度。谢天谢地，我们厂长前两天还担心今年的奖金全泡汤了。这下我们可踏实了，可以拿到奖金了，谢谢您，太谢谢您了！”

从这件小事上，也看到了徐更光的一些特点，好像他不太讲策略和方法，说话办事有点太直了。但也分什么事，有的时候徐更光还是非常讲策略，非常讲方法的，他从不轻易下没有把握的结论。在一次手榴弹自爆原因的问题查找中，让我们看到了徐更光另外的一面。

一次，江西某部队的弹药库中发生了手榴弹自爆的事故。事故发生以后，军队领导迅速通报给兵器工业部，要求立即查找原因，以免后患。兵器工业部领导一听说手榴弹库房发生自爆，感到极为震惊，高度重视。因为手榴弹装备的数量太大了，对军队太重要了，这事可非同小可。于是，兵器工业部立即让中国兵器科学研究院组织专家组飞奔江西，召开现场事故分析会。作为中国兵器工业总公司炸药专家组的组长，徐更光责无旁贷地担起了事故调查总负责人的重任。

徐更光一听说这个事故以后，就知道这是个很令人头疼的问题。

虽然说从科学上可以对自爆原因有多种猜测和分析，但这件事太稀奇了，太古怪了。像这种装备这么普遍、技术这么成熟的常规武器出现了自爆，可能是太多的偶然因素聚在了一起。这种事验证起来一定会异常艰难，也异常耗时，那绝不是开一两次事故分析会就能看到结果的。在去江西的路上，徐更光就在心里认真分析着手榴弹自爆的各种可能性，他觉得这次事故分析绝不能轻易下结论，要从弹药管理和弹药生产等多方面分析原因，查找问题，要通过这次调查取得多种成果。

徐更光来到发生事故的弹药库，看到这里潮湿、闷热，根本不符合弹药存放条件需求。再看爆炸现场，发现爆炸的情况并不是很严重。在库房里还摞着很多未开箱的手榴弹木箱，只不过码放得不太整齐，大概是爆炸气浪造成的。徐更光和专家们仔细看了半天，发现只有一箱手榴弹发生了爆炸，而其他手榴弹并未发生殉爆。

徐更光和所有专家看完现场以后，就开始一步一步地分析原因。这里边涉及的问题太复杂，不可能马上就有一个明确的结果，所以在会议上，徐更光只是提出先做好两方面工作，一方面，加强对库房的管理，保证弹药存放符合条件；另一方面，让有关部门迅速查出这批手榴弹的生产厂家和生产时间。然后，徐更光取了几颗同批的手榴弹作为样品，打算在实验室中进行下一步分析。

通过调查得知，这批手榴弹是抚顺 474 厂生产的。兵器工业部立即通知 474 厂，查找当年的生产记录，准备好生产原料、工艺、配套工厂等档案材料，全面配合专家组调查事故原因。

徐更光等专家在实验室里反复检查了带回来的样弹，并重点检查手榴弹的拉火管和装药情况。在检查手榴弹的拉火管后，徐更光发现了一个不大不小的问题，就是在这批手榴弹的拉火管中发现了氯酸钾。氯酸钾是一种强氧化剂，与硫或磷发生研磨即可爆炸，这也是发火管的工作原理。这种原料是以前生产手榴弹的常用原料，但因为其安全性不是很好，后来在手榴弹生产中逐步被禁止使用。虽然说氯酸钾是一个产生事故的隐患，但是因为氯酸钾已被使用了多年，还没听说用了氯酸钾的拉火管发生过自爆的现象。所以到底是不是因为氯酸钾而产生自爆的，一时还真难以说清楚。专家们心里都清楚：要想验证氯酸钾在拉火管中有自爆的可能，肯定要经过漫长、反复的试验。要模拟湿度、温度的多种变化，也可能试验一千次一万次也看不到自爆现象。这可不是一朝一夕的事。徐更光看到这些也很无奈，他只能带着这个问题回到北京，看看回来后能用什么方法来验证是氯酸钾产生的自爆问题。

徐更光在戊区实验区

从江西回来以后，徐更光心里一直惦记着这事。不过，这种试验确实太难了，也太简单了。因为基本上没有更多的技术含量，只是反复地调整湿度和温度，长期地观察氯酸钾的变化，希望最终看到氯酸钾燃烧。这对于繁忙的徐更光来讲，有点儿勉为其难。这时，徐更光想到了自己的助手——实验员何国生，把这项工作交给他正合适。于是，徐更光把这件事情向实验员何国生做了详细的交代，希望何国生能完成这项艰苦的试验。

可事情的发展就是这么富有戏剧性。离那次事故分析会后时间不长，一天，几个外单位工宣队的人来到学校找徐更光，让徐更光帮他们处理一件事情。

原来，他们单位正在轰轰烈烈地排演样板戏，在演样板戏的时候需要一些手榴弹的教练弹作为道具。在一次样板戏的排练过程中，教练弹发生意外爆炸，很多人受到惊吓，严重影响了排练进度。此事让革委会的领导非常生气，立刻上纲上线，说是蓄意破坏革命样板戏。这在当时可是件大事，单位里非要找出事故的元凶，揪出坏分子。由此，教练弹的保管者就倒了霉，责任都集中在教练弹的保管员身上。而事不凑巧的是，这个教练弹保管者的爱人成分不好，是个富农。在那个以阶级斗争为纲的年月里，这个仓库保管员就成了最大嫌犯。

工宣队这次找徐更光，就是想让徐更光跟他们走，去证明那个仓库保管员是蓄意搞破坏，故意引爆教练弹，影响了样板戏的演出。使用过教练弹的人都知道，这种弹没什么威力，只是单纯地发烟发声，模拟手榴弹的爆炸。但是，这种弹的发火原理和引爆方式与真弹是一样的。徐更光一听就明白，这又是个棘手而又耗时的事，不经过长期的试验根本找不到原因，所以就没法表态。更关键的是，这种事人命关天，弄不好就会毁掉一个家庭，会影响那个保管员一生。徐更光深知其中的利害，也根本不愿意趟这个浑水。他看来人既粗暴又没有礼貌，就向对方说："你有你的领导，我有我的领导。你直接想把我带走，算什么事？我不可能跟你们走。"那些工宣队员看吓唬不住徐更光，也不敢把徐更光怎么样，也就没趣儿地回去了。

那些工宣队员走后，徐更光又想起了江西部队手榴弹爆炸的事情。此刻徐更光觉得，氯酸钾的问题必须解决，一定得看看它在什么情况下能够自燃。他又一次把何国生叫来，让何国生赶快准备这方面的试验，不管费多少事，一定要有一个确定的结果。

何国生接受这个任务以后，就开始了以氯酸钾为原料的手榴弹拉火管安全性实验，他找来了很多手榴弹拉火管，把这些拉火管分成很多小组，在保温箱中慢慢地升温、降温，仔细观察拉火管的变化。然后，他又在不同的湿度下进行各种各样的安全测试。也不知过了多久，也不知重复了多少次，始终没有看到拉火管发生自燃。

有一天，连续下了几天雨，空气异常潮湿，何国生又一次把一组拉火管放进了保温箱。保温箱刚升温了一小会儿，突然看到一支拉火管“呲”的一声冒出了白烟。拉火管自爆了，试验成功了！何国生马上跑去叫来了徐更光，让徐更光看试验现场和结果。徐更光仔细地询问实验过程，让何国生把试验的时间、温度、湿度、次数等参数都详细记录下来。这一次成功的实验，也证实了徐更光以前的判断：就是氯酸钾出现的问题。

看起来，这种含有氯酸钾的拉火管在温度变化，特别是湿度变化的情况下真的会产生水解，积聚热量，从而引爆拉火管。这一回，何国生立了大功，他经过长时间的不懈努力，终于找到了拉火管自爆的铁证。徐更光迅速把这一试验结果和数据通报给中国兵器科学研究院。中国兵器科学研究院根据徐更光报来的实验情况迅速起草文件，下发给全国有关手榴弹生产厂，进一步明确：禁止在手榴弹生产中使用氯酸钾。以后，再也没有听说过手榴弹发生自爆的事情。徐更光及何国生的辛苦工作，为后来手榴弹的安全生产和储存做出了特殊的贡献。

中国兵器科学研究院的领导们愿意让徐更光做他们的事故鉴定专家，一方面看中徐更光的经验与智慧，另一方面更加看重徐更光对军工事业的使命感和责任心。只要是徐更光参与鉴定和分析的军工项目，他都是倾其所能，把自己最好的方案、最好的办法告诉别人，让国家用最少的钱干最多的事。在这里，徐更光没有门户观念，不计较个人得失，更没有把自己的个人情感放进军品的鉴定中去。由于徐更光过于坦诚和直率，有些单位的领导曾抱怨徐更光“一手遮天”。但是，真正了解徐更光的人都知道，在徐更光近60年的军工科研生涯中，一直是把国家和军队的利益放在第一位的。这是徐更光一生不变的信念。

徐更光曾经碰到这样一件事。国家要建一个军事基地，这个基地的主要任务是用来验证巡航导弹的爆炸结果。当年这可是个大项目，很多单位都跃跃欲试，希望能参与进来为单位赢得收益和荣誉。经过层层选拔，有两个单位进入最后的备选范围。他们拿出了不同的建设方案，都认为自己的方案最合理，并为此争执不下。当两家单位争执不下的时候，中国兵器科学研究院又请到了徐更光，希望徐更光作一个客观的评价。

徐更光仔细研究了这两个单位的设计方案，看到两个方案的共同点是：都要花费大量经费购买很多传感器，通过导弹爆炸的威力作用给传感器，以此来测试导弹的攻击效果。不同的是一个单位是用纯传感器，需要导弹爆炸后来观察传感器各种数据；另一个单位则是传感器带有诸多的记录仪，在导弹爆炸过程中就能记录下很多数据。当然，第二个方案代价就更高了。面对这种局面，徐更光也左右为难。因为他清楚，这两种方案各有各的道理，各有各的重点，不能简单地说谁好谁不好。但徐更光明白，这两种方案也都不好，都要花费巨大的费用。一次爆炸以后，很多传感器都没用了。徐更光向两个单位表达了自己的想法：“你们要想用这些传感器来测试巡航导弹超压，无论怎么样都是非常昂贵的实验。第一，传感器的代价很高；第二，导弹不可能打得很准，肯定有误差，那么这些误差又会使所有记录数据发生偏差。对于这种试验方法没有足够多的样本进行反试验和综合是不可能取得很科学的数据的。”徐更光建议他们不要用这种方法进行建设，最好采用计算机技术，进行静态数字模拟技术试验，重点要测出靶点和导弹的命中姿态，通过计算机仿真，做静爆试验，照样可以取得这些数据，而且这些理论上的推断，误差更小，更容易试验。

那两个单位在听到徐更光的建议以后，刚开始都接受不了，提出了很多疑问。徐更光一边为他们排查难点，一边向他们介绍自己在实验室里做仿真实验的经验，并把自己的方法毫无保留地向他们作出了解释。这两个单位听到徐更光的解释以后，都纷纷改变了自己原先的建设方向，觉得这确实是一种既科学又带有前瞻性的实验思路。如果按照这种思路发展下去，一方面可以测试国内各种新型武器的实际效果，另一方面还可以积累更多的数据，提高可靠性，同时也为国家节省大量的军费。中国兵器科学研究院的领导听了以后，也觉得这是一条新路，值得下力量去探索。很快，在各方面的积极配合下，这两个单位按照徐更光的思路另辟蹊径，采用静态仿真技术，来测试新武器的爆炸威力和毁伤效果。经过一段时间的探索和实践，后来在巡航导弹的测试中取得了圆满成功。

成功以后，参加试验的一个单位又来找徐更光，他们说要拿这些成果向国家报奖，并要写上徐更光的名字。而此时的徐更光又拿出了他作为科学家的严谨本色，告诉他们：“你们才刚刚起步，不要急于求成。在这方面将来的路还很长，需要更多地积累些经验，真正成熟以后再报奖也不迟。到那时我会更支持你们的。”

后来徐更光同时成了那两个单位的科技顾问，和两个单位有了更多的科研合作。徐更光在这一领域里又交下了两个新的朋友。

第三节　工厂的贴心人
大家的主心骨

徐更光在中国的火炸药行业可谓是大名鼎鼎的泰斗级人物。靠着多年为中国火炸药行业做出的各种贡献，取得的众多科研成果，以及严谨务实的科研态度、无私奉献的科研精神、出奇制胜的攻克难关的能力，成为中国火炸药行业的精神领袖。为了探寻徐更光五十多年来的奋斗足迹，笔者采访过一些国内火炸药领域的重要人物，在采访过程中，可以更清晰地看到徐更光那光辉的形象。

杨红梅可算是中国火炸药行业一位老资格的管理者。1976 年杨红梅毕业于北京工业学院，1984 年调到兵器工业部火炸药局（四局）科研处工作，先后任科研处处长、军品处处长和二级业务主管（副局级），长期从事火炸药的预研、生产和管理工作。当时，兵器工业部火炸药局是中国唯一的火炸药管理机构，负责全国各行业的火炸药相关工作。

杨红梅一来到火炸药局就认识了徐更光。那时在兵器工业部火炸药局的领导下，成立了火炸药专家鉴定委员会。兵器工业部火炸药专家鉴定委员会是掌握火炸药行业发展大方向的国家最高层次的技术性指导组织，下设 3 个小组：发射药专业组、炸药专业组、推进剂专业组。从 1984 年起，徐更光就担任炸药专业组的组长，所以从那时起杨红梅就开始熟悉徐更光。用杨红梅的话说，我们这些人虽然也是专业出身，在工厂也都干过，但是我们对具体的炸药生产和发展前景都不十分精通，所以我们所依靠的就是火炸药专家鉴定委员会的这些专家们。这些专家们决定着中国火炸药行业的发展方向，也决定着这个行业的命运。多年来国内炸药方面的各种论证、立项、实施、检查、鉴定、验收等，都是靠这些专家们来执行的。作为炸药专业组的组长，徐更光起着非常关键的作用，而且这种作用是无可替代的。

杨红梅（中）对徐更光由衷地钦佩，并给予多次支持

曾经有一段时间有关方面要撤掉火炸药局并进行相关的合并，有人要把炸药的一些业务合并到弹药行业中去，把炸药当作弹药的一种配套来管理。对此，徐更光旗帜鲜明地反对这一提议。他说："火炸药的配方、工艺历来是西方国家的垄断技术，它可以卖给你武器系统，但绝不可能卖给你炸药配方与工艺。我们一定要大力加强火炸药的各项科研和管理工作，绝不能有半点儿的轻视和弱化。"徐更光不仅在各种研讨会上这样说，还联合204所的老所长等多位专家直接给中央写信，坚决反对这种不合理的合并方式。后来，国家有关方面还是采纳了徐更光等的意见，避免了一次行业管理上的危机。

同时，徐更光等专家的责任心和使命感也让杨红梅尤为钦佩。针对弹药的储备情况，徐更光认为炸药的科研生产、更新换代是有周期性的，科学、合理的弹药储备是国家安全的重要保障。储备量要维持多少？怎样更新？怎样换代？怎样进行有计划的销毁？都要在平时的工作中得到严谨的贯彻执行。以徐更光为主的一些专家把这些建议和意见及时向国家有关部门呼吁和反映，令这些问题得到了高度重视。还有像大口径榴弹安全技术改造等很多重要问题，都是以徐更光等为主向国家提出建议和意见的，国家领导也都给予了答复和支持。

最让杨红梅感动的是徐更光的为人。徐更光无私奉献的精神给杨红梅留下了极为深刻的印象。杨红梅赞叹道：

徐更光最了解工厂的困难，与工厂结合得最紧密，为工厂做出的贡献也最大。很多情况下，徐更光都是无偿为工厂服务的。当年在徐更光评选院士的时候，有些人内心不服，说徐更光不就是研究了几种混合炸药吗？也没有太多高深的理论。但是这个行业里的人最清楚，徐更光的成果最多，贡献最大，作用最明显。他解决的都是国内最急需解决的重要问题，其应用性极强。像“8701”、“海萨尔”、125破甲弹等一系列成果都是最有说服力的见证。所以这个行业里的很多工厂都把徐更光当作最亲的人，最可信赖的人。同时，徐更光也最关心这些工厂的生存状况，想办法为他们解决各种各样的困难。像375厂，以前主要生产TNT，没有其他产品。后来国家的订单少了，生产任务严重不足，才使得工厂亏损严重。在最危急的时刻，这个厂连要不要保下去都成了问题。后来正是徐更光把含铝炸药的技术带到了工厂，并和工厂一起完善了生产工艺，有了大量新产品，才使375厂扭亏为盈，起死回生。像这样的例子在徐更光身上发生得太多了。更加难能可贵的是，在徐更光为工厂服务的时候，他完全不考虑个人的经济利益。工厂有钱，他来合作；工厂没钱，他照样帮着干。为工厂服务成了他自觉的习惯。有时徐更光的项目为企业创造了很好的经济效益，徐更光也得到了一些应得的经济回报。但是徐更光把他大部分的收益也都用来为实验室添置仪器设备，或从事其他的科研攻关。徐更光拿到自己手里的很少，给底下人分的钱也很少，让团队和他一起受罪。

为此杨红梅暗地里经常劝徐更光，杨红梅心里明白，对徐更光说这样话的人不止她一个。大家都知道，徐更光和他的团队有时有一些不愉快，归根结底都是名利的分配问题。很多人为此也劝过徐更光，做过一些调解工作。但是虽然大家的话也都说了不少，但是因为各种各样的原因，最终也没有起到多大作用。说到这一点，杨红梅感叹道："看来这是大环境造成的，有些事谁也没有办法。我也经常为学校鸣不平。现在学校有了项目，自己又不能生产，只能拿到工厂去。工厂拿到配方后，改一改，加一些自己的东西就变成了自己的成果，就可以报奖，就可以上型号。上了型号就有了大钱，等到有了钱就把学校忘了。为此我经常替学校向工厂要账。其实，这些事徐老师都清楚。只不过这个老头儿有时就是有点固执，想改变他不容易。他们这一代人，真正是在毛泽东思想教育下成长起来的一代人。在他们心中，想得最多的就是为国家做贡献，而把个人放到了最后。看来这个时候，高层应该有人站出来，从更高的层次来分析这个问题，解决其中的矛盾。"杨红梅说的这些都是肺腑之言啊！

在谈到徐更光的自觉奉献时，杨红梅更是滔滔不绝。徐更光业务精通，他不但在混合炸药的配方上取得的成果很多，在装药和发射等方面也都是一位了不起的人物。杨红梅的爱人在装甲兵专门从事弹药工作。有一段时间刚刚研制成功的105破甲弹技术不稳定，发生了几次膛炸事故，总也解决不了问题。他们把徐更光请去以后，徐更光仔细研究了105破甲弹的炸药装药、发射过程，很快就提出了解决问题的方案，顺利解决了105破甲弹的膛炸问题。像这种事情还有很多，徐更光总是一请就到，一到就能解决问题，从不提任何报酬。

别看徐更光已是六七十岁的老人了，但是他经常自己坐着火车到东北等地的几个兵工厂四处跑，为工厂解决各种各样的难题，却从来不提报酬，有时候连差旅费都是自己负担。在徐更光心里，有时都没有"钱"这个概念，一心只想着工作。让大家印象最深刻的就是和徐更光闲聊时的情景，你无论和他聊什么话题，只要时间一长，肯定能够转到他的专业上来。怎么立项呀，应该怎么干啊，能够解决什么问题呀，都是越聊越起劲儿，越聊越有精神，让人无从插嘴，无可奈何。大家都说这是个彻头彻尾的工作狂。大概这就是那一代人最鲜明、最可贵的特点吧！

徐更光有时候真是太辛苦了，作为炸药组的组长，凡是国内关于炸药方面的问题他都要操心。特别一遇到爆炸事故，徐更光就更忙了。很多国内爆炸事故发生后，徐更光都亲自到现场分析原因，查找问题，免除后患。每次徐更光到现场后，都是一丝不苟，及时掌握第一手资料，找出事故发生的原因，为整个行业提出警醒，让更多的人得到安全。徐更光在这方面做出的贡献简直太大了，有时比取得的那些科研成果都重要，这都是人命关天啊！

对于火炸药局来说，有了徐更光等一批专家，他们就有了主心骨，心里就觉得踏实。兵器工业部领导也特别看重徐更光，相信徐更光，经常向徐更光等专家讨教技术问题。杨红梅清晰地记得，有一次中国兵器工业总公司首任总经理马之庚点名约见徐更光，向徐更光讨教一些重大的科研问题。一见到马之庚，徐更光就打开了话匣子，谈炸药的现状，谈眼前的困难，谈将来的发展，谈改革的必要性，马之庚听得频频点头。

在徐更光担任炸药专家组组长期间，经常被有关部门领导请去探讨一些重大问题。徐更光总是认真地、真实地反映情况，毫不保留地提出自己的观点。对于火炸药局来说，徐更光更是这里的常客，他以一种科学家的责任心和智慧为中国炸药的发展出谋划策，给予了火炸药局全面的支持和帮助。所以徐更光与火炸药局的同志们感情很深，也很亲近。火炸药局的同志们更是对徐更光很钦佩、很信任，同时也给北京理工大学和徐更光很多有益的支持与帮助。

从 1985 年到 2007 年退休，杨红梅一直负责火炸药的管理工作。杨红梅谦虚地说："我自己虽然没有特别高的水平，但我很敬业，很用心，一心想把火炸药方面的工作做好。我和徐更光等专家们长期在一起工作，从他们身上，我增长了知识，增长了才干，眼界也更开阔了。和他们在一起，我学到了很多，丰富了自己的人生。同时我也很振奋，很欣慰，很感动，从徐更光等一些专家的身上我看到了他们为国家无私奉献的红心。”

在火炸药局里还有另外一位老同志与徐更光结下了深厚的友谊，他就是火炸药局的业务主管王文京，分管混合炸药的工作，不管后来机构如何变化，他一直陪伴着中国混合炸药的发展，经历了很多风风雨雨。这些年中，他在“8702”、改性TNT、海萨尔高能炸药、改性B炸药等科研工作中和徐更光有着紧密的合作。作为火炸药局的专项业务管理者，王文京也同样给了北京理工大学和徐更光巨大的支持与帮助。

在王文京眼里，徐更光是工厂最亲密的朋友和伙伴，工厂需要什么，徐更光就搞什么，工厂有什么困难，徐更光都会鼎力相助。在这一点上，徐更光和科研所有很大的不同。科研所一般是根据文献资料和搜集到的各种情报信息或是国家任务来开展某一项科研工作，而徐更光却不一样，他对工厂很熟悉，对部队很熟悉，他是根据需要来搞科研。所以经过长期的接触与合作，王文京对徐更光非常信任，和徐更光密切的配合，也给王文京留下了太多的感慨。

让王文京感触最深的还是改性TNT的工作，王文京说道：

> 那些年中国的TNT产量有多大啊！可那时对环保重视不够，产量大，污染就大，对工人的损害就大。工人们都是几年一换，要不然身体就会吃不消，就是这样也有很多人得了难以治愈的职业病。这些情况大家都看在眼里，急在心里，但只有徐更光做得最彻底，最有意义。他用了十几年的时间，坚持不懈地进行TNT的绿色环保改进工作，最后终于研制成功了改性TNT。减少了粉尘，减少了废水，实现了常温装药。这对中国的制药、装药工人来讲，真是一场革命啊！

王文京和徐更光有着20多年的友谊，对于徐更光的很多建议和主张，王文京也非常支持和帮助。徐更光常说，国家要抓好几种成熟炸药的系列化生产工作，注意提高成熟炸药的适用范围。在保证炸药威力的同时降低成本，保证短时期大规模生产的能力。徐更光总说，不能一种弹就搞一种药，品种太多了，谁都搞不起，打起仗来，谁也生产不过来。对此，王文京也是感同身受。王文京说：

有的科研单位只注重创新，抓新产品，而忽略了实际应用。新产品出来了，鉴定也通过了，可往那儿一放就没用了，根本用不起来。还有的单位，业务分得太细，搞配方的只管混合，不管装药；在实验室里搞出来不管生产。到头来根本无法大规模装备部队。国家的钱是花出去了，但却没有得到很好的效果，看来国家一定要在管理机制上下更大的工夫。而这一点我最佩服徐更光，他什么都懂，搞出来的东西最实际也最能解决问题。所以在工作上，我愿意帮助他，支持他。也从心中佩服他。

中国兵器科学研究院是中国常规兵器装备研制的业务领导机构和科研机构，计划处的一项主要工作就是负责重大项目的预研经费审批工作。在一段时间里，计划处和火炸药局相互配合，在科研经费申请方面给予了徐更光大量的支持。中国兵器科学研究院计划处原处长胡国强对学校、科研机构和工厂都非常熟悉，是著名管理专家。回忆起与徐更光几十年的合作经历，胡国强说道：

徐更光这一生对我国国防的贡献太大了，在和他的接触中，记忆最早的就是“8701”。在20世纪60年代末期，反坦克武器被列为武器研制的头号项目，各部门都在下大力气提高我国反坦克武器的能力，用来抵御苏联的集群式坦克进攻。就是在这个大背景下，徐更光研制成功了“8701”。“8701”威力大，安定性好，一下就解决了很多武器的反坦克难题，受到了军队的高度评价。这种药后来用途也非常广，现在也还在用，像现在我国三代坦克上装备的高膛压破甲弹，用的也还是“8701”。所以徐更光的贡献是非常突出的。

徐更光最大的特点是熟悉军队，熟悉工厂，根据工厂的需要解决问题。比如，TNT的改性问题。TNT这种传统炸药在我国用量非常大，但是它的渗油问题一直是个老大难的问题，影响了贮存安全性。而徐更光知难而上，研制成功了改性TNT，解决了渗油问题，保证了储存安全。同时在改性TNT的生产过程中还减少了污染，降低了对工人的伤害，实现了常温装药，这是非常不容易的。改性TNT虽好，但它的爆速不高，威力不大，要想提高威力，就要加进黑索金。但是TNT在和黑索金混合的过程中，会遇到很多困难，在装药质量上也是个世界性难题。又是徐更光研制成功了改性B炸药，解决了这些困难。改性B炸药成功后，徐更光又发明了低比压顺序凝固装药工艺，提高了装药密度，解决了装药底隙问题。这些改进都得到了工厂的大力支持和欢迎。732厂曾在徐更光的指导下搞了一套低比压顺序凝固的生产线，用计算机来控制，效果特别好。当时应用在105破甲弹的装药工艺上，其装药密度都接近理论密度，产品合格率也特别高。徐更光看了特别高兴，这是他和工厂共同创造的奇迹。这是中国人自己搞出来的东西，而且这些技术都是工厂非常需要的，工厂有很大的积极性，就是自己出钱出力也要把它搞出来。装药问题解决以后，徐更光还发明了弹药的无损检测技术，极大地推动了国内弹药的质量检测水平，比美国的技术还要先进。

这就是徐更光，他总是能发现问题，积极想办法解决问题。他最了解行业的需求，最有发言权，我们都非常相信他。我们是制订计划的，但很多时候都是徐更光推着我们往前走，推着中国兵器科学研究院干，推着兵器工业部干。在混合炸药方面，徐更光是大家公认的领军人物，这个评价一点也不过分，这都是他自己干出来的。

现在回想起来，觉得在有些方面我们对徐更光的支持力度还不够，如果对他的支持再多一些，他的成果会更多。他常年和工厂在一起，根据工厂的需要，根据实际使用中的情况来解决问题。当遇到一些经费上的难题时，徐更光就想尽办法做我的工作，做工厂的工作，做中国兵器科学研究院的工作，希望把一些成果更好更快地用在实际生产中，用在整个行业中。但是有时候徐更光的愿望也并没有完全实现。像732厂那套低比压顺序凝固的生产线，是在徐更光的全面支持和努力下改造成功的，主要靠他们自己的积极性搞出来的。可是123厂就没搞出来，这项新技术就没用上，为此徐更光和我都感到很遗憾。

经过和徐更光长期合作以后，慢慢地，在计划方面我就放开了，因为徐更光真正懂专业，真正懂需要。让他去安排一些项目实施，我非常放心。有时候基本上他需要多少我就给多少，切块给他，让徐更光自己去安排。在这些方面，我们和火炸药局配合得也特别好，我们是做计划的，负责科研计划统管。有了计划火炸药局就具体安排实施，徐更光既是我们在专业上的依靠，又是项目的具体执行者。所以在很长一段时间内，大家在一起工作很愉快，配合很默契，为中国的炸药行业解决了不少实际问题。在这过程中，我们对徐更光一直是很尊重，也很信任。

徐更光真是幸运啊，有了这样的上级业务主管部门的支持与配合，有了这些老朋友的理解和信任，他在科研上才有了今天的辉煌。

原兵器工业部204所是国家含能材料的专业研究所，他们和徐更光既是同行又是竞争对手。原所长郝仲璋从1985年起就一直担任204所副所长，直到1998年退休，是我国火炸药行业中的权威之一。聊起徐更光来，郝仲璋所长就滔滔不绝地打开了话匣子。他这样评价徐更光。

徐更光思维敏锐，头脑清晰，他有三个特点。第一，能及时了解武器装备的实际需求，能及时了解国际的装备情况，所以总能占据产品研制的制高点；第二，他深入实际，紧密与工厂合作，所以他的成果最能解决实际问题；第三，他能时刻把握重大军事变革，每次国家大的科研活动他都能参与进去。

徐更光在20世纪60年代就参加了我国的核武器研制工作。刚开始核武器所用的炸药都是注装。后来发现炸药出现膨胀还回不去，想了很多办法都解决不了问题。正因为如此才开始搞塑料黏结炸药，那时这项工作就是“142”工程。“142”工程的实施，迎来了我国火炸药发展的第一个高峰期，使我国的火炸药水平上了一个大台阶。如果没有当时核武器的需求，也就没有后来塑料炸药的快速发展。所以说，徐更光最早的科研成果就和国家的需求紧密地联系在了一起。

1969年的珍宝岛事件促进了我国反坦克武器的快速发展，反坦克武器对高能炸药的需求又促进了高能炸药的发展。在这个过程中，又是徐更光发明了“8701”，使我国的反坦克武器装药水平上了一个大台阶，使得徐更光在20世纪70年代中国的炸药装配史上占有了重要的一席之地。

到了80年代末期，徐更光又发明了水中破障武器，解决了登陆难题，从而带动了含铝炸药的全面发展。

进入90年代以后，为了抵御美国对我国国家安全上的威胁，徐更光又承担起水中兵器的研制工作，是水中兵器的首席专家。水中兵器也是用含铝炸药，在含铝炸药的研制和运用过程中，徐更光又表现出了超人的智慧与才干。他根据炸药使用的不同环境，巧妙地改变着炸药的配方，发挥着不同作用。水中破障武器要求高威力而不是高爆速，水中兵器要求冲击波和气泡的能量较高。这些不同的要求促使徐更光从各个方面思考问题，解决问题，最后都取得了巨大的成功。最为可贵的是徐更光在水中破障和水中兵器的研制过程中，还提出了爆炸能量输出结构这一具有前瞻性的理论构想，他认为，爆炸能量输出结构与目标力学响应是爆炸学的核心研究内容，同时也是炸药、弹药、毁伤及防护专业的科学基础。这一理论解决了困扰多年的炸药研制理论问题，被同行们广为赞颂。现在这一理论得到了大家的广泛应用。

徐更光为什么能当选院士？就是因为他在不同时期、不同阶段都自觉地参与了国家的重大战略行动，他的成果都被国家用上了。通过多年坚持不懈的努力，逐步奠定了徐更光在中国炸药界的地位。徐更光取得成功的根本原因就是理论联系实际，根据国家需求与工厂紧密合作，和部队合作，最后成功推向市场。徐更光的成功是产学研紧密合作的成功，是产学研一体化的典型代表。

第十二章

水中破障技术的突破与爆炸新理论的诞生

第一节　倾心含铝炸药的深层次研究

海萨尔高威力炸药的研制成功不仅为徐更光带来了巨大的荣誉，获得了国家科学技术进步奖一等奖，更把我国高威力含铝炸药的研制水平提升到了一个新的高度，为高威力含铝炸药在各兵种的推广运用奠定了良好的基础。徐更光没有停留在海萨尔炸药的成功上，而是将精力继续投入含铝炸药的理论研究上，争取让含铝炸药在国防装备中取得更大的成果。

含铝炸药的主要特点是爆热高、爆炸作用时间长、做功能力强。这是因为含铝炸药中的铝粉能与爆轰产物产生二次反应而释放出大量的热量，从而提高炸药的爆炸威力。以前的传统炸药，像奥克托金、黑索金、TNT 等均属理想炸药，这些炸药的显著特点就是高爆速、高爆压，在很短时间内就完成了爆炸反应过程。反应完以后就是简单的衰减过程。所以长此以往，大家都用 CJ 理论来研究炸药的使用和适用范围，因其炸药的冲击波参数均属线性特征，所以解决了理论与实际应用中的外推问题。

而含铝炸药中因为有铝粉的加入，其爆炸冲击波参数显现出非线性特征，是典型的非理想炸药。其各组分的化学能释放速率存在明显差异，尤其是缓慢的二次反应过程显著低于流体动力学特征时间。因此，以经典热力学为基础的 CJ 爆轰理论不能描述含铝炸药的非理想爆轰过程，所以对含铝炸药的拓展和理论设计方面为研究者带来了极大的难题。

徐更光在研制“海萨尔”的过程中，曾做过多种比例铝粉的炸药测试试验。在试验中他发现，通过改变铝粉的配比，炸药各方面的性能就会发生极大的改变。但在数据统计和分析的时候，会遇到各种各样的困难。徐更光通过爆炸冲击波参数相似性分析，发现冲击波峰值超压和正压区冲量不满足对比距离的相似关系，无法利用爆炸相似规律进行冲击波参数的精确计算，也就是不能满足 CJ 模型。这一特点极大地影响了该类炸药在武器装备中的应用，使得这一问题成为前沿科学难题。

虽然含铝炸药的爆轰做功过程是非线性的，但是徐更光相信，这种爆炸的作用过程一定是有规律可循的。即便这种数学规律不是线性相关的，也一定会有其他的方程能够解决含铝炸药爆轰过程的计算问题。经过多年系统研究，徐更光带领弟子们通过大量的实验和数据分析发现，在含铝炸药实际爆炸过程中，化学反应动力学已成为影响含铝炸药爆轰性能的重要因素。徐更光和他的课题组考虑到以 WK 爆轰理论为基础的动力学模型中，化学能的释放分为快、慢两个反应过程，并采用形式相同的反应速率函数，这些处理方法在分析爆轰波与化学反应间相互作用是非常有效的，而且爆轰性能的计算结果与实验值具有良好的一致性。

考虑到此，徐更光课题组考虑了将 CJ 爆轰理论和含铝炸药的二次反应理论结合在一起，试图建立一整套含铝炸药的分析模型。功夫不负有心人，当他们把含铝炸药的反应分为快速反应和慢速反应两部分，并且将释放的化学能和反应速率作为非理想特征参数考虑到数值模拟中去的时候，计算的结果与基本的试验结果竟然出奇地一致。而且在反应速率趋向于无穷大的时候，这个简化模型无限趋近于 CJ 爆轰理论方程，也就说明了这一公式本身的正确性。

数据表明，这种理论基础的简化模型在计算冲击波峰值的时候，误差不大于 10%，衰减时间常数的误差小于 5%，冲击波能与实验值也具有良好的一致性。这一模型合理地描述了含铝炸药非理想爆轰的主要过程和非理想特征，在含铝炸药的理论分析方面取得了重大突破，为高威力含铝炸药的应用奠定了坚实的科学基础。徐更光在含铝炸药的研制方面取得实质性进展以后，他又遇到了一个展示才华的机遇。

第二节　恰逢台海危机 突破水中破障技术

20 世纪 90 年代中期以后，发生了第五次台海危机。“台独”势力在台湾岛内不断得到增强，而作为国民党主席的李登辉，也拼命扶植“台独”势力，在分裂祖国的道路上越走越远。2000 年，“台独”分子陈水扁当选为台湾地区领导人，两岸分裂的局势更加危机四伏。从那以后，解放军为防止台湾在分裂祖国的道路上发生实质性偏转开始做大量准备。在这些军事准备之中，抢滩登陆是一项最核心的内容，也是历来解放军所面临的作战难点。

国民党自 1949 年退守台湾以后，修建了大量防止登陆的军事设施。到了 90 年代，台湾地区既有现代化的海陆空立体防御结构，也有一些传统的但切实可行的防登陆设施，形成了完备的永久性防御体系。其中一项措施就是在台湾岛最有可能被解放军列为可攻击登陆的海滩上，布置了大量的防登陆水中铸桩。这种铸桩一般都建设在水下 2 ～ 4 米的浅滩上，按一定的距离和方向，密密麻麻地分布在海水中。这种铸桩的底座采用高标号的水泥（400 号以上）混凝土建造，在混凝土中又浇注了钢轨。钢轨在海水中像一把把利刃一样，给各种登陆船只都能带来致命的威胁。这种抗登陆铸桩坚固耐用，平时又不用维护，特别是高标号的混凝土经水浸泡以后变得更加坚硬。所以这些水中障碍能长期有效地阻碍登陆船只靠近，从而为进攻方的抢滩登陆造成极大的困难。经过台湾地区几十年的苦心营造，这种水中障碍遍布台湾地区每一处防御海岸。

我国从20世纪60年代起就开始寻找针对这种铸桩的水中破障方法。但由于攻击炮弹往往不能直接击中水中的目标，而炮弹在入水以后威力衰减得非常厉害，所以针对这种设施的水中破障技术一直没有得到实质性的突破。

在国内，很多国防科研部门都为此进行了深入的研究，并为此进行了充分的准备和科研攻关。20世纪90年代中期，国家有关部门统筹各方力量，由航天部联合九院共同组织一支队伍，进行水中破障技术的研究。同时兵器工业部也组织一支队伍进行水中破障技术的研究。两支队伍都要拿出自己的产品来竞标，国家将在两者之中选出优胜者来彻底解决这个水中破障难题。为了促进这项工作的顺利实施，有关部门在武汉召开专门会议，邀请国内各方面的专家、学者和军方人士，一方面听取两支队伍的可行性和论证报告，另一方面对产品性能提出更科学的要求。

兵器工业部接到这项任务以后，具体由中国兵器科学研究院来完成这项工作。水中破障的难题摆在了中国兵器科学研究院院长面前，而此时此刻院长心中早已有了攻克难关的合格人选，他第一个想到的就是北京理工大学，就是徐更光院士。

徐更光是中国兵器科学研究院在炸药领域举足轻重的核心人物。作为炸药专家组的组长，徐更光就是兵器工业部炸药方面的主心骨，所以兵器工业部让徐更光领头攻克这项难题是再自然不过的了。在那次武汉会议上，徐更光代表兵器工业部与各路专家进行了充分的讨论，也向大会提出了自己解决问题的方案。要想解决这个水中破障的难题，不但要有适合的火炮，更重要的是要选用合理的炮弹，所以炮弹装药就是解决水中破障的根本性问题。

在这个问题上，九院拿出的是装有奥克托金的炮弹，希望用最大的威力来摧毁水中的混凝土铸桩。大家知道，奥克托金是当今世界上被选用的威力最大的单质炸药之一，除 CL-20 因实用安全等问题未被实际应用以外，奥克托金应该算是现代世界炸药史上的顶级炸药，其爆速、爆压是其他炸药不能匹敌的。而徐更光对此却提出了自己的不同见解，他认为奥克托金虽然威力巨大，但在水中却不能完全发挥其作用。奥克托金爆压高，爆速快，加载也快，如果炮弹不是直接命中在混凝土铸桩上，那么在爆炸瞬间巨大的能量只会快速地加热周围的海水，而让海水升温是在做无用功。

徐更光拿出的方案是采用含铝炸药。含铝炸药虽然爆压、爆速不高，但其加载时间长，其能量输出结构更适合水中毁伤。冲击波在从一点转移到另一点的过程当中能够形成拉伸波，而利用拉伸波就能够巧妙地对坚硬的混凝土进行破坏。举例来讲：用外力从上往下压一根木头，它能承受相当大的力，不会轻易损坏。但是如果有一种力从中间把木头向两边拉开，就很容易把木头劈开。这个拉伸波也是这个原理。从力学的角度来分析，混凝土的抗压强度高，抗拉强度低。如果有一种力往两边拉，就很容易将混凝土破坏掉。混凝土被炸掉以后，里面的钢轨也就不复存在了。

徐更光根据自己的测算，针对目前台湾地区沿海的混凝土铸桩情况，如果是靠奥克托金直接爆轰，其装药量将要达到 190 千克以上，这显然是不现实的。与会专家对九院和北京理工大学提出的不同方案进行了充分的论证和讨论，最后决定让双方都拿出各自的样弹择机进行现场考核测试。从那以后，徐更光就开始了水中破障弹的研制，其合作方就是老朋友——位于湘南湘潭的 282 厂。

徐更光对 282 厂有着深厚的感情。在徐更光的科研道路上，282

厂曾给予了他多方面的支持与帮助。像“8701”炸药在40毫米火箭弹中的成功应用，282厂就立下了汗马功劳。这一次徐更光又和282厂战斗在一起，为中国的水中破障弹开始了艰辛的科研攻关。

根据作战部队的要求和实际情况，破障弹将采用火箭发射，破障弹装药量控制在60千克左右。对于一种舰上发射的火箭弹来讲，这个装药量已经非常大了。徐更光近些年来在含铝炸药方面已经进行了深入的探索和实践，在配方和装药工艺方面技术已经非常成熟。现在的关键就是要找到一种最合理的铝粉配比，使炸药的做功时间和炸药总威力达到一个最佳的匹配。

空气中爆炸能量输出参数一般用爆速、爆压、爆热、威力、猛度等来评价，这些指标较全面地反映了空气中爆炸的特征，且普遍为人们所接受。然而水中爆炸和空气中爆炸存在着某些差异。徐更光课题组在前人研究的基础上，结合多年艰辛的科研工作，通过试验测定了TNT、“8701”、含铝炸药等水下爆炸冲击波超压的衰减规律，得到了水中爆炸的超压、冲击波能、气泡能、能流密度、脉动周期、衰减常数等参数，还研究了铝氧比、装药密度等对能量输出的影响，建立了一套水中爆炸的能量输出结构及其评价方法。

他们总结发现：水下爆炸的总膨胀功是由近距离作用的冲击波能、远距离作用的气泡能和加热水消耗的能量组成的，它接近炸药的爆热，加热水的能量消耗与初始爆轰压成正比，而真正做功的部分在于冲击波能和远距离作用的气泡能，特别是气泡能在破障作业中举足轻重。那么在总功不变的情况下，想方设法降低初始爆轰压，使得做功全部转化到有用的地方，就成了破障弹装药研究的重点。在这个思路下，徐更光带领自己的团队试着找出TNT、RS211、“8701”、PW40、PW30、PW25、PW20、PETN80/Al20等多种炸药用来测试这些装药的爆轰做功特点。他们将各种炸药称取1千克的量，做成球形，置于水深 10 米的海域的一半深度处，并在离炸药 4 米的地方设置了多种测量爆炸做功的传感器，通过引爆炸药来得到实验数据。经过反复测试，他们发现，当铝粉含量达到一定比例时，其爆热最高，威力最大，延迟时间最合理。找到这个最佳平衡点以后，徐更光就来到 282 厂和 375 厂，将自己的实验思路和方法全面传授给了两个厂的技术人员。

375 厂生产药，282 厂生产弹，两个单位的密切配合是成功的关键。好在这两个厂都具备很强的科研实力，多年以来两个厂又都和徐更光保持着密切的联系。大家在一起经常谈起“8701”，谈起“海萨尔”，谈起 40 火箭弹，谈起水中兵器，因为这些光荣标志着徐更光和 282 厂、375 厂长久的友谊。在徐更光的指导下，375 厂很快就用徐更光的炸药配方生产出了新型含铝炸药，282 厂用这种专用的含铝炸药生产出了新型水中破障火箭弹。

实弹射击的日子很快就来到了。根据试验要求，由海军模拟台湾地区防御阵地的实际情况，在海中设置与台湾地区水中障碍相近的混凝土铸桩，然后划出两片相同的海域供九院和北京理工大学分别进行实弹测试。届时，将由海军在船上向岸边的固定海域发射火箭弹。在相同的固定海域中，要求被射入 18 发火箭弹。等到落潮以后，再观察水中混凝土铸桩的损毁情况，以此作为评判。

试验当天，徐更光坐在观察室里，他的学生与部队的实验员一起进行实弹射击测试。那一次，原定射程要求 1000 米，为了更接近于实战把射程定为 3000 米。射击开始了，一条条火舌飞向固定海域，火箭弹落入海中，发出巨大的轰鸣声。轰鸣声过去以后不久，徐更光的学生就跑了回来，告诉徐更光：“老师，出问题了，火箭弹精度不够。原来要求有 18 发落入实验海域，九院的达到了，可现在落入咱们实验海域的只有 13 发，这下可麻烦了。”徐更光一听，先是一惊，但这是实弹射击，不可能再来第二次。无奈，他只能对自己的学生说："13 发就 13 发吧，等结果出来再说。"就这样，实验场上的人只能静静地等待落潮以后的结果。

徐更光与技术人员勘察现场

几个小时以后，潮水终于落了下去。试验场的战士们驾着冲锋舟开进了实验海域，一根一根地数，统计混凝土铸桩的损毁情况。很快结果就报上来了，在徐更光他们这块实验海域，混凝土铸桩的损毁率达到了 85%，大部分混凝土都被炸成了 10 厘米以下的碎块，钢轨横七竖八地躺在了海里。在这种情况下，登陆船只就可以顺利地通过了。最终结果，北京理工大学得分 88 分，九院得分 86 分，徐更光以两分之差赢得了胜利。但现场的实验人员都清楚，这绝对不止是两分的差异。如果是 18 发火箭弹都准确地落入指定海域，那么效果一定会更好。

就这样，徐更光用铁的事实为兵器工业部争得了荣誉，为北京理工大学争得了荣誉。2005 年，这种新型的火箭破障系统获得了国家科学技术进步奖二等奖。

海边的铸桩

湖中的铸桩

第三节　一种新理论的诞生影响了全行业

徐更光结合水中破障武器的科研实践，创新性地提出了爆炸能量输出结构与目标力学响应问题，推动了水中破障武器的发展，大幅度提高了爆炸对目标的毁伤效果，解决了困扰这一领域长达 40 年之久的重大技术难题。徐更光认为，爆炸能量输出结构与目标响应力学是爆炸学的核心研究内容，也是炸药、弹药、毁伤及防护专业的科学基础。这一科学论断体现了学科交叉，推动了科技创新，促进了爆炸学科的发展，并为解决爆炸领域的诸多难题指明了方向。

沈阳 724 厂厂技改所的卢峥工程师谈起徐更时，来这样说道：

徐院士经常来我们厂，给技术人员上课。别看他都 70 多岁了，可是一讲就是半天，也不嫌累。他给我们讲装药与发射安全性的利害关系，讲爆炸能量输出结构。那真是掰开了揉碎了跟大家说，使我们这些工厂的技术人员的理论水平得到了很大的提高，而且这些理论知识马上就能运用到实际生产当中来。

特别是爆炸能量输出结构这一理论，对我们影响特别大，越研究越觉得有道理，现在他的这一思想整个行业都认同。徐院士讲的都跟生产非常贴近，大家学得快也听得懂，给我们的帮助特别大。

在375厂的领导和职工心中，徐更光是一名真正的科学大家，无论是理论上还是实践上，徐更光身上竟有那么多的闪光点。徐更光就是在与375厂的合作中成功地解决了水中破障的难题，所以375厂的技术人员对爆炸能量输出结构这一理论理解得更为深刻。现在，375厂已成为我国含铝炸药的重要生产基地，他们在实际生产中经常运用这一理论来指导各种技术革新，并取得了突出的成果。无论是炸药混合造粒弹时遇到难题，还是钻地弹遇到技术障碍，都是在徐更光的协助下运用这一理论解决了困难，完成了国家任务。

在学校中，徐更光的学生们跟随徐更光致力于水中兵器的研制与发展，并取得了可喜的成绩。水中兵器战斗部高能毁伤技术一直是困扰我国海军装备升级换代的技术难题，也是世界上争相攻克的难题。多年来，大家在徐更光这一理论的指导下，攻克了目标毁伤理论探索、高能配方设计、精密装药工艺优化及原材料降感等多项技术难题，创造性地提出了水中目标高气泡能毁伤理论。他们运用高爆热、低爆速配方技术，实现了炸药能量输出结构的优化，使炸药的气泡能达到2.56倍TNT当量，爆炸总能量达到2.15倍TNT当量，达到国际同类技术的领先水平。

这一理论是徐更光多少年来经验的积累，同时也引发了徐更光更多的感慨。他认为现在很多单位和科研院所专业分得太细，以爆炸领域来讲，发射药、起爆药、炸药、装药、发射、毁伤检测等，各干各的事，这样不行。在加强专业基础的同时，必须要培养复合型人才，一定要有系统的概念思维。他以自己的亲身经历现身说法：

我本来是搞弹药的，但我也懂合成，在实践中我更掌握了混合的技巧，现在什么东西加进去会起到什么效果我一想就知道。我懂药，也懂装药，还懂发射，还懂毁伤。压装怎么办？注装怎么搞？发射后会出现什么问题？这里面有太多的技巧。我坚决相信装药质量是影响发射安全性最主要的因素，但这要从各个环节来保证，缺一不可。而没有复合型人才，这一点是很难办到的。

这就是徐更光，一个睿智而又思想丰富的老人。他所从事的虽然是一项项实际的科研工作，但经过多年的实践，他能在实际工作中找到规律，从规律中形成理论，又从理论中发现实际工作中的弱点，从而把科研工作推上了一个更高的层次。徐更光在水中破障的研制过程中展现了自己出色的创新能力和理论水平，也为炸药行业复合人才的培养指出了一条成功之路。

第十三章

改性B炸药及相关技术的突破

第一节 知难而上
改性B炸药配方的诞生

晚年的徐更光，眼界更宽了，工作更忙了，思考的问题也更多了。作为火炸药专家组组长，徐更光觉得自己肩上的担子格外沉重。如何使中国军队的武器装备达到世界先进水平？如何实现中国火炸药技术的现代化？如何使中国的军事能力储备保持高水平？这些不仅是国家决策者思考的问题，也是徐更光这个国防科技专家不可回避的问题。此时此刻，徐更光将目光更多地集中在提高我国压制性兵器主干火力威力上。

压制性兵器主要指用于压制、毁灭敌方目标的武器，如大口径火炮、火箭弹、航弹、地地导弹等，是各国武器库中的主干火力。我军各兵种的武器弹药库，特别是陆军装备数量很大的压制性兵器，至今仍大量装备爆炸能量较低的TNT，这与西方先进国家主要装备的B炸药相比，爆炸威力要低30%～50%。这种现状严重制约了我国压制性兵器的发展和毁伤能力的提高，影响了我军的军事能力储备，已成为我军现代化发展中一个具有普遍性的薄弱环节。所以，提高压制性兵器的威力成为当务之急。以炮兵为例，未来炮兵的基本任务是以突然、迅速、准确、猛烈的火力打击和摧毁敌方的硬质目标及运动中的点目标、地面目标。用徐更光的话说："那都是卷地皮似的攻击。"炮兵弹药发展的核心是不断提高作战效能，即对各种目标的适应能力，从发射多发弹去毁灭一个目标转变为发射一发炮弹即可毁灭多个目标。所以极大杀伤力能在战术一级作战中给敌人以绝对性的打击。未来战场上，点目标的机动性将日益提高，这些目标的防护能力在 10 ～ 15 秒内将大幅提高。实战证明，在开始射击的命令下达 1 分钟后，炮弹的杀伤效果会大大降低。因为在这个时间内，敌人已经进行了隐蔽或转移阵地，出其不意地射击对无准备的人员比对有准备人员的杀伤力约高出一倍。有资料认为，对付已经隐蔽的目标所需用的弹药大约为对付无防护目标所需用弹药的四倍。因此，从作战任务来看，发展高威力弹药是十分必要，也是十分紧迫的。

20 世纪 90 年代，世界上一些军事先进国家普遍用 B 炸药作为压制性兵器的装药。B 炸药在我国称钝黑梯 -1 炸药，简称梯黑炸药，是一种熔注炸药，其主要组分是黑索金和 TNT，外加一些增塑剂。B 炸药比单一的 TNT 装药具有更高的爆速、爆压及威力，可以注装适应各种药室形状的弹体。因其性能优于 TNT，成本低于黑索金、奥克托金等高分子黏结炸药，原材料来源广泛，价格适中，工艺制造简单，装药较为方便，便于储存和运输等优点，近些年来，在国际上一直备受推崇。B 炸药最早是英国人发明的，美国在第二次世界大战中实行了标准化生产和利用，在第二次世界大战以后，美国就已将 B 炸药作为炮弹和炸弹的主装药。1972 年，美国 B 炸药的生产量约占以黑索金、奥克托金为基的混合炸药总量的 90% 以上。通过西方近 50 年的使用和考验，B 炸药在当今世界的武器装备中仍具有重要的使用价值，并成为世界军事先进国家的兵器特别是压制性兵器的主装药。

但是，B 炸药也有其明显的缺点，那就是装药性能不好，炮弹在装药过程中容易产生气泡、间隙、裂缝等。炮弹的安全稳定性不好，在炮弹发射过程中容易出现膛炸，特别是高膛压的火炮，更容易出现膛炸问题。从实战上来看，美国的舰炮、陆军大口径炮都曾出现过膛炸事故。另外，B 炸药在长期储存中的渗油问题，也一直没有得到很好的解决。所以，近几十年来，西方一直在进行B炸药的改性工作，并且有了一定的进展。特别是随着现代战争的需要，压制性兵器向大口径和远程化发展，更对B炸药提出了更高的要求。

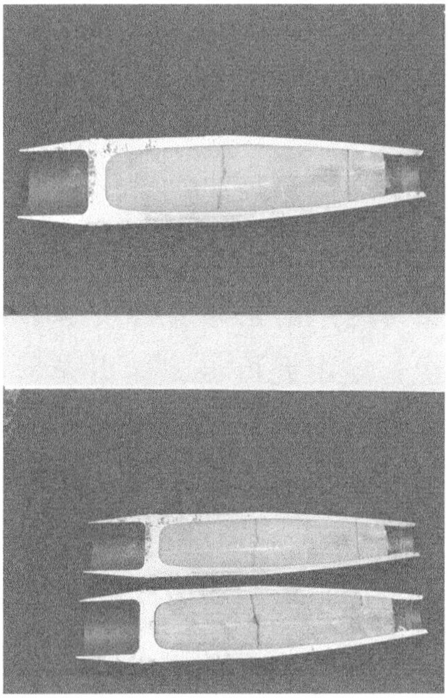

炮弹内部装药情况

在徐更光心里一直有一个夙愿，他要攻克B炸药的改性难关，根据国内的实际情况，用我们自己的技术造出高水平的改性B炸药，赶上并超过世界先进水平。同时，徐更光向有关方面建议：调动各方面力量进行B炸药的攻关，将来用新的改性B炸药全面替换现有装备中的TNT，大幅提高我军压制性兵器的威力，使我国的装备水平有一个大的改观。

进入20世纪90年代以后，国家对我军装备的现代化改造问题也非常重视。在"八五"和"九五"期间，都将"改性B炸药配方及装药工艺研究"作为重点预研项目进行研究，并给予了多方面的支持和帮助。在此期间，兵器工业部组织了多家单位进行改性B炸药的研制工作，北京理工大学一直是这个项目的组长单位，徐更光担任技术负责人。"八五"期间，徐更光就投入了巨大精力进行了B炸药的改性研制工作，并取得重大突破。进入"九五"以后，在改性B炸药配方取得突破性进展的基础上，徐更光又在装药工艺和检测上取得了骄人的业绩。1999年8月27日，中国兵器科学研究院就"改性B炸药在大口径榴弹上的应用技术"在北京理工大学召开了专项预研工作会议。会议有中国兵器科学研究院有关处室、总装备部炮兵防空兵装备技术研究所、北京理工大学、204所、724厂等单位参加，其主要内容是将“九五”预研的改性 B 炸药相关技术实施统一集中管理，组成系统项目，实施系统工程管理，强化改性 B 炸药相关工作的系统化集成。另外，为了保证此项工作的顺利进行，成立了项目管理组和项目技术组。项目管理组由中国兵器科学研究院相关单位负责人担任组长；项目技术组由徐更光担任组长，总装备部炮兵防空兵装备技术研究所、204 所、724 厂相关负责人担任副组长。由此可见，徐更光是这项浩大工程中在技术上最关键的领军人物，他为此不知倾注了多少辛勤的汗水。

说起徐更光在 B 炸药改性方面的研制工作，还要从攻克改性 B 炸药配方说起。别看徐更光日常的工作这么忙，手头的项目这么多，但是，徐更光的眼界总是放在世界炸药运用的最高水平上，国外同行的成绩和困惑都是徐更光最为关注的话题。再加上徐更光平时非常注意搜集、了解各种最新的行业信息，所以对 B 炸药的配方和工艺也是了如指掌。

国外传统 B 炸药的主要组分就是 59.5 ± 2.0% 的黑索金、39.5 ± 2.3% 的 TNT，另加 1.0 ± 0.3% 的地蜡。其制造工艺也并不复杂，通常的方法是先将 TNT 加温至 90℃保温，使其熔化为液态。继续加热 TNT 并不断搅拌，当温度达到 100℃时加入黑索金粉末，变成悬浮液，像棒子面粥一样。此时的悬浮液中含有 8% ～ 15% 的水分。继续加热至 105℃时充分搅拌，使水分蒸发。水分蒸发后再倒入地蜡。地蜡在 90℃时就会熔化，所以此时的地蜡很快就会溶解在悬浮液中。这三种物质充分混合后降温，当达到一定的流动性以后，放入加料器中冷却，最后制片，分装。这就是 B 炸药简单的生产过程。

B 炸药在实际装药中都是采用注装的方式。装药时先将 B 炸药熔化，然后将高温（90℃左右）的炸药悬浮液注入弹体。为了在注入过程中保证弹药的密度、可塑性和成型性，弹体需要浸在 48℃的冷却水中，高温炸药悬浮液在 48℃的温度下凝固成型，然后再降至常温。这就是 B 炸药简单的装药过程。

徐更光翻阅了很多国外资料，从多方面看到正是因为B炸药在配方上的缺陷和这种装药办法，给B炸药带来了诸多隐患。首先，是容易产生气孔问题，而气孔又是容易发生膛炸的最主要问题。气孔形成的最重要原因就是悬浮液在不断熔化—凝固过程中，黑索金的少量晶体溶解后凝固析出，粒度不断变小，比表面积不断增大，比表面积大摩擦力就增大，从而导致悬浮液不可逆增稠。特别是冒口漏斗附近的药在反复使用时黏度增加，造成装药过程中携带大量气泡，直接影响弹药的发射安全。B炸药悬浮液的不可逆增稠是世界上尚未攻克的难题，也是徐更光必须要面对的困难。其次，国外B炸药装药一般都是分次注装。这样，每次注装衔接处都容易产生横向裂纹、缩孔和气泡。如果是一次注装，往往因为药柱长，而缩孔难以引出，这些都严重影响装药质量。最后，还有一个致命的弱点，那就是弹体需要在48℃的冷却水中凝固成型，成型后再降至常温，完成一次装药。这不仅需要加热设备、提高成本，还增加了有毒蒸汽的挥发，直接对装药工人造成伤害。更重要的是在降至常温的过程中，因温度变化又容易出现底隙，补缩不够充分，这又是容易膛炸的重要原因之一。因此，国际上的炸药专家在总结了多方面因素以后，提出了一种新的理论，大家一致认为：装药质量是影响发射安全性的最主要因素。

近些年来，西方各国纷纷采用多种办法研究改性B炸药，如向配方中加入适量高聚物黏结剂和有机增塑剂、采用真空和振动装药、TNT原材料的钝化等，但始终没有完全解决B炸药的膛炸问题。为了检验炮弹的装药质量，减少膛炸事故的发生，美国至今仍在采用每五百发炮弹锯开一发检查质量的老办法来保证炮弹的装药质量。这个方法虽然很笨，但目前美国人还没有找到更好的解决办法。

徐更光认真分析着B炸药的配方和装药特性，也觉得分外蹊跷。这个B炸药真有点儿意思：看似简单，实际上暗礁重重，谁都闯不过去；看似古老，却有着强大生命力，谁都离不开它。在现代科技飞速发展的今天，在各种先进的合成技术层出不穷的情况下，B炸药仍是西方各国军事装备中无法替代的主装药。看来，徐更光又有一块硬骨头要啃，又要和世界的同行们来一次竞争。不过，解决别人解决不了的问题永远是徐更光最大的乐趣。越是具有挑战性，就越能激发徐更光的斗志。从1991年开始，徐更光就扛起了“改性B炸药配方及装药工艺研究”课题组组长的大旗，开始了艰苦的科技攻关。

那时徐更光的手下还有黄正平、张景云、徐军培等多员大将，还有一些陆续参加进来的学生。大家共同向这一世界性的难题发起了进攻，并连续奋斗了十几年。一开始他们就给自己定了一个很高的技术指标。

（1）改性B炸药的装药安全性应优于B炸药；

（2）改性B炸药的爆速应高于7600米/秒；

（3）改性B炸药的机械感度要低于B炸药；

（4）改性B炸药承受的热应力、冲击能力要优于B炸药；

（5）添加剂的引入，在高温71℃的条件下不渗出（滤纸法）；

（6）改性B炸药的热安定性、内外相容性应满足技术要求，通过加速贮存试验方法计算出储存寿命；

（7）改性B炸药的配套新装工艺、装药质量应全面满足《B炸药的榴弹装药技术条件》（暂按美国军标）；

（8）改性B炸药的装药工艺应适应国内工业生产要求，实用可行；

（9）改性B炸药的原材料来源应立足于国内，其制备工艺能够利用现生产线生产。

以上这些指标被写进了预研项目的合同里，这是徐更光向国家的承诺，也是对课题组的鞭策。徐更光此时还能清晰地记得当年课题的编号：23A.3.3。但徐更光没想到，这个课题一干就是十多年，到了2008年才终于完成了设计定型。这其中徐更光和他的团队经过了太多的风风雨雨，也见过了太多的世态炎凉。这十多年里，徐更光遇到过膛炸事故，遇到过同行的不理解，也感受了太多的淡忘和冷漠。就连相关的负责领导都换了好几拨，有些业务部门好像都忘记了还有这样一个任务。但是，徐更光没有忘记过一天，他在进行多项科研的同时潜心进行 B 炸药的各项改进工作。他常年奔走在学校、805 厂、724 厂之间，他一直在坚持着，用他的信念和执着，用他的辛勤和智慧坚持着，直到看到改性 B 炸药配方及装药工艺研究全面成功的那一天。

徐更光当年接到任务以后，就全身心地投入这项科研攻关中去。凭着自己丰富的经验，徐更光带领大家首先要解决悬浮液增稠这一难题。他们找来 B 炸药样本，先摸清它的黏度增稠情况。

老规矩——知己知彼，百战不殆。徐更光要自己动手，亲自摸一摸 B 炸药的特性。在 B 炸药浇注实验中，他们看到如果将初始黏度设为 100 的话，在五次浇注的过程中，其黏度分别为 100、104.1、105.4、120、146.2。由上述数据可以看出，随着浇注次数的增多，其黏度的增加是非常显著的。而为了保证 B 炸药的装药质量，一般都要经过多次浇铸，才能完成一发炮弹的装药工作。徐更光仔细研究着悬浮液中黑索金和 TNT 的相互作用，黑索金在 TNT 中的溶解是导致不可逆增稠的重要原因。徐更光想来想去，觉得要通过两个途径来解决增稠问题。要么找到一种材料把黑索金包裹起来，使溶液不会越来越稠；要么找到一种抑制剂来防止悬浮液增稠。总之，重点是改善药液的屈服值，改善可塑性，这是 B 炸药改性的重点。

徐更光开始查阅大量资料，并参考了国外各种对 B 炸药的改性配方。美国采用的是聚氨酯，这是一种高分子固体增塑剂，虽然增塑效果不是很好，但具有很好的分散性，且不会产生迁移。徐更光又查到了法国同行的办法，他们采用了一硝基甲苯（MNT），提高了 B 炸药的抗热冲击能力，能较好地改善装药性能，提高抗低温裂纹的能力。但是，这种药也有缺陷，就是最后凝固的弹口容易出现问题，并产生渗油问题，影响弹药的长期储存。由于西方保密的原因，所以徐更光当时只找到了这两种做法，而且这两种办法都各有缺陷。

看来只能靠自己。徐更光带领团队开始了漫长的摸索。那几年，徐更光大部分精力都放在了B炸药的改性配方上。回忆起当时的情景，徐更光真是感慨万千。那一段时间像是着了魔，吃饭睡觉都在想着配方的事。手下几员大将也是倾心奉献：黄正平是试验的高手，心特别细，做起事来一丝不苟；张景云是个资料通，很多信息都是他绞尽脑汁搜罗来的，扎实的外文功底开阔了大家的眼界，让大家了解了国外同行的动态；徐军培更是个女实干家，一次又一次地重复着黏性压注试验，最后连压注机都吃不消了，经常闹罢工。那时，压注机一坏就是徐更光最头疼的事，没有它试验根本进行不下去。压注机出问题，徐更光经常是亲手去修。别看徐更光都60多岁了，但干起这些活儿来就像个熟练的维修工，经常是弹簧、油封、液压管摆满一地，最后又一件一件地装回去。徐军培早已习惯了，和徐更光干活就没有个准点儿，压注机不修好，大家连饭都吃不好。到后来，压注机实在修不好了，彻底罢工了。没办法，徐更光到系里四处求援，找来40多万元经费，赶快买了一台新的德国产压注机，才使得试验可以接着进行。

他们先后选用了10多种常用添加剂进行试验，每实验一种新配方都要经过一个漫长而又严谨的试验过程。他们曾试验过热塑性聚氨酯弹性体；用过二硝基甲苯、一硝基甲苯；还有明胶、氯硅烷、聚乙烯醇、聚砜聚丙烯酸甲酯，等等。这些原料都起到一定作用，但又都有各自的缺陷，不能让徐更光满意。比如，明胶等一些水溶性动物胶和一些高分子材料，它们都能有效地将黑索金包覆起来，起到防止增稠的效果。但是，在使用时包覆工艺过于复杂，无法实现大规模生产，成本也太高；像MNT、DNT等材料，蒸汽压高，有强刺激，毒性大，也不适于使用。

就这样，徐更光和他的团队经过了长期的试验、筛查、摸索，熬过了很多不眠之夜，最后终于功夫不负有心人，徐更光找到了一种物质——C××，很好地解决了悬浮液增稠的问题。C×× 是塑料加工中使用最广泛的增塑剂之一，具有优良的综合性能。它混合性能好、增塑效率高、挥发性低、耐热性和耐寒性良好、迁移性小、耐水抽出、耐紫外光和电气性能高。它可广泛用于聚氯乙烯的各种制品、氯乙烯共聚物、维素树脂的加工中，如薄膜、人造革、电缆料、板材、片材、管材、模塑品、增塑糊等。C×× 的稳定性、耐挠曲性、黏结性和防水性均优于其他增塑剂，而且成本很低。徐更光和他的团队在 C×× 身上可下了不少功夫，在多方面测试了 C×× 混入炸药悬浮液后的各项性能，证明 C×× 能很好地包覆黑索金，吸附在黑索金上。在黑索金反复熔化后，不管对大颗粒还是小颗粒，都能起到很好的包覆、隔离作用，防止了增稠。为了和国外 B 炸药对比，他们仍按测试 B 炸药的方法来测试 C×× 的悬浮液情况，将初始黏度设为 100，也用五次浇注，其黏度分别为 100、98、95.3、92.7、92.3。从试验数据可以看出：C×× 的炸药悬浮液在浇注过程中不仅没有增稠，而且还出现了负值（–5.1%），能很好地保持着流动性，越来越好浇注。这一下就解决了大问题，徐更光和同志们兴奋之余长长地舒了一口气，一个最重要的难关终于被攻克了。

至此，改进 B 炸药的配方研制工作取得了第一步的成功，这种成功让同志们感到由衷的高兴，大家一致认为这是我国在高能炸药研制方面的又一次飞跃。为了这一次飞跃，徐更光和他的课题组经过了一个漫长的过程，付出了大量的心血，终于解决了最关键的不可逆增稠问题，从而为改性 B 炸药找到了一条光明之路。

不可逆增稠问题解决了，这一步来之不易。但是不是所有矛盾都迎刃而解了呢？是不是炸药悬浮液变得越稀越好呢？不是，这是一个辩证的问题，这是要考虑多种因素的问题。徐更光首先分析了地蜡在 B 炸药当中的作用。地蜡是西方炸药专家应用最广的一种炸药添加剂，主要作用是增加钝感和可塑性。B 炸药中唯一引进的添加剂就是地蜡。尽管几十年来大家对它的钝感作用众说纷纭，有不少其他的看法，但综合各方面的矛盾以后，标准的 B 炸药一直使用地蜡做钝感剂。在实际应用中，地蜡在熔注过程中容易出现离析和漂浮等问题，这也是一个非常难以解决的问题。徐更光在解决完增稠问题以后，又开始在地蜡的应用问题上绞尽脑汁，他决心要找到一种添加剂来提高地蜡在悬浮液中的乳化和分散性。

长期经验的积累让徐更光有了神奇的灵感。用硝化棉保证行！硝化棉曾帮助徐更光解决了多种困难，曾为徐更光创造了多项奇迹，在改性 TNT 的研制中，硝化棉就起到了很好的作用。长期对硝化棉的运用，已经让徐更光对硝化棉的各种性能了如指掌。在改性 B 炸药中加入硝化棉就如同探囊取物般信手拈来，可以说是驾轻就熟了。经过反复实验，徐更光确定了将地蜡和硝化棉组成复合的钝感剂系统，而硝化棉本身又兼有防止增塑剂迁移的功能，同时也提高了地蜡在悬浮液中的乳化和分散。

同时，硝化棉也很好地解决了炸药悬浮液变得过稀的问题。C×× 可以溶解硝化棉，对硝化棉也有很好的增塑作用。C×× 常温下就是液态，在相当宽的温度范围内不发生相变。加入硝化棉后，可以防止低熔点物质的迁移，是一种很好的吸收剂。这样，硝化棉就可以使得悬浮液不至于过稀，可以控制在最佳的黏度范围内。再有，B 炸药在存放过程中有渗油的现象，这是 B 炸药中的 TNT 难以回避的弊病。徐更光在以前攻克改性 TNT 难关时，就是利用硝化棉解决了这一世界性难题，取得了成功。此时此刻，在 B 炸药的改性过程中简直就是照方抓药，保证立竿见影。更为重要的是，硝化棉的加入可以改善炸药的抗拉强度。这对于消除药柱中的裂纹起着关键性的作用。

就这样，徐更光和他的课题组经过长时间的探索和试验，终于得到了改性 B 炸药的全新配方。有了这个全新的配方以后，徐更光等就用这种新的配方压成药柱与 B 炸药压成的药柱进行全面的比对性研究。他们惊喜地发现：改性 B 炸药的爆速丝毫不低于 B 炸药，与 B 炸药相当；在机械感度和储存安定性等方面，改性 B 炸药也优于 B 炸药。对 B 炸药和改性 B 炸药在相同装药方法下的比对性研究证明：改性 B 炸药的塑性、密度等指标都优于 B 炸药，同时大幅降低了弹药的裂纹和底隙，取得了非常好的效果。

至此，徐更光和他的团队完成了改性 B 炸药配方的实验室研制工作，当然由于条件所限，这些实验只能小量的实验室生产，要想摸索出成熟的生产工艺进行大规模的生产，必须要与工厂合作进行工艺放大实验。通过与兵器工业部火炸药局的协商和对国内炸药厂的了解，徐更光选择了甘肃 805 厂进行工艺放大试验。

805 厂是我国重要的火炸药骨干企业，与北京理工大学保持着多年的科研合作，这个厂的科研骨干中有很多也是北京理工大学的毕业生，技术负责人孙宽德还是徐更光的老朋友。1995 年，805 厂与北京理工大学签订了“改性 B 炸药及应用技术专题”军品科研合作协议，在徐更光的指导下开始了中试工作。从那以后，徐更光多次来到 805 厂，与 805 厂的科技人员在生产工艺和流程方面进行认真细致的研究。虽已六十多岁，但徐更光依然是那么精力充沛和雷厉风行。他每次一到 805 厂就把技术人员召集起来，认真细致地讲改性 B 炸药的配方特点，讲生产中要注意的问题，仿佛要把每一个人都培养成配方专家。805 厂的技术人员和工人们也特别愿意和徐更光交谈，他们从徐更光那里学到了很多知识和经验。为了做好改性 B 炸药的研制工作，805 厂还成立了专门的改性 B 炸药实验组，配备最强的技术力量，协助北京理工大学进行改性 B 炸药的研制工作。为了做好改性 B 炸药的工艺放大试验，805 厂认真改进和调试生产设备，仔细挑选各种原材料，并重新设计了添加剂的制造方法，做了大量认真细致的准备工作。经过双方紧密的合作，最终于 1997 年 11 月完成了改性 B 炸药的放大实验，共投料 550 千克，共投 10 个作业号，每个号

55千克，所有生产工艺和流程都是在北京理工大学课题组人员直接指导下由805厂的技术人员实施的，经过一番艰苦的劳动，805厂终于生产出了令各方都满意的改性B炸药工业化产品。

改性B炸药生产出来以后，805厂对改性B炸药的各项性能进行了科学的分析和测试，认为北京理工大学的配方设计合理，生产过程稳定可靠，产品性能明显优于B炸药而且新配方制造工艺简便，适于大型投产，能够满足各种火炮炮弹的装药需求。至此，改性B炸药的配方研制工作取得了巨大的成功。

装填改性B炸药的炮弹

改性B炸药生产出来以后，805厂把产品运到724厂，由724厂把改性B炸药装入了PL96式122毫米杀伤爆破榴弹，与原来装入TNT炸药的榴弹进行了比对性试验，试验结果证明：改性B炸药的总能量比TNT提高了30.34%，有效破片数提高了23.8%，破片动能提高了33.8%，杀伤面积提高了38.1%。由此可见122毫米榴弹换装改性B炸药以后，威力得到了30%以上的提高，这真是一种革命性的改进，805厂、724厂、徐更光和他的团队及各个协作单位为国家、为军队立下了新功。

第二节　低比压顺序凝固
世界装药史上一次真正的革命

按理来讲，徐更光此时可以欣慰了，他已向国家交出了一份合格的答卷。但此时此刻，徐更光这位经验丰富的科学家，这位醉心于国内炸药、装药现代化改造的技术权威，却好像总也高兴不起来。他看着自己这个新诞生的研究成果，有了更深的思考，也产生了更多的疑虑。是呀，有了这个新的改性 B 炸药配方以后，装药性能和稳定性提高了，但是并不能说消除了 B 炸药在实际使用中的所有矛盾。再好的炸药也要接受实际装药的考验，缩孔、底隙、裂纹，这些在注装工艺中与之俱来的矛盾还没有得到完全的解决。

改性 B 炸药虽然解决了炸药悬浮液的不可逆增稠问题，但是改性 B 炸药的悬浮液也是一种黏度很高的液态混合物，在搅拌过程中，不可能没有气泡。改性 B 炸药的可塑性是好了，抗拉强度也提高了，低温可塑性能也改善了，但是要想完全消除裂纹那是根本不可能的。此时此刻，徐更光想起了 123 厂曾经从法国引进的自动注装生产线。这套生产线是 123 厂为了提高注装工艺水平而引进的，主要用于 152 毫米榴弹炮的装填。这个生产线采用的是顺序凝固工艺，这套自动注装系统是当时世界上最先进的弹药生产线之一。引进生产线后，123 厂在法国专家的指导下，严格按照法方的工艺流程进行测试生产。在测试过程中，生产炮弹 1048 发，但合格率仅为 71%，主要问题就是会产生气孔、缩孔和裂纹。由此，徐更光又想到了全世界炸药专家共同达成的那个共识：弹药的装药质量是影响弹药发射安全性的最主要因素。

在这个问题上，国内的装药专家们曾有过不少争论，最早国内的一些专家一直信奉苏联人的观点，认为发射安全性主要取决于炮弹的许用应力。以 TNT 装药为例，TNT 的许用应力是 2000，那么就选用 2000 的一半来作为安全的限定，只要不超过这个限定就认为是安全的。其实这是个很落后、很古老的理论，但一直被国内很多人沿用。后来国内专家到苏联去考察才知道，苏联人很早就放弃了这一理论，而采用美国等西方国家的观点，认为弹药的装药质量是影响弹药发射安全性的最主要因素。徐更光一直就非常支持这一观点，并且在实际科研工作中能够高屋建瓴、全方位地考虑这个问题。他不仅能够研制出全新配方的好药，还要考虑这药好不好装，好不好存，对目标的破坏效果如何。这是一种跨学科的综合能力，是一种真正从实际出发的科研责任心。现在，新的改性B炸药配方有了，但是就是有再好的配方，如果在装药工艺上不过关，也是徒劳的。徐更光不仅是混合炸药方面的专家，也是装药方面的专家，他要为我军的实际应用负责，他的心中永远装着“责任”二字。所以当改性B炸药的配方研制成功以后，他没有停止自己奋斗的脚步，更没有觉得这是一个完美的成功，他要在改性B炸药的装药方面进行新的探索。

徐更光对国内外的装药工艺是非常熟悉的。新中国成立以后，由于大量继承了苏联的装药工艺，我国的大口径炮弹普遍采用螺旋装药。这种工艺效率高，操作相对简单，但质量不稳定，生产环境差。而以美国为代表的西方国家则普遍采用注装工艺，注装工艺的装药密度和稳定性及生产环境要好于螺旋装药，但其效率却比螺旋装药低一些。在实际运用中，美国人为了提高注装的生产效率，曾经先将B炸药做成块状，将部分B炸药药块装入弹筒中，然后再采用注装B炸药悬浮液的方式，将弹筒内的所有空隙填满。这种办法虽然缩短了装药时间，提高了生产效率，但是却降低了装药质量，产生了更多的气孔和裂纹，还导致了弹体内密度不平均。看来，不从根本上找到突破口，有再先进的设备、再好的配方也是徒劳的。

徐更光查阅了大量西方国家的先进装药工艺，希望从中找到一个更好的办法来改善装药质量，彻底解决改性B炸药的装药问题。有一天，徐更光在翻阅一本工业生产杂志时无意中看到一份资料，虽然只是短短的几句话，却让徐更光萌发了一种前所未有的冲动。资料中介绍的是波兰的一个铸铝厂的生产情况。资料上说，精密铝铸件的浇铸是一个生产难题，一是因为铝的膨胀系数较大，二是因为铝的热传导较快，所以铸件容易出现气孔和不均的问题。为了解决这一难题，这个工厂在浇铸时选用一种长达 8 米的冒口漏斗进行浇铸，很好地解决了产品质量问题。徐更光的眼睛死死地盯在这段文字上：8 米加料漏斗？为什么是 8 米？这 8 米的漏斗有什么用呢？徐更光揣摩着这几个简单的文字，大脑飞速地转动，不由自主地蹦出两个字：压力！肯定是压力，8 米的漏斗形成了巨大落差，增大了铝溶液注入的压力。对呀！我们为什么不能在注装时为炸药悬浮液加压呢？加压以后，气泡、缩孔、密度、裂纹不就都可以改善了吗？徐更光突然豁然开朗起来。他把自己的想法告诉了课题组的同志们，大家一听很是惊奇，是呀，大家了解了国外这么多的装药工艺，还真没见到过压力浇注的，这是否是一条解决问题的根本途径呢？徐更光根据自己对装药设备和装药方法的全面了解，直觉告诉他：压力装药绝对有用，绝对有必要去尝试一下。有了这个想法，徐更光就带领同志们开始了一项新的探索，这就是低比压加载顺序凝固装药工艺上的探索。

说干就干，徐更光把课题组的同志们召集在一起，开始为实施低比压加载下的装药做各种准备。在他的课题组里有各种各样的能工巧匠，这些年来，大家不仅研究配方，而且还研究装药，研究测试。很多实验设备都是他们自己制造的，在市场上根本买不到，大家都是全才的能工巧匠。特别是徐更光自己，他那双灵巧的手不仅会画图、写文章、出报告，还会修机器、设计电路，搞各种各样的小发明。徐更光记得是刘德润老师和几个学生最早和自己一起做的试验。他们来到学校戊区的实验室，对照着实验室中的炮弹样品按照设想画了一张草图，设计了一个有盖的冒口漏斗。他们把图纸拿到校内工厂盯着他们做出了一个漏斗样品。为了能够加压，他们让工人在盖子上钻了一个孔，能够和气管相连。准备好这个冒口漏斗以后，徐更光和刘德润等就开始了注药试验。

考虑到 B 炸药在浇注时真正容易出问题的就是药中的 TNT，所以徐更光等就用 TNT 来进行试验。根据当时规定，学校实验室中不能存放过多炸药，所以徐更光能够用于试验的炸药不足 1 千克。首先他们用恒温箱熔化了 TNT，然后将 TNT 溶液倒进了冒口漏斗。为了给溶液加压，他们盖上盖子，就把自行车打气筒的气管接到了盖子上的孔内，开始了打气加压。刘德润一下一下地打着气，估摸着有了三四个压力以后，开始向弹筒里注药。他们小心翼翼地从弹筒底层慢慢地释放着炸药溶液，弹筒模仿工业装药时的状态被浸泡在水中。随着炸药溶液在弹筒中慢慢凝固，弹筒也随着慢慢沉入水中。此时 TNT 熔化后的呛人毒气熏得他们眼睛发涩，但是他们谁也顾不得擦一下汗，揉一下眼睛。他们认真地操作着，汗珠布满了额头。过了好一会儿，TNT 溶液终于完全凝固了。他们把弹筒从水中取出，让它彻底冷却。冷却以后，徐更光使劲摇了摇药筒，发现药柱和药筒结合得非常紧密，根本取不出药柱来。他们把药筒立着从中间锯开，来观察药柱的凝固情况。由于大家平时经常接触常压下凝固的 TNT 药柱，所以当药柱被锯开以后，切面上凝固的状态就一目了然了。只见切面光滑、细密，看不到一丝常见的裂纹，也看不到常见的气孔。成功了！心中的设想实现了。单凭外观和直觉，徐更光就断定：这个法子行！

取得了初步的胜利后，大家一下子就来了精神，决心要把这个试验更标准、更科学地进行下去。接下来，大家分工合作，各尽其职。大家设计了更精密的冒口漏斗，还加装了测压器，使压力能够恒定在 4 个气压上。又设计了合理的冷却水温度，设计了冷却时间，也统一了放药速度。经过缜密的试验和长期的摸索，他们终于获得了一套较成熟的注药工艺，获得了稳定的药柱成品。紧接着，大家对这些药柱进行了密度、感度、爆速等多方面的对比试验，同时也借助仪器仔细记录了药柱的微观情况。最后各项结果都非常令人满意，各项指标显示：采用这种低比压顺序凝固方法生产出来的药柱与常压下生产出来的药柱相比，在密度、爆速方面有了显著的提高；感度明显降低，稳定性好；生产工艺简便，不需要精密设备；冷却温度较低，能实现常温装药；产品质量稳定，有利于提高产品合格率。至此，在徐更光和他的团队长期的艰苦努力下，这种世界开创性的低比压加载顺序凝固装药工艺取得了实验室阶段的成功。

有了实验室阶段性的成功，下一步就要与工厂配合建立起一整套完整的工业生产线，来实现规模化的工业生产。找哪个厂来合作呢？徐更光心中首先就想到了四川隆昌弹厂。当时这个厂正在生产开合弹，徐更光认为首先在开合弹上试验这种低比压凝固工艺可能会更容易一些。他不敢怠慢，马上带领助手来到四川隆昌，把自己这种新的装药工艺向隆昌弹厂的厂长和技术人员作了全面介绍。隆昌弹厂立即调动各方面力量，选择一条注装生产线进行全面改造来试验这种全新的注压工艺。但是刚刚开始试验不久，徐更光就发现这种工艺根本不适合开合弹的注压。当带有压力的炸药悬浮液注入弹体后根本无法保证弹体的密封，而失去了低比压注药的实际意义。无奈，徐更光带着他的团队失望地从隆昌返回学校，开始寻找下一个合作伙伴。

在寻找合作伙伴的过程中，徐更光一刻也闲不住，他带领团队和他的博士生根据这次隆昌弹厂的经验和教训又认真思考和改进了工艺流程，希望能在下一次的实践中获得成功。下一个合作厂家应该找谁呢？此时徐更光突然想起了 724 厂。这个厂生产 122 榴弹和法 100 海舰炮炮弹，而法 100 海舰炮炮弹就是注装的，还有一条现成的生产线。对于 724 厂来讲，徐更光和这里有着深厚的感情，当年在改性 TNT 的研制过程中，724 厂就给予了全面的支持和帮助，这里有徐更光太多的老朋友了。现在要试验低比压加载顺序凝固装药新工艺，还得靠这些老朋友的帮助。

有了这种想法以后，2001 年年初徐更光找到 724 厂，把自己的想法和前面遇到的挫折向 724 厂做了全面的介绍。724 厂一见徐更光来了，自然是非常热情。厂里的程洪志总工、权士英所长、郭尚生主任、刘士魁等，都和徐更光非常熟悉，有过合作的经历。特别是权士英所长，10多年以前就和徐更光一起搞改性TNT，共同经历了很多风风雨雨，是无话不谈的好朋友。大家听徐更光这么一说都非常高兴，又有机会合作了。厂领导马上决定支持北京理工大学的科研工作，全面配合徐更光等进行低比压顺序凝固的科学实验。

724厂的这条注装生产线是厂研究所的一条试验性生产线，是靠工厂自己的技术力量设计建设的。这条生产线曾生产过法76、法100舰炮炮弹，摸索出不少注装的实际工作经验。工厂决定，就拿这条生产线进行改造，怎么做都听徐更光的。按照徐更光摸索出来的经验，结合工厂的设备状况，724厂筹措资金买来了步进电机、升降机、电蒸汽发生器、装药机、轴流泵、恒温加热器、恒温控制器等各种设备，对生产线进行了全面改造。为了进一步提高试验水平，徐更光团队还赠送给724厂一台当时最先进的386计算机，他们要用这些设备创造一个中国装药史上的奇迹。

其实这套设备组装起来的工作原理倒也不复杂，那就是将熔化后的改性B炸药悬浮液倒入带冒口的漏斗中，然后在冒口漏斗上加盖密封，密封后，加压至0.5～0.6兆帕。这个漏斗就挂在升降机的挂钩上，然后与装药机相连。装药机上部要保温，防止炸药凝固。装药机上部空间由电蒸汽发生器提供常压蒸汽，保温在95～98℃范围内。当这些设备全部准备好以后，由计算机控制，缓慢地将弹体降入冷却水中，此时冷却水常温即可。随着弹体缓慢地进入水中，炸药悬浮液被缓慢地注入弹体，带有压力的炸药悬浮液自下而上顺序凝固。冷却水由水恒温器实现恒温，由轴流管道泵送入装药机底部，其液面由溢流口控制，水温由恒温仪调节，由此完成了在水温恒定下的低比压加载顺序凝固装药过程。

为了实现这一生产过程，徐更光和724厂的技术人员不知花费了多少心血。装药机的漏斗怎样既安全又稳定地密封？水温的调节怎样既省钱又简单？在整个系统中，为了实现电脑控制，到底需要装多少感应器？这些都是大家一点一点地摸索出来的。设备试制成功以后，经过反复调试，就开始了新的装药工艺试验。为了验证这套设备的可行性，他们先用 TNT 做了不同装药方法的比对试验。很快实验数据出来了，通过这几组数据的比较，徐更光和 724 厂的技术人员看到了非常好的结果。

通过这组实验数据可以看到，采用新的装药技术以后，装药相对密度可达到 97% 以上，爆速、爆压均得到很大提高，而且显著改变了其冲压加载的安全性，取得了非常好的效果。由于在 B 炸药装药中真正容易出现问题的就是 TNT，它的枝状晶体最不利于补缩，是产生裂纹的主要原因，现在从对 TNT 的实验中可以看到，低比压顺序凝固装药工艺已有效解决了缩孔、疏松、裂纹、底隙等问题，这说明新的装药方法已经获得初步成功，这意味着在世界装药史上一种新的技术已经诞生。

第三节　严重的膛炸事故让项目濒于绝境

TNT 的装药试验取得了成功，根据徐更光的经验，如果研制改性 B 炸药，也一定会取得很好的效果。按照这种思路，徐更光决定乘胜追击，在 724 厂全面完成用低比压顺序凝固工艺注装改性 B 炸药的实验工作。

2001 年 5 月，他们从 805 厂调来已经生产出来的改性 B 炸药产品，在 724 厂开始了改性 B 炸药的注装实验工作。当时他们选用的是 83 式 122 毫米榴弹炮弹体。那些日子，徐更光和他的团队一直驻守在 724 厂，与 724 厂的技术人员共同调试设备，调整工艺，盼望着这种全新的实验能够全面成功。

徐更光也时刻观察着724厂每一步的实际操作过程，在设备的改进方面徐更光倒是非常放心了，因为前面已经成功地实践过了。但是当他看到724厂的工人们在操作熔化炸药的化药锅时，不免看得有些心惊胆战。这个化药锅是上海生产的，是当时国内最好的化药设备。724厂用这种化药锅进行生产已经很多年了，操作工人们显得胸有成竹。当徐更光看到工人们把大块的固体炸药放入化药锅以后，炸药在锅中剧烈地碰撞，看得徐更光真是有些担心，这要是出了事可了不得。徐更光向工人们说出自己的疑虑，但厂里的技术人员和工人们都说没事，以前都是这么干的，早已习以为常了。当改性B炸药药液熔化好以后，徐更光看到，工人们是把12发122毫米炮弹放在一个箱子里，箱子放进恒温槽中同时加压。这与以前徐更光在实验室中设计的单发加压是有很大不同的，但徐更光没有试验过，自己也无法说些什么。

经过一番紧张的工作，很快用这种新的注药工艺装有改性B炸药的42发炮弹就注装完成了。炮弹生产出来了，接下来就要迎接真正的挑战——实弹射击。这是考验改性B炸药及装药技术的最关键环节。为此，总装炮兵部门、中国兵器科学研究院、724厂技术人员、军代表及各相关单位、徐更光的团队都来到724厂，大家既紧张又兴奋。考验成果的时刻终于到了。虽然724厂以前曾经测试过改性B炸药的爆炸威力，但那不是用炮打出去的。这次是第一次实弹射击，要全面测试改性B炸药及装药的实际水平，大家心里变得忐忑而紧张。

为了保险起见，724厂要全面检测这42发弹的装药质量。而当时能够检测整弹的最先进的设备就是从美国进口的专用X光机，而当时724厂还没有这种先进的检测设备。无奈，2001年5月28日，724厂把这42发炮弹拉到了黑龙江碾子山的123厂进行测试，当年在弹药厂中只有123厂才拥有这种先进的X光检测仪。通过在123厂的全面检测，2001年5月29日123厂出具了详细的检测报告，检测结果表明这 42 发炮弹无底隙，无气孔，检验合格，符合发射要求，同时为每一发炮弹都附上了详细的检测结果。

看到这种检测结果，徐更光和 724 厂的技术人员都感到十分高兴，这说明前一段试制工作已初步告捷，用这种新方法、新配方生产出来的 122 毫米榴弹炮可以开始实弹射击试验了。

试验那天，724 厂的工作人员把炮弹全部拉到了距离厂区 30 千米的郊外 724 厂专用射击场，准备进行实弹射击。当天，总装炮兵部门、中国兵器科学研究院、724 厂技术人员、军代表及各相关单位、徐更光的团队也都来到射击场，冒着严寒现场观摩射击情况。当时选用的是一门 83 式 122 榴弹炮，离炮位 30 多米就是供实验人员躲避的钢筋混凝土掩体，掩体外七八米的地方有一排碗口粗的柳树。当时徐更光不顾自己年事已高，和大家一起躲在掩体内，全程监控火炮的发射情况。当各方面都准备完毕以后，现场指挥员下达了射击口令，同时对着观摩人员喊："注意！开炮啦！"话音还没落，徐更光只觉得地下一晃，"轰！"30 多米外传来了震耳欲聋的炮弹出膛的轰鸣声。因为离得很近，徐更光和大家虽然用手捂住耳朵，脑袋也被震得"嗡嗡"响。第一发射击成功！紧接着，"轰！"又一发炮弹出膛了。随着 83 式 122 榴弹炮连续地射击，徐更光和所有测试人员虽然被震得够呛，但脸上都露出了笑容。这时，有人劝徐更光："徐院士，到实验场办公室歇会儿吧，这里太响了。"可徐更光仿佛没听见，他要亲眼看着炮弹一发发打出去。等炮弹打完以后，大家还要等弹丸的实际毁伤效果。

正在这时，当炮弹发射到 11 发时，靶场上传来了一声异样的轰鸣，与先前炮弹出膛的声音完全不一样。徐更光还没来得及反应，只听见身边一声巨响，大家从掩体内往外一看，只见掩体外几米远的一棵大柳树被什么东西劈成了两半。徐更光定睛一看，"呀！"原来是一截 122 毫米榴弹炮的炮筒。糟糕！膛炸了！意想不到的事情发生了。

飞出的炮筒劈开了大树

顿时，掩体里乱作一团，大家定了定神，赶快向操炮人员询问情况："到底怎么回事？有人受伤没有？"此时的徐更光脸已吓得煞白，木然地站在那里。虽然说徐更光和炸药已经打了近40年的交道，可这么近地经受这么大的事故，还是头一次。一时间，徐更光茫然不知所措，只得静静地等待询问的结果。很快，射击指挥员告诉大家，在发射11发炮弹时发生了膛炸。由于射击人员安全措施得当，再加上这种在发射过程中的膛炸不同于由炮弹引信触发的完全爆炸，属于不完全爆炸，威力没有那么大，所以未出现人员伤亡的情况，只是将122毫米火炮炸坏，炮管炸飞了。不过就是这样的膛炸也属于实弹试验中最严重的安全事故，用徐更光的话来说："这次算是碰到真钉子了。"

当徐更光听到没有人员伤亡时，心里暗暗松了一口气。他定了定神，走出了掩体，一边看着被劈断的大树，一边看着躺在地上的炮管，真悬呀！就离几米远……这要伤着人，麻烦就大了。徐更光回过神儿来，脑瓜飞快地转动着，思考着膛炸的原因。根据自己对改性B炸药安全性的全面测试，也根据在多次装药试验中对药柱的质量分析，这种新的配方、新的装药工艺都应该好于B炸药，更好于常压下的顺序凝固工艺。现在怎么膛炸了呢？问题到底出在哪里了？当听到操炮的人说炮弹没有完全爆炸时，他开始意识到一定是炮弹质量出了问题。此时，他沉痛而又坚定地向现场指挥说：把没有发射的炮弹全部拉回去，进行全面的检测。

很快 724 厂严格地按照操作规程把未发射的 31 发炮弹全部拉回了厂里。徐更光调来了 123 厂的检测报告，对着炮弹的编号一颗一颗地看着检测结果。根据检测报告上的指标，不可能出现膛炸问题，问题出在哪里呢？无奈，为了看到炮弹内部的实际情况，他向 724 厂提出把剩余的炮弹全部锯开，看看到底是哪里出现了问题。

724 厂不敢怠慢，赶快组织力量将剩余的炮弹一颗颗地从中心纵向锯开，露出了弹体的剖面。徐更光和 724 厂的技术人员一颗颗地仔细检查着炮弹剖面，看完以后不禁大吃一惊。他们发现所有炮弹剖面上都出现了细微的裂纹，徐更光让技术人员对每发炮弹中的裂纹进行了统计，发现平均每发炮弹的裂纹竟有 30 多条。

此时再看看 123 厂的检验报告，报告上显示：42 发炮弹中有 26 发未发现裂纹；余下的 16 发当中，大部分只发现了 1 条裂纹；只有第 20 号炮弹发现了 3 条裂纹，有 2 发炮弹有 2 条裂纹。而参照美军的质量标准，这些裂纹均属安全范围之内，不会影响发射安全。但从实际锯开的炮弹剖面来看，这些检出的结果与实际装药质量相差甚远，所有炮弹中均出现了严重的裂纹，属于不合格产品。但是，123 厂的检测报告却没能反映出炮弹的真实质量状况。

对于这种检测结果，徐更光并不吃惊。因为据徐更光了解，目前世界上还没有任何仪器能够准确地检测出炮弹的内部实际情况。美国的 X 光检测仪只是在一定范围内的辅助检测手段，无法全面检测炮弹的真实情况，在实际运用当中仍然采取的是每 500 发炮弹锯开一发进行检测的方法，而这种方法一直沿用至今。这是当今世界上炮弹检测的一道难题，也是一种无奈。

现在，问题找到了。接下来，徐更光和工厂的技术人员就一同来分析裂纹产生的具体原因。徐更光回到724厂的生产车间，仔细调阅了生产记录和生产工艺，根据各方面的分析，初步判断主要由三方面问题造成。第一，改性B炸药悬浮液不均匀。工人在操作过程中没有将炸药先切成小块再进行化药，而是直接将大块炸药放进化药锅进行化药，导致悬浮液颗粒不均匀，从而影响了装药的质量。第二，炮弹生产过程中保温时间不足。高温的悬浮液在灌入弹体以后，未等到弹体完全冷却就被移出车间。当时沈阳的户外气温有零下20多摄氏度，车间温度与室外温差过大，导致弹体内部在冷却时发生应力改变，产生裂纹。第三，从配方上看也有一些问题。那就是药柱过硬，很脆，抗拉强度不够，也容易产生裂纹。而前面两种原因是在实验过程中从未出现过的，而这些原因给徐更光和724厂参加试验的实验人员心里带来了极大的阴影。唯一让大家感到欣慰的是：这些炮弹虽然存在如此严重的质量问题，还能成功进行了10发的实弹射击而没有膛炸。由此看来，这种新配方、新工艺还是取得了一定的成果。

不过，徐更光无法容忍这种结果的发生。虽然说在实验室的研制过程中从来没有出现过类似情况，但是现在却出现了令人意想不到的多种问题，他深感自责，心中充满了愧意。接下来，徐更光和724厂联合写出了事故分析报告，向总装备部炮兵防空兵装备技术研究所等领导部门全面汇报和分析了这次膛炸的事故。

在报告中，徐更光没有推卸责任，将这次试验失败的主要原因都揽到了自己身上，用一种科学的态度分析了膛炸的原因，着重强调了炸药配方的缺憾。汇报完以后，徐更光的心情无比沉重，因为多年的国防科技实验让他明白，当一种新的军工产品出现这么严重的事故以后意味着什么——这意味着他将可能永远失去参与此项实验的资格。

当时，总装备部炮兵防空兵装备技术研究所组织了一个联合调查组，对炸药的配方、装药工艺及之前实验室、工厂的各种实验数据和试验样品进行了严格的分析和测试。经过一番认真的研究和讨论以后，调查组的专家认为：改性 B 炸药配方的诞生过程是严谨而又科学的，各种实验数据是真实可信的；低比压顺序凝固的注装工艺在之前各种严格的测试当中是有很好的安全保障的，其实验室数据和工厂所测得的数据都是十分吻合的。而这次膛炸的原因有多方面因素，不能完全否定以前的研究成果。调查组根据上述情况，一方面督促科研团队进一步完善配方，改善装药工艺的安全性；另一方面允许徐更光继续担任这项工作的技术负责人，让这项带有开创性的科研工作继续进行下去。

当徐更光听到让自己继续从事改性 B 炸药的研制工作以后，心中异常激动，表示要全面思考改性 B 炸药的配方研制工作，反思其中出现的问题，在将来的研制过程中彻底消除这些安全隐患。

第四节　从配方开始从头再来

带着忐忑、疑惑、内疚与一丝庆幸，徐更光和他的团队回到了学校。这一次，徐更光没有了往日完成任务胜利归来的喜悦，他的心里多了一份凝重，多了一份感激，更多了一份战胜困难的雄心。

徐更光心里回味着这些年的风风雨雨。近 10 年来，徐更光身上压了这么多科研任务，培养了这么多学生，还担任了一届系主任，当选为中国工程院院士后又增加了这么多社会活动。但是，徐更光从没有停止过改性 B 炸药的研制工作，他见缝插针般地为改性 B 炸药耗费着心血，每一次成功与失败都在徐更光心中留下了深深的印记。现在，凝聚着太多人心血的改性 B 炸药和新型装药工艺已经取得了显著的成就，但是，一次严重的膛炸事故差点儿把这些成就一扫而空。徐更光真是后怕呀！如果有人在此过程中献出了生命，如果被踢出改性B炸药的研制队伍，或者取消改性B炸药的研制任务，徐更光该有多遗憾，他该如何面对军队领导、兵工领导的重托啊！如何面对和自己共同奋斗的同事、学生啊！徐更光一遍又一遍地思考着这一切，心中为自己定下了更高的目标：不解决改性B炸药和与之相关的各种问题死不瞑目！一切从头再来！

一切从头再来就意味着又回到了改性B炸药的配方设计上。经过多年的研究和实践，徐更光所研制的改性B炸药最新配方已经弥补了B炸药的很多缺点，成为一种全新的配方。但是通过这次事故徐更光想到，这个配方还不完美，还有更多能够改进的地方。虽然说这次膛炸的主要原因是多方面的，装药质量和炮弹的保温也存在问题，但是用这种新配方生产出来的改性B炸药，其脆性和对温度变化的敏感性是实际存在的。特别是在东北的严冬季节表现得就更为明显。一般情况下，生产车间的温度能够保持在20℃左右，而东北地区的室外温度经常是零下二三十摄氏度。徐更光曾亲眼看到改性B炸药的成品药块在拿到-30℃的室外以后出现爆裂现象，这无疑会对日后的装药质量带来极大的隐患。徐更光重新审视着改性B炸药的配方，琢磨良久，心中默默地下定决心：还得改，这样不行！不能为改性B炸药的研制留下任何隐患。

徐更光搬出了厚厚的技术资料，这是他近10年的研究成果，他重新审视着自己多年来的研制过程，仔细思考着每一步的改进和变化，反复琢磨着各种组分的辩证关系，慢慢地思路逐渐清晰起来。此时他又把攻克的重点放在了地蜡和C××、硝化棉的运用上。

经过多年的摸索，这些原料在改性B炸药中所起的作用，徐更光已经了如指掌了。经过这一次挫折，他要彻底改变B炸药的原始配方，走出一条别人没有走过的新路来。在B炸药中，地蜡长期以来都被用作钝感剂和增塑剂，这是谁也没有改变过的。在多次的试验中，徐更光看到地蜡在使用中有很多不足之处。它本身不做功，用多了影响炸药威力，用少了起不到钝感的效果。在B炸药中地蜡和TNT不混溶，且地蜡的比重比TNT小，用起来很麻烦。在大口径炮弹浇注时，保温的时间长，大部分地蜡飘浮在冒口部位，根本起不到钝感的作用。而在B炸药中地蜡的含量只有1%，即使完全均匀地分散在炸药中，对降低炸药的机械感度作用也是有限的。另外，地蜡的加入使得炸药与弹壁黏结力差，安全性也不好。通过缜密的分析，徐更光想：能否去掉B炸药中的地蜡成分呢？去掉地蜡后，它的作用由谁来替代呢？这是一个至关重要的问题。

再说C×× 的运用，它有效解决了炸药的不可逆增稠问题，是很好的增塑剂。但是在实际运用当中，徐更光也看到C×× 价格较高且原材料质量不稳定，这给弹药的大规模生产带来了一定的困难。再有，C×× 与硝化棉的相溶性不好，令硝化棉不能很好地发挥作用。在多年对有机物的探索之中，徐更光明白很多原料是可以相互替换、取长补短的。这个时候徐更光想到了与之非常相近的一种原料——D××，这种原料价格低，来源广泛。想到此以后，徐更光和他的团队在D×× 上开始了新的尝试。

又是一番艰苦的摸索，又是很多个不眠之夜。徐更光和他的团队经过多次的试验证明：D×× 是非常好的增塑剂，凝胶化能力强，有良好的软化作用。它的稳定性、耐挠曲性、黏结性和防水性均优于其他增塑剂，也优于C××，而且成本很低。在试验中他们看到：D×× 被溶入炸药悬浮液以后，可以将黑索金很好地包覆起来，同样可以避免悬浮液的不可逆增稠。徐更光和他的团队在多方面测试了D×× 混入炸药悬浮液后的各项性能。为了和C×× 对比，他们仍按测试B炸药的方法来测试邻B×× 增稠情况，将初始黏度设为100，也用5次浇注，其黏度同样为100、98、95.3、92.7、92.3。从试验数据可以看出：炸药悬浮液在浇注过程中不仅没有增稠，而且还能很好地保持着流动性，越来越好浇铸，这一点与C×× 完全相同。更为关键的是，D×× 具有很好的低温增塑性，这对于实现弹药的常温下装药太有好处了！这真是一个喜出望外的结果，一下子解决了很多难题。

接下来就要解决去掉地蜡以后B炸药的钝感和发射安全性问题。上文已经提到，根据最新的理念和实践，装药质量是影响发射安全性的最主要因素。此时徐更光打算从两方面入手，一方面，由于可以采用新的低比压凝固装药工艺，大幅度提高装药质量，提高发射安全性；另一方面，在炸药的配方上，徐更光打算用D×× 与硝化棉的巧妙配合来提高安定性并改变炸药的综合性能。

为了达到这一目的，徐更光和他的团队又开始了艰苦的实验。他们通过改变硝化棉和D×× 的不同含量来全面测试药柱的各项性能。

首先，徐更光等先进行了药柱的抗温度冲击能力的研究。B炸药装药抗温度冲击能力较差的原因是容易出现裂纹，降低了弹药的发射安全性。而这种裂纹主要由两种情况产生，一种是温差裂纹，另一种是药柱收缩产生的收缩性裂纹。徐更光认真分析了温差裂纹产生的原因，他看到：由于炸药是热的不良导体，所以一般药柱中的内应力主要是由温差造成的热应力。由于炸药与弹体材料的收缩率不同，在炸药凝固过程中就会产生收缩应力，当两种材料收缩率相差较大时，药柱中产生的收缩应力就更大。特别是炸药的收缩率比弹体材料的收缩率要大很多倍，所以更容易产生裂纹和底隙。特别是B炸药在装药时，为了保证可塑性，冷却水温度要保持在48℃。药柱凝固后，药柱温度与环境的温度相差还很大，一旦炸药成品要达到室温时，就更容易产生裂纹。徐更光的改性B炸药，由于选用了D××，在常温下具有很好的可塑性，由此改变了炸药的收缩率，从而极大改善了药柱的温差裂纹状况，使得改性B炸药在常温装药时具有很好的屈服值和可塑性，降低了炸药的弹性模量，从而有助于消除药柱中的裂纹。再看改性B炸药的收缩性裂纹情况。由于在改性B炸药中加入了硝化棉，改性B炸药的抗拉强度得到明显的提高。在试验中可以看到：药柱加入适量的硝化棉以后，较不加硝化棉的抗拉强度提高一倍，这对于改善药柱的收缩性裂纹，起到了至关重要的作用。

在试验中他们看到，硝化棉对加强药柱强度和消除药柱裂纹有显著的作用，在硝化棉和D×× 的比例为1 ∶ 6时，随着硝化棉含量提高，药柱的抗拉强度也显著提高。试验中还发现D×× 对硝化棉的溶解性能良好，因此具有更好的增塑作用。另外，由于D×× 常温下为液态，在相当宽的温度范围内不发生相变，为有效防止其迁移，选用硝化棉作为吸收剂后，效果最好，能够很好地防止低熔点物质的迁移。而且硝化棉的运用，很好地解决了渗油的问题，这是在以前的实践中早已被证实过的。

综合来说，D×× 的引入，解决了悬浮液黏度不可逆增稠问题，抑制了药柱体积的不可逆膨胀，同时和硝化棉有很好的相溶性，这一点是很大的改进。硝化棉的引入防止了增塑组分的迁移，并对提高药柱强度和消除药柱裂纹有显著的效果，而硝化棉本身安定性较差的缺点也因TNT的存在得到改善和补偿。在徐更光这个全新配方中，虽然没有了地蜡，但由于增加了D×× 和硝化棉的比例，改变了药柱的内部属性，同时很好地利用了各组分之间功能的相互补偿，同样达到了稳定性和安全性。这样重新设计的配方结构更简单，综合性能更全面，成本更低，更适合于大规模生产。就这样，改性B炸药的配方又做了全新的调整。

有了这个最新的配方以后，徐更光又来到805厂，他要在805厂的配合下彻底完成改性B炸药的浴火重生。805厂从20世纪90年代初期就和徐更光一起进行改性B炸药的研制工作，在多年的合作中结下了深厚的友谊。这一次，看着徐更光手中的最新配方，805厂一如既往地信任徐更光，支持徐更光，决心和北京理工大学一起为中国炸药水平的提高啃下这块硬骨头。

2003～2007年，805厂配合北京理工大学进行了多次改性B炸药的放大实验和试生产。当 805 厂根据最新配方生产出新的改性 B 炸药以后，工人们把药块拿在手里，简直不敢相信手中的炸药就是 B 炸药。这种新的改性 B 炸药，拿在手中就像一块肥皂一样，摔在地上都不裂、不掉渣，其脆性和可塑性都有了非常大的改变。把这种药块拿到低温的户外，也看不到药块因快速冷却而变脆。从这种药块的外在表现来看，它就能为日后的装药工作带来极大的方便。之后，805 厂对这种新型改性 B 炸药进行了严格的测试，进行了多次实验，并不断地调整生产工艺，使改性 B 炸药的生产工艺取得最佳。

在 805 厂放大实验和试生产的同时，徐更光一方面向国家有关部门呼吁推进改性 B 炸药的换装工作，提高国内压制性兵器的毁伤水平；另一方面继续完善低比压顺序凝固装药工艺的技术改进，进而向全行业推广。

2007 年 12 月 12 日，徐更光和他的课题组迎来了令人难忘的一天。由中国兵器工业集团公司第三事业部主持，对改性 B 炸药及制备工艺进行了技术鉴定。与会专家一致认为：

> 炸药配方中引入复合添加剂，在保证爆炸性能的基础上，显著地改善了装药的物理力学性能、装药工艺性能、装药发射安全性能。配方设计合理，综合性能良好；通过工艺研究，确定了原材料指标，优化了制备工艺，提出了产品质量标准，初步制定了验收规范。经 29 吨放大实验研究，证明工艺稳定，产品质量可靠。该炸药在 123 厂进行了 152 毫米大威力弹的 1317 发装药工艺试验，288 发安定性试验，724 厂进行了 122 毫米大威力弹的 399 发装药工艺试验，109 发安定性试验，均满足实验要求。该炸药达到了设计技术指标要求，处于国外同类产品的先进水平。

这次技术鉴定会以后，以徐更光为主，为总装备部起草了《改性 B 炸药规范》，这个规范成为中华人民共和国国家军用标准。有了这个标准，改性 B 炸药及相关技术就有了法律的保障。徐更光及他的团队、协作工厂在改性B炸药方面做出的突出贡献，必定在我国弹药生产及装备中留下光辉的一页，为建设强大的国防铺垫一块基石。

2008年，徐更光上下奔走，总装备部、中国兵器工业总公司、中国兵器科学研究院、北京理工大学领导全力支持，徐更光团队终于争取到了1000万元的改性B炸药及相关技术改造的研发经费，使徐更光获得了一生中少有的巨额科研经费支持。徐更光这一下可乐了，他可以大展宏图，全面进行低比压顺序凝固装药生产线的改造了。

有了这笔科研经费，徐更光首先把电话打到了724厂，告诉了他们这个好消息。724厂听到这个消息真是喜出望外，如果有资金支持进行现代化的生产线改造，不但能解决122榴弹的装药问题，还能让724厂的装药水平上一个台阶，为工厂的后续生产带来活力。徐更光毫不含糊，一下子就从1000万元中拿出750万元给724厂，让他们全力做好生产线的改造工作。

从2009年起，724厂投入力量，彻底改造并建成了低比压顺序凝固装药工程化示范线。在此期间，徐更光不顾自己七十多岁的高龄，抽出很多时间和精力指导724厂的技术改造工作。比如，在徐更光的建议下，724厂改造了化药锅。上文提到过，724厂以前用的是上海产的化药锅，化药效果与安全性都不好。这一次，在徐更光指导下，他们把化药锅做成了W形，并取消了搅拌棒，也就是把旋转锅改成了格栅式化药锅。这一改动极大地提高了安全性，提高了化药速度，也改善了化药效果，生产效率一下子提高了很多。在徐更光指导下，724厂进行了多种生产工艺完善，整体技术水平全面提高，使低比压顺序凝固装药这一世界先进的装药工艺得以在生产中成熟地运用。

多次的实际运用和不断完善，使装药的相对密度提高到98.5%

以上。由于实现了压力下的自下而上凝固，有效控制了底隙、气泡、缩孔的产生，与一般装药相比，装药发射临界压力提高了46%，极大地提高了发射安全性，这是一项具有革命意义的革新。

有了新的改性B炸药，有了新的生产线，724厂马上进行了装药试验和发射实验。由于新的改性B炸药性能优异，再加上724厂全部采用了配套的低比压顺序凝固装药工艺，使炸药在凝固过程中消除了微缩孔，使炸药钝化，极大减少了底隙，从而提高了装药质量，也提高了发射安全性，再也没有出现过膛炸的事故。经过产品定型鉴定以后，这种新的改性B炸药已经被正式列装，我国大量压制性武器的性能得到了大幅度提升。

至此，改性B炸药配方的先进性、装药工艺的先进性，在805厂和724厂的大力协助之下得到了全面的印证。事实证明：改性B炸药配方及装药工艺的研制工作，在以徐更光为首的科研团队和协作工厂的大力配合之下，已经取得了彻底的成功。

说到此，不能不说一下另一件令人欣慰而又遗憾的事。改性B炸药彻底成功以后，724厂在生产122毫米榴弹时，采用了低比压顺序凝固装药这种最新的工艺也取得了全面的成功。而与此同时，123厂在生产152毫米榴弹时也采用了最新的改性B炸药。但在生产过程中，他们没用使用低比压顺序凝固装药这种最新的工艺，仍然采用原法国引进的装药生产线。经过检测，所有产品的装药质量也获得了提升，符合相关标准，并提高了产品合格率。123厂也获得了成功。

为此，徐更光常常叹息，觉得123厂在改造装药生产线的问题上显得缺乏主动性，如果采用了低比压顺序凝固效果就更好，应该精益求精。这一方面说明最新的改性B炸药性能卓越，设计合理，有效改善了装药性能，提高了发射安全性，具有很好的普遍性和适用性；另一方面也可看出，一项新技术的推广利用不会是一帆风顺的，不会马上被所有人认可，还需要科研人员和各方面人员进行更深层次的探索和努力。

作为一名国防科技工作者，徐更光有时是主动的，是可以掌控自己的。但是，太多的时候，徐更光又是被动的，是无力的，而不是万能的。但徐更光是一个从不愿服输的人。他知道，以现有的炮弹检测技术无法真正反映出炮弹内部的全面情况，这是一项世界上尚未攻克的难题。也就是说，按照目前的检测技术，724厂和123厂的产品都是合格的，至于说内部有多少差异，还没有一个科学的评判标准。他心中念念不忘的总是美国每500发弹要锯开一颗检测的故事，他要攻克这一技术瓶颈，找到一种检测炮弹的新方法，来真实地反映炮弹内部的情况。这里又要引出一个故事，引出一项徐更光崭新的发明，那就是炮弹无损检测技术的诞生。

第五节　无损检测技术一次跨学科的创新

2001年的那次膛炸事故，让徐更光至今回忆起来还心惊胆战，刻骨铭心。它不仅是徐更光在科研生涯中遇到的最危险的一次事故，也差一点儿因此毁掉了改性B炸药的研制。而那次膛炸的关键就在于：利用当时世界上最先进的X光机也未能发现炮弹内部的裂纹。而上文曾经说到，炮弹的实体检测是一项世界上至今无法突破的难题。

为了弥补那一次膛炸的过失，防止今后再出现同样的事故，也为了报答总装备部领导的信任，徐更光从挫折中奋起，又一次开始了艰难的攻坚历程。他重新改进了炸药的配方，更优化了低比压顺序凝固的装药新工艺。

从理论和实践上讲，有了新的配方，有了更好的装药工艺，就可以极大地减少炮弹内部的裂纹，极大地提高炮弹的安全性。但是有了这两项大的改进就能保证每一发炮弹都符合质量标准吗？万一出现了质量问题怎么办？难道都需要用实际发射来评定吗？万一再发生膛炸怎么办？这是谁也无法回答的问题。唯一的办法就是将这种意外扼杀在摇篮之中。现在国际上最先进的设备就是专用X光机，但实践证明X光机是有缺陷的，它的灵敏度不够，不能完全反映出炮弹内部的情况。那么除了X光机就没有别的办法了吗？在徐更光的脑海中，如何突破X光机检测的局限又成了一个新的命题。

徐更光不懂X光机，但他看过病，知道CT机比X光机更准确。同时，在多年的科研生涯中他养成了一个习惯，不懂就学，不会就问，什么事情总有一个粗浅入门。他找来相关资料，认真地研究起射线来。他把X光机和医学上常用的CT机做了一番比较，他知道，X光机和CT机都是射线在通过不同密度的材料时所产生的区别来识别内部的状态，所不同的是CT更加准确科学，能够实现断层分析。在研究中，徐更光敏锐地抓到了X光机和CT机的一个不同点，那就是X光机射线穿透能力较弱，不能穿透弹药外部较厚的钢体，应用范围受到很大限制。特别是X光机在检测高密度与低密度的结合部时会产生一个模糊区，而这一点恰恰是炮弹检测的关键所在。炮弹内部的裂纹通常不足0.1毫米，底隙和裂纹都会很细微，这就导致无法准确地测出炮弹内部的细微裂纹，这是X光机一个致命的缺陷。

而CT机则不然，CT机主要用来测密度，而且可以在某一断层上准确定位。在检测时，被检物的断层是一个有一定层厚的薄片体，通过计算机按一定的图像重建算法，即可看到一个二维图像。在探测细微的裂缝时，因为能形成二维图像，CT机要比X光机准确多了。尤其是在探测炮弹这种金属物质和炸药紧密结合的部位时，两种物质密度完全不同，通过在不同断层上设置坐标进行比对，CT机就能够发现最细微的底隙和裂纹，最准确地反映炮弹内部的情况。

有了这个发现以后，徐更光非常兴奋，觉得自己找到了一个检测炮弹的最好方法。但是他对自己的这种看法和见解也拿不准，因为他不是这方面的专家，不知道自己的这种想法在实践中是否可用，这还要找专业人士帮助才行。

有了这种想法以后，徐更光径直找到中国科学院高能物理研究所的有关领导和专家拜师学艺。他把自己的想法和见解与这些领导和专家进行了认真的沟通，也向他们提出了各种各样的问题。起初这些领导和专家们还不以为然，没想到，聊着聊着这些专家们就瞪大了眼睛，他们按照徐更光的思路和见解用专业的角度思考着一个全新的探测模型。利用 CT 的特点来探测工业产品物体内部的结构和状况，这是完全可以实现的。这是他们从未涉足的一个领域，在国内尚属空白。徐更光的疑问和探索，仿佛让他们打开了一扇智慧之窗，让他们在这个全新的领域中得以创造出一种全新的 CT 探测方法。

有了这次初次的接触，就有了徐更光和中国科学院高能物理研究所一个广泛合作的开始。从此徐更光成了这里的常客，专家们也经常随徐更光来到炮弹工厂，仔细研究炮弹内部结构，认真思考如何把人体检测的原理和方法运用到炮弹内部的检测当中来。

应该说对于 CT，徐更光纯粹是外行，他只是提出新的见解，提出一系列疑问。至于如何达到目的，如何去制造这种新的 CT 仪器，那就是射线专家的事情了。但是，正是徐更光这种新的见解和疑问，让中国科学院物理研究所开辟了一条研制工业用 CT 的新路，令徐更光拥有了这种专门用于检测炮弹内部质量的无损检测仪的发明专利。中国科学院高能物理研究所根据徐更光的要求设计了一套全新的 CT 机，根据检测炮弹的需求设计了一系列复杂的线路模块，经过多次修改与测试，最后终于实现了徐更光的目标，成功试制出一台全新的 CT 样机。通过多次调整试验，这台样机终于能够清晰地探测出炮弹内部的情况，为真实反映炮弹内部的质量情况提供了保障。

在那段日子里，徐更光与中国科学院高能物理研究所不断配合，在不断的摸索中使这项无损检测技术得到日益完善。同时中国科学院高能物理研究所也因为徐更光的提出和发现，开辟了一个新的生产领域，那就是工业 CT 技术的实际应用，为中国科学院高能物理研究所带来了一个新的效益增长点。后来，这项崭新的工业 CT 技术得到了迅猛发展，为航空、航天、兵器等工业领域精密零件的无损检测提供了新的手段。

工业 CT 技术的诞生解决了很多以前根本无法解决的难题，如汽车关键零件的无损检测、石油钻探中钻杆和管道的探伤、地质考古中对样品文物的评估等，都得益于这项新技术的发明。后来，中国科学院高能物理研究所为了表示与徐更光的友好合作，特意无偿赠送给徐更光课题组一台 CT 工业检测仪。刚开始这台 CT 检测仪就安装在学校的戊区实验室里。有了这台 CT 检测仪，徐更光真是如虎添翼，他利用这台先进的仪器，做了大量的科学研究与试验，为弹药研制工作做出了重要的贡献。

徐更光当年使用的 CT 机

但是事情的发展总不会太完美，这台 CT 检测仪最后的命运非常凄惨。由于这台 CT 检测仪需要用铯 137 做放射源，而铯 137 又具有非常强的辐射，会给人体造成巨大的损害，如果管理不严，一旦流入社会将造成极大的危害。按照我国对类似放射源的管理办法，对于这种极危险的放射源，不但要有完善的硬件条件，还要保证日夜不间断地两人同时值班。也就是说，要想保证 CT 检测仪正常工作，最起码要有四个专门人员来保证铯 137 的安全。

而对于徐更光课题组来说，这真是天大的难事。这个课题组不但在经费上捉襟见肘，在人员的配备上也是少得可怜，根本不可能找出四个专门人员来保护铯 137。无奈，为了防止出现意外，徐更光不得不将铯 137 上交给国家有关部门，而这台饱含着徐更光和中国科学院高能物理研究所心血的 CT 机，也就彻底失去了它的作用，静静地躺在实验室中。每每谈到此事，徐更光都是叹息不止。

虽然徐更光无缘再使用这台先进的检测仪了，但是中国科学院高能物理研究所在掌握了原理以后，很快就把它变成了自己的产品，广泛地为社会服务。而这种产品的最先受益者就是 724 厂，724 厂买进了一台 CT 无损检测仪，专门用于炮弹的无损检测。有了这台 CT 无损检测仪，724 厂的炮弹检测水平有了一个质的飞跃，达到了世界最先进的水平。而这项由徐更光发起、中国科学院高能物理研究所实现的无损检测新技术，也成为徐更光又一项独创的发明创造。

2007 年前后，724 厂和 123 厂通过了各 76 发共 152 发的射击安全性实验，所有弹丸均接受了这种无损检测技术的全面检测。在试验中，152 发炮弹全部发射成功。测试单位一致认为这种新的改性 B 炸药装药射击安全，均能满足发射安全性要求，装药质量全部达到规定标准要求。至此，改性 B 炸药的配方研制、配套的新型装药工艺研制及无损检测技术均取得了圆满成功。

为了验证改性 B 炸药及相关技术的科技成果，中国人民解放军某部在 31 基地选用 122 毫米榴弹和 152 毫米榴弹进行了静爆威力实验测试。在 122 毫米榴弹测试中，分别发射 3 发螺装 TNT 炮弹和 3 发注装改性 B 炸药炮弹，进行对比实验。实验结果显示，改性 B 炸药的有效破片数提高了 23.83%，破片平均初速提高了 33.82%，平均杀伤面积提高了 38.11%。

在 152 毫米榴弹静爆威力试验中，同样采用 3 发螺装 TNT 炮弹和 3 发注装改性 B 炸药炮弹，其有效破片数提高了 61.37%，破片平均初速提高了 43.52%，平均杀伤面积提高了 10.86%，爆坑容积提高了 42.09%。

同时，还是在 31 试验基地进行了威力对比试验，仍然采用 3 发螺装 TNT 炮弹和 3 发注装改性 B 炸药炮弹进行实验。实验结果表明，改性 B 炸药炮弹的爆破威力比传统炮弹威力提高 64%，大大超出了最早提出的威力超出 30% ～ 50% 的目标，而且所有指标均满足预研项目合同的要求。

十多年来，徐更光带领他的团队通过改性 B 炸药配方、低比压顺序凝固装药技术及装药质量的无损检测技术等关键技术的突破，提高了装药质量和有效控制装药疵病来提高装药发射安全性，较好地解决了高能炸药在高膛压火炮弹药中应用的一项关键技术。1999 年，改性 B 炸药取得国家发明专利，2009 年获得军工产品定型，其知识产权得到保护，徐更光是第一发明人。2004 年，低比压顺序凝固装药技术获得发明专利，徐更光是第一发明人。2005 年，低比压顺序凝固装药技术获国家国防科学技术奖，徐更光是第一获奖人。

第六节　改性 B 炸药的成功促进了装药质量安全性新理念推广

在改性 B 炸药取得这一系列成就以后，徐更光没有躺在功劳簿上休息，一天也没有停止奋斗的脚步。如果说这十多年来他在改性 B 炸药及相关技术上的成功，更多的来自工程试验和实践探索，那么在理论创新和思路创新上更显示了徐更光作为科学家的素养与胸怀。在改性 B 炸药及相关技术取得突破的同时，他就思考着采用新方法在理论上为这些技术增加内涵。首先，他带领学生们用虚拟设计和数学建模的方法来分析和研究实际中的各种问题。

上文讲过，长此以往我国炸药界一直沿用苏联的发射安全设计方法和“临界应力”、“许用应力”等概念，把临界应力作为一个炸药能否适用弹药的常数。这种思维模式一直束缚着国内弹药专家的思想，以至于我国在装药发射安全性研究方面远远落后于西方，也更多地偏离于实际情况。在改性 B 炸药及相关问题的研究过程中，徐更光很早就认识到这一问题的严重性，根据自己的实际经验，坚定地认为，弹药的装药质量是影响发射安全性的最主要因素。正是因为徐更光心中有这种先进的概念，才促使他发明了低比压顺序凝固装药新技术。现在，虽然这种新的装药技术取得了极大的成功，在实践中得到了印证，但是这种理念如何在理论上突破和验证，让更多的人认识其实质，在实践中自觉地加以承认和利用，这是徐更光长期思考的问题。

为此，徐更光带领学生用模拟设计的方法，通过一个实验装置建立数学模型，用科学的数据分析来证明，炸药的裂纹和底隙对发射安全性起着至关重要的作用。在实验中，他们采用小型后座模拟装置，通过活塞对空气间隙中的空气进行压缩而导致温度升高，最终加热炸药引爆炸药的方法，分别在空气间隙为 1.5 毫米和 0.8 毫米时，对炸药的临界阈值进行测试。通过科学的测试得出结论，底隙引起早炸是由于底隙中的截留空气受到高加速加载的作用，被压缩至高温，加热相邻的炸药装药，在炸药中产生热点，使炸药发生分解反应，最后引起爆炸。底隙越大，则受压缩的空气体积越大，压缩后温度越高，相应地在炸药中形成的热点也就越多，因此底隙越大，炸药的点火阈值越低。

在证明了底隙对炸药发射安全性的影响以后，徐更光进一步在微观方面对发射点火的瞬间进行了科学的理论推导。

理论推导需要严谨的数学建模，而炸药装药在后座冲击条件下的点火是一个极其复杂的模型。一般在描述气体压缩加热过程的时候，都是假设一个绝热压缩过程，但是在炸药发射安全性试验过程中发现用这样的假设往往使得结论和预期相反。也就是说，还有其他很重要的因素在控制着爆炸点火的过程。美国的装药技术专家Starkenberg先生认为，绝热压缩模型没有考虑压缩过程中空气对其他介质的热传导，以及在爆炸之前炸药表面的热分解放热，所以他设计了所谓有限压缩速率模型，就是把加压速率和初始底隙厚度都考虑进了数学建模里。

但是在进行了一系列的实验后，徐更光发现，这一模型仍然不能很好地验证炸药实际爆炸的过程。徐更光带领学生在进行了多次的参数修正和精密的计算后意识到，尽管表面光滑细致，但仍旧没有改变炸药在微观上是一种多孔介质的情况，所以将上述的两种模型作为不可压缩材料来处理终究是不严谨的。而且他们经过细致的理论分析计算，发现炸药在从气体压缩到爆炸的过程中的分解放热几乎是可以忽略不计的。在考虑了上述因素以后，在徐更光指导下，大家经过精心计算和修正，一种热、力学耦合的压缩点火模型应运而生了。在以后的实验及理论分析中，这种考虑了热弹塑性的数学模型为装药发射安全性实验提供了有力帮助，其中各项参数的设定对装药质量的评价提供了科学数据。

有了这些理论基础和科学的数学模型，在实践中就可以把一些看不到的因素转化成比较直观的科学数据。因为再好的炸药、再高明的装药技术也不能百分之百地保证炮弹完全无底隙、无裂纹，只要把这些底隙、裂纹、缩孔、气泡都控制在科学的范围之内，就能够比较科学地评价某种弹药的发射安全性，再通过徐更光最新的炮弹无损检测技术就能够确保对弹药装药中的瑕疵严格控制。在实际运用中，把这些数据纳入军标以确保装药的发射安全，这样，就可在发射安全性的控制方面做到有的放矢了。徐更光在这些方面的探索与实践为提高我国发射安全性做出了特有的贡献。

现在“弹药的装药质量是影响发射安全性的最主要因素”这一

理念已经获得全行业的认可和贯彻。

近 20 年来，徐更光在改性 B 炸药配方、低比压顺序凝固装药技术、装药质量的无损检测技术等关键技术的突破上，耗费了大量的心血，也取得了令人瞩目的成绩。

在此期间，徐更光一如既往地紧密依靠工厂，服务于工厂，和工厂的许多领导、技术人员都成了好朋友。徐更光平时对他们说得最多的一句话就是："到北京去，我请你吃烤鸭。"当然，这句话绝不是戏言。有很多工厂的人到北京出差都专门到学校去看望徐更光，和徐更光叙叙旧，研讨一些科研问题。徐更光每次都是热情接待，也确实请大家吃了不少次烤鸭。每次席间，徐更光都要回忆一些和大家一起研究改性 B 炸药的事情，也对改性 B 炸药及相关技术在今天的应用状况感到担忧和不解。大家心里都清楚，当今的科学技术日新月异，现如今最先进的非 T 炸药、PBX 炸药、金属氢炸药、CL20 炸药等成了世界炸药专家们研究的新宠，改性 B 炸药在 20 世纪 90 年代无疑是先进的，而现在却显得有些陈旧。

不得不承认，那次膛炸事故也耽误了几年改性 B 炸药的推广和使用。而现在，一项成果五六年不用，就会落后于时代。从检测技术来讲，现在 X 光技术已经有了飞速发展，直线加速器的运用也为弹药检测提供了新的途径。所以，改性 B 炸药及相关技术在今天没有被普遍推广和应用，就不难理解了。

但是，大家都没有忘记和徐更光共同战斗的岁月，大家从徐更光身上学到了知识，学到了经验，学到了方法，更学到了精神，打心底里敬佩徐更光，喜欢徐更光，也从徐更光这里得到鼓舞。徐更光是一面旗帜，引领大家为中国强大的国防事业贡献自己的力量。

第十四章

125破甲弹的成功改进

第一节　新型坦克炮的大难题

在我国近年来研制的96式、99式坦克上都列装了新型的125毫米滑膛炮，这种坦克炮射程远、威力大、破甲能力强，具有世界先进水平。众所周知，要评价一种坦克炮的先进与否不但要考虑火炮的口径、身管比、射速、膛压、稳定性能等各项指标，更要关注其列装炮弹的制造水平。合理的结构设计、炮与弹的安全匹配、火控系统的先进性，再加上各种辅助机构的完美配合，构成了坦克炮的整体水平。坦克作为战场上一种攻防兼备、以攻为主的陆战利器，其列装弹药的水平决定着它的攻击能力。一般坦克除装备高爆榴弹外，最主要的是要装备破甲弹，而破甲弹无论在制造工艺上、难度上还是在装药选择上，其科技含量都远远超过榴弹。所以说，破甲弹水平的高低是衡量坦克炮威力的最重要指标。20世纪90年代，徐更光就参加了为我国新型坦克炮配套的125毫米破甲弹改进工作，为提高125毫米坦克炮的破甲水平做出了极其重要的贡献。

20世纪80年代初，中国从苏联引进了T-72坦克。在仿制过程中，在其2A46型125毫米大口径滑膛炮基础上，开始了我国大威力坦克炮的研制工作。在坦克炮弹的研制中，我国前后发展了120毫米和125毫米反坦克弹药，前者采用整装式结构，后者采用分装式结构。经过对国产125毫米坦克炮和国产120毫米坦克炮的全面比较，最终选择了125毫米坦克炮作为国产新一代坦克的主炮。原因是根据数据对比，国产125毫米坦克炮具有多种优势，而且其配有自动装弹机，能够将坦克乘员减少到3人。这不但提高了射击速度，还极大地节省了坦克内部空间，是一种革命性的改进。

但必须指出的是，虽然国产125滑膛炮是由2A46仿制而来的，但中国军工部门并没有简单照搬2A46，而是结合部队实际需要做出了一系列后续改进，使火炮达到了一个新的高度。中国目前装备的125毫米滑膛炮主要包括两种型号，第一种装备于96式主战坦克，身管长度48倍口径，和原型的2A46相比，进一步加大了药室容积，有效地提高了炮口动能和火炮威力；第二种装备于最新的99式主战坦克上，身管长度进一步增加到了50倍口径，进一步提高了威力。由此可见，125毫米坦克炮在我国现代坦克装备中占有极其重要的地位。

但鲜为人知的是，在125毫米坦克炮的早期研制过程中，曾经遇到了一个难以逾越的障碍，那就是坦克的破甲水平不高，落后于苏联和西方的平均水平。其重要的技术瓶颈就是我国125毫米破甲弹装药水平不高，从而制约了坦克炮综合水平的发展。随着现代坦克技术的发展，世界上的先进国家早已将线膛炮改成了滑膛炮，大幅度提高了坦克炮的威力。而这一技术的产生得益于炮管技术的改进和炮弹装药水平的提高，要想提高火炮的威力首先要提高炮弹的初速，而高初速就注定要有高膛压，高膛压火炮又取决于炮管、炮弹装药、炮弹结构、发射药、火控系统及整车性能的综合发展。所以，破甲水平的提高是一项非常复杂的系统工程。

125炮研制初期，为该炮配套的破甲弹内装梯黑-50混合药。这种炸药最早也是从苏联引进的，因其威力较高，安全性较好，生产工艺比较简单，长期运用于我国的多种现役装备中。比如，上文曾经提到过，在珍宝岛冲突中运用的40毫米火箭弹，最初装的就是梯黑-50。虽然经过多年的发展，国内的炸药水平已经有了巨大的改进，有了不少威力更高的炸药，但是在为125毫米破甲弹选择装药的时候，从综合的角度考虑还是选择了梯黑-50作为主装药。这是由于125炮膛压高，要求炮弹承受的过载能力强，很多炸药不适用，容易膛炸。梯黑-50在安全性方面比较可靠，在威力上也说得过去，所以被选用。125毫米破甲弹是现装备中弹径最大、加工工艺最为复杂的一种破甲弹。虽然梯黑-50的威力一般，但要换装其他高威力炸药，就意味着在炮弹结构、炮管强度及整车性能方面做出综合的改进，一时间谁也下不了这个决心。而实际情况是，在我国当时的高膛压后膛炮中还没有哪种炮弹使用高能炸药，主要是考虑发射安全性，怕膛炸，一提到膛炸谁也不敢掉以轻心。所以，梯黑-50的选择也是一种无奈之举。

随着125毫米坦克炮全面研制工作的进一步发展，通过和国外先进火炮相比较，专家们越来越认识到125破甲弹的装药性能不适合这一新式火炮的发展，必须加以改进。一般来讲，大家都采用北约的通用办法来衡量破甲弹的水平，即后效靶测定法。在测试时，按照一般装甲厚度斜着立一块钢板，然后每隔10厘米立一块10毫米厚钢板，一共立10块。测试装有梯黑-50的破甲弹时，绝大多数炮弹只击穿了第一层钢板，对后边的后效靶击穿率几乎为零。而真正对坦克内部人员造成损伤的，就是要看击穿后效靶的能力。如此看来，125破甲弹的破甲水平亟待提高，但如何提高成了一个大难题。

第二节 “8701”立新功

在我国装甲兵科研部门内部，125破甲弹换装高能炸药的问题也是几上几下，最后谁也没敢动。一是心里没谱，缺乏对高能炸药的了解，缺乏对装药工艺的了解，没有综合的实践能力；二是怕担责任，一提到膛炸谁也不敢下决心，没人拍板。就是在这种大背景下，装甲兵找到了中国兵器科学研究院，希望中国兵器科学研究院协助解决破甲弹换装药的难题。接到这个任务后，中国兵器科学研究院的领导立即想到了徐更光，因为他们知道，徐更光在这一领域最有发言权。

谁也没有忘记，在20世纪70年代，就是徐更光解决了新式40毫米火箭弹的装药难题，从而诞生了具有世界先进水平的“8701”高能炸药，使我国在身管式武器炮弹的装备上迈上了一个新台阶。现在125毫米破甲弹所遇到的难题与40毫米火箭弹有些相似，但又不完全一样。40毫米火箭弹的弹筒只是作为一种发射工具，没有膛压；而坦克炮属于后膛发射，具有极高的膛压，炮弹要承受极大的过载，这是两者最本质的区别。但是，由于大家熟悉徐更光，知道他不仅懂炸药，也懂炮弹和装药，更了解炮弹与炮管的配合，所以将这一艰巨的任务交给徐更光算是找对人了。

很快中国兵器科学研究院将这一任务交到了徐更光手上，希望他尽快拿出方案，解决问题。此时的徐更光已年逾古稀，又刚刚被评选为中国工程院首批院士，手头还有大量的科研工作要做，他能够顺利完成这项任务吗？中国兵器科学研究院的领导心里也没底。可没想到，徐更光见到这项任务以后没有丝毫的犹豫，马上表态：“只要你们相信我，我保证给你们解决问题。”

从此，徐更光正式开始了125毫米破甲弹的换装工作。很快，徐更光从装甲兵那里调来了125毫米炮和破甲弹的各种技术资料，对过去的125毫米破甲弹进行了全面的分析。经过与装甲兵科研人员反复讨论，大家都清晰地认识到：提高火炮的威力就要提高膛压，高的膛压必定要给炮弹以高的过载，而高的过载又对炮弹装药的安全性、稳定性提出了极高的要求。而装药的安全稳定性和装药的威力又是一个复杂的辩证过程。梯黑-50被替换以后，如果新的高能炸药的安全性不符合要求或是装药工艺过于复杂、对炮弹的质量要求过高，也不适合大规模生产。为什么以前迟迟没有解决这一问题？就是在炸药威力与安全性这一矛盾上没有取得突破性进展。

徐更光在了解了全面情况以后，心中也有了谱，他大胆地提出：在125毫米破甲弹中换装“8701”高能炸药，一定能够解决问题。装甲兵方面的专家听到徐更光这么说，心里直犯嘀咕，换装“8701”行吗？以前大家经过反复试验和测算，都没敢采用这一方案。现在徐更光一上来就要换装“8701”，这其中一定会有很多的问题，具有极大的风险，这行吗？可徐更光这时候胸有成竹：“没问题，我会把所有的测试都做好，我会和工厂紧密配合，等炮弹造好以后你们来验收就行了。”从这以后，徐更光就开始了紧张的125破甲弹装药改进工作。

对于即将使用的新药——“8701”，徐更光确实胸有成竹。这种诞生在自己手上、具有世界先进水平的混合炸药，不仅在威力上达到了当时炸药水平的顶峰，而且在炸药的稳定性、安定性方面因为使用了徐更光独创的缓冲系统，而创造了世界炸药史上弹药储存的奇迹。从“8701”的诞生到现在已有二十多年的历史了，就是现在把二十多年前用“8701”装药的炮弹拿出来检测，炸药的各种性能仍完好如初。对于“8701”的超强稳定性，徐更光不仅自己津津乐道，而且所有的国内专家都对这种炸药非常肯定。“8701”直到今天仍被广泛运用于我国多型号的武器装备中。现在徐更光又重新捡起“8701”来，但现在的重点已经不在配方上，他要攻克的是“8701”的装药工艺问题，是装药的质量、密度、安全性问题，是破甲弹的结构问题，是与炮管的配合问题，他要用一系列的实验来证明125毫米破甲弹换上“8701”后保证可行。

首先，徐更光从125毫米破甲弹的工作原理和结构上对破甲弹进行了认真的分析。破甲弹的工作原理是炮弹装药引爆之后形成强大的射流，靠射流来击穿敌人的装甲，进而造成对装甲内部人员的损伤。射流的强度取决于炸药的威力，而形成准确的射流至关重要。炮弹在出膛以后，必须在炮弹接触到敌人装甲的一刹那，靠弹底引信引爆内部的炸药形成射流。这就意味着炮弹在炮管中绝不能因发射药爆炸后产生的高膛压而提前引爆，这就需要炮弹内部的炸药具有很好的钝感性和稳定性。这对装药技术和装药质量提出了非常高的要求。同时炮弹的内部结构也至关重要，对于破甲弹来说，如果装药精度不够，就会使炸药射流偏心、不均衡，从而影响破甲效果；对引信来讲，无论是着发引信、惯性引信还是电子引信，都要有非常好的安全性、准确性。由此看来，徐更光要想在破甲弹中使用“8701”，遇到的难题可太多了。不过徐更光生来就不怕困难，反而会激发他的斗志。再者说他对自己的“8701”充满了信心，知道在具体使用过程中怎样让“8701”乖乖地被驯服。

上文已经介绍过，“8701”的主要配方是黑索金、二硝基甲苯、聚醋酸乙烯酯、硬脂酸等。这里面主要靠黑索金来做功，含量达到了 95%。相比之下，梯黑-50 只有 50% 黑索金，这就是两者最本质的区别。其中，聚醋酸乙烯酯既是黏结剂，又能起到很好的钝化作用；DNT 有很好的相容性，也是很好的增塑剂；硬脂酸等形成了科学的缓冲系统，既保证了钝感和成型，又保证了炸药内部的安定性。这些组分融在一起能够科学地发挥作用，创造出威力与安全的奇迹，这曾经是徐更光多年的研究成果。现在徐更光又重新摆弄着这些熟悉的原料，希望它们在 125 毫米破甲弹上再立新功。缘于前期工作中的认真准备，徐更光认为在炸药配方和装药工艺上不会有大问题，关键是如何在生产中具体利用和实施。此时，他必须要得到工厂的全面配合。

在这次 125 毫米破甲弹的改进过程中，还有一个重要的参与者，这就是破甲弹的生产厂黑龙江 123 厂。123 厂是我国重要的多种炮弹定点生产厂，在我国国防弹药生产领域具有非常重要的地位。多年来，徐更光和 123 厂保持着长期紧密的合作，为 123 厂解决过很多生产技术问题。这一次，徐更光又要和 123 厂那些老朋友一起，为改进 125 毫米破甲弹而并肩作战了。为此徐更光放下了手头其他的科研工作，住进了 123 厂的招待所，他要和 123 厂的技术人员和工人们一起来创造这个新的奇迹。

首先，徐更光和123厂共同为“8701”设计了新的装药工艺。以前123厂在用梯黑-50装药时，先是在弹体内注入石蜡和蜂蜡的混合物，在弹体内形成蜡膜，这层蜡膜一方面有利于炸药的成型，另一方面又起到了钝感和增加过载安全性的作用。徐更光在研究这一工艺时马上就发现了其中的一些弊病，就是这层蜡膜在弹体内很难保证均匀，稍有不慎，就容易出现一边薄一边厚的现象。这样在装药以后，就很容易出现内部结构的偏差，造成射流的偏心，产生很大的问题。于是，徐更光先从药罩上做起了文章。

其实这个问题并不复杂，只不过以前大家没有留意。经徐更光这么一说，大家七嘴八舌地说：“这好办，我们可以采取很多办法解决这个问题。”很快，徐更光和工人们一起结合“8701”的装药特性，用聚氯乙烯等物质重新设计了一个新型的药罩。这个药罩可以通过标准化流水生产，以保证其外形和内部结构标准统一。在生产过程中，工人们将“8701”溶液先铸装在药罩之中进行凝固，待干燥后形成规格一致的药柱，最后将药柱装入破甲弹。这样一来，就极大地提高了破甲弹的装药质量，避免了以前的误差、偏心情况，使炮弹内部的结构标准统一。为了保证“8701”在铸装时减少瑕疵，徐更光在调整配方工艺时也做了一些组分比例的细微调整，从而极大降低了铸装过程中气泡和裂纹的产生，也由此提高了炮弹的发射安全性。由于“8701”的装药性能好，所以有利于装药密度的提高，从而为提高炮弹威力创造了条件。

这些过程说起来简单，在操作过程中却耗费了徐更光和工人们巨大的心血，经过了多次成功与失败后一步一步完成的。好在123厂具有很强的科研能力和综合水平，更有经验丰富、任劳任怨的技术人员和工人，他们帮助徐更光解决了很多实际操作中的难题，为破甲弹改装“8701”的工作做出了巨大贡献。经过徐更光和123厂共同努力，在徐更光的现场指导下，装有“8701”的新型破甲弹终于生产出来了。

炮弹生产出来以后，123厂、中国兵器科学研究院等立即组织

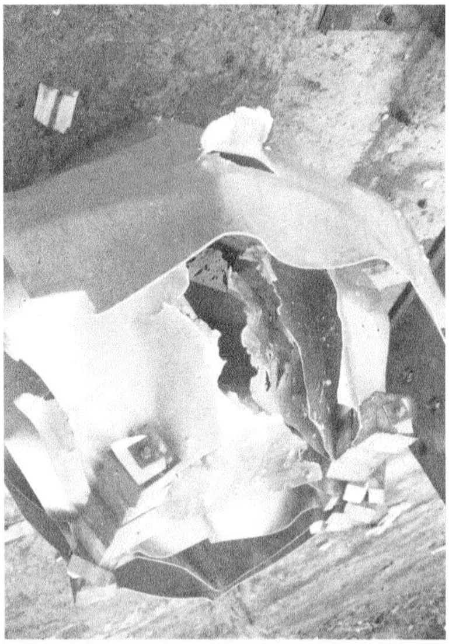
破甲效果

人员对新型的破甲弹进行测试。根据惯例，还是利用后效靶来测试破甲弹性能。在测试过程中，第一块钢板后每隔 10 厘米立一块 10 毫米厚的钢板，一共立 10 块。测试时，在规定距离发射破甲弹，通过观察破甲弹对这些钢板的破坏程度来评价破甲弹的破甲水平。测试当天，测试人员调整好了各种测试设备，先进行的是原来装有梯黑-50 的破甲弹测试工作。首先进行了 10 发炮弹的测试，根据测试结果得到了数据，10 发炮弹中有 8 发炮弹穿透了第一层钢板，而对第二层钢板没有造成丝毫损坏，甚至有两发炮弹连第一层钢板都没有穿透。紧接着，又开始测试装有“8701”的新型破甲弹。当一阵阵剧烈的轰鸣以后，结果很快就出来了。大部分炮弹都穿过了第五层后效靶，有的甚至击穿了第 8 层，只有两发炮弹尚未击穿第四层。根据实验平均值，这种新型破甲弹可以评判为具有穿透 5 层后效靶的破甲能力，这是一种质的飞跃。

试验炮弹威力时使用的多层钢板

第三节 开创我国高过载后膛炮的先河

看到这种结果以后，徐更光和工人们都兴奋异常。大家看到这种新型炮弹，从以前的只能够穿透第一层钢板，到现在能够穿透第五层钢板，就可以证明这种新型破甲弹能够满足设计要求，取得了成功。但是这种成功不是给每个人都带来了喜悦，有些人因看问题的角度和目的不同，提出了另外一种看法，有人觉得穿透八九块，甚至十块铁板才是最完美的结局。而且，平均成绩穿透五块，也不好制定验收标准。为此，希望进一步改进，将破甲水平提升到更高，把验收标准也定得高一些。

徐更光一听这话，心里感到很不痛快，他对现场的专家们说："我的破甲弹已经打透了第五块，这种水平在实战中什么样的坦克都能被击穿，里边的人员早完蛋了。你一味地要求穿透 10 块，愿望是好的，但不具有实际意义。再者说，要想达到那么高的指标，就需要做全方位的调整，一切都要从头再来。这不单单是装药的问题，还要考虑到引信、弹体材料、炮管、发射药等多种因素，那个工作量就没完没了了，国家还要全面增加投入。再说，这也不是我一个人能做的，我老徐说话没问题，我说行就保证行，你们可以拿着这个弹到国外去比，是不是我的最先进。"装甲兵的领导和在场的专家一听徐更光这么说也就不说话了。因为他们知道徐更光说话虽然直，但说得句句是实情、句句在理，使人无法辩驳。看来还是徐更光思考问题更实际、更全面。

听完徐更光的话，大家接着采集各种数据，开始了下一步的测试分析和比较，为下一步的定型工作开始做准备。对于徐更光来讲，他已完成了自己的任务，这个成功也算是交出了一份满意的答卷。实验完成以后他就返回了学校，剩下的工作就由123厂来进行了。

回到学校以后徐更光一刻也没有停息，他手头有太多的事情要做，在这一时期，他正在完成一项国家大任务——进行改性B炸药的研制工作，他又投入更为紧张的科研工作中。

一天傍晚，徐更光回到家，刚刚吃完饭，电话铃急促地响了起来，他拿起电话一听，是装甲兵一位领导打来的电话，电话那边传来焦急的声音："徐老师，不好了，出事了，125膛炸了！"徐更光一听，身上立刻冒出冷汗，赶快问道："膛炸了？在哪儿？"对方回答："在包头，坦克进行实弹射击时候出现了膛炸。"徐更光赶快问："伤到人了没有？"对方说："没有。"徐更光一听没伤到人，心里踏实了一点，接着问道："炮管还在不在？"对方回答："炮管还在，只是炮膛拱肚了，您赶快来看看吧！"徐更光一听这话，心里立刻有了底，凭着多年的经验，他立刻判断出这次膛炸和自己的炮弹没大关系。你想呀，如果说炮弹炸了，那么炮管怎么可能还在呢？那肯定连人带炮塔全得炸飞。现在只是把炮管炸拱肚了，肯定是气憋的，炮弹肯定没爆炸。想到此他定了定神，向对方问："炮弹在哪儿你知道吗？"对方一听，就急了，在电话里嚷道："哎呀徐老师，都膛炸了，怎么还会有炮弹呢？"而此时的徐更光蛮有把握地说："你别急，连炮管都没炸开，炮弹肯定给挤出去了。你赶快派人沿着发射方向去找，肯定能找到。"对方一听，觉得徐更光说得也有道理，就回答说："我们这就去找，您也得赶快来啊！"徐更光撂下电话后不敢怠慢，连夜订了去包头的火车票。第二天他就登上火车，向包头实验场奔驰而去。

到了包头以后，装甲兵的同志也不那么紧张了，此时的情况比在电话里听到的要好很多。因为经过两天时间，战士们在实验场离出事火炮不远的地方，果真挖到了那颗未爆炸的炮弹。他们把炮弹抬了回来，就等着徐更光来分析问题了。

徐更光看见炮弹以后，心里就更踏实了。凭着自己的经验，徐更光认为，一定是炮管或是炮弹装配出了问题。如果问题出在炮管上，那肯定是炮管擦拭不到位，炮管中的残留物阻碍了弹丸的发射，使得高压气把炮管拱鼓了。因为125炮用的是可燃药筒，多次发射后可能有较多的残留物粘在了炮筒内，导致问题出现。虽然这种概率极低，但也不是不可能。还有一种情况就是炮弹装配时不合格，尾翼出现松动，发射时炮弹变形，啃了炮管，出现了膛炸。徐更光觉得后一种情况的可能性较大。徐更光看着眼前的炮筒和炮弹，让技术人员和工人把炮管和炮弹都锯开。

工人们听到后，一边用水浇着一边锯开了炮弹和炮管。锯开一看，事情马上明白了。炮管内部有明显的炮弹啃管的痕迹，炮弹质量没问题确定无疑。从锯开的炮弹中看到，炮弹在啃管的过程中，同时损坏了炮弹底部的引信，使得炮弹在被挤出去之后没有发生爆炸，从而减少了损失。事实证明：整个事故与主装药没有任何关系。同时，通过这次事故进一步验证了“8701”的安全性。这么大的压力都没有引爆主装药，这简直就是奇迹。

这个膛炸风波就这样过去了。从那以后，这种装有“8701”的新型破甲弹又经过了多种严格的测试，最终定型生产，开始大规模装备部队。现在，这种新型破甲

我国新型坦克上装备的125毫米滑膛炮

弹已成为我国99式坦克的标准装备弹药，99式坦克也成为当今世界上威力最大的坦克之一。

2001年12月，徐更光因改进125毫米破甲弹装药而获得国防科学技术三等奖，证书上写道：

> 徐更光同志负责提高破甲威力及安全使用等关键技术研究，通过装药质量提高，消除装药间隙，解决了后膛炮弹过载发射的安全保障问题。该技术提高了破甲弹威力（破坏有效靶数由一块提高到了五块），同时又确保了高能炸药应用于高过载破甲弹的发射安全性，促进了我国大口径破甲弹的发展，开创了我国高能炸药在高过载后膛炮弹中应用的先河。

第十五章

老有所为 老有所想 老年生活二三事

第一节　第一次脑中风让他结束了40多年的吸烟史

徐更光生来就有一副好身板，66岁之前，除了上大学时得过一次肺结核、晚年有些高血压外，身体上基本没有什么大毛病。以前徐更光的烟瘾很大，有时候一天就得抽一两包，家人和同事总劝他戒烟，可他就是戒不了。家里、实验室里、办公室里到处都摆着他的烟灰缸。

徐更光晚年时，大家都劝他戒烟戒酒，岁数大了，要注意身体，可他从来不听。别看他青壮年时期生活艰苦，一生中都在废寝忘食地工作，四处奔忙饮食上从不规律，但是很少听说他生病了，累趴下了，体力不行了。工作起来他那精力充沛的干劲儿让很多年轻人都望尘莫及。

据家人回忆，徐更光第一次得病是1998年3月，那一年徐更光66岁。3月的北京乍暖还寒，当选为中国工程院院士后的徐更光仿佛一下子多了很多的工作。各种评估会、鉴定会、事故调查会、预研项目研讨等，徐更光整日里四处奔忙，很少有休息时间。就连一年一度的体检，徐更光也经常缺席，用他自己的话说："我身上哪儿有毛病我自己清楚，犯不着做那么多检查耽误时间。"为此，老伴儿沈秀芳没少埋怨他。

那次徐更光为了到西安参加一个非常重要的会议，加班加点整理资料，连续3天都没有怎么睡觉。就是这么忙，徐更光也没有耽误给学生们上课。为了赶在开会之前为学生们安排好实验进程，他在戊区的实验室里给学生们讲了一整天的课。沈秀芳记得那天到了下午 3 点徐更光才回来，回到家都没来得及脱外套就拿起水杯，咕嘟咕嘟灌了一大杯水。看来他真是累坏了。放下水杯后，徐更光一边抽着烟，一边给西安方打电话告诉他们自己到西安的时间。这时，大儿子徐江突然听出了什么异样，他发现父亲今天说话有点特别，舌头有点僵，说话好像比平时费劲儿似的。徐江觉得不对劲儿，就拿出血压计让父亲量了一下血压。这一量可吓了一大跳，高压 220，低压 180，这可了不得，这会出大事儿的。可徐更光显得是那么漫不经心，他说："我高血压这么些年了，习惯了，吃点药休息休息也就没事儿了。"

那一晚徐更光加大剂量吃了些降压药，早早地躺下休息，打算第二天出差。徐江看父亲也没有什么更多的异样，说话变得利落了，舌头也不那么僵硬了，也就没有太在意。

第二天徐江正常上班，到了单位以后和同事聊天，说起父亲昨天晚上血压高，说起话来舌头有点儿发硬。碰巧那位同事懂一些医学知识，有一些经验，他马上告诉徐江："高血压说话不利落，舌头发硬，这可不是什么小事儿。必须赶快去医院检查，否则出了问题可就麻烦了。"徐江一听，也觉得有道理，就赶快给弟弟徐明打电话，自己直接往家跑，打算哥俩一起陪父亲去医院。这时徐更光出差还没走，他看到两个儿子一同回家，觉得有点诧异。没等徐更光多问，徐江就说："爸，您先别出差了，您昨天晚上的情况有点不对，我们现在带您去医院做一下检查。要是没事儿，您再出差。"还没等徐更光辩解，两个儿子就架着徐更光下了楼，直奔北京大学第三医院。

心电图、X 光、CT，做完这些检查以后，徐更光的烟瘾又犯了，他和两个儿子就走出医院，在花坛旁边一边抽烟一边等着结果。

当徐更光的第二支烟还没抽到一半的时候，只听一名护士推着一辆平车从楼里跑出来，一边推车一边喊："谁是徐更光？ 102 门诊的徐更光在哪儿？”徐更光回答道：“是我，怎么了？”那位护士一看他一边抽着烟一边还在外边闲逛，气就不打一处来，向徐更光嚷道：“你怎么还敢抽烟？你现在正在脑出血知道吗？赶快躺下不许动。”徐更光听到护士的话，先是一惊，然后犹豫了一下，赶快把手中的烟头扔在地上，并用脚狠狠地在烟头上踩了一踩。据徐江回忆，那是父亲徐更光一生中抽的最后一支烟。在徐江的脑海里至今总是清晰地闪现出那一刻：在北京大学第三医院102门诊的花坛旁，在一棵龙爪槐树下，父亲在烟头上狠狠地踩了一脚。谁也没料到，这一踩竟结束了徐更光40多年的吸烟史。

曾经烟不离手

根据后来的检查结果，当时徐更光的颅内已经有2.5毫升的出血量。好在属于是血管壁渗血，没有完全破裂，才使得病情的发展没有那么危急，只是影响了语言中枢，还没有造成对大脑更多的损害。很快，徐更光住进了医院，开始接受各项综合治疗。

徐更光得病住院的消息立即在学校里四处传开。学校领导、系里的领导、同事、学生、好友都接连不断地到北京大学第三医院去看望徐更光。徐更光看到这么多人来看望他，一是感到很高兴，很欣慰，同时心里也有些不忍。徐更光反复向来人说：“大家都那么忙就别来了，你们的心意我都领了。”

最让徐更光感动的是自己的老岳母，老太太都八十多岁了，还坚持要来医院看看自己的女婿。可是不凑巧，那一天正赶上临时停电，电梯停运了。让人意想不到的是老太太愣是爬了12层，来到病房见到了徐更光。这让徐更光唏嘘不已，心中充满了感激。

好在徐更光那次发病不是很严重，输了几天液，症状就消失了很多。医生同意徐更光下地活动以后，徐更光又开始了他的工作。他把学生们叫到病房中来，安排实验进度，询问试验结果，很快病房又成了办公室，弄得医生护士们都对学生们说："以后你们少来点儿，让老爷子多休息休息。你们一来，他就忙个不停。"

徐更光就是一个闲不住的人，他看医生让自己可以四处活动，就认为自己没事儿了，可以干活儿了，所以病房里就出现了一种奇特的情景：每天医院里的保洁员还没有打扫房间之前，就能看见一个老头儿先是倒垃圾箱，然后再拖地。徐更光主动承担起打扫病房的任务。护士们看到这情景都说："哎呀，爷爷，您是病人，怎么干起这活来了？快回去休息。"但是徐更光从来不听话，总是帮助护士们干这干那，不让自己闲着。

徐更光自己不仅主动帮着护士、保洁员干活，就是在病床上也尽量不给护士们找麻烦。输液的时候，有时候输液架上挂着几袋液体，一袋输完了就要叫护士们换药。按说这应该是护士们必干的工作，不能由病人家属代替。可是徐更光要是犯起倔来，也真是让人受不了。他觉得这事儿太简单：就是一个把针头从瓶子里拔出又插入另一个瓶子的过程，自己的家人完全做得到。有一次，一瓶药液快用完了，老伴儿就按铃叫护士。没想到，徐更光就跟老伴儿急了，一边用手拍着床一边说："你叫人干什么？你自己就不行吗？"徐更光就是这样一个尽量不给别人添麻烦的人。

徐更光对人如此，对于一些小动物也是充满了爱心。出院以后，岳母为了让徐更光增加营养，特意从家里给徐更光送来一只已经不下蛋的鸡。徐更光看到这只母鸡后死活不让杀，非让家里人把这只鸡送回去。说也奇怪，这只五六年的老母鸡回到家后竟又重新下起了蛋，最多的时候，两天就能下一个蛋。

还有一件事听起来也分外让人感动。徐更光的学生们送来四只甲鱼，想让老师熬汤喝，滋补身体。但是徐更光却把这四只甲鱼养了起来，自己一只都不吃，也不让家里人吃。他说这东西是长寿的灵物，不能杀，最好把它放生。

一个星期六的下午，徐更光带着自己的孙子徐孟林、孙女徐梦霞用桶装好甲鱼，来到了紫竹院公园。他们把四只甲鱼一只一只地放生在紫竹院的湖里。说也奇怪，有一只甲鱼被放入水中以后，不是快速地钻入水底，而是游了几米以后，从水中冒出头来，好像是向徐更光祖孙三人深情地回望。大概这个小动物也体会到徐更光那心底的善良了。

爱心一片

这次出院以后，徐更光在家里也没休息几天，就又开始上班了。徐更光一如既往地开始了他的科研工作，唯一变化的是他再也不抽烟了。谁都没有想到徐更光有那么大的毅力，抽了 40 多年的烟，说戒还真戒了，从此再也没有拿起烟卷。人们都说戒烟的人都会留下什么后遗症：有的人容易发胖，有的人爱吃瓜子，有的人爱睡觉。而徐更光也留下了后遗症：那就是吃冰棍儿、喝可乐。从这次戒烟以后，一年四季，徐更光就没有离开过冰棍儿和可乐。无论是办公室还是家里，到处摆着徐更光喝完的可乐瓶子。就连楼下小卖部的老板都说："这个老头儿一年四季总买冰棍儿、买可乐，这么大岁数，也不怕吃坏肚子。以后就改改口儿吧！"徐更光照样我行我素，经常是一手提着书包，一手拿着冰棍儿，胳肢窝里还夹着瓶可乐，不紧不慢地往家走。邻居们看着老头儿的这种形象都已经习惯了。

除了工作，徐更光没有改变的，还有对自己那辆老旧的自行车的钟爱。都快 70 岁的人了，又得了这么一场大病，按说绝不能骑车上班了。但是徐更光偏偏不听，照样骑着那辆自行车四处奔忙。徐更光自有他的“歪理”，对老伴儿说：“其实你不明白，我骑车比走路还稳，还能锻炼我的平衡能力。”老伴儿看拗不过他，只得由他去了。

就为了骑车，家里人不知道跟他吵了多少次，徐更光也不知道摔了多少次。近十多年来，摔得比较严重的就有四次。那四次，都是别人把他扶起来又送回了家。最严重的是2011年11月末的一天，那时候徐更光已经快80了。那时路上已经开始结冰，徐更光骑车速度本来就不慢，正好路上别人刷车留下了一片冰。徐更光骑车到冰面上，一个侧滑，人就腾空飞了出去，脑袋重重地摔在了地上。徐更光在地上足足躺了十几分钟才爬起来。儿子徐明知道后，赶快把老父亲扶到了家，说要带徐更光去看病。可徐更光活动一下手脚，觉得无大碍，就坚决不去医院，说根本没事儿。到了第二天早上，徐更光一起床就觉得腰疼，走路都非常困难。这可不得了，家里人马上就把他送到医院，一检查，发现是腰椎压缩性骨折。

回到家以后，刚开始徐更光还真像模像样儿地躺了几天。但刚过了不到一周，他就躺不住了，觉得自己已经能四处走了，就又想去上班了。事有凑巧，这时系里来电话，说一个工厂来系里谈合作，非要面见徐更光。徐更光一听，顾不上休息，马上就要去系里，还要骑车去。老伴儿沈秀芳一听就急了，说什么也不让徐更光再骑车了。徐更光着急地对老伴儿说：“你不知道，我骑车真的比走路稳，我走路更不安全，而且走得太慢我也着急，那样更容易出事儿。”老伴儿看拗不过他，就对徐更光说：“好，我这次答应你，推着车走，这样能稳一些，但坚决不能骑！”徐更光回答：“好好好，我听你的，以后只推车不骑车了。”答应完老伴儿以后，徐更光就真的推着车往外走，觉得老伴儿看不到自己了，一抬腿又骑上了车，呼呼地向实验室奔去。这一年，徐更光已经79岁。

第二节 家人们的悉心照料让他战胜了第二次重病

徐更光第二次生病住院是 2012 年 7 月 19 日。和第一次生病住院一样，徐更光也是为了一个项目苦熬了好几天。那一天徐更光一回到家就感觉不舒服，他仰靠在沙发上，让孙子徐孟林去给自己买冰棍儿。本来平时都是自己买冰棍儿上来，可这次上楼的时候徐更光连一根冰棍儿都懒得拿了。吃完冰棍儿以后，徐更光觉得自己的左手左臂有些发麻，他以为是有点受风，让空调吹着了，所以一边掐着自己的胳膊，一边还不停地接电话。

到了下午五点多，孩子们怕再出事儿，就陪着徐更光又去了北京大学第三医院。不知道是一路颠簸的作用，还是徐更光在精神上控制了自己，一到医院徐更光身上的症状又没有了。本来医生要给他检查，还说要在急诊室里留院观察。可徐更光一看留院观察病房里那乱哄哄的样子，不顾家人劝阻，就又回到了家。

到了第二天，徐更光还是感觉有点不对劲儿，腿也开始麻了，走路都有些吃力。没办法，孩子们又陪着徐更光准备去医院检查。这时候，徐更光走路都有些困难了，只能让儿子搀扶着往前一步一步挪。邻居们看到此，就告诉徐江，说居委会有轮椅，你们把轮椅推来，就别让老头儿走路了。徐江就赶快来到了居委会，把轮椅推了出来，徐江推着徐更光上了车，又推着徐更光走进了北京大学第三医院的急诊部。经过一系列检查，发现这次是颈动脉狭窄，导致供血不足，而且血管已经堵了近90%。无奈，徐更光又住进了医院，开始了一系列的治疗。

住进病房以后，医生仔细检查了徐更光的情况，并对照着片子告诉徐更光："你现在是刚开始堵，虽然我们马上就替你溶栓，但病情还没到最严重的时候，还会继续发展。所以近几天的治疗你要特别注意，不能有丝毫的马虎。"医生还特别提醒家属："这个时候要全天24小时陪护，并不停地进行按摩，进行物理刺激，好让病人尽快恢复。"听到医生的这些话以后，徐更光刚开始还有些不相信。可慢慢地医生的话一步一步地应验了，虽然在病床上躺着，但徐更光觉得自己的身体左半部越来越不听使唤了，慢慢地，都有些动不了了。徐更光心里明白：这可能就是人们常说的半身不遂，这才意识到自己病情的严重，才踏踏实实地躺下来，全面配合医生的治疗。

儿子徐江、徐明和老伴儿沈秀芳看着徐更光的病越来越重，心里万分地着急。此时此刻，他们没有忘记医生的叮嘱，要尽量多地对徐更光进行物理刺激，促进血液的流通，让徐更光及早恢复。就这样，徐更光一边输液，两个儿子加上老伴儿就不停地为徐更光按摩手、胳膊、腿、脚。三个人轮流上阵，后来又加入了儿媳和孙子孙女。一家人反反复复地为徐更光按摩，不管白天黑夜，很少停止。48小时以后，在医院的治疗和家人的努力下，奇迹慢慢出现了：徐更光麻木的左半部终于有了知觉，逐步恢复了行动能力。

经过接下来几天连续不断地按摩，情况越来越好转，很快徐更光就能下地走路了，甚至连拐棍儿都不用拄。医生护士们看到徐更光恢复得这样快都高兴极了，一方面赞叹徐更光80岁了，身体还这么好，恢复得这么快；另一方面更赞叹徐更光的儿女们对徐更光无尽的孝心。

为了防止将来再出现意外，在医生的劝说下，徐更光安装了四个支架。徐更光心里明白：人老了，不能再掉以轻心了，既然早晚要出问题，不如先做了为好。支架安上以后，徐更光也觉得自己的腿立刻热了起来，行动也自如多了。

徐更光这次住院前后将近一个月，这一个月中，校领导和系里的同事们也都纷纷来医院看望徐更光，并希望给全家各方面的帮助。徐更光还是和往常一样，从不因为自己生病而给学校添麻烦，也从来不向学校提出任何要求。徐更光觉得自己家里有人，儿女又孝顺，自己生病的事情，家里能管好，就不能再麻烦学校了。

徐更光的第二次生病恢复得非常好，几乎没有留下任何后遗症。出院以后，又开始了他新的科研工作。最大的不同是，经过这第二次住院，徐更光彻底离开了他心爱的自行车，马路上再也见不到那个骑车四处跑的徐更光了。

病愈后的徐更光在北京理工大学校园内

通过这次住院，儿女们对徐更光的细心照料也感动了周围的很多人，让大家看到了徐更光的儿女们孝敬父母的模范行为。2013年，长子徐江获得了北京市民政局评选的北京市“孝星”称号，在居委会提供的“孝星”推荐表的个人事迹栏中有这样的描述：

> 2012年7月，其父徐更光患颈动脉严重狭窄引起脑梗，住院治疗进行手术。住院期间，儿女们在兼顾好本职工作的同时全身心陪护在父亲身边，夜晚住在医院，白天做饭送饭，风尘仆仆地奔波在家庭和医院之间。为了更好地照顾父亲，儿子徐江毅然担当起照顾父亲的主要责任。由于和父亲住在一起，徐江和母亲帮父亲起床、穿衣、吃饭、按摩、烫脚等，每天重复这些细致烦琐却又重要的护理步骤，这几乎成了近一年来徐江的固定生活模式。

谁说久病床前无孝子？徐江用自己的行动告诉我们：久病

床前儿女们的情义，会随着时间的推移变得更加珍贵。

儿女给家庭一份爱心，是应该；
儿女给家庭一份信心，是温暖；
儿女给家庭一份耐心，是坚韧；
儿女给家庭一份恒心，是责任；
儿女给家庭一份孝心，是使命。
责任在脚下延伸，我们丈量的是承载肩头责任的漫长之路；
使命在心头拓宽，我们傲视的是书写心头使命的湛湛青天；
我们敢于坦荡地说：做家庭孝星，徐江是当之无愧。[①]

第三节　老骥伏枥
攀登炸药检测技术的新高峰

七十多岁的徐更光虽然在身体上经受了一次脑中风的打击，但当他经过一段时期的休养恢复健康以后，又精神百倍地投入新的科研工作中。在别人看来，他依然是身体健硕、精力充沛的，根本看不出是一位古稀的老人。2000年以后，他被公安部聘请为爆炸安全专家组顾问。当了这个顾问以后，他不但在爆炸安全方面为公安部提供多方面的安全技术咨询，同时还让他开启了一个新的科研项目——隐藏爆炸物的安全检测工作。

当今世界，反恐是一项极其艰巨的任务。纵观世界的安全局势，恐怖分子越来越多地采用爆炸破坏等方式进行猖獗的破坏活动，特别是“9·11”以后，爆炸恐怖活动更加频繁、剧烈，防范恐怖分子

① 引文略有改动。

的难度也越来越大。为了保证安全，各国都在重要政府部门、大使馆、民航机场等地点采取有效的反恐怖和人身安全防范措施，高效的安全检测可使爆炸恐怖活动日益减少。

但是，由于恐怖分子使用的科技手段不断提高，爆炸危险品的反探测措施容易被恐怖分子利用，因此近年来许多国家都加大了爆炸危险品探测的研究力度，爆炸危险品探测技术得到了不断地发展。近年来国际上发展了多种多样的爆炸品探测技术，主要有：X 射线探测技术、中子分析探测技术、核磁共振探测技术、气相分析探测技术及核四极共振等多种炸药探测技术。但是，由于被检物品数量太多、种类太杂、用途各异，导致在实际应用中这些技术都显现出各自的不足，直到今天还没有任何一项技术能够简便、准确、快速地完成检测任务，探测出隐藏爆炸物的存在。所以，各个国家都在这方面下大力气改进和完善相关的安全检测技术，追求 100% 的安全准确。随着世界各国在安全检测技术方面的不断探索，核四极共振检测技术越来越受到安全专家们的青睐，被誉为最先进、最前沿、最有发展前途的一项检测技术。

说起核四极共振一般人都会感到陌生，但要说起核磁共振来大家就非常熟悉了。在医院中，核磁共振是一种非常普遍的诊断方法，其实核四极共振是核磁共振中的一种，主要研究原子核和它周围的电子特征。用核四极共振技术探测炸药主要利用了对氮元素的扫描而进行相关的频谱分析。大家知道，当今被广泛运用的各种炸药绝大多数都是含氮化合物，氮原子的电荷分布不对称，具有核电四极矩，这就为核四极共振检测技术提供了理论依据。

实验证明，核电四极矩共振技术用于探测炸药非常有效，它不但准确、迅速，还能够具体地检测出炸药种类，这是其他检测方法难以做到的。这是因为各种炸药中氮原子的电场环境千差万别，通过核四极共振对奥克托金、黑索金、TNT 等炸药的扫描，能得到不同的响应频率，这就可以对不同炸药进行甄别。经过归纳整理，就可以建立一个可靠的不同炸药的响应频率的数据库，一方面，进行快速识别；另一方面，利用这些数据进一步提高设备的探测灵敏度，达到精准的目的。核四极共振技术具有比核磁共振更优越的特点，如检测时不需要强磁场、同一种原子核在不同的化学环境中具有不同的核四极共振频率等，所以核四极共振检测技术，是目前各国竞相攻克的难题。

徐更光在教学过程中认识了核四极共振这一新技术，他从 2000 年后就和学生们一起探索核四极共振技术，并对这项技术进行了深入的了解和探索。当时徐更光的博士生石光明本科毕业后曾在公安部门工作过，知道了核四极共振是一项具有前瞻性的科研探索，再加上徐更光又担任了公安部专家组的顾问，所以徐更光和他的博士生们一起涉足这一领域。

也就是在美国《科研前沿》杂志介绍了核四极共振消息以后，徐更光听说在四川有一家单位得到了一台核四极共振技术的原理样机。这可是个天大的消息，因为当时的核四极共振样机不仅能测爆炸物，也能测毒品（毒品大多含有卤素），真不知道那个单位买来机器是干什么用的。这个消息立即让徐更光兴奋异常，他赶快把石光明叫来，让他马上出差去四川，亲自去查看这台样机的工作情况。临走时，徐更光嘱咐石光明："到了那家单位以后马上就要去了解这台机器的工作情况，不能拿炸药就拿一些亚硝酸钠去测试。到时候给我往回打电话就简单地回答行与不行就可以了。"石光明看到导师如此急切，不敢有半点耽搁，马上买好车票奔向四川。

到了那家单位以后，石光明说明了自己的来意，并介绍了自己的导师是徐更光。那家单位一听，就对石光明分外热情，因为他们对徐更光院士很是熟悉，知道他是爆炸领域里泰斗般的人物，所以对石光明也是热心配合。石光明在对方的支持下，开始进行了一系列测试工作。经过仔细的观察和验证，石光明在四川就给徐更光打回电话，告诉自己的导师："行，确实行，利用这台机器确实准确地检测出了含氮化合物。”

徐更光听到这个消息以后立刻来了精神，马上坐飞机亲赴四川，进一步了解这台核四极共振原理样机的工作过程，同时也想得到一台，进一步探查其中的奥妙。那家单位也是国内的一家军事科研机构，对这位老院士的到来表示极大的欢迎。当他们听说徐更光的想法后，也毫无保留地向徐更光介绍了这台机器的来历。

原来这台机器是从美国进口来的，当初这家单位向美国人表示要购买时，美国商人断然拒绝。因为按照美国政府的规定，这种高技术机器是禁止向中国出口的。不过双方在交涉中找到了另外一个途径，虽然这种设备不能向中国出口，但是可以找到一个中间商，通过第三方来获得这台机器。因此这家单位就找到了韩国的一家供应商，通过韩国这个第三方的周转才获得了这台样机。现在徐更光想要获得这种机器也要采取这种办法。于是，这家单位答应替徐更光通过韩国供应商再向美国订购一台原理样机。徐更光一听极为兴奋，对这家单位深表谢意，然后立刻回到学校筹集经费，一定珍惜这个机会，买回这个宝贝。最终徐更光在各方面支持下筹集到 100 多万元经费，通过韩国供应商获得了这台珍贵的核四极共振检测仪。有了这台原理样机以后，徐更光和学生们一起开始了在核四极共振技术方面艰辛的探索。

很快这台珍贵的检测仪就搬进了徐更光的实验室，他们开始利用这台机器进行了摸索性的科学实验。刚开始的实验还是遇到一些问题。这台仪器对奥克托金和黑索金检验准确，各种数据统计均属正态分布，分析准确而合理。但是在对 TNT 的检测中，却遇到了较大的麻烦。刚开始测不到，许多参数都出现了较大偏差。这一下可急坏了徐更光，要知道 TNT 是最普通的炸药，连 TNT 都测不到，那叫什么事呀？最后经过徐更光带领学生们反复校对和琢磨，才逐步摸清了这台设备的脾气和特点，解决了 TNT 的测试难题。经过一番磨合以后，他们开始进入了紧张而严谨的对各种含氮化合物的分析整理过程。

在那几年里，徐更光先后培养了石光明等6名博士生，他们学业中的很大一部分内容就是核四极共振技术的探索研究。这些学生在导师的带领下很有收获，有多项创新，也写出了多篇具有国内先进水平的学术论文。经过几年的努力，北京理工大学在核四极共振技术这一领域占有国内领先的地位。几年来，他们在炸药分子结构、温度和压力等外界环境、分子运动对核四极共振信号的影响等方面的研究，为炸药核四极共振信号的有效识别提供了重要的技术基础。而最主要的收获就是利用这台仪器经过长时间的科学实验，成功编制了常用炸药的共振频率数据库，为下一步核四极共振技术的实际应用奠定了坚实的基础。

几年来，徐更光和他的学生们在核四极共振检测方面取得了诸多的成果，但多是在理论研究和实验室技术上取得的突破，还没有让这一技术进入实用阶段，还不能完全满足各安检方面的要求，主要表现在探测灵敏度不高、设备尺寸受限、同时探测多种炸药的能力受限等方面。看来这还需要徐更光他们不断地完善，进一步研究不同炸药的核四极共振信号的规律性，进行更深一步的研究。徐更光在古稀之年一刻不停地在这方面探索着。

也就是在这一时期（2004～2013年），在我国安全检测领域发生了一件大事，那就是摩尔探测器事件。这件事轰动了全国，也震惊了高层，直到今天还有不小的影响。而在这件事中，也有徐更光的身影。只不过徐更光在其中的作用既让人敬佩，又是那么的无奈。

2013年4月29日的《今日话题》中报道，英国一名富豪因采取欺诈手段向中国、伊拉克、伊朗等国军队和警察出售摩尔探测器在英国被起诉，于当地4月23日被英国法庭裁定犯有欺诈罪。1996年，美国有一家叫Quadro的公司，声称可以提供一种仅使用同一芯片就可以探测各种分子的“高科技装置”，价格从395美元到8000

美元不等。美国圣地亚国家实验室检查了这种装置，发现这种装置由一个中空的盒子和一根天线组成，芯片由两片塑料夹一片纸组成，成本大约 2 美元。后来因为美国联邦调查局的介入，美国联邦地方法院禁止了 Quadro 公司制造和出售这种装置。

后来，Quadro 公司的副总罗伊从美国跑到英国，继续卖这种高科技装置，并将其改名为“Mole”（摩尔）。资料显示，这个罗伊即为麦考密克的公司人员。从当时公开的宣传报道来看，摩尔探测器功能之强大令人吃惊——探测半径超过 100 米，可穿越墙壁、集装箱乃至冰层，准确定位数十种爆炸物、毒品乃至人体；它不需要任何电源，仅靠使用者行走时产生的“人体静电”即可工作。

这种探测仪最早在伊拉克大肆推广，伊拉克政府曾耗资 8500 万美元购买了大批的探测仪，供各个安全检查站使用。我国最早是重庆警方大量购买了这种探测仪，后来这种探测仪也被国内多家单位引进，并用于奥运会、春运等安保工作，平均售价将近 28 万元。

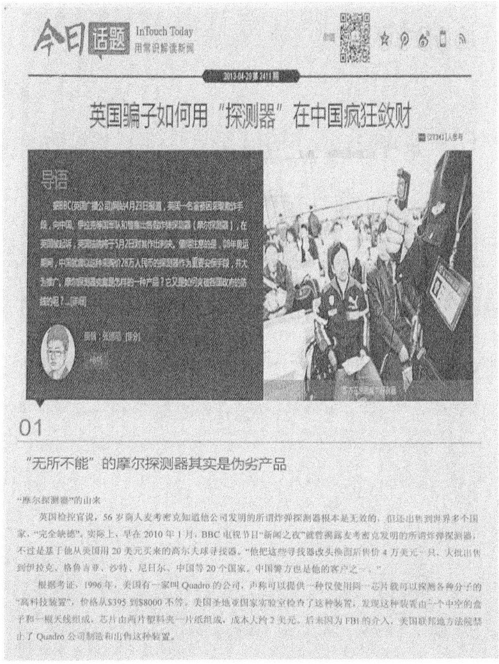
今日话题 InTouch Today 用常识解读新闻

2013-04-29 第2411期

英国骗子如何用“探测器”在中国疯狂敛财

01

“无所不能”的摩尔探测器其实是伪劣产品

“摩尔探测器”的由来

英国检控官说，56 岁商人麦考密克知道他公司发明的所谓炸弹探测器根本是无效的，但还出售到世界多个国家，“完全缺德”。实际上，早在 2010 年 1 月，BBC 电视节目“新闻之夜”就曾揭露麦考密克发明的所谓炸弹探测器，不过是基于他从美国用 20 美元买来的高尔夫球寻找器。“他把这些寻找器改头换面后售价 4 万美元一只，大批出售到伊拉克、格鲁吉亚、沙特、尼日尔、中国等 20 个国家。中国警方也是他的客户之一。”

根据考证，1996 年，美国有一家叫 Quadro 的公司，声称可以提供一种仅使用同一芯片就可以探测各种分子的“高科技装置”，价格从$395 到$8000 不等。美国圣地亚国家实验室检查了这种装置，发现这种装置由一个中空的盒子和一根天线组成，芯片由两片塑料夹一片纸组成，成本大约 2 美元。后来因为 FBI 的介入，美国联邦地方法院禁止了 Quadro 公司制造和出售这种装置。

2013 年 4 月 29 日的《今日话题》对摩尔探测器的报道

我国在引进摩尔检测器以后，也曾得到了各方面专家的质疑。华南理工大学物理系教授全宏俊说：“我不能理解这样的工作原理，最难以置信的是探测器竟不需要电源，而人体产生的静电十分微弱。”对于此类探测器以“记录分子特征”来实施探测的工作原理，打假斗士方舟子在 2009 年就曾说过：“没有哪个学科有这个理论，也根本就不会有科学家研究这个。”在这之中，国防科学技术大学、湖南省公安厅联合发布的论文《摩尔探测器性能测试研究》中，也得出了“测试表明，摩尔探测器的探测成功率非常低，不能证明摩尔探测器具有炸药探测功能”的结论。由此可见，此事很早就被各方面专家看出了虚假和欺骗性。但很少人知道在这项探测仪大规模引进之前，国内有关部门也找到过徐更光，让徐更光亲自鉴定这种探测仪的功效。

徐更光当年被北京有关单位邀请来做技术鉴定，见到了这个神奇的探测仪，也见到了那个英国的商人。徐更光看见这个插了一根天线的铁盒子，就向那个商人询问起探测器的工作原理。没料到，这个商人却根本说不出摩尔探测器的工作原理，只是吹嘘这种仪器的功能有多么强大。当时徐更光听着真是越听越糊涂，越听越气愤，这么贵重和神奇的设备，竟然连工作原理都说不清楚，这简直是天大的笑话。凭着徐更光对各种炸药的深刻了解，他根本不相信这个探测仪能在100米的范围之内，将行李中隐藏的爆炸物准确无误地检测出来，这简直是天方夜谭。听完这个英国人的吹嘘以后，徐更光强压住怒火说：“好吧，不用100米，在50米之内，我把包好炸药的物品放在几个检测点上，你来检测。如果你能检测出来，我出三倍的价钱买你的仪器。”徐更光说完以后目不转睛地盯着这个英国人，就等着他来接招。

可事情的结局竟是那么蹊跷，当徐更光说完以后，这个英国人看到眼前是一名真正的权威，真正的专家，竟不敢有丝毫的表态，一转身找了个借口就偷偷地溜走了，连起码的测试都不敢做。徐更光看到这个英国人根本不敢接招，就坚定地向这个部门讲：“这绝对是骗子，根本不可能，绝对不能相信他。”这个部门也因此没有购买摩尔探测器，没有跟着上当。

但后来的结果真是让人啼笑皆非，这种神奇的摩尔探测仪不但在中国大行其道，还有多家媒体报道了它在春运和爆炸品检测方面取得了诸多神奇的功绩。最让人难以理解的是，在2010年英国法庭已经对麦考密克宣布有罪的情况下，仍有国内媒体为摩尔探测仪唱颂歌。这件事当年在中国的网民之中引起了极大的反响，被很多人争相转载。后来这件事情变得越来越严重，有关方面又组织了一次对摩尔探测器的专家鉴定会，在这次专家鉴定会上，徐更光又是最核心的鉴定专家。

为了拿出更充分的证据，徐更光让自己的学生在50米的范围内布置了25个爆炸物隐藏点，然后用摩尔探测仪进行当众测试。其结果可想而知，这25个爆炸物只被检测出了3个，和信手瞎蒙的概率差不多。徐更光在这次鉴定会上，又一次坚定地揭露了摩尔探测器的伪科学，并顶着各种压力，给摩尔探测器判了死刑。通过这个简单的测试就足以证明徐更光当年是何等的正确，也正是有了这次专家鉴定会才使得摩尔探测仪在中国彻底地销声匿迹。

当时徐更光的学生们参加了测试的全过程，大家在回忆此事时有无尽的感慨。一种先进的科学技术，当人们真正掌握它的时候能为人类带来很大的帮助，能为造福人类做出贡献。但是，社会上总有少数人利欲熏心，打着科学的幌子用伪科学欺骗大众，来危害社会。特别是当一种科学尚未被人们完全掌握，再被有些人为了个人利益谋求私利的时候，坚持科学真理就不是一件容易的事。徐更光就是一个不为利益所动，永远坚持科学真理的人。这件事情让徐更光心里悲愤异常，他不明白为什么会有这样的结局，也不明白这样的结局说明了什么。但是通过此事，进一步增强了徐更光研究核四极共振技术的决心，决心让这最新的科技成果早日付诸实践，为国家的安全检测工作出力，也让那些别有用心的人望而却步。

2012年7月19日，病魔又一次击倒了徐更光。经医生们仔细检查，断定徐更光出现了静脉梗死。为了准确地找到梗死的位置，医院为徐更光进行核磁共振的检查。像往常一样，徐更光摘掉了自己的眼镜和义齿，去除了身上每一件含有金属的东西，躺在了核磁共振的操作台上。检查开始了，当核磁共振的线圈扫过他的头部时，传来了震耳欲聋的“嗡嗡”声。一时间，徐更光感到头痛欲裂，心脏都怦怦跳，但又动弹不得，那个难受劲儿真是无法形容。这种折磨持续了将近20分钟才停止，徐更光被家人扶着从核磁共振的台子上慢慢坐起来，一边坐一边对医生说：“好家伙，这玩意儿太厉害了，真是让人受不了，最难受时候我死的心都有！”医生无可奈何地说：“确实做核磁共振的人都有些难受。可没办法，这种设备信号太强了，信号不强又无法准确地探测病灶的部位，这真是一个没法解决的问题。”

回到病房以后，徐更光还喋喋不休地向身边的医生护士叙述自己的痛苦经历。一个护士对他说：“这项检查是不好受，所以事先都要看病人的心脏和血压是否能够承受，如果指标不合格还真不能做。我就听说过有一个病人身体不好，却偏要做这种检查，结果在台子上因过度紧张楞没下来。”徐更光听后深有感触，他对这个核磁共振印象简直太深了。

做完这次检查之后，徐更光的心里越来越不平静了，他由这个核磁共振想到了自己的核四极共振。因为他知道在本质上它们是同一种检测方法，只不过有差异罢了。他仔细琢磨着这些年核四极共振技术在灵敏度和适用范围上的缺陷，也更加体会了核磁共振的威力。他明白，要想使检测更加准确就必须增大磁场强度，而磁场过于强大就会对被检测物体造成很大的伤害。做核磁检查的时候，身上不能有一丁点儿的金属物品，检查的通道又只能略大于人的身体横截面。试想，如果用太强的磁场来检查行李，第一，对于超大的行李无法通过；第二，如果行李中有金属物品，或者有胶卷等怕曝光的东西，那不就全完了？核四极共振技术也一样，既要求检测时候适用广泛，又不能对被检测物品造成任何损害，其设备的大小和制造成本也要受到多种限制，这些矛盾也确实是太多了。徐更光躺在病床上，反反复复想着这些问题，连续几天都难以入睡，经常是眼睛直勾勾地盯着房顶发呆。后来连护士都说："这个老爷子也不睡觉，瞪着大眼睛老想什么呢？"徐更光经过这次核磁共振的折磨，他的所有思绪又都集中在核四极共振技术的探索上了，此时此刻他又想起了和美国工程院副院长的一次当面交谈。

那一次是中国工程院邀请美国工程院的副院长到中国来开座谈会，而恰好这位副院长也是核四极共振技术方面的内行，对这一技术也深有了解。那次座谈会徐更光也参加了，他抓住机会，利用会议休息的时间和那位副院长攀谈起来。既然大家都是同行，徐更光的问话倒也直来直去，开口便问道："美国的科研杂志上说，你们用核四极共振技术在两个小时内测试了600件行李，而600件行李的检测结果无一漏检，准确率是百分之百，你们是怎么做到的？你们既然做得这么好，为什么不用呢？"那位副院长聊起此事来倒也轻松，不知是出于保密的原因还是出于对同行的尊重，说出了这样的实情。他回答说："那些都是为了宣传，没那么准。通过我们多年的研究，也通过我对我们国家在安全检测上的了解，我认为，当今世界最可靠、应用最广泛的检测方法还是狗鼻子，狗的作用到现在为止还无法替代。"徐更光听完此话以后先是吃了一惊，然后又若有所思地点了点头。

对于这位美国人的话，徐更光也信也不信。他知道美国人是不可能轻易向他透露真实情况的，但是对方说的也不全是假话。确实，在美国等西方发达国家，无论是检测爆炸物品还是检测毒品，还都大范围地采用狗这一传统的检测"斗士"来检测。他们投入大量资金驯养缉毒犬、排爆犬，在各个重要的安全检测场地都能看到狗的影子。看来无论是美国还是中国，在爆炸物安全检测方面都还要投入更大的力量。

这几年来，徐更光和他的学生们在核四极共振技术方面进行了艰辛的探索，发表了很多的文章，在数据采集、原理测试等多方面取得了不少的成绩。但是，由于核四极共振所涉及的领域太宽，要求配套的技术过多，对于学校内有限的人力、物力来讲，成功还是个遥远的话题。通过长期的科研探索，徐更光越来越清楚眼前的困境。核四极共振技术确实有与众不同的优点，它准确率高、无磁污染等。但是，它的缺点也显而易见，首先它只适用于检测固体，不能检测液体和气体，不能检测被金属屏蔽的物体；其次，它探测灵敏度低，检测时间偏长，不利于实时在线检测；再次，与其他探测方法相比，它更适合探测药量偏大的爆炸物；最后，让人挠头的是，由于被检测的行李大小不一，而探头的尺寸又受到限制，面对大体积的物体就没有办法了。以上这些都需要徐更光和他的学生们进行更多的探索。

徐更光在病床上辗转反侧，他一遍又一遍地思考着其中的问题：用什么方法来突破眼前的局限，让核四极共振技术真正用于现实当中呢？

老爷子又开始着魔了，医生、护士的话也不听了，连个长觉都不睡。他的同事、学生们来医院看望他，没说几句话，就从核磁共振检查聊起核四极共振。大家劝他休息他也不听，反反复复念叨着：太强的电场根本不行，没法大范围应用，谁也没法用。聊着聊着，突然一个神奇的想法从脑子中冒了出来：既然单凭核四极共振难以解决问题，为什么不换个思路，让它和其他技术组合起来应用呢？现在计算机技术这么发达，计算机识别技术越来越先进，那我为什么不用一用呢？现在计算机三维图像制作技术已经成熟，其识别技术也已经有了发展，那么我为什么不能引入这些最新的计算机三维自动识别技术，在安全检测方面有一个突破呢？有了这个计算机三维自动识别技术，在安检过程中先有一个初选，当发现行李中有可疑的物品后就可以报警。此时，安检人员再用核四极共振技术进行确认，这样不就可以极大地弥补核四极共振技术的不足了吗？这种想法一产生，他立即就兴奋起来，赶快让自己的学生回去查资料，去了解当今最先进的计算机三维识别技术。

就这样，这次医院的检查让他萌生了一个新奇的想法，有了这个想法，他在医院就更躺不住了，住了不到两个星期，病情刚有所好转和稳定，他就催着老伴儿办理出院手续，赶快回到了学校，又开始了一番新的探索。

他的学生们回来也是不敢怠慢，开始四处收集资料，了解国内外在计算机三维图像识别方面最先进的技术。现如今，计算机三维图像的制作已经不是什么难题，这项技术被广泛地应用于建筑、医疗、文物保护、三维动画等领域。但是，从图像自动识别来讲，就是用摄影机和计算机代替人眼对目标进行识别、跟踪和测量等机器视觉，并进一步做图像处理，用计算机处理成为更适合人眼观察或传送给仪器检测的图像。现如今，图像的自动识别还主要应用于二维的图像处理，如面孔、指纹等，而对于三维图像的自动识别，正处在一个攻坚和发展阶段。三维图像的自动识别是以物体表面朝向的三维信息来识别完整的三维物体模型目标，需要综合运用计算机、模式识别、机器视觉及图像处理等方面的知识。它涵盖的信息量要远远大于二维图像识别技术，是一个非常复杂的工程。目前，这种技术的发展还远未实现人们的预想目标，显然这又是一个需要下大力气攻克的难题。

徐更光了解到这些信息以后，知道眼前遇到的又是一个天大的困难。特别是自己已经老了，对于计算机这种信息时代的产物自己本身就存在天生的不足，更何况这是一项计算机应用方面尖端的技术。看来这项技术靠自己是无法完成了。但是徐更光坚信：自己不懂的不见得别人就干不出来。自己虽然没有这方面的技术，但是自己却有综合这些技术创造奇迹的思路，在交叉学科方面，自己有经验方面的优势。将来就要靠年轻人，要让他们根据自己的思路去开拓别人没有领悟到的领域，要把新思维和传统经验巧妙地结合起来，他要创造新的奇迹，攀登新的高峰。

近两年来，徐更光一直在为核四极共振技术与计算机三维图像自动识别技术相结合而进行着多种准备和探索。他要建一个博士后流动站，这个流动站里要有两个方面的人才，一方面，要进一步完善核四极共振技术的应用，加强灵敏度和适应性；另一方面，要探索和掌握人工思维下的计算机三维自动识别技术，要让计算机真正代替眼睛来审视每一件物品，从而让隐藏在各种物体里的爆炸物无处藏身。这件工程成功的关键在于两者的配合，计算机先发现问题，再由核四极共振技术进行最后识别验证，从而完成一个科学而又精准的安全探测过程。

这是他的思想，更是他耄耋之年奋斗的动力。别看徐更光老了，但是他的心不老，他的干劲不衰。我相信：在徐更光的带领下，他的学生们会和徐更光一起去攀登这一新的高峰，去实现徐更光心中的梦想。到那时在爆炸物安全检测这一领域，中国人又将会攀上世界的顶峰。

第四节　言传身教
对待学生既是严师又是慈父

徐更光从教五十多年，学生众多。他教过的学生，有的成了兵工企业的领导，有的成了单位中的技术骨干，有的成了企业家当了老板，还有的留校任教像徐更光一样教书育人。大家对徐更光印象最深的就是他言传身教、以身作则、一丝不苟。无论是讲堂上还是在试验中，无论是单独辅导还是在各种报告、讲话中，徐更光总是自觉地用正能量引导着学生，用自己做人做事的理念影响着大家，用自己的亲身经历教育学生要做一个能吃苦、勇于担当的人。

徐更光经常挂在嘴边的就是自己困难时期的奋斗史，没有助手，大事小事都得亲力亲为；没有经费，没有加班补助，干工作全凭自觉；没想过评职称，没想着挣钱，为工厂、军队、学校解决难题就是最大的乐趣。他是这么说也是这么做的，他用一件件实例教育学生不能太功利，要先学会吃苦，要先学会本事，如果干一件事总想着利弊得失，那就什么都干不好。

学生们看着徐更光在教学、实验中的执着和认真，细数着徐更光那一桩桩不平凡的成就，再看看徐更光朴素的衣着、家中简单的陈设，都从心里觉得老师是一个真正可亲可敬的人。

做徐更光的弟子是幸运的，能从他那里得到很多的教诲；但有时也是辛苦的，必须付出加倍的努力。在教学中，徐更光容不得半点儿虚假和懈怠，对学生要求非常严格。在审阅论文时，如果发现哪个学生不认真想走捷径，徐更光就会大发雷霆。在做实验时，任何数据都不能出错。据博士生郝凤龙回忆：

> 就在 2014 年 6 月我毕业答辩之前，82 岁的徐老师还一直在指导我们如何进行实验论证，记得有一天我们在徐老师家讨论到了晚上十点半，看到有一组实验数据好像不对，为了弄清实验结果，徐老师让我们马上回实验室继续进行实验，无论多晚他都要等我们的实验结果。我很清楚地记得当时已经晚上十二点了，徐老师还打来电话询问实验情况，他这种忘我的工作精神和严谨的态度深深地影响和感染着我。

徐更光对培养学生具有极强的责任心，他总是盼着自己的学生早日成才。博士生薛田是工作 6 年后又回校学习的，他回忆道：

> 徐老师总是对我说，你来学校继续深造，要立足于本职工作，将自己的求学和单位的实际需求结合起来。在传道、授业、解惑上，徐老师对学生是倾囊相授、毫无保留的。讲课题，谈

专业时他经常给学生一讲就是几个小时。有一次他给我们几个博士开题时，从解决塑料黏结炸药高分子水解安定问题说起，谈到高威力混合炸药的研制，一直讲到爆炸能量输出结构和目标的力学响应。看时间时已是凌晨2点，同学们担心他身体吃不消，让他休息，可徐老师总是说给你们多讲讲，说说课题的来龙去脉，你们才能有更深的理解，才能建立起对课题的兴趣，你们困了，就在我家睡。现在想想，徐老师是多么的急迫，他是想把所有的知识都给我们，让我们早点成长起来，能让他的学术思想有所传承。

别看徐更光对学生要求严格，但他也有善解人意的一面，和风细雨，有时像慈父一样关心着他的学生。黄学义的回忆让大家看到了徐更光的这一面：

相识徐老师，始于2008年9月，那是硕士、导师的双选会，徐老师作为中国工程院院士，首次映入我的眼帘，满头银发，德高望重，和蔼可亲，散发着一股让人敬仰的大家风范。就在那时那刻，我有幸正式地成为徐老师的弟子。双选会结束后，徐老师拉着我们的手，一块走到他的办公室。地方不大，布置朴素却整整齐齐，林立的柜子里摆放着各种书籍。那天，徐老师跟我们聊了很多，不过具体的都不怎么记得了，整个人都还沉浸在对院士的崇拜中，但他那和蔼可亲、平易近人的言谈举止却给我留下了深刻的印象。之后没多久，徐老师就再次把我们叫到了办公室，向我们详细介绍了核四极共振炸药探测这个方向，说这个方向已经有些年头了，只是人手太少，学科交叉性又强，致使还未实现该技术的实际应用，这次特意征询我们的硕博连读意向，并给我们分析了连读的利弊，也希望我们认真考虑考虑，不要急于作决定。当时，我毫不犹豫地答应了，不为别的，就冲徐老师的态度，而且还是德高望重的院士，能这样谦和地跟我们谈话，那他的学术造诣、品行修为没有理由不高，能成为这种老师的弟子，还有什么不高兴的呢？就这样，我按部就班地走完各种程序，踏上了博士的求学之路。接下来的这几年时间里，作为徐老师的学生，跟徐老师接触的机会也就多得多了，而徐老师对我们也毫不吝啬他宝贵的时间，他说过也践行了一句话："只要你们来看我，我就很高兴，就是再重要的客人，也没有我的学生重要。"师者，能这样对待自己的学生，还有什么可挑剔的呢？

为人师表，品行为先。徐老师用一生履行了他作为老师的承诺。他经常跟我们提到，做学问，得先学会做人，只有先学会做人，才会懂得如何搞学问。自始至终，徐老师都未曾骂过我们，甚至连重话都不曾说过几句，即便说过几句不要紧的，也会当场表达歉意。我记得有一回，关于课题的事去找徐老师，说我实在做不下去了，想换个课题。徐老师的脸色立刻就凝重了，但依旧没有对我发脾气，而是稍稍顿了顿，坐到我身边，关心地问道："是不是遇到什么困难了，你细细地说说。"随后，我把情况大致说了一遍，徐老师听后却呵呵笑了。他拉着我的手，说道："的确，让你做这个课题，难为你了，但你也别灰心，有什么问题就及时向我反馈，这不还有我这个老头子给你们撑腰吗？"之后，又经过徐老师的细心开导，直到快十二点，徐老师才说道："你先回去吧！好好睡一觉，千万别灰心。"自那以后，我的心也就安定了下来，有这么一个好老师的悉心指导，相信再难的课题也终有云开雾散之时。

听着黄学义的回忆，哪里还看得到徐老师的严厉，分明是一个至善至亲的老人。徐更光对学生一片真诚，学生要是有了困难，他总是冲在前面，献上自己的爱心。2011 级博士生周正青得了一场大病，差点儿要中断学业。徐更光知道后把周正青叫到自己的办公室，

2011级博士生周正青

鼓励他全心治病，学业上的事先不急，将来病好了给他开小灶，一定把学业补上。日后，徐更光鼓励大家为他捐款，自己更是带头捐出3000元，让周正青一生难忘。

不仅是学生有了困难徐更光着急，就是学生家人得了病徐更光也照样挂念。博士生郝凤龙还提到过这样一件事。2013年9月郝凤龙的母亲得了脑血栓，并伴有高血压，徐更光知道后马上把郝凤龙叫到家里，先是送给郝凤龙一个血压仪，还给了他好多治疗脑血栓的药物，这些药也是徐老师自己治疗脑血栓的药，最后还给了郝凤龙2000元钱，并让郝凤龙立刻回家送母亲去医院治疗。这些小事体现出徐更光对学生充满着关爱和真情。

第五节　接班人的事情让他忧心忡忡

82岁的徐更光思路清晰，精神爽朗。虽然经受过两次脑中风的侵袭，身体上遭受了不小的损害，但在老伴儿沈秀芳的精心照料下，他依旧豁达快乐，谈笑风生，生活上一切都井井有条，轻松和谐。和他聊天的时候，只要一打开话匣子就没完没了，不知疲倦，有时一两个小时连口水都不喝，非得把事情谈清楚才行。现在徐更光深深忧虑的是：将来谁来接班？

徐更光一样一样地摆着眼前的困境：当年共同战斗的伙伴，都已过古稀之年，和自己一样，都将要退出历史舞台；和自己共同奋斗十多年的年轻人，他们在和自己长期的共同奋斗中，增长了才干，学到了本领，经受了实际锻炼，但他们也已是天命之年，他们也要发展，要创造属于个人的成果，现在已自立门户并颇有建树；自己培养的第一个博士生很聪明、很敬业，但在本科硕士阶段不属于爆炸领域，毕业以后，在计算机仿真技术方面开拓了另一番广阔的疆土，现在有很好的发展，不可能再回到这个领域；近几年自己钟爱的几个得意弟子，不是因为留校指标的限制而失之交臂，就是因为社会学校之间巨大的收入差距而踏入社会去搏击。总之各种情况综合在一起，徐更光不知道自己百年之后，该把这份事业托付给谁。老人家留下了太多的经历与智慧，他一生的资料要有人整理；他一生的技术、经验要有人传承；他未完成的思想和抱负，需要有人接着去实现。但眼前，徐更光还没有看到希望……

徐更光 70 岁以后，按接班人的模式培养了一个博士生。这个博士生勤奋好学，天资聪颖，对老师也特别尊重，成了徐更光近年来最为满意的一个学生。用徐更光的话来讲，“这个学生连写文章都像我写的，真正学会了我的思路。”这是徐更光的学生们获得的最高认可吧！但就是这个学生在留校过程中也遇到了很多困难，最终还是没留下来，离开学校到了广州一家公司去任职。

晚年的徐更光一直在接班人的问题上一筹莫展。在学术和技术上，他的经验与智慧由什么人来继承，在社会地位和学术评定上的重要影响，又有谁能够代替他在这个领域中继续发挥作用，他期盼着有人来回答……

第六节　亲切、乐观的“老顽童”

徐更光的思考是沉重的，肩上的担子是沉重的，工作是沉重的。但是晚年的徐更光也有鲜为人知的另外一面，是一个亲切、乐观的“老顽童”。徐更光的晚年家庭美满，他用自己一生的奋斗为这个家庭带来了宽裕祥和的生活，他自己也享受着令人羡慕的天伦之乐。

老伴儿沈秀芳自2006年以后就赋闲在家，专心致志地照料着徐更光，也承担起了一大家人的生活。如果说徐更光在古稀之年、鲐背之年还能够轻松自如地投入繁重的科研任务中，那么这里面包含了老伴儿沈秀芳莫大的功劳。沈秀芳几乎成了一个全职的“大秘书”，不但要照顾徐更光的饮食起居，还要帮助徐更光收拾文件，保存资料。特别是徐更光腿脚不利索以后，徐更光经常是张口一嚷：“老沈，把那本××颜色的书给我拿来。”每次沈秀芳听到这个指令，都得赶快把书找出来送到徐更光面前。如果稍微慢一点，老头子还会嚷：“就在桌子上摆着，你怎么还看不见？”每到此时，沈秀芳都会无奈地回答：“别急别急，我已经拿来了。”如果是遇到徐更光外出开会，那沈秀芳肩上的担子就更重了。徐更光第二次生病以后，行动就很不方便了，所以只要外出开会，都必须由老伴儿陪同。慢慢地，很多会议组织者也都了解了徐更光的情况，只要邀请徐更光开会，就会安排两个人的交通和食宿，让沈秀芳形影相随。

不要认为这是一件美事儿，也不要觉得照顾老伴儿会多么轻松。要知道徐更光经常是一开会就是好几天，所以沈秀芳总是整天在会议室旁等候，只能看看电视，消磨着那枯燥的时光。还不能离会议室太远，不知道徐更光什么时候会需要她。长此以往，这倒成了徐更光晚年外出开会的一道独特风景，有徐更光在，就会有沈秀芳在。无论是在北京还是在外地开会，徐更光再也离不开老伴儿这个“拐棍儿”了。

现在看来这真是命运的一种巧安排。青壮年时期的徐更光风里来雨里去，全国各地四处跑。回到学校，也整天泡在实验室里，是个真正的甩手掌柜。那些年，徐更光欠沈秀芳的太多，陪伴沈秀芳的日子太少。没想到，老了以后，因为要带着病体四处奔忙，竟把老伴儿沈秀芳牢牢地捆在了自己身上。不但要一起生活，还要一起“工作”，让她时时刻刻和老伴儿在一起。大概这也是人生中的另外一种补偿吧！

两个儿子成家后都有了比较稳定的工作，过得平凡而又开心。两个儿子都是出名的孝子，对父母嘘寒问暖，关怀备至。特别是徐更光在几次重病以后，两个儿子自然成了家里的顶梁柱，悉心照顾着徐更光，让徐更光在几次大病之后都能得到很好的恢复。为此，老大徐江还被评选为北京市“孝星”，得到了北京市民政局的表彰。

幸福晚年

在这个其乐融融的家里，最让徐更光挂念和高兴的就是孙子徐孟林和孙女徐梦霞。孙子、孙女的名字都是徐更光起的，徐孟林的“孟”代表着老大、长孙的意思，而“梦霞”是“梦中遇见彩霞”的意思。由此可见，徐更光起名时是花了很大的心思的。孙子、孙女可是爷爷的掌上明珠，两人自小都得到了爷爷的无限疼爱。每次出差回来，徐更光都不会忘记给孙子、孙女买回礼物，哄孩子们玩是他晚年最大的乐趣。有的时候徐更光出差时间长了，回到学校后，不进家门就先奔幼儿园，去看自己的孙子。当孙子小时，他就把孙子放在车筐里，骑着自行车四处跑。孙子、孙女对爷爷也是出奇地好，整天黏着爷爷玩。也只有这两个孩子能长时间地把徐更光留在家里，让徐更光暂时忘了实验室，忘了那没完没了的科研。

徐更光与孙子，孙女在一起

徐更光对孙子、孙女的培养是多方面的，对第三代的疼爱远远超过了对两个儿子的付出。孙子、孙女也争气，徐孟林大学毕业后经过层层严格的挑选，最终成为北京市公安局的一名特警。孙女徐梦霞通过层层筛选，最终当上了中国国际航空股份有限公司的空中乘务员。孩子们都大了，都有出息了，可徐更光仍然没有忘记对他们的疼爱。每年徐更光都要送给孙子、孙女一本年度集邮册，多少年来从没断过，凸显出徐更光对第三代特有的“偏心”。

徐更光不仅对老伴儿、儿子、孙子、孙女好，对两个儿媳也都是关怀备至。每年春节会亲家，徐更光都是亲自买好点心、茶叶和酒，两个儿媳一样待遇。每年徐更光都是早早地准备好，要么是自己亲自送过去，要么让儿媳捎回去，年年都不缺这个理儿。有一次，二儿媳张久娟在单位里晋升了职称，徐更光听到后非常高兴，马上拿出钱来让儿子去买礼物，说是对儿媳的奖励，同时全家还到外边一起吃一顿大餐以示庆祝。两个儿媳对公公也都特别好，就像对待自己的亲生父亲一样。大儿媳张亚男在书店工作，只要听说徐更光需要什么书，马上就给徐更光买回来，让徐更光总能看到最新出版的有关图书。徐更光自己没有女儿，就把两个儿媳当成了自己的女儿一样地疼爱。

徐更光就是这个家里的核心，他用自己的爱，维系着整个家庭的和谐与欢乐。徐更光一生是刚强的，但是病倒以后又显得那么脆弱和无助。特别是最后一次大病，徐更光生活完全不能自理，需要全面的照顾。此时此刻，徐更光真正感受到了爱的真诚回报。老伴儿、儿子、孙子、孙女当然不用多说，他们自然是全身心投入。两个儿媳也轮流看护着徐更光，为徐更光端屎端尿，从不嫌脏，从不喊累。沈秀芳不止一次地夸赞自己的两个儿媳，嘴里总是念叨着："这么好的儿媳就没处找去！"

这是一个幸福的家庭，这是一个美满的家庭，这是一个离不开徐更光的家庭。

幸福一家人

80 多岁的徐更光思维敏捷，记忆力超群，几十年前的实验数据经常是脱口而出，回忆起一些生活上的往事和小插曲时也是异常清晰，仿佛就像昨天刚刚发生的一样。

看着这一大家子人，徐更光经常给大家忆苦思甜。每到此时，徐更光超强的记忆力不得不让儿女们由衷地佩服。有一次，他向家人谈起了搬家史，竟把每一次住房的调整记得如此清楚。他说道：

现在的生活太好了，我特别地知足。咱们家从 1962 年年底开始住筒子楼，先是住 2 号楼 315，后来又住 126，这一住就是 20 年。那时一家四口就住在 12 平方米的房间里，后来改善了一下，每五户共用一个厨房，这才把一些厨具搬到厨房里。到了 1982 年，我提了副教授都好几年了，才分到了 26 单元 12 号的一个小两居里。那是一套很旧的房子，也就 30 多平方米，原来的住户就是后来八系的总支书记张培铮。那一次搬家简直把我高兴坏了，因为以前这都是学校教授们住的房。我是从 12 平方米直接分到了单元房，简直就像进了天堂，没想到教授住的房子是那么好。自己能住进来那真是太高兴了。在这里有自己的厨房，自己的卫生间，最为关键的是能在家里洗澡。这可是全家梦寐以求的事，以后再也不用冒着寒风去公共浴室了。两年以后我又分到了 83 单元 1 号的三居室。说是大三居，其实每个房间都不大，分别是 15 平方米、12 平方米和 8 平方米，也就 60 平方米上下。但我当时就觉得能住进这样的大三居里一辈子都知足了。那时谁也没想到后来大家的生活质量提高得这么快，日子过得这么好。又过了 10 年，也就是 1994 年，我又搬到了当时北京理工大学最新的住房，124 单元 3 号。到了 1999 年，学校为了关心我们这些院士，我又搬到了现在的 133 单元。每一次搬家我都是没想到，每一次搬家又都给我们全家带来了无比的快乐。而这都是我以前根本想不到的。

现在的日子过好了，但吃了一辈子苦的徐更光依旧是粗茶淡饭，穿衣吃饭还是那么不讲究。平时做些荤菜，徐更光也只喜欢吃菜，远离大鱼大肉，特别喜欢清淡。徐更光的家布置得非常简朴，没有一点现代家居的样子，别看搬了这么多次家，照旧是八九十年代的样子。唯一让人觉得气派的就是有个近 2 米长的大鱼缸，里面养了很多燕儿鱼，给这个家平添了很多乐趣。早饭总是一碗粥、一个馒头、一个鸡蛋外加一点小菜，徐更光总是吃得津津有味。徐更光平常吃得最多的就是面条，别看徐更光是江浙人，可是长年在北京生活使他习惯了吃北方的饭食，面条一辈子都吃不够。

通过和徐更光的闲聊，他还告诉笔者在他家里有一条不成文的规定，那就是凡是为人服务的动物的肉是不会吃的。笔者问徐更光："为人服务是什么意思"？徐更光回答："狗能看家，牛能耕地，驴能拉磨，所以我从不吃狗肉、牛肉、驴肉。只吃猪肉、羊肉、鸡肉、鸭肉和鱼。"笔者问徐更光："那您是江浙人，一定爱吃鱼吧？"没想到徐更光却说："鱼太腥，刺太多，我吃得很少，鱼汤还凑合。"

在和徐更光的聊天中，听到最多的回忆还是他在 20 世纪 70 年代住筒子楼的往事。每次聊起一些趣事来，徐更光都会兴奋不已，聊起来就没完。他对那段生活充满了留恋，更对自己的"小聪明"沾沾自喜。

聊起这些，徐更光嘴里就会冒出"穷欢乐"三个字，他常说："那时大家都没钱，日子过得都很苦，但大家心里都很充实，也都很快乐。远不像今天的人这样复杂，这样忧心忡忡。"说着徐更光又跟笔者讲起了另外一个让人捧腹的小故事："那时我也年轻，孩子也小，也做过一些特别好玩的恶作剧。有一次，我突发奇想，想测试一下别人对待意外之财的态度。我把几张废纸包在了一个红包里，做成了一个钱包的模样，然后让孩子把它扔到楼下的路上。孩子扔完后就跑上楼，我们站在窗口往下瞧，观察路人对待这个红包的态度。有的人粗心大意，根本看不见，踩上一脚就过去了。有的人看见了，好奇地捡起来，打开一看是几张废纸，就往地上一扔，继续走路。还有一种人最为搞笑，他发现红包后，先快速地把红包捡起来，看看四周有没有人看见，然后快速把红包揣进自己兜里，匆匆地走了好远，才拿出来看看里面有什么。那情景真是好玩极了。"

徐更光兴趣盎然地回忆着自己和孩子们的恶作剧，笔者也笑得前仰后翻，真想不到，这个老爷子年轻时还这么"坏"，这个形象和那个严肃认真的科学家形象相差太远了。

老伴儿沈秀芳听徐更光讲起此事，就赶忙在旁边插话说："这个老头儿当年可能闹了，那时楼里爱丢东西，酱油、醋都丢。他就在我们家的油瓶、醋瓶上暗暗地画上记号，一旦没了，他就悄悄地在别人家找。你别说，好几次都让他找到了，一问才知道都是一帮孩子干的。他自己可从不占小便宜，有一次在楼口捡到了 5 毛钱，还特意跑到南门交给了传达室值班的，你说为 5 毛钱还跑一趟南门，他也不嫌累得慌。”

沈秀芳一聊起老伴儿来，总是那么有滋有味儿：“我们这个老伴儿可聪明了，什么都会，什么都难不住他。1978 年参加全国科学大会要穿新衣服，可家里穷，没钱买。老徐就自己画衣服样子，先用纸裁好，然后让我照着纸裁布。最后缝好以后一穿，甭提多合适了。鞋也是老徐自己画的鞋样子，让我纳底子，照着做，穿着也特好看。我就纳闷儿：他怎么什么都懂呀！前一段时间街坊老太太来家里串门，说自己家里的老式座钟特烦人，一到整点响个不停，声音特别大，也没辙。我家老徐听了想都没想就告诉她，你把座钟的击锤上粘上一块胶布不就行了吗？第二天老太太见到我可高兴了，说回家一粘，真的好多了。这么多年了也没想到过这个法子，老徐一句话就解决了。他怎么什么都灵呀！”

话匣子一打开，沈秀芳就情不自禁地说起了往事。沈秀芳 1971 年来到北京工业学院的“五七联”工厂里做车工，后来又到家属缝纫组干活，最后到招待所做临时工，在招待所一干就是 15 年。沈秀芳十分珍惜这份来之不易的工作，工作上勤勤恳恳，任劳任怨。在招待所工作的那段日子里，徐更光给了老伴儿太多的帮助，老伴儿徐更光就是沈秀芳最有力的支柱。有时招待所存钱的保险柜打不开了，徐更光就亲自上阵，鼓弄几下就能打开；有时月底账目太多，徐更光就成了兼职会计，帮助沈秀芳算账；有时招待所客人太多，沈秀芳忙得没时间回家吃饭，徐更光就做好了饭送到招待所来。大家无不用羡慕的眼光看着沈秀芳，说沈秀芳好福气，竟让一个大院士来亲自送饭。徐更光每次听到这些都乐呵呵的，说院士也要为家里人服务呀！最让沈秀芳难以忘怀的是：有时晚上 10 点多下夜班，徐更光怕老伴儿天黑害怕，虽然就在校园里，离家也就几百米远，徐更光也要亲自接老伴儿回家。沈秀芳经常动情地说："虽然老徐岁数大了脾气不好，总冲我嚷，但挺会疼人的，对我特别好。就冲这，我也要好好伺候他，当好他的大秘书。"

这话多么亲切，多么朴实，真正道出了一对老年人的相依、恩爱、相濡以沫。

第七节　第三次重病与惜别人间

徐更光的第三次病来得是那么突然。本以为是一个小病，到医院住几天就可以了。可没想到就是这次"小病"，竟让这位坚强的大师撒手人寰。

2014 年 9 月 22 日，北京理工大学机电学院的党委书记栗苹在 3 号楼楼道里遇到了刚从办公室"走"出来的徐更光。当时徐更光老伴儿和儿子陪着他，一见到栗苹，徐更光就兴奋地说："明天我的一个学生来看我，他现在是中国兵器行业的领导，我要好好准备一下，和他谈一谈中国兵工行业发展的一些大问题……"栗苹帮着推轮椅把徐更光送到车上。因为 3 号楼一层楼道有两个台阶，轮椅不能直接通过，栗苹许诺徐更光一定去找物业，尽快在这里帮他做个缓坡，这样轮椅就可以直接上下了。可缓坡还没来得及修，徐更光就……

徐更光要见的领导就是中国兵器工业集团公司总经理温刚。温刚是 1987 年北京工业学院力学工程系的毕业生，曾多次聆听过徐更光的教诲，是徐更光的学生。现在温刚走上了领导岗位，成了中国兵器行业中的领导人物。温刚深刻了解徐更光那渊博的学识，更清楚徐更光在中国国防战线上举足轻重的地位。所以温刚特意来到学校，一方面探望自己的恩师，另一方面也当面向恩师请教一些中国兵工行业的一些问题。

当徐更光知道温刚要来看望自己以后，显得格外兴奋。从9月18日家里就开始准备，徐更光让老伴儿把家里的沙发垫儿重新换了一遍，也把家里收拾得干干净净。徐更光说："虽然温刚是自己的学生，但也要好好准备，表示对客人的尊重。"

本来说好了要在家中接待温刚，可当时楼上的邻居正在装修，一天到晚电钻电锤响个不停。儿子徐明说："到时候我去楼上打声招呼，当温刚来后就让他们停工两个小时。"可徐更光却说："人家装修一次不容易，别妨碍人家干活，干脆就去办公室谈吧！"

徐更光从来都是这样，遇见事情总是为别人着想。就这样，徐更光就让孩子们用轮椅把自己推到办公室，在办公室里接待温刚。那一天，徐更光谈得非常尽兴，一刻不停地聊了有3个多小时。他想抓住这次难得的机会，把自己一生未了的心愿都向温刚说清楚。谈话过程中，徐更光连一口水都不喝。老伴儿把水杯送到徐更光手上，徐更光端着水杯却一口都不喝，嘴里不停地向温刚述说着自己心中的想法。

那一天温刚走后，徐更光12点多才回到家，简单休息了一会儿，2点才吃中午饭。吃完饭后，就觉得有点儿胸闷，显得特别烦躁。此时细心的老伴儿已经察觉出好像有点儿不对劲儿。因为老伴儿知道：徐更光睡午觉是从来不脱衣服的。但这一次不同，徐更光把外衣都脱了，还是睡不着，这说明当时他已经非常难受了。但是一问他，徐更光就说："没事儿，喝点水，睡一觉就好了。"老伴儿看到这种情形就赶快把两个儿子都叫了回来。他们开上车，直接把徐更光送到了北京大学第三医院。这时已是下午四点多钟。

到了医院以后，经过一番检查，医生说徐更光心肌酶很高，马上送进了抢救室，为徐更光戴上了氧气面罩。就在这时，医护人员在工作中出现了纰漏：他们不知道徐更光还带着义齿，在吸氧过程中，义齿脱落，堵在了嘴里，导致呼吸不畅。当时心率都达到了190多，眼睛憋得都快瞪了出来。当徐江从抢救室门外看到这一情景以后，立即冲进抢救室，一把把氧气面罩扯了下来。此时连义齿带黏液，徐更光吐了一大堆。过了好一会儿，徐更光才恢复了平静。

应该说这次憋气是对徐更光心脏的一次很大伤害。从这一刻起，徐更光感觉到心脏越来越不舒服，出现心衰症状，所以一直卧床静养，不能出院。根据医院建议，此时此刻，徐更光要进行心脏搭桥或者支架手术。考虑到中国医学科学院阜外医院是这方面的专科医院，在心脏的治疗上是国内最高水平，所以徐更光家人决定让徐更光转院到中国医学科学院阜外医院进行心脏手术。

接下来，徐更光在北京大学第三医院度过了近两个月等待的日子，在此期间医生让他静卧休息。但是徐更光还是老样子，闲不住，一有精神就打电话和学生们讨论科研问题。就是在心脏病十分严重的时候，也挡不住徐更光搞科研的脚步，他满脑子里都是工作。在医院越是等待，徐更光心里就越起急，他恨不得早日出院，早日回到自己的工作岗位上。

2014年11月26日，经过中国工程院和学校的多方协调，徐更光终于住进了中国医学科学院阜外医院，准备进行心脏搭桥手术。但是检查发现，徐更光肺部出现了感染，不具备手术条件。接下来的日子徐更光就是和肺部感染做抗争。徐更光心里越来越急，他希望赶快治好肺部的炎症，也好赶快进行手术，早日走出医院。

2014年12月11日晚，徐更光吃了老伴儿亲手做的饭。吃完饭以后，儿子徐江又为徐更光倒了一小杯可乐。喝了可乐以后，徐更光是那么满足，眼睛都有了神采。但谁也没想到这竟是徐更光此生中吃的最后一顿饭，喝的最后一口可乐。

2014年12月22日夜，徐更光的病情突然出现逆转，经医生们紧急抢救后才暂时脱离危险。这次抢救以后，徐更光的身体已经极度衰弱，陷入了时而清醒时而昏迷的状态。中国医学科学院阜外医院调动了各路专家对徐更光进行了抢救性治疗。学校领导及同志们都纷纷来医院看望徐更光，大家多么希望徐更光这一次能和以前一样，很快地康复出院呀……

此时的徐更光在生命最后时刻显现出超出常人的坚强，他一旦清醒的时候，就梦呓般地述说着他的爆炸，述说着他的理论，述说着他的希望。也就是在这段时间里，出现了一幕让人心碎而又极其感动的场景：家人知道徐更光状况越来越不好，看到他此时还念念不忘他的事业，就把家里的笔记本电脑拿来，因为里面存有徐更光最喜欢的歌曲——由戴玉强、殷秀梅演唱的《共铸中国梦》。令人难以想象的是，当熟悉的乐曲一响起，徐更光那混沌的眼神立刻就变得明亮异常。歌曲一遍又一遍地播放，此时此刻，徐更光仿佛来到了一个充满光辉的世界，有多少情感在他胸中激荡。医生、护士们从没见过此般场景，流着感动的泪水注视着这个生命垂危的老人，病床上的徐更光在这昂扬的音乐中显得那么伟大，令人久久难忘……

2015 年 1 月 7 日下午 1 时 30 分，一颗伟大的心脏停止了跳动，享年 83 岁。

第十六章 追悼与怀念

第一节　噩耗传出　惊动各界

徐更光的逝世在北京理工大学校内外引起了强烈的震动，人们纷纷以不同方式表达哀思。连日来，校内外师生在微博、微信和校园网等平台上，大量转载徐更光逝世的消息，其转载和点击量迅速超过一万人次。大家纷纷留言，向这位逝去的老人表示深深的敬意，表示深切的怀念。这在北京理工大学的历史上还是第一次。

当这颗伟大的心脏停止跳动以后，这个噩耗不仅迅速在北京理工大学的师生中传开，同时也在中国教育界、科技界、中国军工、高校等各个领域迅速蔓延。国家主席习近平，前国家主席胡锦涛及多位中央领导同志都打电话或发来唁电表示慰问。部分国家部委、科研院所、高校及各界人士、生前好友也都发来唁电或以各种方式对徐更光院士的逝世表示沉痛的哀悼，向徐更光院士的亲属表示亲切的慰问。人们无不为失去这样一位国防领域里的功勋科学家感到极大的惋惜和悲痛。一些兵工企业、科研单位、高校及相关业务单位纷纷发来唁电，表示对徐更光院士的沉痛哀悼。

中国工程院周济院长的唁电中写道："徐更光院士的逝世，是我国爆炸理论与应用学界的重大损失，也是中国工程院和中国工程科技界的重大损失。"

中国兵工学会的唁电中写道："徐更光院士为推动我国爆炸理论与炸药应用技术的发展、为我国的兵器科学与技术学科建设做出过不可磨灭的贡献。"

中国北方化学工业集团有限公司的唁电中写道："惊闻徐更光院

士因病逝世，不胜震惊和悲痛！徐院士是我国火炸药行业的学术泰斗和学界领袖，其学问、师德皆为当世之楷模。”

兵器工业部204所是我国火炸药领域的国家级研究所，多年以来204所和徐更光共同为国家的火炸药事业做出了突出贡献。204所的唁电中写道：“徐更光院士作为学界泰斗、我国火炸药领域的领路人之一，在爆炸理论和炸药应用领域教学和科研方面成果丰硕，为我国国防科技事业发展做出了卓越贡献。”

徐更光是东阳人的骄傲，他的逝世同样惊动了家乡父老，让东阳人为之悲痛。东阳市政府也发来了唁电，代表东阳人民表达他们的哀思，唁电中写道：“徐更光先生虽然长年在外，但他忘不了自己的根，深深热爱家乡，对故乡的山水依恋不已，对家乡的变化如数家珍，并以实际行动回报家乡建设。他的崇高精神和优秀品质，是新时期东阳人文精神的集中体现，是在外东阳人最优秀的杰出代表。”

……

从这些唁电中就足以看出社会各界对徐更光院士的崇高评价和赞颂，字里行间都表达出他们对徐更光院士无限的眷恋和怀念。这些评价足以描写徐更光光荣的一生，足以告慰徐更光的在天英灵，让他在九泉之下得到安息。

第二节　隆重悼念

2015年1月11日上午，北京理工大学师生及社会各界人士300多人聚集在北京八宝山革命公墓大礼堂。人头攒动，哀乐低回，大家向这位令人尊敬的军工科学家作最后的诀别。

告别大厅内摆放着中共中央政治局常委、国务院总理李克强，中共中央政治局常委、十二届全国人大常委会委员长张德江，中共中央政治局常委、中央书记处书记刘云山，中共中央政治局常委、国务院副总理张高丽等领导人敬献的花圈。敬献花圈的还有各相关部委、企业集团、高校、科研机构、学术团体、兵工企业的领导，以及北京理工大学师生、徐更光家属等。告别大厅外悬挂着这样一幅挽联：国防功勋，科研楷模，师生齐悲失泰斗；军工重臣，业界领袖，众人痛惜折栋梁！

告别大厅

悬挂在告别大厅外的挽联

在徐更光的告别仪式上，有这样一幕感人的情景永远地留在了人们记忆中。一个成年人双膝跪倒在徐更光的灵柩前，向徐更光作最后的诀别。这个人就是徐更光的博士生、现任公安部某局装备处处长——石光明。石光明师从徐更光多年，工程力学专业2003年博士研究生毕业，是徐更光非常得意的一个学生。石光明毕业后一直与导师徐更光保持着紧密的联系，工作上遇到什么难题也都向导师请教，现在石光明已经是公安部安全检测方面的权威专家。

徐更光的学生石光明在告别仪式上深情一跪，感人至深

谈起自己的导师，石光明感慨万分。他跟随导师多年，在导师身上得到的最大收获就是：精神远远大于物质。

导师的一言一行、一举一动无不显露出一种责任、一种红心。以摩尔探测仪事件为例，要想追求科学真理，对有些人不难，对有些人就挺难。难就难在有些人要么不懂或不真懂，要么就是为利益所左右，不敢说实话，不敢面对真正的科学。而徐老师就是不谋私利，敢仗义直言，总是维护国家的大利。这些给我们留下了太多的触动。徐老师今天的成功是偶然中的必然，必然中的偶然。在长期的科研生涯中，徐老师一直是勤奋、执着、奉献、一丝不苟、是非分明，他这种对科学的敬畏精神永远值得我们学习。徐老师一生有那么多成果，有时就是靠着一种信念来攻克一个又一个科学难关。徐老师身上的创新精神、奉献精神、顽强毅力精神激励着我们勇敢地面对一切困难。

在谈到徐更光对学生的培养时，石光明说道：

徐老师对学生要求很严厉，在细节上管得很多，他要把自己的学生培养成社会上最实用的人才。在教学过程中，徐老师强调身教重于言教，身体力行。他总是教导我们要有信心，要有底气，唱高调没用，关键是要看实际结果。他曾经说过：我带过的学生如果找不到工作，就不算是我的学生。这一方面说明徐老师的研究成果都是为了解决实际困难，另一方面也督促我们要脚踏实地、认真学习。……徐老师对学生有严的一面，也有爱的一面。别看徐老师那么忙，还积极为学生们推荐工作。因为他知道他的学生在哪里最能发挥作用。很多单位一听说徐老师推荐的学生都非常重视，使得很多学生在求职的过程中少走了很多弯路，这让大家非常感动。

正是因为有这些感动，有这些灵魂上的触动，让石光明有了这一惊人之举，长跪在徐更光的遗体前。此时此刻石光明还有很多话要向导师述说，还有很多未竟的事业等待和导师共同去完成。这一跪充满了感激，充满了眷恋，此时此刻是石光明最后一次与恩师面对面的心灵沟通。

徐更光院士逝世以后，人们以不同方式表达自己的哀思。熟悉徐更光的人相互追忆着徐更光在工作、生活中的点点滴滴；不熟悉徐更光的人在网上寻找徐更光的光辉足迹。还有很多人自发地撰写文章，以表示对徐更光的怀念。为此，北京理工大学党委宣传部专门发行了一期《北京理工大学校报专刊》，来缅怀徐更光院士的丰功伟绩，这在学校的历史上还是第一次。其中有对徐更光院士告别仪式的报道，有描写徐更光一生功绩的万字长文，更有大家满怀真情的怀念文章。

中国科学院院士、北京理工大学校长胡海岩在文章中写道：

> 徐老的逝世是我国科技界、教育界的重大损失！是北京理工大学的重大损失！徐老的一生充满了一位学者对国家的责任、对真理的追求，为我们树立了光辉的榜样，将激励我们永远前行！

中国兵工学会原常务副秘书长许毅达对徐更光的赞颂充满了真情，几年前，曾经为徐院士写过这样一首小诗：

徐老宝刀未老，
更新高能炸药。
光明辉映岱顶，
强军惟此写照。

许毅达在参加徐更光院士的追悼会上又吟诵一首小诗作为对徐更光院士的深情悼念：

徐公驾鹤去，
大师成永诀。
更光放异彩，
千古诵英杰！

北京理工大学机电学院党委书记栗苹在回忆文章中写道：

> 是什么让一个人的逝世引起如此多的怀念？我想除了徐院

士在他所从事专业上对国家的贡献外，一定是他对中国爆炸理论与炸药应用技术的担当与责任感触动了大家，一定是他身上体现的那种北京理工大学的军工传统与延安精神激励了大家，一定是他力行的爱国、敬业的奉献精神折服了大家。

北京理工大学机电学院的博士生导师周霖教授是跟随徐更光时间最长的助手、学生，深得徐更光的教诲和精髓。如今的周霖在徐更光悉心培养下也已成绩斐然，现在他是国家国防科技工业局火炸药专项专家组成员、某战斗部型号副主任设计师。他在文章中写道：

徐老师，今天您虽然离开了，离开了您钟爱的事业，离开了您朝夕相伴的学生。但我永远不会忘记您对我的培养！我今天的一切都是您给予的！我将继承您的遗志，为炸药技术发展进步而努力！为保持北京理工大学在炸药领域的地位和荣誉而奋斗！

在这份《北京理工大学校报专刊》上还有很多在职、退休教师和学生们的文章，都抒发了对徐更光深深的怀念，还有太多的人想对徐更光说更多的话。

第三节　追　　思

2015 年 2 月 6 日，在徐更光逝世刚满一个月的日子里，北京理工大学机电学院举行了“徐更光院士追思会”。会议由机电学院党委书记栗苹主持，北京理工大学副校长赵平、机电学院院长焦清介及徐更光院士的家属、机电学院部分退休教师、现职教师，以及徐更光院士的部分学生代表，怀着悲痛而又崇敬的心情参加了追思会。追思会一开始，栗苹书记简单介绍了徐院士的生平，接着大家纷纷发言，真情地追思徐院士在学校近60年的工作中那些不平凡的日日夜夜。

徐更光院士追思会

几位退休教师的发言追忆了徐更光院士的过去。80多岁的张鹏程老人谈道：

徐更光的成果可以说把我国的海陆空所用炸药更新了一代。以前我们用的炸药都是苏联炸药的那一套，如TNT、A-Ⅸ-2等。在这个基础上徐老师开发出了改性B、“海萨尔”、“8701”，其效能超出了国外水平，国外许多国家也纷纷到我国进口炸药，为我国的国防事业做出了巨大贡献。

徐更光的学生、助手刘德润讲述徐更光的事迹

刘德润老师是徐更光课题组的老伙伴、入党介绍人，和徐更光共事了近30年。刘德润发言时还没说话，泪水就夺眶而出，哽咽着说不出话来。平静一会儿后，刘德润说：

徐老师不仅是炸药应用领域的顶尖人物，也是装药领域的顶尖人物。徐老师是个发展全面的人物，他在科研工作当中承担了比较重要的工作，而且克服了相当大的困难，而且这些工作都是非常重大的科研项目，他被誉为我国火炸药行业的精神领袖。

老同志们在徐更光院士追思会上

陈熙蓉老人深情地说：

徐老师走了以后，我的心情非常沉重，感觉天好像塌下来了。以前他在的时候总觉得不管有什么事，都有他挡在前面，而现在他匆匆地就走了，就感觉似乎天塌了下来。

赵平副校长听了几位老同志发言后深受感动，说道：

我认为我们兵器这个学科需要一个精神领袖。是徐老师的精神力量把我们凝聚到一起，徐老师不仅是学科的带头人，更是精神的带头人。我们应该从徐老师身上凝练出一种指引我们的精神。我想到了四点：第一，崇高的精神世界；第二，在事业的追求上探索创新，毕生不懈；第三，在治学态度上求真务实；第四，在政治信念上坚定不移。像徐院士这样的老一代科学工作者、知识分子，他们一生中经历的各种运动太多，受到各种各样的冲击太多，遇到的各种各样的困难也太多。他们在那么困难的环境下，仍然是顽强地、执着地追求自己心中的目标，这里面一定是有一种坚定的政治信念作支撑。如果没有这种信念，一个人很难做到坚持不懈地为国奉献，无私地奉献。徐院士就是这样一个在信念上坚定不移的人。

赵校长讲完话以后，周霖、黄风雷、王丽琼等教师从不同角度追忆了与徐更光院士共同工作的岁月。徐更光院士的学生薛田、黄学义也代表学生们作了精彩的发言，其中薛田说道：

徐老师晚年特别重视产、学、研的结合与转化，在病榻上，他念念不忘的还是学生和课题。每次去看望他，徐老师总是不顾身体的虚弱，询问课题的进展如何？是不是能和单位的需求结合上？徐老师虽然已经离去，但他为学、为研、为师的精神将会永远陪伴着我们，激励着后学前进。如果我们能将思念徐老师的心情化为向上求学力量，能在未来的工作岗位上做出应有的贡献时，徐老师一定会含笑九泉的。

追思会的最后，由焦清介院长作总结性发言，他说起徐老师来情真意切。作为院长，他最懂得徐老师在学校、在学科建设当中不可替代的作用。

焦院长对徐更光最佩服的是四个方面：方法、助人、风骨和勤奋。以前在采访焦院长时，他曾向笔者描述了和徐更光几次开会的经历，在会议上，徐更光毫不掩饰自己的观点，也不顾忌官场上的一些潜规则，经常让有些领导下不来台。作为一名院领导，焦院长有时候也是左右为难。但是事情过后仔细想想，觉得还是徐院士做得对，因为徐院士是真正坚持真理，坚持实事求是，坚持正义的。谈到这些焦院长也是有感而发，他说道："看来要做一个好人应该有一群朋友。但要做一个真正的科学家，要有一些'敌人'。"

焦院长的话寓意深刻，值得我们深深反思。在当今学术风气面临挑战、学术腐败屡禁不止的情况下，在科学上我们多么需要徐更光的这种风骨，多么需要多一些像徐更光这样的"敌人"啊……

2015 年 5 月，经过有关部门的批准，徐更光院士的骨灰获准被安放在北京八宝山革命公墓。这是一种肯定，这是一种荣誉，更是一种赞颂。对于把一生献给了国家、献给了人民、献给了事业的徐更光来讲，这当之无愧。

根据八宝山革命公墓对墓碑的统一要求，一般要在墓碑上刻下总结亡者一生的墓碑文。徐更光的家人们手里拿着很多怀念徐更光的文章，也拿着其他人写的墓碑文找到了笔者，希望笔者也用几句精练的语言来概括徐更光院士的一生，给人们留下一个永久的回忆。

此时此刻，笔者内心澎湃着激情，通过笔者对徐更光院士一生的了解，通过和徐更光院士在心灵上真诚的沟通，笔者有责任、有义务写好徐院士的墓碑文。虽然徐更光的家人们只是征求笔者的意见，笔者写的也只是备选方案之一，不一定最后选用，但是一定要写出对徐更光的真情实感，写出对老人家的尊重。翻看着徐更光家属手中的材料，也回味着在创作《徐更光传》的过程中那一次次真诚的感动，笔者写出了如下的墓碑文：

寿逾八秩，学富五车，倾毕生忠诚屡创辉煌传四海。

德高望重，风骨傲人，弃名利荣华只留清风满乾坤。

附录|一|

徐更光大事年表

1932年 11月8日出生于浙江省东阳县吴宁镇，父亲徐锡如，母亲张松卿。

1938年 就读于浙江省东阳县吴宁镇东白小学。

1941年 日本侵略者占领东阳县，徐更光随父亲开始了颠沛流离、时断时续的小学生涯。

1944年 母亲张松卿去世。

1945年 从浙江省东阳县马宅永昌小学毕业。

1945年 就读于浙江省东阳县东阳中学（初中）。

1946年 转到浙江省义乌中国中学继续读初中。

1948年 2月，以同等学力在浙江省义乌中国中学读高中。

1949年 8月，转回浙江省东阳县东阳中学继续读高中。

1951年 转到浙江省金华市金华中学继续读高中，肄业；10月，以同等学力报考大学，被南京大学和东北兵工专门学校同时录取，因立志参军，放弃南京大学的入学资格，选择东北兵工专门学校学习化工专业；11月，因长期生活艰苦，加上入学后军训劳累，患肺结核，半年后痊愈。

1952年 在东北兵工专由王文玉同志介绍加入中国共产主义青年团。

1953年 4月，因东北兵工专门学校并入北京工业学院，成为北京工业学院化工系火工品及装药专业的学生，到北京工业学院就读，班号7511，学号513145，上学地点在北京东黄城根原中法大学院内。

1954年 6月18日～7月18日到辽阳375厂实习。

1955年 5月16日～7月20日，到沈阳724厂实习；6月，父亲徐锡如去世。

1956年　1月18日～3月4日，到黑龙江碾子山123厂参加毕业前实习；7月，从北京工业学院毕业，因学习成绩优秀而留校任教，留校以后，被分配到化学系工作，教授弹药学，主要讲授炮弹的发射与爆炸等相关课程，此时，学校已迁至海淀区巴沟（现中关村南大街5号）。

1957年　在导师丁儆的领导下，和大家一起建立了火炮、炮弹实物陈列室，包含各国各式火炮、炮弹350多门（枚）。

1958年　因在"大跃进"中表现一般，本人家庭背景又比较复杂，被派去北京工业学院化工系校办工厂——西山化学试剂厂担任厂长，主要负责间苯三酚的工业化生产工作。

1959年　在北京工业学院化工系老师、同学们的共同努力下，间苯三酚得以大批量生产，产品质量达到了国外先进水平，而且成功地用铁代替锡作为还原剂，极大地降低了生产成本，使间苯三酚成为当时学校最重要的工业产品，替代了进口产品，畅销国内。

1961年　5月，与家住冷泉村的北京市化工三厂青工沈秀芳结婚。在10号楼度过了一段"周末夫妻"生活以后，在行政办公室主任蒋作龙的帮助下，借住在1号楼507房间，16平方米。

1961年　回到北京工业学院担任助教。

1962年　3月，担任北京工业学院力学工程系（八系）火工品、装药技术实验室主任；参加"032工程"科研组，负责研制炸药配方；5月，长子徐江出生；8月，搬出1号楼507房间，住在海淀区冷泉村沈秀芳家。

1963年　10月，学校分配住房，住进4号楼315房间，面积仅有12平方米。

1964年　在"032工程"中创造性地采用高效黏合剂БФ胶解决了高能炸药难题，并和大家一起研究出两种新配方："HBJ"和"HJJ"，完全能够满足"142工程"要求；8月，次子徐明出生。

1965年　1月，"142工程"成果鉴定会召开，研制出的新配方受到时任“142 工程”炸药方面主要技术负责人黄耀曾的质疑，未能最后入选，留下遗憾。但是徐更光没有因此停止对“HBJ”和“HJJ”的性能测试，从此开始了长达 16 年的不间断测试。

1966 年　在“文化大革命”的环境下，想办法进行军工专业实验。

1968 年　4 月，帮助军方破解越南战场上美军使用的“滚珠弹”难题；5 月，因“东方红事件”暂时停止了爆炸实验。

1969 年　学习组装半导体收音机。

1970 年　因组装高性能半导体收音机受到组织怀疑，再加上家庭背景复杂，被列为“可疑人物”，被关进学校一号楼办公室，限时交代问题，后被证明子虚乌有。

1971 年　执行“8701”任务。“8701”任务是北京工业学院力学工程系（八系）在 20 世纪 70 年代的第一个任务，代号 8701，主要是研制为破甲弹研制新药，代替出现问题的“8321”。

1972 年　找到了用二硝基甲苯（DNT）代替“8321”中的 4 号药，解决了炸药的热安定性问题，“8701”高能炸药研制成功。

1973 年　经过有关专家的严格测试和仔细讨论，最终“8701”脱颖而出，被选定为代替“8321”的新型高利炸药；到沈阳 724 厂参加科研合作，开始关注 TNT 的工业污染问题。

1974 年　8 月，与 323 厂的技术人员共同进行了百千克级的扩大工业试验，为“8701”进行下一步的生产定型进行试生产。

1975 年　4 月，“8701”通过设计定型，具备大规模生产、装备部队的资格。

1976 年　6 月，张宝平、徐更光、蔡汉文等几位老师写成《五个兵工厂弹药装药工艺状况的调查报告》，上报兵器工业部，反映 TNT 的工业污染问题；下半年，到位于江西九江的 9333 厂进行技术改进，促成“8702”新型含铝炸药的诞生，代替了 A– Ⅸ –2，开创了我国第一代高威力含铝炸药的先河。

1977 年　为 9333 厂研制成功“M1–1 型工程起爆药柱”，这种新的“射流引爆技术”为工厂带来巨大经济效益；10月，获得北京市委、市政府授予的“北京市科学技术先进工作者”荣誉称号；在724厂创造性地将硝化棉加入粗制TNT，实现了常温装药，全面改善了TNT的污染问题，研制成功改性TNT，并向有关领导部门递交了开展改性TNT以改进弹药装药工艺发展的具体建议。

1978年　4月，应海军南海舰队之邀，调查分析导弹驱逐舰“广州号”爆炸事故，准确判断事故爆炸事件、TNT当量、爆炸中心等后续分析所需的关键数据，为事故原因的最终确定做出贡献；8月，“8701”高能炸药获得了全国科学大会奖（为第一获奖人）；12月25日，晋升为讲师。

1979年　参加中国兵工学会；张培铮、孙业斌等帮助寻找解决徐更光的老伴儿沈秀芳的“农转非”问题；冬季，为解决“农转非”问题，教师马宝华将八系写的报告转交到时任国务院副总理兼国防工办主任王震手中。

1980年　任北京工业学院力学工程系（八系）炸药应用研究室主任；“8702”炸药获得了国防科学技术工业委员会“重大技术改进成果三等奖”（徐更光为第一获奖人）；获得国务院授予的“国防工业办公室先进科技工作者”称号；发现“8701”在安定性方面的缺陷，继续改进，研制成功新的“8701”。

1981年　8月，M-1型工程起爆药柱获江西省重大科技成果三等奖（徐更光为第一获奖人）；12月，晋升为副教授。

1982年　改进后的“8701”改进装药贮存安定性新方法获国家发明奖三等奖（徐更光为第一获奖人）；冬季，开始了解和接触高温石油射孔弹。

1983年　受胜利油田委托，研制高温石油射孔弹；石家庄炮校（现中国人民解放军炮兵指挥学院）的领导找到八系领导，要把徐更光挖走，并且答应能全部解决沈秀芳及两个孩子的户口问题，希望学校放人。

1984 年　在吉林 9214 厂协作下，研制成功“8429”高温石油射孔弹；4 月 26 日，沈秀芳及两个孩子的户口终于“农转非”成功。

1985 年　6 月，胜利油田和 9214 厂联合召开了新型射孔弹技术鉴定会，正式定型生产；12 月，高温石油射孔弹火工系统获兵器工业部科技进步二等奖（徐更光为第一获奖人）。

1986 年　4 月，描写徐更光先进事迹的文章《理想 勤奋 实践——记北京工业学院力学工程系徐更光副教授》，刊登在《高教战线》上；5 月 8 日，中央人民广播电台对其事迹进行报道，题为“一位炸药专家的追求”；6 月晋升为教授；12 月，中国人民解放军防化研究院第五研究所找到徐更光，希望帮助他们解决国产催泪弹的改进问题。

1987 年　帮助中国人民解放军防化研究院第五研究所研制成功 602 特种混合炸药；5 月，赴大兴安岭协助扑灭特大森林大火；8 月，在山西 763 厂的配合下，完善了改性 TNT 的配方和装药工艺，并高质量地生产 152 毫米榴弹炮 40 000 发；12 月 15 日，由刘德润、张锦云两位同志介绍加入中国共产党。

1988 年　602 特种混合炸药获“全军科技成果奖一等奖”；6 月，602 特种混合炸药获国家科学技术进步奖等奖（徐更光为第二获奖人）。

1989 年　开始研制“海萨尔”高威力炸药，该炸药是为引进瑞士“厄利空”双 –35 高炮系统而研制的炮弹专用；5 月，与国营 152 厂正式签署协议，承担“海萨尔”高威力炸药的研制任务；6 月 30 日，担任北京理工大学力学工程系（八系）系主任；任博士生导师。

1990 年　“海萨尔”高威力炸药研制成功，152 厂按此配方生产“海萨尔”高威力炸药 577 吨，为 152 厂和火炸药局带来了巨大的经济效益；3 月，作为第一发明人的高威力混合炸药专利（国密字第 181 号）申请国防发明专利；12 月，获得国家教委、国家科委授予的全国高等学校“先进科技工作者”称号。

1991 年　7 月起，开始享受政府特殊津贴；中国兵器工业总公司授予"兵器工业功勋奖"称号；北京理工大学和152厂共同将"海萨尔"高威力炸药申报国家科学技术进步奖一等奖；开始研制改性B炸药，任"改性B炸药配方及装药工艺研究"课题组组长。

1992年　因成功研制"海萨尔PW30"，北京理工大学作为集体获得了国家科学技术进步奖一等奖，徐更光作为个人也获得国家科学技术进步奖一等奖；4月30日，高威力混合炸药国防专利（国密字第181号）获得授权；10月，任中国兵工学会理事会理事，北京分会理事长。

1993年　被炮兵定型生产重新命名的"RT–1"（改性TNT）炸药获得了兵器工业部"科技进步二等奖"（徐更光为第一获奖人）；3月9日，免去北京理工大学力学工程系（八系）主任；8月5日，由兵器工业部火炸药局组团到俄罗斯考察，调查弹药装药发射安全性研究发展状况，同行人员有204所郝仲璋、赵壮华、北京理工大学黄正平等，先后到莫斯科门捷列夫化工大学、彼得格勒工学院等处考察访问。

1994年　6月，当选为中国工程院首批院士；7月，任中国工程院化工、冶金与材料工程学部常委，任北京理工大学学术委员会副主任；8月，任中国兵器工业总公司工业科学技术专家委员会副主任；12月，任国防科工委专家咨询委员会委员；针对山西245厂硝酸甘油安全运输的困难，采用一系列科学的方法来进行硝酸甘油的安全运输试验，最终成功解决问题。

1995年　与甘肃805厂签订"改性B炸药及应用技术专题"合作协议，共同进行研制工作；硝酸甘油喷射输送安全系列获部级科技进步奖二等奖（徐更光为第三获奖人）。

1996年　多次往返甘肃805厂进行改性B炸药工厂化生产试验，805厂专门成立了改性B炸药实验组，配合徐更光工作。

1997年　5月，任国务院学位委员会第三届、第四届兵器科学与技术学科评议组召集人；11月，在805厂完成了改性B炸药的放大生产试验，标志着改性 B 炸药的研制成功；开始着手进行低比压顺序凝固注药方法的探索。

1998 年　3 月，患脑出血住进北京大学第三医院，19 天后病愈出院，从此结束了三十多年的吸烟史；9 月，获教育部、人事部授予的“全国教育系统劳动模范”和“全国模范教师”荣誉称号；病愈后在学校戊区实验室，和同事们一起进行低比压顺序凝固注药方法试验。

1999 年　8 月，中国兵器科学研究院召开“改性 B 炸药在大口径榴弹上的应用技术”专项预研工作会，任命徐更光为技术组组长；11 月，任中国材料研究会第三届理事会副理事长；12 月，作为第一发明人的改性 B 炸药（国密字第 1003 号）申请国防发明专利；在湖南 282 厂研制成功装填含铝炸药的新型破障火箭弹，解决了水中破障难题。

2000 年　1 月，作为第一发明人的专利改性 TNT 炸药（国密字第 1176 号）申请国防发明专利；帮助装甲兵科研部门解决 125 破甲弹装药难题，最终在 123 厂获得成功；为提高炸药探测水平，探索核四极共振技术；被公安部聘为爆炸安全专家组顾问。

2001 年　1 月，改性 B 炸药国防专利（国密字第 1003 号）获得授权；5 月，在沈阳 724 厂进行改性 B 炸药低比压顺序凝固注药方法试验，在实弹射击时发生膛炸事故；12 月，125 毫米破甲弹获国防科学技术奖三等奖（徐更光为第五获奖人）。

2002 年　4 月，专利改性 TNT 炸药（国密字第 1176 号）获得授权；开始探索炮弹无损检测技术。

2003 年　5 月，非职务发明专利粉状铵梯炸药热混制备方法申请国家发明专利；完善了改性 B 炸药的配方，在 805 厂的配合下完成了放大试验和试生产，改性 B 炸药取得最后成功。

2004 年　6 月，与 732 厂合作，作为第一发明人的专利低比压顺序凝固注药方法和低比压顺序凝固注药装置申请国家发明专利；

11月，作为第一发明人的一种B炸药组合物（国密字第3000号）申请国防发明专利；与中国科学院高能物理研究所合作，研制成功炮弹无损检测的“CT工业检测仪”；接受公安部的技术咨询，当着英国商人的面对“摩尔探测器”提出质疑，并明确提出此仪器不可信。

2005年　5月，非职务发明专利粉状铵梯炸药热混制备方法获得授权；低比压顺序凝固装药技术获国家国防科学技术奖（徐更光为第一获奖人）。7月，获得中国兵器工业集团公司授予的“科技创新突出贡献一等奖”荣誉称号，所领导的科研团队获得“兵器工业科技创新优秀团队奖”荣誉称号；11月，火箭破障系统获奖科技进步二等奖（徐更光为第十获奖人）；12月，低比压顺序凝固注药技术获国防科学技术奖（徐更光为第一获奖人）。

2007年　中国兵器工业集团公司第三事业部主持技术鉴定，改性B炸药及制备工艺通过鉴定。

2008年　8月，国防专利一种B炸药组合物（国密字第3000号）获得授权；为724厂上下呼吁，最终筹款750万元，指导724厂筹建“低比压顺序凝固装药工程化示范线”。

2009年　1月，任国家国防科技工业局科学技术委员会委员；任弹药装药技术研究应用工程中心专家委员会主任；改造了关键设备“化药锅”，使724厂顺利建成“低比压顺序凝固装药工程化示范线”。

2010年　6月，获“河北省院士特殊贡献奖”；9月，回母校东阳中学作报告，并题词“同根同源情牵歌山画水，同心同德共建美丽东阳”；10月，接受央视“大家”栏目访谈，主题为“铸剑为犁”。

2011年　11月，因骑自行车上班不慎摔倒，造成腰椎压缩性骨折。

2012年　3月，应邀参加上海交通大学举办的“全国舰艇抗冲击交流会”，作了题为“非理想炸药爆炸冲击波参数传输相似率分析”的特邀报告；4 月，应邀参加在杭州举办的“弹药发展研讨会”，作了题为“高能炸药关键技术集成与工程化应用示范”的主题报告；7 月 19 日，因颈动脉狭窄导致供血不足住进北京大学第三医院，住院一个多月，血管内放置了四个支架，病情缓解后出院，在医院进行核磁共振检查中受到启发，出院后为探测炸药和更好地利用核四极共振技术找到新途径；11 月 17 日，为庆祝八十寿辰，由北京理工大学机电学院举办的“徐更光院士学术研究座谈会暨八十华诞庆典”在京举行，北京理工大学校长胡海岩及该领域部分院士和专家参加。

2013 年　公安部专门召开“摩尔探测器”技术鉴定会，徐更光任专家组组长，彻底证实了摩尔探测器的伪科学性。

2014 年　9 月 22 日，因心脏病发作住进北京大学第三医院。11 月 26 日，在中国工程院领导的协助下转院至中国医学科学院阜外医院继续治疗。

2015 年　1 月 7 日下午 1 时 30 分，在中国医学科学院阜外医院去世，享年 83 岁。

附录｜二｜

徐更光主要著述目录

杜霞，徐更光 . 1988. 奥克托今耐热炸药的热爆炸延滞期研究 . 太原机械学院学报，(03)：30–37.

徐更光，段明 . 1988. 混合炸药爆压的工程计算法 . 火炸药，(02)：19–25.

姜春兰，徐更光，丁儆 . 1989. 射流对工业炸药的引爆及侵彻机制 . 爆炸与冲击，(4)：303–308.

王廷增，徐更光 . 1990. 螺旋装药的安全技术 . 北京理工大学学报，(2)：71–75.

徐军培，徐更光，刘德润 . 1990. 添加剂对 TNT/RDX(40/60) 悬浮液流变性质的影响 . 北京理工大学学报，(3)：103–106.

段明，徐更光 . 1990. 动载荷下含空气泡的 TNT 装药安全性能的实验研究 . 爆炸与冲击，(3)：272–277.

徐更光，徐军培 . 1991. TNT/RDX 悬浮液的流变学性质 . 兵工学报，(2)：71–74.

徐更光，王廷增，周霖 . 1992. TNT 的改性研究 . 兵工学报，(3)：27–30.

段明，徐更光，王廷增 . 1992. 混合炸药的爆轰模型及参数计算 . 爆破，(1)：26–28.

丁刚毅，王廷增，徐更光 . 1992. 高分辨格式在爆轰数值模拟中的应用 . 北京理工大学学报，(2)：25–29.

徐更光，段明，王廷增，等 . 1993. TNT 装药疵孔对发射安全性的影响 . 兵工学报，(S1)：51–55.

徐更光，刘德润，王廷增，等 . 1993. 熔态炸药低比压顺序凝固技术 . Journal of Beijing Institute of Technology(English Edition)，(1)：90–97.

丁刚毅，徐更光 . 1994. 含铝炸药二维冲击起爆的爆轰数值模拟 . 兵工学报，(4)：25–29.

贾祥瑞，王廷增，徐更光，等 . 1995. 评价炸药热安定性和相容

性的一种新方法 . 兵工学报，（3）：85–88.

薛再清，徐更光，王廷增，等 . 1998. 用修正的 KHT 状态方程预报炸药爆轰性能 . 北京理工大学学报，（3）：7–11.

薛再清，徐更光，王廷增，等 . 1998. 用 KHT 状态方程计算炸药爆轰参数 . 爆炸与冲击，（2）：77–81.

刘云剑，徐更光，王廷增，等 . 1998. 分子间炸药加速金属能力计算研究 . 爆炸与冲击，（4）：57–61.

张小宁，王卫民，徐更光 . 1999. 高速撞击流技术制备炸药超细微粉的研究 . 火炸药学报，（3）：2–4.

周培毅，徐更光，张景云，等 . 1999. 改性 B 炸药装药发射安全性实验研究 . 火炸药学报，（4）：34–35+29.

张小宁，徐更光，王廷增 . 1999. 高速撞击流粉碎制备超细 HMX 和 RDX 的研究 . 北京理工大学学报，（5）：120–124.

周培毅，徐更光，王廷增 . 1999. 炸药装药在后座冲击下的动态响应实验研究 . 北京理工大学学报，（S1）：92–95.

张小宁，徐更光，王廷增 . 1999. 射流撞击粉碎法制备超细炸药颗粒原理分析 . 爆炸与冲击，（3）：70–76.

张小宁，徐更光 . 1999. 撞击流粉碎制备超细颗粒工艺的研究 . 功能材料，（6）：657–659.

张小宁，徐更光 . 1999. 撞击流粉碎法制备超细二氧化钛粉的研究 . 化工进展，（5）：43–45+3.

张小宁，徐更光，王廷增 . 1999. 高速撞击流制备超细硝胺炸药的实验研究 . 含能材料，（3）：97–99+102.

张小宁，徐更光，徐军培，等 . 1999. 超细 HMX 和 RDX 撞击感度的研究 . 火炸药学报，（1）：34–37.

周培毅，徐更光，王廷增 . 2000. 炸药装药在后座冲击条件下的点火模型研究 . 火炸药学报，（1）：2–6.

闫军，徐更光 . 2000. CARS 光谱技术在炸药测温领域中的应用 .

火炸药学报,(3):59-61.

阎军，徐更光，于长青.2000.光纤光谱技术在炸药爆温测量中的应用.北京理工大学学报,(4):492-495.

王廷增，徐更光，徐军培，等.2000.分子间炸药EAR的爆轰行为(英文).Journal of Beijing Institute of Technology(English Edition),(3):341-346.

杨文海，何得昌，徐军培，等.2001. γ射线工业CT技术在高能炸药密度检测中的应用.火炸药学报,(3):33-34+72.

于常青，闫军，李家泽，等.2001.炸药爆轰温度的光纤光谱测量方法.兵工学报,(1):70-73.

芮久后，冯顺山，徐更光.2001.直接制备超细黑索今的方法.北京理工大学学报,(6):786-788.

闫军，徐更光.2001.氮的Q支CARS光谱的理论计算.Journal of Beijing Institute of Technology(English Edition),(1):108-112.

苗勤书，徐更光，王廷增.2001.CHNO炸药爆热的影响因素.含能材料,(1):18-21.

宋永双，徐军培，徐更光，等.2002.粗制TNT在工业炸药中的应用研究.火炸药学报,(1):69-70.

苗勤书，徐更光，王廷增.2002.铝粉粒度和形状对含铝炸药性能的影响.火炸药学报,(2):4-5+8.

田丽燕，徐更光，王廷增.2002.散粒体炸药压装成型过程分析.火炸药学报,(2):23-24.

张小宁，徐更光，何得昌，等.2002.纳米级奥克托今超微颗粒制备技术研究.兵工学报,(4):472-475.

周霖，徐更光.2003.含铝炸药水中爆炸能量输出结构.火炸药学报,(1):30-32+36.

徐军培，徐更光，何得昌，等.2003.一种降低铵梯炸药吸湿性的新技术.爆破,(1):92-93.

石光明，徐更光，王廷增，等 . 2003. 爆炸危险品探测存在的问题及对策 . 中国人民公安大学学报 (自然科学版),（3）：50–52.

石光明，徐更光，王廷增，等 . 2003. RDX 中～(14)N 核四极耦合常数的 Hartree–Fock 计算 . 含能材料,（4）：224–226.

周霖，刘鸿明，徐更光 . 2004. 炸药激光起爆过程的准三维有限差分数值模拟 . 火炸药学报,（1）：16–19.

宋华付，石光明，徐更光，等 . 2004. 芳香族硝基化合物的核四极共振参数的 HARTREE–FOCK 计算 . 波谱学杂志,（2）：185–190.

陈潜，何得昌，徐更光 . 2004. 超细氧化铁对 TNT 炸药爆热的影响 . 爆炸与冲击,（3）：278–280.

陈潜，何得昌，徐更光，等 . 2004. 高速撞击流法制备超细 HMX 炸药 . 火炸药学报,（2）：23–25.

石光明，徐更光，王廷增，等 . 2004. 核四极共振在炸药探测上的应用 . 火炸药学报,（3）：70–73.

陶鹏，何得昌，徐更光 . 2004. 高速撞击流技术制备超细 RDX 的研究 . 火工品,（4）：23–25+30–2.

周霖，廖英强，徐更光 . 2005. 爆轰产物导电性的实验测量 . 含能材料,（3）：148–149+154–133.

周俊祥，徐更光，王廷增 . 2005. 含铝炸药能量释放的简化模型 . 爆炸与冲击,（4）：309–312.

周俊祥，徐更光，王廷增 . 2005. 铝化炸药水下爆炸冲击波特性分析 . 爆破,（1）：41–43+51.

宋华付，徐更光，王廷增，等 . 2005. 泰安分子结构与～(14)N 核四极共振参数的关系 . 含能材料,（1）：36–39+7.

周霖，徐少辉，徐更光 . 2006. 炸药水下爆炸能量输出特性研究 . 兵工学报,（2）：235–238.

李澎，徐更光 . 2006. 水下爆炸冲击波传播的近似计算 . 火炸药学报,（4）：21–24.

张志江，徐更光，王廷增 . 2007. 炸药水中爆炸气泡脉动分析计算 . 爆破,（1）：17–20.

辛春亮，徐更光，刘科种，等 . 2007. 含铝炸药与理想炸药能量输出结构的数值模拟 . 火炸药学报,（4）：6–8.

张志江，徐更光，史锐 . 2007. 基于 Level–Set 的多介质流体动力学数值分析 . 北京理工大学学报,（11）：948–951.

史锐，徐更光，张利敏，等 . 2008. 水下爆炸冲击波能的数值计算 . 爆破,（1）：12–14.

辛春亮，徐更光，刘科种，等 . 2008. 考虑后燃烧效应的 TNT 空气中爆炸的数值模拟 . 含能材料,（2）：160–163.

张志江，徐更光 . 2008. 高能炸药水中爆炸能量输出特性数值分析 . 含能材料,（2）：171–174.

辛春亮，秦健，刘科种，等 . 2008. 基于 LS–DYNA 软件的水下爆炸数值模拟研究 . 弹箭与制导学报,（3）：156–158.

辛春亮，徐更光，刘科种，等 . 2008. 含铝炸药 Miller 能量释放模型的应用 . 含能材料，（4）：436–440.

史锐，徐更光，刘德润，等 . 2008. 炸药爆炸能量的水中测试与分析 . 火炸药学报,（4）：1–5.

陈星，徐更光 . 2008. 一种快速有效的 NQR 探头恢复方法（英文）. 波谱学杂志,（3）：397–401.

辛春亮，徐更光，刘科种 . 2008. Numerical Simulation of Underwater Explosion Loads. Transactions of Tianjin University，（S1）：519–522.

史锐，徐更光，徐军培，等 . 2009. 炸药水中爆炸能量输出结构的数值模拟 . 含能材料,（2）：147–151.

陈星，徐更光 . 2009. 一种快速有效的核四极共振探头恢复方法 . 原子能科学技术，（5）：474–476.

杨振磊，徐更光，王振华，等 . 2009. 核四极共振隐藏炸药探测信息库设计 . 波谱学杂志,（3）：385–392.

刘科种，徐更光，辛春亮，等 . 2009. AUTODYN 水下爆炸数值模拟研究 . 爆破,（3）：18–21.

刘科种，徐更光，辛春亮，等 . 2009. 含铝炸药与一次引爆 FAE 威力特性对比研究 . 含能材料,（5）：554–557.

杨振磊，徐更光，王振华，等 . 2009. PETN 炸药 NQR 信号处理方法 . 波谱学杂志,（4）：518–523.

杨振磊，徐更光，王振华，等 . 2010. 基于小波变换的炸药 NQR 信号处理 . 原子能科学技术,（3）：354–357.

刘科种，徐更光，辛春亮，等 . 2010. 近水面水下爆炸对结构冲击的数值模拟 . 兵工学报,（S1）：64–68.

杨振磊，徐更光，王振华，等 . 2011. 奥克托金分子结构与～(14)N 核四极共振参数的关系 . 中北大学学报(自然科学版),(4): 414–418.

郝凤龙，徐更光，黄学义 . 2013. NQR 炸药探测系统中射频线圈的设计研究 . 波谱学杂志,（4）：552–558.

郝凤龙，徐更光，黄学义 . 2014. 基于经验模态分解及小波变换的炸药 NQR 信号处理 . 振动与冲击,（16）：183–187.

吕宁，徐更光，薛田，黄求安 . 2014. 装药密度的工业计算机断层成像定量测量方法研究 . 兵工学报,（12）：1978–1982.

吕宁，徐更光 . 2015. 基于工业计算机断层成像的装药底隙无损检测方法研究 . 兵工学报,（1）：157–162.

陈建宇，徐更光 . 2015. GAP 应用研究进展 . 兵工自动化,（4）：67–70.

徐更光，周霖 . 2000. 含铝炸药水中爆炸能量输出结构 // 中国材料研究学会 .2002 年材料科学与工程新进展（上）——2002 年中国材料研讨会论文集：6.

辛春亮，秦健，徐更光，等 . 2006. 数值模拟软件在水下爆炸模拟中的应用研究 // 中国力学学会爆炸力学实验技术专业组 . 第四届全国爆炸力学实验技术学术会议论文集：5.

刘科种，徐更光，辛春亮，等 . 2009. 近水面水下爆炸对结构冲击的数值模拟 // 中国力学学会爆炸力学专业委员会冲击动力学专业组 . 第九届全国冲击动力学学术会议论文集（上册）：5.

杨军，徐更光，高文学，等 . 精确延时起爆控制爆破地震效应研究 // 中国力学学会工程爆破专业委员会 . 中国力学学会工程爆破专业委员会“2011 全国爆破理论研讨会”论文选编：6.

后　记

徐更光院士逝世的时候这部传记还没写完，只完成了26万字的初稿。最关键的是还没有去兵工厂进行实地采访。这对于一生和兵工厂打交道的徐更光来说，肯定是巨大的缺憾。所以，笔者就是再忙也要补上这一课。2015年4月以后，笔者又开始踏着徐更光的足迹去采访与徐更光曾经紧密合作过的兵工厂。这些兵工厂的领导和同志们为笔者提供了大量鲜活的资料，让这部传记变得更加丰满。

笔者到兵工厂采访的第一站，就是吉林的9214厂（现吉林市双林射孔器材有限责任公司）——当年高温石油射孔弹的生产厂家。为什么要先到9214去呢？通过近两年来和徐更光的深入接触，笔者感觉到虽然当初9214厂生产的石油射孔弹不属军工产品，但是徐更光当年为这个厂倾注的感情最多，对这个厂的帮助最大。同时9214厂虽然后来有了很多的变化，今天改制成了一个民营企业，但是这个厂的领导和工人们与徐更光的感情最深，交往最亲密。徐更光也经常把9214厂的老朋友们挂在嘴边，在回忆一生的过程中，表现出对9214厂独有的牵挂。

徐更光最早与9214厂合作时，9214厂还在吉林的偏远山区蛟河县，是吉林省国防科技工业办公室的地方军工企业。后经重组改制，成为现在的吉林市双林射孔器材有限责任公司。经过三十多年的变迁，企业曾发生过多种变化，生产过多种产品。现在的双林射孔器材有限责任公司也已不是军工企业，但是三十多年来保持不变的产品就是高温石油射孔弹的生产。现在双林射孔器材有限责任公司已经成为我国石油射孔弹领域中的骨干型企业，在国内市场上具有较大的影响力。

而这一切，都是源于当年徐更光的帮助。无论企业如何变化，无论它的领导人换了多少，这个企业始终与徐更光保持着三十多年不间断的友谊。9214 厂的领导和职工们，一直没有忘记北京理工大学对他们的鼎力帮助，他们通过徐更光认识了北京理工大学的很多人，北京理工大学的很多专家也都给过 9214 厂无私的帮助。学校八系的老师们没有忘记，在 20 世纪 90 年代初期供应还不是很丰富的情况下，一到春节就能吃到 9214 厂送来的东北大米和食用油。虽然不是什么贵重的物品，却饱含着 9214 厂对北京理工大学深深的情谊。

笔者（中）与吉林市双林射孔器材有限责任公司领导合影

笔者到了吉林市双林射孔器材有限责任公司后，受到了公司领导和技术人员的热情接待。一见面，他们就向笔者述说对徐更光院士的深切怀念。当他们知道徐院士去世的消息以后，公司董事长程远刚第一时间坐飞机赶到了北京，去送别自己的老师，去送别 9214 厂的恩人。在采访中，他们反反复复地说：没有徐院士，当初 9214 厂就无法生存下来。没有徐院士为他们厂引进了石油射孔弹的生产，也就没有双林射孔器材有限责任公司的今天。知道笔者来以后，当年和徐更光一起研制射孔弹的杨德民老人特意从医院的病房中赶来，向笔者述说和徐更光共同试生产石油射孔弹的那些日日夜夜。言语之中，杨德民老人表现出对徐更光无限的钦佩和爱戴，更有无限的悲伤与怀念。公司的领导向笔者介绍企业近年来的发展状况，无限感慨地说：

> 徐院士无论什么时候，都是我们企业最可信赖、最可依靠的专家。我们有什么问题都向徐院士请教，徐院士也给了我们太多无私的帮助。直到徐院士去世之前，徐院士一直是我们企业的技术顾问。我们每一次的新产品鉴定会，徐院士不管多忙，都来参加，对我们企业的新产品研制、安全生产和科学化改造方面都提出了很多弥足珍贵的建议和意见。徐院士就是我们企业技术上的主心骨，是我们企业永远忘不了的恩人。所以徐更光院士的离世，让双林射孔器材有限责任公司的领导和职工们感到了真正的心痛。

笔者的第二站来到了沈阳 724 厂，这个厂后来也几经重组，成为今天的中国兵器工业集团辽沈工业集团有限公司，依旧是我国重要的兵工企业。徐更光与 724 厂最早的接触是从改性 TNT 的研制工作开始的。后来在改性 B 炸药的装药工艺上又与 724 厂进行了紧密的合作，并在 724 厂的全力配合下实现了低比压顺序凝固装药工艺的实际运用。724 厂留给徐更光印象最深的就是那次膛炸事故，在与 724 厂的领导和同志们共同经历了那次挫折以后，徐更光从 724 厂的干部职工那里更加懂得了什么叫患难见真情。

笔者（右二）与辽沈工业集团有限公司技术人员交谈后合影

笔者到了724厂以后，724厂组织宣传部领导为笔者做了充分的准备工作，他们尽可能地通知了多位与徐更光熟悉的领导和技术人员，大家聚在一起，向笔者述说与徐更光院士交往的那些难忘的过去。厂研发中心的郭尚生主任一听说笔者要采访徐院士的故事，马上丢下手头的工作就来到会议室，率先谈道：

> 我本来上午有其他事，但一听说北京理工大学来人要了解徐院士过去的事，我就赶快跑过来想说出我的心里话。我是2001年以后才和徐院士认识的，一起搞改性B炸药的装药工作。这么多年来，我觉得徐院士真是一名少有的出色专家，他跟我们在一起没有一点架子，平易近人。工厂有什么困难，他都会鼎力相助，从不谈自己的个人利益。从没见他耍过大牌，有时候我们遇到不懂的事就往徐院士家里打电话，无论几点，他接我们的电话都非常客气，非常耐心，有时候一聊就很长时间，连我们自己都觉得不好意思。他对我们企业的发展也非常关心，主动为我们厂申请技术改造经费，长期给予我们多方的技术支持，我们在一起就跟一家人一样。有一次为了开一次鉴定会，我到375厂去接他，徐院士因为性子比较急，下楼时不小心摔了个跟头。当时把我们都吓坏了：这70多岁的老人要是摔坏了怎么办？可是老人家自己拍了拍身上的土，推开了我们，也不让搀扶，反而来安慰我们说："没事没事，别害怕，我身体好，摔不着。"那一场景真让我记忆犹新。

厂技改所的卢峥工程师谈起徐更光来也是印象深刻。他说：

> 徐院士经常来我们厂，给技术人员上课。别看他都70多岁了，可是一讲就是半天，也不嫌累。他给我们讲装药与发射安全性的利害关系，讲爆炸能量输出结构。那真是掰开了揉碎了跟大家说，使我们这些工厂的技术人员的理论水平得到了很大的提高。而且这些理论知识马上就能运用到实际生产当中来，徐院士讲的都跟生产非常贴近，大家学得快也听得懂，给我们的帮助特别大。

李玉文是现在724厂的设计师主任，也是一位非常敬业的炸药专家。他向笔者详细介绍了724厂在改性B炸药方面与徐更光的合作过程，也为笔者解开了很多改性B炸药在后续发展中的困惑。他非常佩服徐更光在科研上的勇气和奉献精神，长年与徐更光交往，成了忘年好友。李玉文也经常去看望徐更光，向徐更光请教一些问题，他深深地敬佩徐更光，也理解徐更光的很多苦衷。

和大家座谈完了以后，厂里又专门把笔者送到了724厂的实弹射击场，因为在这里发生的膛炸事故曾给徐更光留下了太深的记忆。

笔者来到了射击场，正赶上那一天有实弹测试任务。射击场的领导听说笔者是从北京理工大学来探访徐院士生活过的足迹的，就非常热情地把笔者带到了当年发生膛炸的事故现场。这是笔者平生第一次离实弹射击的火炮这么近，也第一次看到了射击场的钢筋混凝土掩体。没想到，这个供科研人员躲避的掩体竟离炮位这么近。在笔者参观的过程中，122榴弹炮正在进行实弹射击实验。虽然说早有防备，但是那震耳欲聋的轰鸣声还是把笔者震得脑袋发懵。此时此刻，笔者也真正地体会到当初徐更光这位70岁的老人，冒着严寒，躲在这个简陋的钢筋混凝土掩体里，不顾火炮发出的巨大轰鸣来观察实弹发射的真实过程。在这里笔者也看到了当年膛炸炮管飞落的那一行柳树，十多年过去了，柳树被砸断的枝杈还能分辨出来。但笔者也同样没想到，这个炮管落下的地方竟离掩体那么近。此时笔者也真正明白了当年徐更光和所有实验人员是处在一个多么危险的环境之中。

离开实弹射击场以后，笔者又去见了另外一位老人。他叫权士英，曾经是724厂产品研究所的副所长兼书记，与徐更光有过三十多年的合作经历。权士英老人在1974年就和徐更光共同研制过“8701”，当时权士英是323厂的技术人员。1988年权士英到了724厂，从那以后他又和徐更光一起进行改性TNT的研制工作。到了20世纪90年代，他又和徐更光一起搞改性B炸药，直到退休。所以说权士英老人是最了解徐更光、对徐更光最熟悉的人。他清楚徐更光早期生活上的困难，曾陪着徐更光在偏远的兵工厂四处忙碌。同时权士英本人也是装药专家，他对徐更光的奉献精神无比敬佩，更对徐更光的科研成果倍加推崇。对于大家合作研制成功的低比压顺序凝固装药工艺，权士英也最有发言权。权士英老人说：

笔者在采访权士英老人

我到国外考察过，知道他们的注药工艺。比如说美国、南非都在用热芯棒注药，外界把他们吹得很神乎，认为他们有多先进。可是我在泰国亲自看他们用过美国的东西，结果根本不行，废品率很高，比徐老师的技术差远了。徐老师的技术才真正让我们放心，而且徐老师那种坚忍不拔的毅力也真让我佩服。就说2001年那次膛炸事故吧，204所、724厂、123厂、北理工、南理工、炮研所的专家都现场观看了实弹射击，没想到出了这么大事故。当时徐院士身上的压力有多大啊！但也就是徐老师，他是那么冷静，那么专业，也那么执着，勇敢地承担起了责任，让人既钦佩又信服。也就是徐更光，一般人出了这么大事可能再也干不下去了。可是徐更光愣是顶着压力直到最后的成功。

离开了724厂，笔者又马不停蹄地赶到了辽阳375厂——现在的中国兵器工业集团辽宁庆阳特种化工有限公司，这个厂也是我国骨干型的炸药生产企业。厂科研所的岳所长热情接待了笔者，并全程陪同笔者进行了采访工作。在谈到徐更光对375厂的贡献时，岳所长和技术人员们都由衷地感叹：北京理工大学对375厂的帮助太

笔者在辽宁庆阳特种化工有限公司

大了，375厂也一直在多方面与北京理工大学保持着紧密的合作。特别是徐更光院士与375厂的合作为375厂的持续发展和技术水平的全面提高做出了重大贡献。徐更光与375厂密切合作完善了海萨尔高威力炸药的生产工艺，并在375厂建起了一条国内最先进的含铝炸药生产线，这条生产线的诞生为375厂带来了持续、可观的生产效益。

375厂的同志们这样评价徐更光：

> 徐院士在与我们厂的合作中，一心想着为企业解决困难，毫无保留地向我们提供技术支持，根本不考虑个人的经济利益。徐院士把工厂的困难看作是自己的困难，那种一心为工厂奉献，一心为工厂负责的精神，让大家难以忘怀。而且徐院士特别了解工厂，他出的很多点子也特别符合生产实际。375厂的关键技术——混合造粒机，就是在徐院士的指导下研制成功的。混合造粒机主要就是模仿手的动作进行混合造粒，既安全效率又高，是世界上独创的一种新工艺。而徐更光就是这种独创工艺的第一功臣。

徐更光在与375厂的合作中，不但在生产技术上给予了全面的支持，而且他的眼光更长远、立意更高深。他曾经设想在375厂建设一个校企合作的研发中心，来创造一个全新的科研生产模式。因为徐更光清楚：高校的优势在理论、在创新、在先进的测试手段和实验方法上，但是由于高校一般地处城市繁华地区，在炸药使用、实验场所和测试手段上都有很大的限制，特别是近年来国家在生产安全上的要求越来越细，标准越高，使得高校在火工品科研上不能尽情施展。而工厂由于其固有的性质，强调生产效益，但在预研和新产品的创新方面缺少人才和动力，主要注重寻找好的产品，轻视研发人才的培养。而徐更光的设想，就要把高校与工厂紧密结合起来，优势互补，取长补短，把高校的人才和创新思维与工厂的硬件系统结合起来，创造一种全新的研发生产体系，使高校中的最新成果能够迅速地转化成工业产品，直接为社会服务。

在375厂的领导和职工心中，徐更光院士是一名真正的科学大家，无论在理论上还是在实践上，在徐更光身上竟有那么多的闪光点。大家忘不了徐更光与375厂合作研制的水中破障弹装药在试验厂上的突出效果；更忘不了当732厂的钻地弹遇到技术难题时，徐更光和375厂很快拿出了针对性极强的新型含铝炸药，使我国的钻地弹顺利突破了瓶颈，取得了令人满意的效果。现在徐院士带着很多未了的心愿离开了大家，375厂太多人的心中忘不了徐更光院士，他们会沿着徐院士所代表的校企合作的光明大道继续前行，为国家做出更多的贡献。

从东北回来以后，笔者的下一个目标就是重庆152厂（现在叫重庆长安工业集团公司），因为在这里诞生了海萨尔高威力炸药，而“海萨尔”的成功也为徐更光带来了人生最高的荣誉。在去152厂之前，笔者照例要联系一些与徐更光共同合作的老同志。没想到，随着岁月的流逝，152厂的人员变化太大，一时竟找不到合适的联系人。还好，最后通过“海萨尔”项目当年的负责人之一、现中国兵器装备集团公司军品部来渝生部长，中国兵器科学研究院的谭有江副总工联系到了152厂的副

笔者（中）在重庆长安工业集团公司见到了徐更光的老朋友

总秦光泉先生，拜托他来为笔者找到一些当年的老人。秦副总非常认真和热情，专门派研究所办公室主任杨建伟来协助笔者做好采访工作。

正因为有了杨建伟主任事先的辛苦工作，笔者到了152厂，还是见到了很多徐更光当年的老朋友。这里有原152厂副总工胡开新，有原一工厂的总工白阳华，还有当年参加研制工作的谷伟等。在座谈会上，胡开新作为当年的领导、项目组组长深情回顾了当年与徐更光共同研制“海萨尔”的往事。他谈道：

> 20世纪90年代初期是152厂最困难的时候，军品任务很少，工厂根本吃不饱。所以当“双三五”的任务下来以后，我们厂里非常重视，成立了专门的办公室来负责此事。特别值得一提的是，海萨尔炸药的生产是独立于“双三五”项目的一个重大科研成果。这个项目当年立项，当年生产，当年交产品，为工厂带来了巨大的经济效益，当年就出口290吨。这是一个生产上的奇迹，也是最成功的一次校企合作，彻底改变了当时工厂的困难状况。紧接着工厂第二年又生产200多吨，最后完成了577吨的外贸任务，这么大量的混合炸药出口，在152的历史上从来没有过，创造了一项当年的奇迹，而这奇迹离不开徐更光教授。

当年亲自参加研制任务的白阳华总工也回顾了20多年前的经历，他说：

> 当时我们厂负责研制为“双三五”配套的炸药，我们自己也搞过。因为大概的配方全都知道，我们也亲自做过实验，但是做出来以后太硬，根本不能用。后来没办法，丁本盛才去北京理工大学找徐教授。丁本盛也是北京理工大学的学生，和徐教授很熟。正是有了徐教授后来的辛苦工作，才有了后来“海萨尔”的全面成功。应该说，没有徐教授的帮助，光靠我们152厂绝对跟不上“双三五”的研制进度，也不会有大规模的产品出口。而徐更光在这次科研合作中尽心尽力，很少谈钱。

大家在和徐更光长期的科研合作中，真正看到的只是徐更光的奉献，只是徐更光那一心为工厂着想的无私品格。他从来不为了钱而去搞科研，只是为了国家的需要，为了工厂的需要，为了实际的需要。那时徐更光经常来152厂，每次他都是坐将近两天的火车才能赶到重庆。到了152厂以后经常是不去厂部不去招待所，直接去车间和技术人员一起做实验。那时的生产环境也不太好，大家从车间里出来，鼻子、眼睛、脸都是黑的。徐更光也和工厂的工人一样，他和工人们站在一起有时都分不出来。白阳华总工继续说道：

> 平时徐教授和我们这些人都非常亲切。那时我还年轻，刚三十多岁，有一件事我记得特别清楚。那是1992年，徐教授见着我就问："小白呀，职称解决了吗？进高工了吗？"我说还没有，这次指标不够。徐更光听后很为我打抱不平，他对我说："为厂里做了这么大贡献还评不上高工？不行，有机会我为你向厂领导去说。"

就是这么不经意的一句话，让白阳华一直记到了今天。当他听说徐院士病逝的消息以后，心里非常悲痛。他赶快向厂领导询问："咱们厂领导谁去北京参加徐院士的悼念活动啊？"当听说领导已经安排好去北京送徐院士最后一程以后，白阳华的心才平静下来，他觉得152厂的领导带去的是152厂人对徐院士深深的怀念。

研发中心的技术人员谷伟回忆道：

> 在徐教授领导下，这是一次厂校合作最成功的例子。当年我们一起跟徐教授进行造粒工作，他那忙忙碌碌的身影总在我们眼前浮现。记得在"海萨尔"定型前的一个月，炸药的造粒成型总是不好，大家分外着急。可第二天徐院士又要去太原，有另外一个科技难题等着他。为了不影响定型的进度，徐教授就跟我们一起连夜干，一起和我们进行每一步的实际操作。他是那么大的教授，后来又成了院士，但一点儿都没有架子。有时候我们到北京工业学院去看他，基本上每次见他都在实验室里。而回家就骑

着那么一辆旧自行车，这真是让我们感到难以置信。他和我们在一起工作，从来没有什么官话、套话。他的每一个建议都是那么符合工厂的实际，他的目标就是让工厂能用。我们都是多年搞药的，应该说很多年以来，国内的很多药都是沿用的苏联或其他国家的基础配方，没有太多的变化。而只有"海萨尔"是一种大范围的创新。而这种创新，和实际结合得又是那么紧密，给我们厂带来了多种贡献。

大家追述着徐更光，仿佛又回到了20多年前那难忘的岁月。最后大家谈得最多的是，"海萨尔"不但为"双三五"提供了适用的配套炸药，为152厂创造了可观的经济效益，更难能可贵的是：通过"海萨尔"项目的研制、开发，为152厂培养了一大批技术骨干，而这些骨干后来都在工厂的各个方面发挥了重要作用，为152厂整体水平的提高做出了积极贡献。

在那一时代成长起来的这一批技术骨干心中，谁都忘不了徐更光院士，是徐更光院士当年把152厂带上了一个辉煌的顶点。当年北京理工大学与152厂共同获得了国家科学技术进步奖集体一等奖。这个光荣过去没有过，"海萨尔"成功后的20多年里，也再也没有出现过。而这份荣誉就是徐更光院士给152厂带来的。

匆匆地寻访了几个工厂，笔者真正体会到了亲临现场带来的内心的震撼。虽然说在与工厂座谈的过程中，大家说的很多事情笔者已从徐更光那里听到过了，很多故事也已经形成了文字。但是真正到了工厂笔者才发现，听到的与看到的是那么的不同。很多笔者自认为懂的事情，在和工厂的同志们聊完以后，才知道自己的认识是那么的肤浅。也正是到了工厂以后，笔者才更加清楚徐更光在兵工企业中的价值，更加体会到了为什么徐更光受到兵工企业干部和工人们的普遍尊敬和爱戴。这是笔者到工厂以后最强烈的感受。

在工厂中大家对笔者待如上宾，使笔者感激不尽。笔者深知道，这是大家把对徐更光院士的爱转移到了笔者的身上，从而进一步激励笔者写好这部传记，不辜负大家的一片深情。

从实际来讲，上述几个工厂只代表了徐更光与工厂合作的一个侧面。在徐更光一生的科研生涯中，有太多的工厂、研究所、高校及科技人员都和徐更光有过深层的接触，都能说出很多感人的故事。只是由于时间和精力等原因，笔者无法一一走到，不能完全再现徐更光昔日的光辉。好在这部传记写完之后笔者又有了新的机会，参加了中国科学技术协会的“老科学家学术成长资料采集工程”采集工作。届时，笔者会继续走访一些单位和个人，把徐更光的更多精彩展示给大家。笔者相信，那些兵工厂一定会为笔者提供更多的素材，给笔者更多的帮助。

其实，笔者的这种感受不只在工厂中，在近两年的采访中也处处体会到了这种温暖，体会到了这种理解和支持。在《徐更光传》的创作过程中，笔者得到了很多新老领导、徐更光生前同仁、同事、学生的大力支持与帮助，更得到了徐更光家人的全面信任与配合。他们是：王越、杨红梅、郝仲璋、胡国强、王文京、殷海权、来渝生、谭有江、马宝华、蒋作龙、马集庸、韩自文、刘伟钦、张培铮、张鹏程、刘德润、徐军培、耿国才、孙曹民、孙业斌、冯顺山、栗苹、焦清介、黄风雷、周霖、崔庆忠、石光明、苗勤书、郝凤龙等；北京理工大学档案馆、保密处、机电学院的同志们也给了大量的支持与帮助；吉林市双林射孔器材有限责任公司、辽沈工业集团有限公司、辽宁庆阳特种化工有限公司、重庆长安工业集团公司的领导和同志们为笔者的采访工作提供了很多便利和帮助；笔者的助手、北京理工大学校史馆工作人员程明钰、北京理工大学化工学院硕士研究生王云峰在文字录入和资料整理方面给了笔者巨大的帮助，加快了笔者的写作进度；北京理工大学图书馆的王飒老师在论文目录和大事年表等方面也给予了笔者很大的帮助。

特别值得提出的是，徐更光院士的夫人沈秀芳、儿子徐江、徐明，在笔者采访和创作过程中给予了巨大的信赖、支持与帮助。笔者的工作单位北京理工大学党委宣传部，近一年来也把这项光荣的创作任务纳入了工作范围，党委宣传部领导为笔者提供了很多创作上的便利条件。

在此一并表示深深的谢意！

愿徐更光院士的精神激励着我们去征服生活道路上的艰难困苦。

愿徐更光院士的感人事迹引领我们为国家、为人民奋斗终生。

徐更光院士永远活在我们心中！

作者简介

王民，硕士研究生学历，副研究员，现任北京理工大学党委宣传部副部长、校史馆馆长，中国延安精神研究会理事。

自2009年以来，潜心进行北京理工大学校史的研究、挖掘工作。在工作过程中，对中国共产党在延安时期的科技史、教育史、科技人物进行了深入细致的研究；对晋察冀边区的军工史、教育史有了较深的了解；对北京理工大学在新中国成立初期、20世纪60年代、“文化大革命”时期、改革开放等时期的历史发展，进行了有益的探索和研究。

近年来，在《环球时报》《光明日报》《中华魂》等报纸和期刊上发表过多篇文章。协助拍摄过多部电视片，如《徐特立》《党旗飘飘》《奠基中国》《传奇共产党人——刘鼎》《抗战中的财经》等，利用自己的研究成果为北京理工大学的红色历史增添了不少新的内容。

希望借《徐更光传》的出版开辟一个新的领域，为宣传北京理工大学的光荣传统，展现当代先进模范人物的精神，传播正能量，激发师生的爱校、爱国热情，做出自己应有的贡献。